W0222839

Voor Julie & Whit

Is geboorte een woord voor geluk?
Dan wil ik nu uw aandacht voor het sterven, het maakt namelijk even
gelukkig, en reken dat ik weet waar ik van rep.

Ik ga met doden mee de dood in, en sta aan de wieg van nieuw leven…
ik zit niet klem tussen hoed en schoenen,
Dat, dit, die, deze trekt mij, niets lijkt op iets, 't is allemaal goed,
De aarde is in orde en de sterren zijn in orde, en in het heelal is het goed.

Walt Whitman, 'Lied over mezelf', vers 7

William

FEBRUARI 1960 - DECEMBER 1978

De eerste zes dagen van zijn leven was William Waters geen enig kind. Hij had een drie jaar oudere zus, de roodharige Caroline. Er waren filmpjes zonder geluid met Caroline, waarin Williams vader leek te lachen, iets wat William nooit zou meemaken. In die filmpjes had zijn vader een open gezicht en het kleine roodharige meisje dat haar jurk over haar gezicht trok en giechelend rondjes rende, was daar blijkbaar de oorzaak van. Caroline kreeg koorts en moest veel hoesten terwijl William en zijn moeder na diens geboorte nog in het ziekenhuis waren. Toen ze thuiskwamen, leek het meisje aan de beterende hand maar hoestte nog steeds heel erg en een van de daaropvolgende ochtenden vonden haar ouders haar dood in haar ledikant.

Williams ouders spraken tijdens Williams jeugd nooit over Caroline. Op het bijzettafeltje in de woonkamer stond één foto van haar, die William zo nu en dan bezocht om zich ervan te verzekeren dat hij inderdaad een zus had gehad. Het gezin verhuisde naar een huis met blauwe dakpannen aan de andere kant van Newton, een voorstad van Boston, en in dat huis was William enig kind. Zijn vader maakte als accountant lange werkdagen in de stad. Williams moeder rookte sigaretten en dronk bourbon in de woonkamer, soms alleen en soms met een buurvrouw. Ze had een hele verzameling geplooide schorten die ze tijdens het koken droeg en raakte geagiteerd als er vlekken op kwamen.

'Misschien moet je ze niet dragen als je aan het koken bent,' zei William op een dag toen zijn moeder zich met een rood gezicht en op het punt van tranen druk maakte over een jusvlek op de stof. 'Je kunt ook een theedoek achter je riem stoppen zoals mevrouw Kornet doet.'

Zijn moeder keek naar hem alsof hij Grieks sprak.

William zei: 'Mevrouw Kornet van hiernaast? Een theedoek?'

Op zijn vijfde liep William de meeste middagen met een basketbal naar het nabijgelegen park, want basketbal was, in tegenstelling tot honkbal of American football, een sport die hij alleen kon spelen. Er was een verwaarloosd basketbalveldje waar meestal wel een basket vrij was en hij urenlang balde en deed alsof hij bij de Celtics speelde. Bill Russell was zijn favoriet, maar om Russell te kunnen zijn had je iemand anders nodig om te blokken of tegen te verdedigen. Sam Jones was de beste schutter, dus speelde William meestal Jones. Hij probeerde de geweldige schoten van de *shooting*-guard te imiteren en in zijn fantasie waren de bomen om het veld juichende fans.

Op een middag toen hij tien jaar oud was, kwam hij bij het veldje aan en bleek dat bezet te zijn. Jongens, een stuk of zes van ongeveer zijn leeftijd, renden met een bal achter elkaar aan tussen de twee baskets. Hij wilde al omdraaien, maar een van de jongens riep: 'Hé, doe je ook mee?' En toen, zonder op Williams antwoord te wachten: 'Jij zit in het blauwe team.' Binnen enkele seconden ging William helemaal in het spel op, zijn hart ging wild tekeer. Iemand gooide de bal naar hem en hij gooide hem meteen weer terug, bang om te schieten en te missen en te horen te krijgen dat hij er niets van bakte. Een paar minuten later werd het spel abrupt afgebroken omdat iemand naar huis moest en verdwenen de jongens in verschillende richtingen. William liep naar huis, zijn hart nog luid bonzend in zijn borstkas. Daarna waren de jochies zo nu en dan op het veld als hij er aankwam met zijn bal. Er zat nooit logica in wanneer ze verschenen, maar ze gebaarden altijd dat hij mee moest komen doen alsof hij een van hen was. Dit bleef William verrassend vinden. Kinderen en volwassenen hadden altijd langs hem heen gekeken alsof hij onzichtbaar was. Zijn ouders keken amper naar hem. Hij had dit geaccepteerd en vond het begrijpelijk, hij was tenslotte saai en makkelijk te vergeten. Zijn voornaamste eigenschap was fletsheid; hij had zandkleurig haar, lichtblauwe ogen en de heel bleke huid die mensen van Engelse en Ierse afkomst deelden. Vanbinnen, zo wist William, was hij al even oninteressant en kleurloos als zijn uiterlijk. Op school sprak hij nooit en niemand speelde met hem. Maar de jongens op het basketbalveld gaven hem de kans om voor het eerst ergens deel van uit te maken zonder te hoeven praten.

In het laatste jaar van de basisschool zei zijn gymleraar: 'Ik zie je 's middags buiten basketballen. Hoe lang is je vader?'

William staarde de man niet-begrijpend aan. 'Weet ik niet. Normale lengte?'

'Oké, dan word je waarschijnlijk een pointguard. Dan moet je aan je balgevoel werken. Ken je Bill Bradley? Die klungelige vent bij de Knicks? Als kind tapete hij een stuk karton aan zijn bril zodat hij niet naar beneden kon kijken, zijn voeten niet kon zien. En dan dribbelde hij over de stoep heen en weer met die bril op. Het zag er ongetwijfeld niet uit, maar hij kreeg er een heel strak balgevoel van. Hij voelt perfect aan hoe de bal zal stuiteren en weet zonder ernaar te kijken altijd waar hij is.'

Met gonzend lijf sprintte William die middag naar huis. Dit was de eerste keer dat een volwassene rechtstreeks naar hem had gekeken – hem had opgemerkt, en had opgemerkt wat hij deed – en de aandacht bracht hem in paniek. Hij kreeg een niesaanval toen hij achter in zijn ladekast op zoek was naar een speelgoedbril. Hij ging tweemaal naar de wc voordat hij zorgvuldig een rechthoekig stuk karton aan de onderkant van de bril vastplakte.

Als William zich ziek of vreemd voelde, was hij altijd bang dat hij doodging. Minstens één keer per maand kroop hij na schooltijd onder de dekens in de overtuiging dat hij ongeneeslijk ziek was. Hij zei het niet tegen zijn ouders, want ziek zijn was verboden bij hem thuis. Vooral hoesten werd als een afschuwelijk verraad gezien. Als William verkouden was, mocht hij van zichzelf alleen in zijn kast hoesten met de deur dicht, met zijn gezicht in zijn schooloverhemden om het geluid te dempen. Hij was zich bewust van dat bekende gekriebel tussen zijn schouders en in zijn achterhoofd terwijl hij naar buiten rende met de bal en de bril. Maar hij had nu geen tijd om ziek te zijn, geen tijd om bang te zijn. Dit voelde alsof het laatste stukje van zijn identiteit op zijn plek viel. De jongens op het veldje hadden hem erkend en de gymleraar ook. William had zelf misschien geen idee wie hij was, maar de wereld had het hem verteld: hij was basketballer.

De gymleraar gaf hem extra tips waarmee William nog meer handigheid ontwikkelde. 'Bij het verdedigen moet je ze wegduwen met je schouder en je achterste. Dat zien scheidsrechters niet als overtreding. Trek sprintjes, zorg dat je snel start zodat je dribbelend je man voorbijkomt.' William werkte ook aan zijn passes, om de beste spelers in het park te kunnen aanspelen. Hij wilde zijn plekje op het veld behouden en wist dat hij van waarde was wanneer hij de andere jongens beter maakte. Hij leerde waar hij moest lopen om ruimte te maken voor de schutters. Hij zette *screens* zodat ze hun favoriete schot konden nemen. De jongens sloegen William op de rug na een succesvolle aanval en ze wilden hem altijd in hun team. Deze acceptatie nam een deel weg van de angst die hij vanbinnen meedroeg. Op het basketbalveld wist hij wat hij moest doen.

Toen William in de bovenbouw van de middelbare school zat, was hij goed genoeg om voor zijn school uit te komen. Hij was een meter zevenenzeventig en speelde op de positie van de pointguard. Uren oefenen met de bril had zijn vruchten afgeworpen: hij was met afstand de beste dribbelaar van het team, en hij had een goed *midrange* jumpshot. Hij had hard aan zijn rebound gewerkt, wat het balverlies van zijn team compenseerde. Passen was nog steeds Williams sterkste punt en zijn teamgenoten wisten dat ze betere wedstrijden speelden als hij in de basis stond. Hij was de enige vijftienjarige in het schoolteam, dus als zijn teamgenoten bier dronken in de kelder van wiens ouders maar een oogje dicht wilden knijpen, werd William nooit uitgenodigd. Zijn teamgenoten waren geschokt, iedereen was geschokt, toen hij in de zomer dertien centimeter groeide. Eenmaal begonnen met groeien, leek zijn lichaam niet meer in staat ermee op te houden en tegen het einde van de middelbare school was hij twee meter vier. Hij kon de groei niet bijhouden met eten en werd dus schrikbarend mager. Zijn moeder keek angstig wanneer hij elke ochtend de keuken binnen kwam slingeren en gaf hem een snack aan zodra hij bij haar in de buurt kwam. Ze leek te denken dat zijn spichtigheid haar een slechte naam zou bezorgen omdat het haar taak was hem te voeden. Zijn ouders kwamen weleens naar zijn basketbalwedstrijden, maar slechts heel sporadisch. Dan zaten ze beleefd op de tribune en leek het alsof ze niemand in het veld kenden.

Zijn ouders waren er niet bij toen William voor een rebound ging en in de lucht een duw kreeg. Zijn lijf draaide tijdens zijn val en hij landde ongelukkig op zijn rechterknie. Het gewricht ving de hele impact en zijn hele gewicht op. Hij hoorde een geluid uit zijn knie komen en daarna kwam er een mist opzetten. Zijn coach, die maar twee standen had – schreeuwen of mompelen – schreeuwde in zijn oor: 'Gaat het, Waters?' William reageerde doorgaans op zowel het geschreeuw als het gemompel door zijn antwoord als vraag te formuleren. Hij voelde zich nooit zeker genoeg om iets te beweren. Hij schraapte zijn keel. De mist om hem heen en in hem was dik en doorweven met pijn die vanuit zijn knie uitstraalde. Hij zei: 'Nee.'

Hij bleek zijn knieschijf te hebben gebroken, wat betekende dat hij de laatste zeven weken van zijn een-na-laatste jaar zou missen. Williams been werd met gips gefixeerd en hij liep twee maanden met krukken. Voor het eerst sinds zijn vijfde levensjaar kon hij niet basketballen. Hij zat op de bureaustoel in zijn kamer en gooide proppen papier in de prullenbak bij de verste muur. De mist die tijdens het blesseren was neergedaald, bleef. Zijn huid voelde klam en koud. De arts had gezegd dat hij volledig zou herstellen en in zijn laatste jaar weer zou kunnen spelen, maar toch voelde William elke minuut van de dag lichte paniek. De tijd deed ook raar. Het voelde alsof hij voor altijd in dit gips, op deze stoel, in dit huis vastzat. Hij begon te denken dat hij dit niet trok, niet langer in dit gebroken lichaam kon zijn. Hij dacht aan zijn zus, aan het feit dat Caroline weg was. Hij dacht aan haar weg-zijn dat hij niet begreep, maar terwijl de wijzer van de ene minuut naar de volgende kroop, wenste hij dat hij ook weg was. Buiten het basketbalveld had hij geen nut. Niemand zou hem missen. Als hij verdween, zou het zijn alsof hij nooit had bestaan. Niemand sprak over Caroline en niemand zou het nog over hem hebben. Pas toen Williams been eindelijk werd bevrijd uit het gips en hij weer kon rennen en schieten, ebden de mist en gedachten aan verdwijnen weg.

Dankzij zijn redelijke cijfers en belofte als basketbalspeler kreeg William een handjevol beurzen aangeboden van universiteiten met basketbalteams in de eerste divisie. Hij was er dankbaar voor, omdat zijn ouders nooit hadden gezegd dat ze voor zijn opleiding zouden betalen en omdat hij het opvatte als belofte dat hij gegarandeerd zou basketballen. William wilde weg uit Boston – hij was nooit meer dan honderdvijftig kilometer bij de stad vandaan geweest –, maar de moerassige hitte van het zuiden gaf hem de kriebels, dus accepteerde hij een beurs van Northwestern University in Chicago. Eind augustus 1978 gaf hij op het treinstation zijn moeder een afscheidskus en schudde zijn vader de hand. Met zijn hand in die van zijn vader had William de vreemde gedachte dat hij zijn ouders misschien nooit meer zou zien, dat ze maar één kind hadden gehad en dat hij dat niet was geweest.

Tijdens zijn studie neigde William bij het kiezen van zijn vakken naar geschiedeniscolleges. Hij had wat hij voelde als gapende gaten te vullen in zijn kennis van hoe de wereld in elkaar stak en dacht dat de geschiedenis de antwoorden had. Hij besefte dat het academische onderwerp naar ongelijksoortige gebeurtenissen keek en een patroon vond. Als dít gebeurde, dan volgde dát daaruit. Niets was volledig willekeurig en daarom kon je een lijn trekken van de moord op een Oostenrijkse hertog naar een wereldoorlog. Het studentenleven was te nieuw om voorspelbaar te zijn en William had moeite een vorm van balans te vinden toen hij werd geconfronteerd met uitgelaten studenten die in de lawaaierige gang van zijn studentenhuis hun hand naar hem opstaken voor een high five. Hij deelde zijn dagen op in studeren in de bibliotheek, trainen op het basketbalveld en colleges bijwonen. Op elk van die locaties wist hij wat hij moest doen. Hij liet zich in de collegezaal op een stoel zakken, sloeg zijn collegeblok open en voelde zijn lichaam inzakken van opluchting als de professor begon te praten.

William merkte zelden andere studenten op tijdens colleges, maar Julia Padavano viel op in zijn seminar Europese geschiedenis omdat haar gezicht leek te worden verlicht door verontwaardiging en omdat ze de professor – een oudere Engelsman die altijd een heel grote zakdoek opgepropt in zijn vuist hield – gek maakte met vragen. Haar lange, krullende haar schoof als een gordijn langs haar heldere gezicht terwijl ze dingen zei als: 'Professor, ik zou wel willen weten welke rol Clementine in dit alles had. Is het niet zo dat ze Churchills belangrijkste adviseur was?' Of: 'Kunt u het coderingssysteem uit de oorlogstijd uitleggen? Ik bedoel, hoe het precies werkte? Ik zou graag een voorbeeld willen.'

William zei nooit iets in de les en maakte geen gebruik van de contacturen van de professoren. Hij geloofde dat het de rol van de student was om zijn of haar mond te houden en zo veel mogelijk kennis tot zich te nemen. Hij deelde de mening van de professor over het meisje met de krullen, namelijk dat haar regelmatige onderbrekingen en vragen, hoewel William ze vaak interessant vond, onbeleefd waren. Een serieus college bestond uit luisterende studenten en een professor die wijsheid verschafte in een zorgvuldig uitgerold tapijt van woorden. Dit meisje prikte gaten in dat tapijt alsof ze niet eens wist dat het bestond.

William schrok op een middag na college toen ze bij zijn elleboog verscheen en zei: 'Hallo. Ik ben Julia.'

'William. Hoi.' Hij moest zijn keel schrapen. Het kon weleens het eerste zijn wat hij die dag had gezegd.

Het meisje keek hem met grote, ernstige ogen aan. Hij zag dat er honingkleurige lokken in haar bruine haar verschenen als het zonlicht erop viel. Ze leek verlicht te worden, vanbuiten en vanbinnen.

'Waarom ben jij zo lang?'

Het was niet ongewoon dat iemand een opmerking maakte over Williams lengte. Hij begreep dat zijn formaat een verrassing was als hij een ruimte binnenkwam en de meeste mensen zich geneigd voelden iets te zeggen. Meerdere keren per week hoorde hij: 'Is het koud daarboven?'

Maar Julia keek wantrouwig toen ze de vraag stelde en dat maakte hem aan het lachen. Hij hield stil op het pad dat de binnenplaats kriskras doorkruiste en dus stond zij ook stil. William lachte maar zelden en zijn handen tintelden alsof hij zojuist was ontwaakt uit een slaap waarin hij zuurstofgebrek had gehad. Het voelde vooral als aangenaam gekietel. Later zou hij terugkijken en weten dat dit het moment was waarop hij voor haar viel. Of beter gezegd, het moment waarop zijn lichaam voor haar viel. Midden op de binnenplaats trok de aandacht van een specifiek meisje gelach uit elk hoekje en gaatje van zijn binnenste. Williams lijf, moe en verveeld door zijn weifelachtige geest, moest vuurwerk afsteken in zijn zenuwen en spieren om hem erop te attenderen dat er iets belangrijks plaatsvond.

'Waarom lach je?' vroeg ze.

Het lukte hem om grotendeels te bedaren. 'Wees alsjeblieft niet beledigd.'

Ze knikte ongeduldig. 'Dat ben ik ook niet.'

'Ik weet niet waarom ik zo lang ben,' zei hij, hoewel hij heimelijk geloofde dat hij zijn lengte had afgedwongen. Een serieuze basketbalspeler moest minstens boven de een meter negentig zijn en William had dat zo graag gewild dat hij op de een of andere manier de genetica had getart. 'Ik zit in het basketbalteam van de universiteit.'

'Dan maak je er in elk geval een deugd van,' zei ze. 'Misschien kom ik wel een keer bij een wedstrijd kijken. Ik interesseer me niet zo voor sport, en ik kom alleen naar de campus voor colleges.' Ze zweeg even en zei toen snel, alsof ze zich schaamde: 'Ik woon thuis om geld te besparen.'

Julia zei dat hij haar telefoonnummer op zijn collegeblok moest schrijven, en voor ze wegliep had hij ermee ingestemd haar de volgende avond te bellen. Het was enigszins irrelevant of hij voor haar was gevallen of niet, want midden op de binnenplaats leek deze jonge vrouw te hebben besloten dat ze een stel zouden vormen. Later zou ze hem vertellen dat ze wekenlang naar hem had zitten kijken tijdens college en het haar wel had aangestaan hoe oplettend en serieus hij was. 'Niet zo onnozel, zoals de andere jongens,' zei ze.

Zelfs nadat hij Julia leerde kennen nam basketbal nog steeds het grootste deel van Williams tijd en gedachten in beslag. In het team van zijn middelbare school was hij de beste speler geweest, op Northwestern ontdekte hij tot zijn ontzetting dat hij tot een van de zwakkeren behoorde. In dit team was zijn lengte niet genoeg om hem te laten uitblinken en de andere jongens waren sterker dan hij. De meesten van hen deden al een paar jaar aan gewichtheffen. William was in paniek omdat hij niet had geweten dat hij dat had moeten doen. Hij werd makkelijk opzijgeduwd en omvergelopen tijdens de training. Hij begon vóór de trainingen naar het krachthonk te gaan en bleef nog tot laat op het veld om schoten te oefenen uit verschillende hoeken. Hij had altijd trek en bewaarde extra boterhammen in zijn jaszakken. Hij besefte dat zijn rol in dit team waarschijnlijk weer als 'lijmmannetje' zou zijn. Hij was goed genoeg in passen, schieten en verdedigen om zich nuttig te maken, ook al was hij geen begaafd atleet. Zijn meest waardevolle eigenschap was dat hij zelden fouten maakte op het veld. 'Hoog basketbal-IQ, maar geen sprongkracht,' hoorde William een van de coaches over hem zeggen toen die niet wist dat hij binnen gehoorsafstand was.

Voor zijn beurs moest hij een taak oppakken op de campus en uit een lijst van mogelijkheden koos hij er een die plaatshad in het sportcomplex omdat dat handig was voor basketbal. Hij meldde zich op het afgesproken tijdstip bij de wasserette in de kelder van het enorme gebouw, waar hij werd geconfronteerd met een magere vrouw met een groot afrokapsel en een bril. Ze schudde haar hoofd en zei: 'Je bent hier verkeerd. Zeiden ze dat je hier moest zijn? Witte jongens wassen niet. Jij moet naar de bibliotheek of de recreatieruimte. Toe maar.'

William keek de lange, smalle ruimte in. Er stond een rij van wel dertig wasmachines langs de ene muur en dertig drogers langs de andere. Het was waar dat voor zover hij kon zien verder niemand anders wit was.

'Maakt dat uit dan?' vroeg hij. 'Ik wil dit doen. Alstublieft.'

Ze schudde weer haar hoofd en haar bril wiebelde op haar neus, maar voordat ze iets kon zeggen, sloeg iemand William op de rug en zei een zware stem zijn naam. Hij draaide zich om en zag een van de andere eerstejaars van het basketbalteam, een sterke powerforward genaamd Kent. Kent had bijna de tegenovergestelde set aan basketbalcompetenties van William: hij was een geweldige atleet die veelvuldig dunkte, scoorde en elke minuut dat hij in de wedstrijd was er vol voor ging, maar hij schatte het spel soms verkeerd in, veroorzaakte veelvuldig balverlies en wist nooit zijn positie te vinden bij het verdedigen. De coach hield zijn hart vast als hij toekeek hoe Kent door het veld rende, waarschijnlijk duizelend van het verschil tussen het fysieke potentieel van de jongeman en zijn snelle, grillige spel.

'Hé man,' zei Kent. 'Kom je hier ook werken? Ik kan hem wel laten zien wat hij moet doen als u dat goedvindt.' Kent zond de strenge vrouw een brede, charmante glimlach toe.

Dat vermurwde haar en ze zei: 'Oké, goed dan. Als jij ervoor zorgt dat ik geen last van hem heb, doe ik alsof hij er niet is.'

Vanaf dat moment zorgden William en Kent dat hun werkroosters synchroon liepen zodat ze naast elkaar konden werken. Ze wasten honderden handdoeken en de tenues van alle schoolteams. Footballtenues waren het ergst, vanwege de stank en hardnekkige grasvlekken waarvoor je een speciaal bleekmiddel in de stof moest wrijven. De twee jongens ontwikkelden een ritme bij elk onderdeel van het wasproces, en met de focus op timing en efficiëntie voelde het werk als een uitbreiding van de basketbaltraining. Ze gebruikten de tijd om tactieken te analyseren en te bedenken hoe hun team beter kon worden.

Op een middag legde William terwijl ze een gigantische stapel handdoeken aan het opvouwen waren uit: 'Het gaat dus zo: om te beginnen een pass van de guard naar de forward, dan komt de andere forward vanuit een *in-out* vanaf de achterlijn en zet een screen op de guard, die snijdt eroverheen en passt naar de center.' Hij zweeg even om zich ervan te verzekeren dat Kent hem kon volgen. 'Als de pass naar de center gaat, stapt de forward naar de hoek en rolt de andere forward af en zet een screen op de guard die op de *weak side* staat.'

'Screen het screen.'

'Precies, en als de center naar de forward passt, herhaalt de aanval zich tot iemand vrijkomt.'

'Te voorspelbaar! De coach wil dat we steeds hetzelfde...'

'Maar als we het goed doen, kan de verdediging er weinig tegen beginnen, ook al weten ze wat er gaat gebeuren, helemaal als we...'

'Jongens,' zei de man bij de droger naast hen, 'weten jullie dat jullie abracadabra praten? Ik bedoel, ik kijk basketbal, maar ik heb geen idee waar jullie het over hebben.'

Kent en William grijnsden naar hem. Na hun dienst gingen ze naar boven naar de sportschool, waar het twintig graden koeler was, en oefenden schoten op de basket.

Kent kwam uit Detroit, had een duidelijke mening over alle NBA-spelers en -teams en onderbrak zijn zinnen vaak om te lachen om een van de domme grapjes die je in de kleedruimte als papieren vliegtuigjes om de oren vlogen. Tijdens de training kreeg hij regelmatig de wind van voren van de coach wegens uitsloverij, waarvoor Kent zijn excuses aanbood zonder te kunnen voorkomen dat hij het vijf minuten later weer deed. 'Denk om de basis!' brulde de coach telkens weer.

Hij beweerde verwant te zijn aan Magic Johnson, die in het laatste jaar van Michigan State zat en werd gezien als ongetwijfeld de eerste keus bij de *draft* voor de NBA. Kent maakte zo makkelijk vrienden – iedereen mocht hem graag – dat William zich afvroeg waarom hij ervoor koos tijd met hém door te brengen. Het enige wat William kon bedenken was dat Kent leek te genieten van zijn zwijgzaamheid als mogelijkheid om hun vriendschap te managen. Meestal was Kent degene die praatte, en pas geleidelijk begon William te beseffen dat hij persoonlijke verhalen deelde zodat William dat ook zou doen. Na over de leukemie van Kents grootmoeder te hebben gehoord, waar iedereen in de familie door was overvallen – blijkbaar had ze beweerd dat ze het eeuwige leven had en was ze zo'n krachtige persoonlijkheid geweest dat iedereen haar geloofde –, vertelde William aan Kent dat hij tot dan toe pas één brief met zijn ouders had uitgewisseld en dat hij op de campus zou blijven tijdens de kerstvakantie.

Na een lange trainingsavond, terwijl ze langzaam over de stille binnenplaats liepen, hun spieren verkrampt van vermoeidheid, zei Kent: 'Soms moet ik mezelf eraan herinneren dat het niet uitmaakt of de coach me op de bank zet en me uitfoetert omdat hij mijn prachtige spel niet waardeert. Ik ga toch medicijnen studeren. Hij kan me mijn toekomst niet afnemen.'

William was verrast. 'Wil je arts worden?'

'Absoluut. Ik weet nog niet hoe ik het collegegeld moet betalen, maar dat komt nog wel. Wat ga jij hierna doen?'

William voelde dat hij koude vingers had. Het was begin november, en bij het inademen voelde de lucht ijzig koud in zijn longen. Hij had nooit nagedacht over het leven na zijn studie; hij was zich ervan bewust dat hij met opzet zijn blik niet op de toekomst richtte. William wilde 'basketballen' zeggen, maar hij was niet goed genoeg om er zijn carrière van te maken. Dat Kent de vraag stelde, bevestigde dat hij ook niet dacht dat William goed genoeg was.

'Dat weet ik niet,' antwoordde William.

'Dan gaan we daar eens over nadenken,' zei Kent. 'Je hebt talenten. Er is nog tijd zat.'

Heb ik talenten? dacht William. Hij was zich er niet van bewust dat hij talenten buiten het basketbalveld bezat.

Op een vrijdagavond begin december bezocht Julia een van zijn basketbalwedstrijden en toen William haar opmerkte op de tribune werd zijn zicht wazig en leed hij spontaan balverlies. 'Hé,' schreeuwde Kent, die langs hem heen rende over het veld. 'Wat was dat nou?' Bij het verdedigen maakte William twee onderscheppingen die het momentum van de wedstrijd ten gunste van de Wildcats veranderde. Bij de aanval maakte hij op de kop van de bucket een bouncepass naar een vrijstaande schutter in de hoek. Kent kraaide vlak voor het einde van de eerste helft: 'Ik weet het! Je hebt hier een meisje zitten! Waar is ze?'

Na de wedstrijd – de Wildcats wonnen en William speelde zijn beste minuten van de eerste seizoenshelft – klom hij de tribune op om Julia te spreken. Pas toen hij dichterbij kwam, zag hij dat ze er met drie andere meisjes zat die op haar leken, allemaal met dezelfde onstuimige krullen tot op de schouders.

'Dit zijn mijn zussen,' zei Julia. 'Ik heb ze meegenomen om je te scouten. Dat is toch basketbaltaal?'

William knikte en met de ogen van de vier meisjes op zich gericht was hij zich er plotseling van bewust hoe kort zijn sportbroekje was en hoe dun zijn hemd.

'We hebben ervan genoten,' zei een van de jonger uitziende zusjes. 'Maar het zag er wel vermoeiend uit. Ik denk dat ik mijn hele leven niet zoveel heb gezweet als jij in die wedstrijd. Ik ben Cecelia en dit is mijn tweelingzusje Emeline. We zijn veertien.'

Emeline en Cecelia glimlachten vriendelijk naar hem en hij glimlachte terug. Julia en de zus aan de andere kant bestudeerden hem als juweliers die een edelsteen taxeerden. Als een van hen een horlogemakersloep uit haar tasje had gepakt en voor haar gezicht had gehouden, zou het hem niet hebben verbaasd.

Julia zei: 'Je was zo sterk… op het veld.'

William kleurde en op Julia's jukbeenderen verscheen ook

een blosje. Hij zag dat dit mooie meisje naar hem verlangde en kon zijn geluk niet op. Niemand had hem ooit gewild. Hij zou haar wel in zijn armen willen nemen waar haar zussen bij waren, waar het hele stadion bij was, maar zo'n vrijpostige daad lag niet in Williams aard. Hij was doorweekt van het zweet, en Julia sprak nu weer.

'Dit is mijn zusje Sylvie,' zei ze. 'Ik ben de oudste, maar zij en ik schelen maar tien maanden.'

'Leuk je te ontmoeten,' zei Sylvie.

Haar haar was een tint donkerder dan dat van Julia en ze was tengerder, met minder uitgesproken rondingen. Ze bleef William bestuderen, onderwijl straalde Julia als een pauw met gespreide veren. Terwijl hij daar stond, zag hij dat een van de knoopjes van Julia's blouse loskwam, te strak getrokken door haar ampele boezem. Hij ving een glimp op van haar roze beha voordat ze het besefte en alles weer op zijn plek trok.

'Hoeveel broers en zussen heb jij?'

Het was Emeline of Cecelia die dit vroeg. Ze waren niet identiek, maar voor William leken ze erg op elkaar. Dezelfde olijfkleurige tint, hetzelfde bruine haar.

'Broers en zussen? Heb ik niet,' antwoordde hij, hoewel hij natuurlijk aan de ingelijste foto van de roodharige peuter in de woonkamer van zijn ouders moest denken.

Julia wist al dat hij enig kind was – het was een van haar eerste vragen geweest tijdens hun eerste telefoongesprek –, maar de andere drie meisjes keken koddig geschokt.

'Wat vreselijk,' zeiden Emeline en Cecelia.

'We moeten hem bij ons thuis uitnodigen voor het eten,' zei Sylvie, en de andere meiden knikten. 'Hij ziet er eenzaam uit.'

En zo had William na vier maanden op de universiteit zijn eerste vriendinnetje en een nieuwe familie.

Julia

DECEMBER 1978 - JULI 1981

Op het afgesproken tijdstip dat William zou arriveren was Julia in de achtertuin, een rechthoek van zes bij vijf meter met een houten schutting eromheen, en keek hoe haar moeder de laatste aardappelen van het seizoen oogstte. Ze wist dat hij punctueel zou zijn en dat een van haar zusjes hem binnen zou laten. Haar vader zou William waarschijnlijk zenuwachtig maken, door hem te vragen of hij poëzie uit zijn hoofd kende, en ook Emeline en Cecelia, die aan één stuk door zouden bewegen en praten. Sylvie was aan het werk in de bibliotheek, dus haar onderzoekende blik bleef hem bespaard. Een paar minuten alleen met haar zusjes en haar vader zou William helpen hen te leren kennen – Julia wilde dat hij zag hoe beminnelijk ze waren – en als bonus zou hij als ze binnenkwam extra blij zijn haar te zien. Ze stond er in haar familie om bekend dat ze graag een entree maakte, wat eigenlijk alleen maar betekende dat ze als enige in haar familie nadacht over timing. Als jong meisje draaide Julia graag rondjes in de keuken of woonkamer en riep dan: *tada!*

Wat zou William van hun kleine huis vinden, dat tussen identieke plompe stenen gebouwen ingeklemd aan 18th Place stond? De Padavano's woonden in Pilsen, een arbeiderswijk met veel immigranten. Er stonden kleurrijke muurschilderingen op de zijkanten van gebouwen en in de plaatselijke buurtsuper hoorde je net zo goed Spaans en Pools als Engels. Julia was bang dat William de wijk en het interieur van hun woning armoedig zou vinden. De bloemetjesbank met zijn plastic hoes. De rij ingelijste vrouwelijke heiligen naast de eettafel. Als Julia's moeder gefrustreerd raakte, noemde ze hardop hun namen op, haar ogen op de gezichten van de vrouwen gericht alsof ze hun smeekte haar van dit gezin te verlossen. *Adelheid, Agnes, Catherina van Siena, Clara van Assisi, Sint-Brigida, Maria Magdalena, Philomena, Theresia van Avila, Maria Goretti.* Alle vier de Padavano-zusjes konden de namen van de heiligen beter opdreunen dan de rozenkrans. Slechts zelden werd een avondmaaltijd niet afgesloten met hun vader die een gedicht voordroeg of hun moeder die de heiligen opnoemde.

Julia huiverde. Ze had geen jas aan; het was vier graden en de meeste inwoners van Chicago weigerden het koud te noemen tot de temperatuur onder het vriespunt zakte.

'Ik vind hem aardig,' zei ze tegen de rug van haar moeder.

'Is hij een dronkaard?'

'Nee. Hij zit in het basketbalteam. En hij studeert hard. Hij heeft geschiedenis als hoofdvak.'

'Is hij net zo slim als jij?'

Hier dacht Julia over na. William was duidelijk slim. Zijn hersens functioneerden. Hij stelde vragen om haar duidelijk te maken dat hij haar graag wilde begrijpen. Maar zijn intelligentie manifesteerde zich niet in de vorm van een sterke mening. Hij was geïnteresseerd in kwesties en onzeker in zijn antwoorden. Kortom, hij was kneedbaar. William had een paar keer samen met Julia gestudeerd in de Lozano-bibliotheek, een paar straten bij het huis van de Padavano's vandaan. Sylvie werkte daar, en in hun wijk gebruikte iedereen die als ontmoetingsplek, al betekende daar studeren voor William dat hij 's avonds laat nog een uur naar zijn studentenhuis moest reizen. Als ze plannen voor het weekend maakten, zei hij altijd: 'We doen waar jij zin in hebt, jij hebt de beste ideeën.'

Julia had nooit nagedacht over lichamelijke intelligentie tot ze onlangs bij Williams basketbalwedstrijd was gaan kijken. Ze was verrast hoe opwindend ze het vond om hem te zien strijden met zijn team. Ze had een krachtiger kant van hem gezien dan hij buiten het veld toonde: bevelen schreeuwend naar zijn teamgenoten en gebruikmakend van zijn sterke, lange lijf om een tegenstander de weg naar de basket te versperren. Julia interesseerde zich niet voor sport en begreep niets van de regels, maar haar knappe vriendje had gesprint en gesprongen en vliegensvlug gedraaid met zulke pure lichamelijkheid en zo'n intense concentratie dat ze merkte dat ze dacht: ja.

'Het is een serieuze jongen,' zei Julia. 'Hij neemt het leven serieus, net als ik.'

Rose kwam overeind. Een vreemde zou misschien hebben moeten lachen om haar aanblik, maar Julia was aan haar moeders outfit gewend. Tijdens het tuinieren droeg Rose een vermaakt tenue van een honkbalachtervanger, met op haar hoofd een marineblauwe sombrero. Allemaal op straat gevonden. Hun kant van de straat was honderd procent Italiaans, maar in de wijk woonden veel Mexicaanse families en Rose had het hoofddeksel uit iemands vuilnisbak gevist na een Cinco de mayo-viering. Het achtervangerstenue had ze opgepikt toen Frank Ceccione van twee deuren verderop in de drugs verzeild was geraakt en stopte bij het honkbalteam van zijn middelbare school. Rose droeg zijn gigantische kniebeschermers en had voor haar tuingereedschap grote zakken op de lichaamsbeschermer genaaid. Ze leek klaar voor een of andere sport, al was het een beetje onduidelijk welke.

'Maar niet slimmer dan jij dus.' Rose tilde de sombrero van haar hoofd en haalde haar hand door haar haar, dat net zo krullend was als dat van haar dochters maar dan met grijs doorweven. Ze was lang niet zo oud als ze eruitzag, al verbood Rose hun al jaren haar verjaardag te vieren, als persoonlijke oorlogsverklaring aan het verstrijken der tijd. Julia's moeder liet haar blik over de rijen aarde in haar tuin gaan. Aardappelen en uien waren het enige wat nog geoogst kon worden. Ze was nu vooral bezig met winterklaar maken. De enige delen waar geen groeigrond lag, waren een smal pad tussen de planten door en een wit Mariabeeld dat tegen de linkerachterhoek van de tuin geleund stond. Rose zuchtte. 'Dat is denk ik maar goed ook. Ik ben duizend keer slimmer dan je vader.'

Julia zag in dat 'slim' een lastige term was. Hoe viel dat te meten, helemaal aangezien geen van haar beide ouders had gestudeerd? Maar haar moeder had gelijk. Julia had foto's gezien van Rose aan het begin van hun huwelijk, mooi en netjes en glimlachend samen met Charlie in deze zelfde tuin, maar haar moeder had uiteindelijk de teleurstelling in haar huwelijk geaccepteerd en op eenzelfde manier aangetrokken zoals ze haar belachelijke tuiniersoutfit aandeed. Haar grote inspanningen om haar echtgenoot richting een vorm van financiële stabiliteit en succes te drijven waren op niets uitgelopen. Nu was het huis Charlies terrein en was de tuin Rose' toevluchtsoord.

Het begon te schemeren en de lucht werd kouder. Als de vrieskou eenmaal doorzette, zou het stil worden in de buurt, maar vanavond babbelde die nog als in een poging het laatste woord te krijgen: in de verte hoorde je kinderen vrolijk naar elkaar schreeuwen, de oudere mevrouw Ceccione zong in haar tuin, een motor sputterde drie keer voor hij startte.

'Ik denk dat het tijd wordt om naar binnen te gaan,' zei Rose. 'Schaam je je voor me als ik er zo uitzie?'

'Nee,' antwoordde Julia.

Ze wist dat Williams aandacht op háár zou zijn gericht. Ze hield van de hoopvolle blik die hij haar toewierp, alsof hij een schip was dat naar de ideale haven keek. William was opgegroeid in een mooi huis, met een vader die een goede baan had, een groot gazon en zijn eigen slaapkamer. Hij wist duidelijk hoe succes en zekerheid eruitzagen en het feit dat hij die mogelijkheden in Julia zag, behaagde haar enorm.

Rose had geprobeerd een solide leven op te bouwen, maar Charlie had elke steen die ze neerlegde weggeschopt of was ermee gaan lopen. Julia had halverwege haar eerste gesprek met William besloten dat hij de man voor haar was. Hij had alles waarnaar ze zocht en zoals ze tegen haar moeder zei, vond ze hem gewoon heel erg aardig. Ze moest al glimlachen als ze hem alleen maar zag en ze vond het heerlijk hoe haar hand in zijn grote hand paste. Ze waren een geweldig team: William had het soort leven ervaren dat Julia wilde, dus hij kon haar tomeloze energie richting geven terwijl ze samen aan hun toekomst bouwden. Als zij en William eenmaal getrouwd waren en gesetteld in hun eigen huis, zou ze haar familie helpen. Zij zouden ook op haar solide basis kunnen steunen.

Ze moest bijna hardop lachen om de opluchting op het gezicht van haar vriendje toen ze de woonkamer binnenkwam. William zat naast haar vader op de ritselende bank en Charlie had zijn hand op de schouder van de jongeman gelegd. Cecelia lag overdwars over de oude rode leunstoel en Emeline keek in de spiegel naast de voordeur en fatsoeneerde haar haar.

Cecelia zei met serieuze stem: 'Je hebt een prachtige neus, William.'

'O,' zei William, duidelijk verrast. 'Bedankt?'

Julia grijnsde. 'Let maar niet op Cecelia. Die praat zo omdat ze kunstenares is.'

Cecelia had vrije toegang tot het kunstlokaal op haar middelbare school en beschouwde alles binnen haar gezichtsveld als materiaal voor toekomstige schilderijen. De laatste keer dat Julia – geïntrigeerd door de geconcentreerde blik op Cecelia's gezicht – vroeg waar ze aan dacht, had Cecelia geantwoord: 'Paars.'

'Je hebt inderdaad een prachtige neus,' zei Emeline beleefd, omdat ze zag dat William moest blozen en ze hem op zijn gemak wilde stellen. Emeline las de emotionele sfeer van elk vertrek en wilde iedereen altijd op zijn gemak stellen en tevreden houden.

'Hij kent niet één regel Whitman,' zei Charlie tegen Julia. 'Kun je je dat voorstellen? Hij had niet later moeten komen. Ik heb hem voorlopig alvast een paar regels gegeven.'

'Behalve jij kent niemand Whitman uit zijn hoofd, papa,' zei Cecelia.

Het feit dat William geen gedichten van Walt Whitman kende, was extra bevestiging dat haar verkering anders was dan haar vader. Julia kon aan Charlies stem horen dat hij gedronken had maar nog niet dronken was. Hij hield een glas in zijn hand, half gevuld met smeltende ijsblokjes.

‘Ik kan *Grasbladen* voor je reserveren bij de bibliotheek, als je wilt,’ zei Sylvie tegen William. ‘Het is echt de moeite waard.’

Julia had haar niet opgemerkt in de deuropening van de keuken. Ze moest net zijn thuisgekomen. Haar lippen hadden de rode kleur die verraadde dat ze met een van haar jongens had staan zoenen tussen de boekenplanken. Sylvie zat in het laatste jaar van de middelbare school en in haar vrije tijd werkte ze zo veel mogelijk om te sparen zodat ze ook door zou kunnen leren. Ze zou geen beurs krijgen voor de universiteit zoals Julia, want haar vastberadenheid om daarvoor te gaan haalde het niet bij die van haar zus. Sylvie haalde hoge cijfers voor de vakken waarvoor ze zich interesseerde, maar net of geen voldoende voor de andere. Julia had zich vastberaden als een grasmaaier door de middelbare school geploegd met de volgende stap voor ogen.

‘Graag,’ zei William. ‘Ik heb helaas niet veel poëzie gelezen.’

Julia wist zeker dat William de lippen van haar zus niet waren opgevallen, en hij als dat wel zo was niet zou weten wat het betekende. Sylvie was de zus met wie Julia het dikst was en ook de enige die Julia voor een raadsel stelde, die haar met haar mond vol tanden liet staan. Haar zus had honderden romans gelezen – lezen was haar hele leven lang Sylvies enige interesse en hobby geweest – en uit die boeken had ze een levensdoel geplukt: een grandioze, unieke liefde ervaren. Het was een meisjesdroom, maar Sylvie klampte zich er nog steeds aan vast. Ze was elke dag van haar leven op zoek naar die ene, haar zielsverwant. En ze vree met jongens tijdens haar werk in de bibliotheek om te oefenen voor als ze hem zou ontmoeten.

‘Het is niet goed om zo te oefenen,’ zei Julia eens tegen Sylvie toen ze ’s avonds naast elkaar in hun donkere slaapkamer lagen. ‘En de liefde waarnaar jij zoekt is maar fantasie. In *Woeste Hoogten*, *Jane Eyre* en *Anna Karenina* is de liefde een kracht die vernietigt. Het zijn allemaal tragedies, Sylvie. Geef maar toe, die romans eindigen allemaal met wanhoop of de dood.’

Sylvie zuchtte. ‘Het gaat niet om de tragedie,’ zei ze. ‘We lezen die boeken omdat hun liefde zo enorm en waarachtig is dat we niet kunnen wegkijken. Het is geen vernietiging, het is een vorm van verruimen, denk ik. Als ik het geluk heb om zo'n liefde te kennen...' Ze viel stil, niet in staat in woorden uit te drukken hoe gewichtig dat zou zijn.

Julia schudde haar hoofd bij de aanblik van haar zusjes rode lippen, omdat die droom van haar ongetwijfeld haar ondergang zou worden. Sylvie was er te veel mee bezig en leefde te zeer in haar hoofd. Ze zou als slecht worden bestempeld en uiteindelijk met een knap uitziende sufferd trouwen omdat hij naar haar keek op een manier die Sylvie aan Heathcliff deed denken.

Emeline vertelde over haar mentor, die voorwaardelijk had gekregen wegens het roken van marihuana. 'Hij is zo eerlijk,' zei ze. 'Hij vertelde ons hoe hij betrapt werd en zo. Ik vrees dat hij nu nog veel meer problemen zal krijgen omdat hij het ons heeft verteld. Hij lijkt niet de regel voor volwassenen te kennen over wat je moet prijsgeven en wat je voor je moet houden. Ik wilde steeds maar tegen hem zeggen dat hij zijn mond moest houden.'

'Je moet ook tegen hem zeggen dat hij geen hasj moet roken,' zei Cecelia.

'Zullen we gaan eten?' Rose was schoon en in een van haar mooiere dagelijkse jurken uit haar slaapkamer gekomen. 'Leuk je te ontmoeten, William. Hou je van rode wijn?'

Hij stond op van de bank en vouwde zijn lange lijf uit. Hij knikte. 'Hallo, mevrouw.'

'Lieve help.' Rose legde haar hoofd in haar nek om naar hem op te kijken. Ze was amper een meter vijftig. 'Waarom heb je niet gezegd dat hij een reus is, Julia?'

'Maar wat een prachtexemplaar, hè,' zei Charlie. 'Onze Julia is zelfs een beetje week geworden en dat had ik niet voor mogelijk gehouden. Moet je haar zien glimlachen.'

'Papa,' zei Julia.

'Welke positie speel je?' vroeg Charlie aan William.

'Small forward.'

'Haha! Als jij de kleine forward bent, zou ik niet graag de grote ontmoeten.'

'Ik vraag me af wat de evolutionaire verklaring is voor een dergelijke lengte,' zei Sylvie. 'Hadden we mensen nodig die over een muur konden kijken om te zien of de vijand eraan kwam?'

Iedereen in de kamer, inclusief William, lachte. Julia dacht dat ze tranen in zijn ogen zag schitteren in al die drukte. Ze ging naar hem toe en fluisterde: 'Zijn we niet te veel voor je?'

Hij kneep in haar hand, een gebaar waarvan ze inschatte dat het zowel ja als nee betekende.

De maaltijd was niet bepaald lekker. Ondanks het feit dat ze prachtige groenten kweekte, had Rose een hekel aan koken, dus produceerden ze om beurten een maaltijd. De groenten waren ook niet voor hen bedoeld, die verkocht de tweeling elke week op de boerenmarkt in een nabijgelegen rijke wijk. Het was Emelines beurt om te koken, wat betekende dat ze diepvriesmaaltijden aten. De gast mocht als eerste zijn maaltijd kiezen. William koos kalkoen, dat in een schaal kwam met kleine vakjes voor tomatenpuree, erwten en cranberrysaus. Na hem kozen de gezinsleden zorgvuldig en gingen ze eten. Emeline had ook croissants gemaakt, rechtstreeks uit het blik de oven in. Die werden enthousiaster ontvangen en waren binnen tien minuten verorberd.

'Mijn moeder maakte ditzelfde merk toen ik jong was,' zei William. 'Het is fijn om dat weer eens te eten. Bedankt.'

'Ik ben blij dat ons eten je is welgevallen,' zei Rose. 'Mag ik vragen of je katholiek bent opgevoed?'

'Ik ging naar een katholieke school in Boston.'

'Ga je hetzelfde werk doen als je vader?' vroeg Charlie.

Deze vraag verraste Julia en ze zag dat haar zussen er ook van schrokken. Charlie sprak nooit over werk, vroeg er nooit iemand naar. Hij had een hekel aan zijn baan bij de papierfabriek. Volgens Rose bleef zijn ontslag alleen maar uit omdat de eigenaar een jeugdvriend van hem was. Charlie zei regelmatig tegen zijn dochters dat een baan niet belangrijk was.

'Wat dan wel, papa?' was een paar jaar eerder Emelines reactie op deze opmerking. Ze had het in al haar kleinemeisjesonschuld gevraagd. Er was algemene overeenstemming dat zij de zachtaardigste en meest serieuze van de vier meisjes was. 'Jouw glimlach,' had Charlie geantwoord. 'De nachtelijke hemel. De bloeiende kornoelje voor het huis van mevrouw Ceccione.'

Julia had geluisterd en gedacht: wat een onzin allemaal en mama heeft er niets aan, die moet elke week de was doen voor vreemden om de rekeningen te kunnen betalen.

Misschien probeerde Charlie het soort vragen te stellen waarvan hij dacht dat andere vaders ze aan de vriendjes van hun dochters stelden. Nadat de woorden zijn mond hadden verlaten dronk hij zijn glas leeg en pakte de wijnfles.

'Papa zag er bang uit,' zou Sylvie later die avond in het donker tegen Julia opmerken. 'En hoorde je dat mama het woord "welgevallen" gebruikte? Zo praat ze anders nooit. Ze sloofden zich uit voor William.'

'Nee, meneer,' zei William nu. 'Mijn vader zit in de accountantswereld. Ik...'

Hij aarzelde en Julia dacht: dit is moeilijk voor hem omdat hij geen antwoord heeft, hij heeft antwoorden nodig. Er liep een rilling van plezier over haar ruggengraat. Antwoorden waren Julia's specialiteit. Vanaf het moment dat ze kon praten had ze de baas gespeeld over haar zussen, hen op hun problemen gewezen en oplossingen aangedragen. Soms vonden haar zussen dat irritant, al moesten ze ook toegeven dat het zo zijn voordelen had om een 'meesterprobleemoplosser' in huis te hebben. Stuk voor stuk zochten ze haar op en zeiden dan schaapachtig: 'Julia, ik heb een probleem.' Dan ging het om een gemene jongen of een strenge leerkracht of een geleende en vervolgens kwijtgeraakte ketting. Julia smulde van het verzoek, wreef in haar handen en ging bedenken wat hun te doen stond.

William antwoordde: 'Als het niets wordt met basketballen, ga ik misschien...' Zijn stem stierf weg en hij keek net zo verloren uit zijn ogen als Charlie een moment daarvoor, bevroren in de tijd alsof hij alleen maar kon hopen dat het einde van de zin als bij toverslag zou verschijnen.

Julia zei: 'Dan wordt hij misschien professor.'

'Ooo,' zei Emeline goedkeurend. 'Twee straten verderop woont een heel knappe professor, die heeft altijd wel een paar vrouwen achter zich aan lopen. Hij draagt chique jasjes.'

'Waarin is hij professor?' vroeg Sylvie.

'Geen idee,' antwoordde Emeline. 'Wat maakt het uit?'

'Heel veel.'

'Professor,' zei Charlie, alsof Julia 'astronaut' of 'president van de Verenigde Staten' had gezegd. Rose had het altijd over de universiteit, maar had zelf na de middelbare school niet verder geleerd, Charlie was met zijn opleiding gestopt toen Julia werd geboren. 'Dat is niet niks.'

William zond Julia een blik, deels dankbaar, deels iets anders, en om hen heen ging het gekakel aan tafel door.

Toen ze later die avond een rondje door de buurt liepen, vroeg William: 'Hoezo zei je dat ik professor zou worden?'

Julia voelde haar wangen kleuren. Ze antwoordde: 'Ik wilde helpen, en Kent vertelde me dat je een boek schrijft over de geschiedenis van het basketbal.'

William liet zonder dat hij het zelf leek te merken haar hand los. 'Heeft hij dat verteld? Het is geen boek, tot nu toe is het niet veel meer dan wat aantekeningen. Ik weet niet of het ooit een boek gaat worden. Ik weet niet wat het gaat worden.'

'Het is knap,' zei ze. 'Ik ken geen andere studenten die in hun vrije tijd boeken schrijven. Het is erg ambitieus. Klinkt voor mij als een toekomstige professor.'

Hij haalde zijn schouders op, maar ze zag hem het idee overwegen.

De lange William torende als een schaduw boven haar uit. Een man, maar nog jong. Pilsen was gedempt vanavond onder de marineblauwe hemel. Ze liepen over een kleiner zijweggetje. Een paar straten naar rechts zag ze de torenspits van de Saint Procopius, waar haar familie op zondag de mis bijwoonde. Julia dacht aan Sylvie die gekust werd tegen een rij sciencefictionboeken onder de felle lampen van de bibliotheek. Ze stak haar arm uit en trok aan de voorkant van Williams jas als om te zeggen: kom eens hier.

Hij kende dit signaal en bukte zich. Zijn lippen raakten de hare – zacht, warm – en ze drukten hun lijven tegen elkaar aan, midden op straat, midden in hun relatie, midden in haar wijk. Julia genoot van zoenen met William. Ze had vóór hem met een paar jongens gezoend, maar die hadden het benaderd als het startschot bij een sprint. Vermoedelijk met seks als finish, al had geen van hen verwacht die te bereiken; ze probeerden gewoon zo ver mogelijk te komen voordat Julia de race staakte. Een kus op de wang wijzigde koers naar de lippen, wat algauw uitmondde in tongzoenen, waarna de jongen haar borsten omvatte alsof hij probeerde de afmetingen in te schatten. Julia had nooit iemand verder laten gaan dan dat, maar de hele onderneming was zo stressvol dat ze kussen als nat en roekeloos had ervaren. Maar William was anders. Zijn kussen waren langzaam en maakten geen deel uit van een race, waardoor ze zich kon ontspannen. Omdat ze zich veilig voelde, gingen verschillende lichaamsdelen aan en ze drukte haar zachte lijf tegen het zijne. Met William wilde ze voor het eerst meer. Ze wilde hem.

Toen ze de kus eindelijk verbraken, fluisterde ze tegen zijn borst: 'Ik ga hier weg.'

'Waar? Bij je ouders?'

'Ja, weg uit deze hele buurt. Na mijn studie. Als...' – nu was het Julia's beurt om te aarzelen – 'als mijn echte leven begint. Hier begint helemaal niets; je hebt mijn familie gezien. Hier kom je vast te zitten.' Ze zag de bodem van Rose' tuin voor zich: rijk, korrelig, plakkerig. Ze wreef met haar hand langs Williams jas alsof ze de aarde eraf wilde vegen. 'Er zijn veel mooiere wijken in Chicago. Die zijn een heel andere wereld. Ik vraag me af, wil je terug naar Boston?'

'Het bevalt me hier wel,' zei hij. 'Ik vind je familie aardig.'

Julia besefte dat ze haar adem had ingehouden in afwachting van zijn antwoord. Ze had besloten dat William haar toekomst was, maar ze wist niet of hij er hetzelfde over dacht, hoewel ze vermoedde van wel.

'Ik vind ze ook aardig,' zei ze. 'Ik wil ze alleen niet zíjn.'

Toen ze later die avond het huis binnensloop, het kleine slaapkamertje in dat ze met Sylvie deelde, zaten al haar zussen daar in hun nachthemd op haar te wachten. Ze glimlachten triomfantelijk naar haar.

'Wat?' fluisterde ze, niet in staat haar eigen glimlach te onderdrukken.

'Je bent verliefd!' fluisterde Emeline en de meisjes trokken Julia op het bed en vierden dat ze de eerste was die deze stap zette, de eerste die haar hart aan een jongen gaf. De tweeling en Sylvie gingen samen met haar in het eenpersoonsbed liggen. Ze hadden dit al ontelbare keren gedaan. Het werd wel lastiger naarmate hun lichamen groeiden, maar ze wisten hoe ze hun ledematen moesten intrekken en zich zo moesten organiseren dat het paste.

Julia lachte met haar hand voor haar mond omdat ze haar ouders niet wakker wilde maken. Tot haar eigen verbazing merkte ze dat ze tranen in haar ogen kreeg, zoals ze daar in de armen van haar zussen lag. 'Dat zou best eens kunnen,' zei ze.

'Hij is goedgekeurd,' zei Sylvie. 'Hij kijkt naar je alsof je het neusje van de zalm bent, en dat ben je ook.'

'Hij heeft zo'n mooie kleur ogen,' zei Cecelia. 'Een ongewone tint blauw. Ik ga ze schilderen.'

'Het is niet jouw soort liefde, Sylvie,' zei Julia, die dat duidelijk wilde hebben. 'Het is de verstandige soort.'

'Natuurlijk,' zei Sylvie en ze gaf haar een zoen op haar wang. 'Jij bent een verstandig persoon. En we zijn zo blij voor je.'

William vroeg haar in hun een-na-laatste jaar ten huwelijk. Dat was ook het plan, Julia's plan. Ze zouden vlak na hun afstuderen trouwen. Ze was van hoofdvak gewisseld, van geesteswetenschappen naar economie, nadat ze een fascinerende collegereeks over organisatiepsychologie had gevolgd. Ze leerde over systemen, hoe elk bedrijf bestond uit een verzameling complexe onderdelen, motivaties en bewegingen. Dat wanneer één onderdeel stukging of uit de pas liep, het hele bedrijf ten onder kon gaan. Haar professor was een businessconsultant die bedrijven adviseerde hoe ze hun werkprocedé 'efficiënter' en 'effectiever' konden maken. Julia had in de zomer vóór haar laatste jaar een baantje bij professor Cooper. Ze notuleerde en stelde op millimeterpapier stroomdiagrammen voor bedrijfsvoering op. Haar familie lachte haar uit om haar marineblauwe pumps en mantelpakje, maar ze vond het heerlijk om de mechanisch gekoelde lucht van het kantoorgebouw binnen te lopen, hoe iedereen zich er kleedde alsof ze zichzelf en hun werk serieus namen, en zelfs het door wolken sigarettenrook moeten lopen onderweg naar het damestoilet. De mannen zagen eruit zoals ze vond dat mannen eruit moesten zien en ze gaf William dat jaar een kraakwit overhemd voor zijn verjaardag. Ze was van plan er met kerst een corduroy blazer aan toe te voegen. William had besloten haar suggestie om professor te worden werkelijkheid te maken. Julia was zich bewust van de elegantie van haar plannen: deze zomer verloofd, volgende zomer afstuderen en trouwen, en dan zou William aan een promotieonderzoek beginnen. Ze vond het heerlijk om in dit moment te leven, met haar leven vlak voor haar neus in plaats van ergens in de verte. Ze had haar hele kindertijd gewacht om op te groeien en híér te komen, op het randje van volwassenheid.

William bracht zijn laatste volledige zomer aan Northwestern door op een trainingskamp en Julia zocht hem aan het einde van de dag op bij het sportterrein zodat ze samen konden eten. Ze kwam Kent zo nu en dan op de binnenplaats tegen, als hij eerder bij de training wegging vanwege zijn zomerbaantje in de ziekenboeg van de universiteit. Julia vond Kent aardig, maar voelde zich altijd een beetje ongemakkelijk in zijn nabijheid. Het leek alsof er iets mis was met hun timing, want ze wilden vaak precies op hetzelfde moment iets zeggen. Als ze samen met William waren en hij iets zei, reageerden ze allebei tegelijk en waren ze geen van beiden te verstaan. Julia had respect voor Kent, hij was tenslotte van plan om geneeskunde te studeren, en ze vond dat hij een goede invloed op William had. Haar ongemak bestond deels uit een verlangen aardig te willen worden gevonden door hem. Ze wist niet zeker of hij dat deed. In zijn aanwezigheid ging ze in haar hoofd mogelijke gespreksonderwerpen af, op zoek naar een onderwerp waarin ze allebei thuis waren.

'Goedenavond, generaal,' zei Kent toen hij haar die avond zag. 'Ik hoor dat je het bedrijfsleven onveilig maakt.'

'Noem me niet zo,' zei ze, maar ze glimlachte erbij. Het was onmogelijk om iets wat Kent zei als belediging op te vatten, want zijn toon en stralende glimlach sloten die mogelijkheid uit. 'Hoe gaat het met het basketballen?'

'Vreugdevol,' zei hij, en de manier waarop hij het woord uitsprak deed Julia aan Cecelia denken, die een vraag met een enthousiast 'paars' kon beantwoorden.

'Onze vriend voelde zich zichzelf tijdens de training vandaag,' zei Kent. 'Hij heeft het naar zijn zin deze zomer. Dat is mooi om te zien.'

Julia dacht hier een berispende toon in te bespeuren, maar kon niet bedenken waarvoor Kent haar zou berispen. Dacht hij dat ze niet wilde dat William plezier had?

Nadat ze hem gedag had gezegd ging ze op een bankje zitten wachten. Ze schudde haar hoofd, geërgerd dat ze zich door Williams vriend van haar stuk liet brengen. Ze haalde een poederdoos uit haar tas en bracht haar lippenstift opnieuw aan, waarna ze opstond toen ze haar knappe verloofde omringd door een groepje lange, slungelige jongemannen uit de sporthal zag komen. Ze was onlangs een kennis van de biologielessen in haar eerste jaar op straat tegengekomen en het meisje had gezegd: 'Ik hoorde dat je verloofd bent met die lange jongen met de mooie ogen. Wat een knapperd.' Julia hield Williams hand stevig vast toen ze naar een café liepen voor het avondeten.

William was traag in zijn bewegingen en niet in staat een gesprek te voeren tot hij duizend calorieën tot zich had genomen en weer kleur op zijn gezicht kreeg. In tegenstelling tot hem ratelde Julia maar door van enthousiasme en bracht hem op de hoogte van alles wat ze die dag had meegemaakt.

'Professor Cooper zegt dat ik een natuurtalent ben in problemen oplossen,' zei ze.

'Daar heeft hij gelijk in.' William sneed zijn gepofte aardappel tot een rooster en at een blokje op.

'Ik vroeg me af, heb je nog aan je tekst gewerkt?' Ze had geleerd het geen boek te noemen. 'Je zou het als je scriptie kunnen gebruiken.'

'Het is een zootje,' zei hij. 'Ik heb er de laatste tijd niet veel tijd voor gehad en ik kan me maar niet op het materiaal concentreren.'

'Ik zou het heel graag lezen.'

Hij schudde zijn hoofd.

Ze wilde vragen: 'Heeft Kent het gelezen?' Maar ze wilde William daar geen ja op horen antwoorden. Ze wilde het boek lezen omdat ze geïnteresseerd was, en zodat ze zou weten hoe goed het was. Of het potentieel had om een carrière omheen te bouwen.

'Ik begin dit jaar,' zei hij. 'De coach zegt dat mijn spel met sprongen vooruit is gegaan.'

'Begin met?'

'In de basis. Ik zit bij de eerste vijf. Als er scouts van de NBA komen, zullen die me zien spelen.'

'Dat is leuk,' zei ze. 'Ik zal voor je juichen.'

Hij glimlachte. 'Dank je wel.'

'Heb je je ouders al laten weten dat we verloofd zijn?'

Hij schudde zijn hoofd. 'Nog niet. Ik weet dat ik dat zou moeten doen. Maar...' – hij aarzelde – 'ik denk niet dat het ze zal interesseren.'

Julia wist dat ze een te strakke glimlach op haar gezicht had. Hij stelde het al weken uit om het zijn ouders te vertellen. Zij dacht dat het was omdat hij zich schaamde voor het feit dat hij een Italiaans-Amerikaans meisje uit een arme familie ten huwelijk had gevraagd. Hij had haar genoeg over zijn opvoeding verteld om te weten dat zijn vader een indrukwekkende baan had en zijn moeder niet hoefde te werken. Ze hadden waarschijnlijk een hooghartige houding en verwachtingen voor hun enige kind. Maar William leek dit niet te willen bekennen, en zij wilde haar vrees niet openlijk toegeven. Nu zei ze met een gespannen stem die bij haar gespannen glimlach paste: 'Doe niet zo gek. Het zijn je ouders.'

'Luister,' zei hij, 'ik weet dat het raar zou zijn om ze niet voor de bruiloft uit te nodigen, maar ik denk echt niet dat we ze hoeven vragen.' Hij zag haar gezicht en zei: 'Ik zeg het gewoon eerlijk. Ik weet dat het ongebruikelijk is.'

'Je belt ze vanavond,' zei ze. 'En dan kom ik ook aan de lijn en ik zal zorgen dat ze dol op me zijn.'

William was even stil en zijn blik vernauwde zich op een manier die aangaf dat hij heel ver weg was. Toen hij weer opkeek, aanschouwde hij haar alsof ze een probleem was dat hij diende op te lossen.

'Je houdt toch van me,' zei ze.

'Ja,' antwoordde hij, en dat leek hem aan te zetten tot een besluit. 'Oké, we doen het.'

Een uur later belden ze, samen op het harde houten bankje in het ouderwetse telefoonhok op de gang van zijn studentenhuis gezeten, naar Boston. Williams moeder nam op en William begroette haar. Hoewel ze beleefd was, leek de vrouw verrast iets van hem te horen. Toen Julia zich ook kenbaar maakte – haar stem klonk te zeer versterkt in haar eigen oren alsof ze door een megafoon praatte – klonk Williams moeder ver weg. Ze zei dat ze iets in de oven had staan en dat het leuk was dat ze gingen trouwen, maar dat ze echt moest ophangen.

Het gesprek duurde nog geen tien minuten.

Julia hapte naar lucht toen ze de hoorn neerlegde, buiten adem van haar poging om de afstandelijke vrouw aan de andere kant van de lijn te bereiken, te beroeren.

Toen ze weer iets kon zeggen, zei ze: 'Je had gelijk. Ze wil helemaal niet komen.'

'Het spijt me,' zei hij. 'Ik weet dat het teleurstellend voor je is. Jij had het je zo voorgesteld dat iedereen erbij zou zijn.'

Julia zat tegen William aan gedrukt op het kleine zitje. Het was warm in het hokje. In haar lijf borrelden de temperatuur en de teleurstelling en haar medelijden met deze jongen omhoog. Deze jongen die ouders verdiende die hem op de wang kusten zoals haar ouders dat bij haar deden. Ze waren van plan geweest geen seks te hebben voor het huwelijk, hoewel ze dat voornemen een keer of twee bijna hadden verbroken. De afstandelijke vrouw aan de telefoon had William aan Julia overhandigd op een manier die net zo significant voelde als een huwelijksgelofte. Zij moest voor hem zorgen. Zij moest van hem houden met alles wat ze had. En wel nu. Ze was verhit, haar rok was om haar middel gedraaid vanwege hun zithouding en niets zou meer goed zijn tot ze dichter bij hem was.

Ze zei: 'Hebben we je kamer voor onszelf?'

Zijn kamergenoot was de hele zomer naar huis. William knikte met een vragende blik in zijn ogen.

Ze nam hem bij de hand en leidde hem de gang door, naar zijn kamer, en deed de deur achter hen op slot.

Sylvie

AUGUSTUS 1981 – JUNI 1982

De Lozano-bibliotheek keek uit op een T-splitsing in het centrum van Pilsen. Sylvie hield van elke centimeter van de ruime bibliotheek en de wand met verdiepingshoge ramen die uitzicht boden op het licht en het weer dat de stad te bieden had. Ze vond het geweldig hoe in de bibliotheek iedereen welkom was en de bibliotheekmedewerkers plichtsgetrouw elke vraag beantwoordden die ze kregen, hoe geheimzinnig of belachelijk ook. Sylvie werkte al vanaf haar dertiende in de bibliotheek. Ze was begonnen als opruimhulp en nu ze twintig was had ze de titel assistent-bibliothecaresse.

Ze was bezig exemplaren van *Welke kleur heeft jouw parachute?* op een plank te zetten toen Ernie, een jongen van haar leeftijd met een kuiltje in zijn kin, met een grote glimlach haar gangpad in liep. Ze hadden samen op de middelbare school gezeten en hij kwam soms langs na zijn ochtendlessen op de technische school waar hij een opleiding tot elektricien volgde. Na om zich heen te hebben gekeken of er verder niemand in zicht was, stapte Sylvie in zijn armen. Ze kusten zo'n anderhalve minuut terwijl ze met zijn hand op haar onderrug twee trage rondjes in het gangpad draaiden, tot ze hem op zijn schouder tikte en hij weer verdween.

Sylvie had tegen Julia gezegd dat ze met jongens zoende om te oefenen voor haar grote liefde, en dat was waar. Maar ze deed het ook omdat het leuk was. Ze had haar hele jeugd gewacht, in klaslokalen om zich heen kijkend voor haar persoon, haar versie van Gilbert Blythe uit *Anne van het groene huis*. Ze had hem nog niet gevonden, maar genoot van de kick die het haar gaf zich in de armen van een jongen te bevinden. Sylvie was van nature verlegen en een boekenwurm, dus ze bloosde als Ernie haar in de ogen keek. 'Ik word steeds beter in kussen,' zei ze tegen Julia toen ze het er 's avonds in bed weer over hadden. 'Het is duidelijk een aan te leren vaardigheid.'

Julia schudde haar hoofd. 'Mensen roddelen over wat jij met die jongens doet. Als mama het hoort...' Het was niet nodig om deze zin af te maken, want ze wisten allebei dat Rose woedend zou zijn. En als Sylvie zou proberen uit te leggen dat ze oefende voor de liefde van haar leven, zou Rose onthutst zijn en haar waarschijnlijk in haar kamer opsluiten. Rose had het woord 'liefde' nooit in het bijzijn van de meisjes uitgesproken, ze wisten gewoonweg dat ze van hen hield vanwege de hevige aandacht die ze hun schonk. Op dezelfde onuitgesproken wijze wisten ze ook dat Rose van Charlie hield. Het was omdát ze van hem hield dat Rose zo teleurgesteld was in haar huwelijk en het van zo'n groot belang was dat haar meiden sterk en geschoold opgroeiden, op eigen benen konden staan, zonder gebukt te gaan onder zoiets gecompliceerds en onbetrouwbaars als liefde.

Julia had het idee van liefde ook altijd verworpen, maar nu was ze verliefd op William Waters. Sylvie vond het fascinerend de persoon die ze het beste van allemaal kende te zien zwichten voor romantiek. Haar oudere zus bracht haar dagen glimlachend door, ongestoord door zaken die haar normaal gesproken opwonden: Charlie die een tweede of derde borrel inschonk, Cecelia die zich te laat voor het eten op haar stoel liet glijden, Emeline die buitenspeelde met jongere kinderen uit de wijk terwijl Julia haar daar te oud voor vond. De liefde had Julia gelukkiger en lichter gemaakt, maar ze zag het als onderdeel van een goed uitgedacht leven, niet als reden om te leven, zoals Sylvie deed.

Julia geloofde in een aantal rechtstreekse stappen: scholing leidde tot een goed huwelijk, wat leidde tot een redelijk aantal kinderen, financiële zekerheid en vervolgens onroerend goed. Ze vond Sylvies gedrag in de bibliotheek verontrustend omdat het een kwalijke ongerijmdheid impliceerde, dat ze jongens – meervoud – haar gezicht liet overstelpen met kussen, toestond dat ze een hand onder haar trui schoven en op haar borst legden, ook al was hoofdbibliothecaresse Elaine, die erop stond dat iedereen haar zo noemde, slechts twee rijen bij hen vandaan. 'Ga gewoon met één jongen tegelijkertijd, als ieder normaal mens,' smeekte ze Sylvie. Ze wilde dat haar zus zich op een manier gedroeg die logisch voor haar was.

'Ik heb geen interesse in verkering,' zei Sylvie. 'Dan moet je je optutten voor afspraakjes en doen alsof je een mooi meisje bent dat aan niets anders dan trouwen en kinderen krijgen denkt. Ik denk niet aan die dingen en ik word verdrietig als ik moet doen alsof ik iemand anders ben. O...' Ze steunde op een elleboog zodat ze haar zus kon zien in het schaarse licht. 'Vandaag toen ik boeken aan het opruimen was, bedacht ik een metafoor. Stel je voor dat ik een huis ben, en als ik mijn grote liefde vind, word ik de hele wereld. Onze liefde zal me zoveel meer laten zien dan wat ik in mijn eentje kan zien.'

'Dat slaat nergens op,' zei Julia, maar ze glimlachte erbij, omdat ze zacht was binnen haar eigen liefdesverhaal en omdat ze wilde dat Sylvie gelukkig was, ook al vond Julia haar droom absurd.

Sylvie was niet helemaal onpraktisch. Ze zou Engels gaan studeren, wat ervoor zou zorgen dat ze een deel van de mysteriën en schoonheid en symmetrie van de romans waar ze zo dol op was zou begrijpen en waardoor ze een baan op een school of in de uitgeefwereld kon krijgen. Al het geld dat ze overhield zou ze aan Rose geven, om haar moeders leven makkelijker te maken. Zij en haar moeder konden niet goed met elkaar overweg. Ze hadden de hele dag door kleine ruzietjes. Sylvie ergerde zich eraan dat Rose door het hele huis glazen en borden liet slingeren. De tweeling deed het ook, maar dat zag Sylvie door de vingers omdat ze de jonkies van het gezin waren. Rose klaagde vaak dat Sylvie niets om haar tuin gaf en dat was waar. Ze was de enige dochter die erop stond dat al haar huishoudelijke taken binnenshuis plaatsvonden. Ze kwam alleen in de achtertuin om de was aan de waslijn te hangen. Als Rose Sylvie een boek zag lezen, trok ze een gezicht en zuchtte luid. Dit stelde Sylvie voor een raadsel, want hoe kon haar moeder lezen afkeuren, terwijl zij toch degene was die eiste dat alle vier de meisjes een opleiding genoten? Ze had geobserveerd dat haar moeder en Julia vaak een vredige stilte deelden aan de keukentafel. Maar als Sylvie en haar moeder samen waren, knisperde de lucht alsof die gevuld was met statische elektriciteit.

Rose streek het haar van Emeline en Cecelia goed en commandeerde ze alsof het kleine kinderen waren. De meisjes accepteerden dat. Ze namen het grootste deel van het onkruid wieden voor hun rekening en hielpen Rose de was vouwen. De tweeling scheen niemand anders dan elkaar nodig te hebben en leek vaak aangenaam verrast door de genegenheid waarmee hun ouders en oudere zussen hen overstelpten. Vooral Emeline leek geschrokken als een ander gezinslid zich in een gesprek mengde dat ze met Cecelia voerde, alsof ze was vergeten dat er ook nog andere mensen in het huis woonden. De tweeling had hun eigen verzonnen taal, die ze hadden gesproken tot de dag dat ze de basisschool verlieten, en als ze alleen waren gebruikten ze nog steeds weleens wat van dat vocabulaire.

Met een boek in haar handen sloot Sylvie haar ogen, zodat ze Ernies kus opnieuw kon beleven. De mensen die haar gewillig noemden, of een slet, waren luie denkers. Ze was nooit verder gegaan dan zoenen met Ernie, of met Miles, of met de man in pak met de dikke wenkbrauwen. Die jongemannen leken blij haar te mogen zoenen en de negentigsecondenlimiet zorgde ervoor dat zich niets serieus kon ontwikkelen, wat Sylvie goed uitkwam. Als vaste verkering of een slet zijn de enige twee beschikbare deuren waren, had zij een derde deur gevonden en geopend. Ze had het meeste zin in de toekomst omdat ze meer derde deuren wilde ontdekken. Haar zielsverwant zou daar ook aan voldoen; hij zou meer zijn dan een vriendje of echtgenoot. Hij zou Sylvie zíén, als door een volmaakt heldere glazen ruit, en niets aan haar willen veranderen. Sylvie zag elke dag hoe haar moeder haar vader probeerde te veranderen, en nu ook hoe Julia William liefdevol in de vorm van haar ideale toekomstige echtgenoot kneedde. Sylvie zou anders liefhebben. Ze zou haar geliefde vieren, ze zou nieuwsgierig zijn naar wat hem onderscheidde en zich in een liefde nestelen die vrijmoedig anders was.

Mijn hart is open, dacht ze, waarna ze nadacht over die zin. Was het een regel uit een gedicht? Had ze haar vader die woorden in huis horen citeren? Ze deelde haar vaders liefde voor Whitman. Als Charlie gedichten voordroeg, zag ze voor zich hoe de bebaarde dichter op het achterbalkon van een stoomtrein stond. De woorden, de schoonheid die hij zag in de wereld, ze kreeg er tranen van in haar ogen.

Toen ze met haar karretje uit het gangpad kwam, zag ze Julia en William aan hun vaste tafeltje zitten. Dat was deels afgeschermd van de voorkant van de bibliotheek door een draagbalk, zodat ze wat privacy hadden, hoewel Sylvie hen hooguit elkaars hand had zien vasthouden. Ze leunden nu naar elkaar toe, de blikken in elkaar verstrengeld. Sylvie begreep de laserfocus van haar zus. Ze wist dat Julia alles had ingezet op William Waters. Hij zou haar echtgenoot worden, de draagbalk van haar toekomst. Julia had een sterke wil en haar machtige motor dreef haar en William voort. 'Ik weet waarom je hem zo leuk vindt,' had Cecelia plagend tegen haar oudste zus gezegd, 'omdat hij precies doet wat je zegt.'

Sylvie kende William natuurlijk niet zo goed als haar zus, maar ze proefde wel een zekere angst bij hem, hoewel hij aan de buitenkant stabiel en kalm leek. Hij klampte zich aan Julia vast als aan een reddingssloep en Sylvie vroeg zich af waarom. Ze roddelde niet vaak, maar ze wilde altijd graag het hele verhaal weten, helemaal wanneer dat kwam in de vorm van een twee meter vier lange man die haar geliefde zus in hun familie had gebracht.

Ze reed haar karretje naar hun tafel en ze begroetten haar allebei met een glimlach.

'Wat studeer je toch hard.' Sylvie staarde hongerig naar de boeken die verspreid lagen over hun tafel. Ze had moeten stoppen met haar opleiding omdat Charlies loon weer was verlaagd. Ze werkte nu alle beschikbare uren in de bibliotheek en spaarde zodat ze weer naar school zou kunnen.

'Ik ben niet zo slim als je zus,' zei William. 'Ik moet veel studeren, anders haal ik geen voldoendes en kan ik niet meer basketballen.'

'Jij kunt ook snel weer verder met je opleiding,' zei Julia tegen Sylvie.

Sylvie haalde haar schouders op en voelde haar wangen warm worden. Ze wilde hun financiële problemen niet bespreken waar haar toekomstige zwager bij was. 'Hoe gaat het met de plannen voor de bruiloft?' vroeg ze. 'Het lijkt me leuk om je familie te ontmoeten, William.'

Er flitste een vreemde uitdrukking over zijn gezicht en Sylvie vroeg zich af of ze iets verkeerds had gezegd.

'Zijn ouders komen niet naar de bruiloft,' zei Julia snel. 'Dat willen ze niet.'

Sylvie hield haar hoofd schuin en probeerde dit te snappen. Mensen willen niet sporten of salade eten of vroeg opstaan. Zeggen dat je eigen ouders niet op je bruiloft willen komen, klonk verkeerd. 'Ik begrijp het niet,' zei ze.

William zag er moe uit, iets in hem verfletste, passend bij zijn fletsblauwe ogen. 'Ik denk ook niet dat jij of je zus het kúnnen begrijpen,' zei hij. 'Jullie houden van je familieleden. Ik denk niet dat mijn ouders van mij houden.'

Hij keek zelf verbaasd door wat hij zojuist had onthuld en Sylvie was ook verbaasd. Ze ging op de lege stoel aan hun tafeltje zitten. Julia legde haar hand op die van William. Ze zei met haar vastberadenste stem: 'Onze bruiloft wordt ook geweldig zonder hen.'

'Natuurlijk!' zei Sylvie. 'Sorry dat ik erover begon... Ik wist het niet.'

'Het zijn geen slechte mensen,' zei William. 'Jullie hebben

gewoon geluk met Rose en Charlie als ouders.'

'Ja,' zei Sylvie.

Zonlicht drong de bibliotheek binnen door de grote ramen. Even werden ze allemaal gevangen door de stralen – ze knipperden, tilden hun hand op om hun ogen te beschermen – tot een wolk bewoog of de zon iets zakte en de ruimte om hen heen weer haar normale kleur kreeg.

Hoofdbibliothecaresse Elaine klakte ergens luid met haar tong en Sylvie kwam overeind.

'Verberg je een jongen tussen de kasten?' vroeg Julia.

'Op dit moment niet,' antwoordde Sylvie. 'Ik ben alleen met mijn duizend boeken.'

Een maand later kon Sylvie weer verder leren, dankzij haar zus. Julia zat op een middag in de Lozano-bibliotheek en lette goed op de vaste bezoekers. Een oudere man die tijdens de lunch altijd langskwam en Sylvie haar horoscoop voorlas uit de krant, werkte toevallig bij de plaatselijke bank. Julia stapte op hem af en toen ze Sylvies situatie had uitgelegd, wilde hij graag helpen. Nog diezelfde middag regelde hij een kleine studielening voor haar. 'Een licht als jij moeten we niet onder de korenmaat zetten,' zei hij toen hij Sylvie de papieren overhandigde.

Deze edelmoedigheid, van de man en van haar zus, roerde Sylvie tot tranen, ook al huilde ze zelden. Hoofdbibliothecaresse Elaine klakte met haar tong bij de aanblik van haar opgezwollen gezicht en natte ogen en zei: 'Nou, dan moeten we zeker je werkschema weer rond je lessen plannen.'

'Ja graag, mevrouw.'

Haar zussen bakten een taart voor haar en Cecelia maakte een spandoek waarop stond: GEFELICITEERD, SYLVIE! Maar ze hing het doek in het slaapkamertje van Sylvie en Julia, zodat de aanblik ervan Charlie niet zou kwetsen. Hij had het feit dat Sylvie van school had gemoeten genegeerd – omdat het zijn schuld was – en zou dus liever ook negeren dat ze zich opnieuw had moeten inschrijven. In kleermakerszit op de slaapkamervloer gezeten en druk door elkaar pratend aten de vier meiden de taart op.

'Deze taart is ook voor jou.' Sylvie knikte naar haar oudere zus. 'Zonder jou had ik niet terug gekund.'

Julia slikte haar hap door en zei: 'Eigenlijk had je zelf aan deze oplossing moeten denken. Iedereen in die bibliotheek is dol op je. Als ze hadden geweten dat je hulp nodig had, zou je die eerder hebben gekregen.'

Aan de andere kant van de deur klonken geagiteerde stemmen vanuit de woonkamer en de vier meiden werden stil en luisterden. Rose' stem was omhooggeschoten, wat betekende dat ze niet blij was, waarop Charlie antwoordde en Rose' stem weer naar een normaal niveau zakte. Wat in eerste instantie had geklonken als een echtelijke ruzie bedaarde tot een gesprek en de meiden ontspanden.

'Dit is hoe het zal zijn,' zei Julia.

'O jippie!' riep Cecelia uit, en Emeline legde vol verwachting haar vork neer. De tweeling was net zeventien geworden en zat in hun laatste jaar van de middelbare school. Sylvie was twintig en Julia eenentwintig. Ze werden te oud voor dit spelletje, dat in hun vroege jeugd was begonnen, maar konden het nog niet opgeven. Julia leidde het spel en vertelde hun allemaal hoe hun toekomst eruit zou zien. Ze pakte een onzichtbare glazen bol en schudde die als een sneeuwbol om telkens weer andere antwoorden te vinden voor de vier meisjes. Op de basisschool was ze door een fase gegaan waarin ze gek op dieren was en zij dus dierenarts werd en Sylvie haar assistent. Julia kon de dieren geen inentingen geven, daarom had ze een assistent nodig die dat op zich nam. In dat visioen van de toekomst waren Emeline en Cecelia dierenverzorgers. Sinds die tijd hadden talloze beroepen en echtgenoten de revue gepasseerd, een caleidoscopische blik op de jaren die voor hen lagen.

'Sylvie zal in de trein een lange vreemdeling met donkere ogen genaamd Balthasar ontmoeten en aan het grote liefdesverhaal van haar leven beginnen. Ze zal ook de grote Amerikaanse roman schrijven en voor haar dertigste de Pulitzerprijs winnen.'

Sylvie drukte haar blote voet tegen het bovenbeen van haar zus om haar goedkeuring aan te geven, haar mond vol suikerachtig glazuur.

'Ik trouw volgende zomer met William en we krijgen twee volmaakte kindertjes. We gaan in een chique eengezinswoning wonen met een echte tuin, waarschijnlijk in Forest Glen, en jullie drieën komen minstens elke zondag langs met het eten. En ik word voorzitter van het schoolbestuur op de school van mijn kinderen en zal de perfecte professorsvrouw zijn.'

'En als hij het tot de basketballeague schopt?' vroeg Emeline. 'Want dat is toch wat hij het liefst zou doen?'

Julia veegde haar krullen uit haar gezicht. 'Sport is geen carrière, het is iets wat je tijdens je schooltijd doet.'

'Dus jij bent overal de baas,' zei Cecelia, die wilde dat Julia opschoot.

'Ja. En jij, Emmie, trouwt met een Schotse arts en krijgt drie paar tweelingen. Je zult op een boerderij aan de rand van een *moor* wonen.'

Er was altijd wel een moor in een van de toekomsten; de meisjes waren allemaal gefascineerd door dat mysterieuze landschap uit bijna al hun favoriete Engelse romans.

'Ooo,' zei Emeline en ze liet zich verrukt op het bed vallen. Het was haar grootste wens om moeder te worden, een rol waar ze al haar hele leven voor oefende. Sinds haar dreumestijd had ze met een tasje vol snacks en pleisters rondgelopen voor als haar zussen die nodig zouden hebben. De jongere kinderen uit hun wijk waggelden als eendenkuikens achter haar aan, dol op de aandacht die ze hun gaf. Ze was de populairste babysitter aan hun kant van Pilsen en had als gevolg daarvan een indrukwekkende hoeveelheid bankbiljetten onder haar matras.

'Drie jongens en drie meisjes,' zei Julia, voordat Emeline het kon vragen. Het meisje knikte tevreden.

'Nu ik!' zei Cecelia.

'Jij gaat naar de kunstacademie en wordt een beroemde kunstenares. Je kunt niet te lang ver bij Emeline vandaan zijn...'

'Want dat overleven we niet,' zei Emeline.

'... dus heb je zowel een appartement in Parijs als in Schotland in de buurt van haar boerderij, want je houdt zo van de regen.'

'Ja,' zei Cecelia. 'Ik zou graag de regen schilderen zoals Van Gogh de nachtelijke hemel schilderde.'

Emeline knikte. 'En mijn boerderij hangt vol met jouw schilderijen.'

Sylvie moest zichzelf dwingen haar volgende hap taart door te slikken, want die proefde plotseling bitter. Bijna zei ze iets onaardigs als 'dit zal allemaal niet echt gebeuren', maar ze hield haar mond. De lol van het spel was er voor haar af en ze kon zien dat Julia haar enthousiasme ook veinsde. Sylvie had nooit toegegeven, zelfs niet aan zichzelf, dat een roman schrijven een droom van haar was. Maar haar zus had de waarheid uit haar gefutseld en het uitgesproken waar iedereen bij was en ook al wist Sylvie dat Julia het goed bedoelde, het voelde toch pijnlijk, vreemd, als een verlies. De droom hing nu in de lucht, blootgesteld aan de elementen, buiten haar bereik.

Op Julia's trouwdag wekte Rose de vier meisjes bij zonsopgang.

'Wat is er, mama?' vroeg Emeline als reactie op haar uitzinnige gezichtsuitdrukking.

De meisjes wreven in hun ogen en vervielen na een paar gapen in een gepanikeerde stilte, waarin ze het ergste verwachtten. William was overleden, of gevlucht, of de kerk was afgebrand, of Charlie was te dronken om op de bruiloft te komen. Of misschien was er iets verschrikkelijks met de tuin gebeurd; een overstroming of een legertje dodelijke mieren.

'Er is. Zoveel. Te doen,' zei Rose, buiten adem door het moeten uitspreken van de woorden. 'Opstaan!'

Julia stond al overeind en fatsoeneerde haar haar. Ze liep achter haar moeder aan naar de keuken en dreunde haar eigen to-dolijst op. 'We moeten zorgen dat er een stoel is voor William, niet alleen voor de oude mensen. Hij kan niet lang staan vanwege zijn knie. Sylvie haalt de bloemen op bij meneer Luis. De koekjes?'

'Klaar om de oven in te gaan.'

De vier huizen links en rechts van hen hadden hun keuken ter beschikking gesteld en stonden klaar om hun portie van de vijfhonderd koekjes te bakken die nodig waren voor de receptie. Om tien uur zou Emeline van huis naar huis rennen en 'Nu!' roepen en zouden de koekjes allemaal tegelijk in de oven worden geschoven.

De plechtigheid vond op het middaguur plaats in de Saint Procopius en de receptie met wijn en koekjes werd in de zijtuin van de kerk gehouden. Julia's jurk was door een Italiaanse naaister van twee straten verderop gemaakt. Rose had de afgelopen maanden de jurken en stoffen van de naaister gratis gewassen in ruil voor de trouwjurk. Rose was een onderhandelaar van wereldklasse. In de linkerachterhoek van haar tuin groeide een bepaald soort pompoen omdat de plaatselijke slager die zo miste uit zijn jeugd in Griekenland. Ze gaf hem elk jaar de hele oogst in ruil voor stukken kip en rund voor haar gezin. Behalve de wijn had ze alles wat ze nodig hadden voor de bruiloft geregeld. Charlie was drinkmaatje van de eigenaren van de vier drankwinkels binnen loopafstand en Rose vond dat na alle klandizie die hij hun had gegeven ze op zijn minst ieder een kist voor de bruiloft van zijn oudste dochter konden doneren.

'Sylvie, je gaat toch niet ook trouwen en me verlaten, hè?' Charlie zat in een oud wit T-shirt in zijn leunstoel in de woonkamer. Zijn koffiemok hield hij met beide handen vast.

'O, pappie.' Sylvie doorkruiste de kamer en gaf hem een kus op zijn hoofd. 'Wat er ook gebeurt,' zei ze, 'ik zou je nooit verlaten.'

'Emmie, Cece?'

'Doe niet zo raar, papa,' riep een van de meiden vanuit hun slaapkamer. 'Natuurlijk gaan we trouwen. Ooit.'

Charlie leunde tegen de rugleuning van zijn stoel. Hij zag er ouder uit dan Sylvie hem ooit had gezien. Hij draaide zich naar het raam, waar het eerste daglicht net zichtbaar werd, en knikte. 'Jullie vliegen uit zoals het hoort en laten je moeder en mij achter. Dat verhaal is al net zo oud als de mensheid.'

Na het ontbijt liep Sylvie naar de bloemist een paar straten verderop. Meneer Luis, een kleine Ecuadoriaan, snoof naar haar vanachter de toonbank en zei haar dat de bloemen op tijd bij de kerk zouden worden afgeleverd. Hij was beledigd omdat ze hem controleerde. 'Je zult toch wel iets beters te doen hebben op een dag als deze. Doe je haar, stift je lippen. Doe iets om jezelf er speciaal uit te laten zien, kind.'

Sylvie fronste. Zag ze er zo slecht uit? Ze was het hoofdbruidsmeisje, wat betekende dat ze tijdens de ceremonie vóór in de kerk naast haar zus zou staan. Ze wilde er mooi uitzien voor Julia, maar daar was een van die magische dagen voor nodig waarop haar haar deed wat ze wilde. Sylvie was nooit in staat haar eigen haar zover te krijgen dat het er presentabel uitzag. Ze had vanmorgen niet in de spiegel gekeken, maar meneer Luis leek te suggereren dat ze vandaag geen geluk had. Sylvie bedankte hem en verliet de winkel. Ze telde hoeveel stappen ze bij de deur vandaan moest zetten voordat ze de rozen niet meer kon ruiken: dertien.

Ze kwam langs de bibliotheek, die op het punt stond open te gaan, en zwaaide door het raam naar de meiden achter de balie. Ze voelde de neiging om naar binnen te glippen en een dienst te draaien. Om deze dag tussen de koele boekenkasten door te brengen. De bruiloft, het zonlicht, het verplichte glimlachen; het leek allemaal zo vermoeiend. Ze wist dat het een vreemde tegenstelling was, maar ondanks haar fascinatie voor de liefde, werd ze ongemakkelijk van bruiloften. Ze vond ze te opzichtig, te openbaar. Intense liefde tussen twee mensen was een woordeloze privéaangelegenheid, de geliefden in dure kleding voor een menigte zetten leek tegenstrijdig met de aard ervan. Liefde kon je niet zíén. Dat was tenminste wat Sylvie geloofde. Het was een innerlijke staat. Getuige zijn van dat moment tussen twee geliefden voelde verkeerd, bijna blasfemisch.

Sylvie was blij voor Julia en William, maar evengoed zou ze de meisjesachtige vreugde moeten veinzen waarvan ze wist dat bruiloften die in haar naar boven hoorden te halen. Ze zou een zoen krijgen van alle oudere vrouwen uit de wijk. 'Jij bent de volgende,' zou steeds weer tegen haar worden gezegd en dat zou haar ook nog eens een melancholisch gevoel geven, omdat ze haar ware liefde nog niet had gevonden. En hoe groot was de kans dat hij in de Lozano-bibliotheek zou verschijnen, waar zij het grootste deel van haar tijd doorbracht? Stel dat ze hem nooit zou tegenkomen?

Sylvie struikelde bijna over Cecelia, die een eindje voorbij de bibliotheek op de stoep zat. 'Wat doe je hier?' vroeg ze verbaasd. Had Rose tijd ingebouwd om op de stoep te zitten en in het niets te staren?

'O,' zei Cecelia. 'Ik wacht op Emeline. Ze is bij de apotheek.'

Sylvie ging naast haar zus zitten. Als hier tijd voor was in het schema, wilde zij daar ook deel aan hebben. Ze kon wel een momentje van rust gebruiken voordat ze de bezeten energie van hun huis weer betrad.

'Ik ben vandaag Beth,' zei Cecelia.

Sylvie knikte. Dit was onderdeel van een langlopend gesprek tussen de vier Padavano-zussen. Toen Julia *Little Women* voor het eerst had gelezen, vertelde ze de zussen over de vier fictieve zussen uit het boek, waarna strijd ontstond over wie van hen wie van de March-zussen was. Julia en Sylvie zagen zichzelf allebei als de pittige Jo. Ze hadden allebei gelijk, vond Sylvie. Samen waren ze Jo. Julia had Jo March' uitbundigheid en temperament en Sylvie had haar onafhankelijkheid en literaire kennis. Emeline en Cecelia wisselden regelmatig de identiteiten van Meg en Amy met elkaar uit, maar als een van de zussen zich ziek of ellendig voelde, bestempelde ze zichzelf als Beth. 'Een van ons zal als eerste doodgaan,' zeiden ze om beurten tegen de rest, waarop alle vier de meisjes huiverden bij de gedachte.

'Wat is er? Voel je je niet lekker?'

'Ik heb een geheim,' zei Cecelia. 'Je mag het niet aan Julia vertellen. Ik vertel het haar na de huwelijksreis. Misschien.'

Sylvie wachtte. Om hen heen stroomde de wijk door. Luide tieners gaven elkaar duwtjes onder het lopen, een jochie stuiterde met een basketbal terwijl hij wachtte tot hij de straat kon oversteken, een rijtje chassidische mannen liep een hoek om. Mensen met voorouders uit elk deel van de wereld gingen overal en nergens heen. Het was zaterdag en een prachtige ochtend in juni, dus leek iedereen net iets gelukkiger dan anders, net iets vrijer.

'Ik ben in verwachting.'

Sylvies adem stokte even en ze hoestte. Ze dacht: maar ik heb zelfs nog nooit seks gehad. Ze zei: 'Dat kan niet. Je bent zeventien. Je vergist je.'

Cecelia haalde haar schouders op. Zij en Emeline hadden net hun eindexamen gehaald, een gebeurtenis die was overschaduwd door Julia's bul en bruiloft. Charlie had er vanmorgen oud uitgezien, Cecelia nu ook. 'Het was een jongen uit mijn klas die ik altijd al leuk vond. Ik had te veel gedronken op het feestje van Laurie Genovese. Hij weet het niet. Ik weet niet wat ik ga doen.'

Sylvies tweede reactie was boosheid. Zij was zo voorzichtig geweest door alleen met jongens te zoenen, zichzelf slechts korte momenten van risicovrij plezier te gunnen. Julia had haar leven sinds de basisschool met militaire precisie gepland. Geen van beiden hadden ze ruimte gelaten voor verrassingen. Sylvie zag nu in dat ze hadden gedacht dat hun voorbeeld alleen al Emeline en Cecelia, die hen vlak op de hielen volgden op de weg naar volwassenheid, veilig zou houden. En voorzichtig zou houden. Maar dat was luiheid geweest van Sylvies kant. Zij was op de hoogte van derde deuren. Als zij en Julia door dezelfde deur waren gegaan, was er natuurlijk een kans dat Emeline en Cecelia een andere uitgang zouden vinden. Cecelia was beminnelijk: klein en welgevormd. Ze had een aanstekelijke lach en tekende portretten van haar vele vriendinnen voor hun verjaardag. Jongens trok ze bij bosjes aan en haar oudere zussen hadden haar niet verteld hoe en waarom ze die jongens op afstand moest houden. Zoals Charlie vanmorgen nog zei: het was een verhaal dat zo oud was als de mensheid.

Sylvie voelde zich alsof ze aan de stoep zat vastgelast. Zelfs toen ze opstond, toen ze naar huis liep met haar twee jongere zussen, toen ze toestond dat Rose haar haastig in haar roze bruidsmeisjesjurk werkte en haar onhandelbare kapsel probeerde te fatsoeneren, voelde het nog alsof ze op de stoep zat en toekeek hoe het leven langsraasde. Met de bibliotheek achter haar, Cecelia een wandelende tijdbom, Julia zo gelukkig dat het leek alsof ze vonken produceerde, William die op het punt stond zich bij een nieuwe familie te voegen, en Rose en Charlie die zich er niet van bewust waren dat de nieuwe generatie al onderweg was. Toen de zon hoog aan de hemel stond en Sylvie bij het altaar stond – met een opgeplakte glimlach – zat ze nog steeds op die stoep en probeerde te bedenken of ze te laat was om iedereen terug te trekken.

William

MAART 1982 - JUNI 1982

De beweging – van de lichaamshoeken van de spelers tot zijn eigen sprong in de lucht – voelde zo bekend toen William omhooggíng voor het blok, dat hij dacht: pas op. Die woorden klonken nog in zijn hoofd toen een kolossale center met dreadlocks en een sportbril tegen zijn borst ramde. William was sterker dan vroeger, dus in de lucht duwde hij terug en werd achteruitgedreven. Hij botste tegen een andere speler en kieperde opzij. Toen hij de grond raakte, landde hij hard op zijn rechterknie.

Kent boog zich over William heen en bood hem een hand aan om hem te helpen opstaan. 'Gaat het?' vroeg hij.

William hoorde zijn vriend amper. Zijn knie gonsde. Hij was zich ongewoon bewust van de binnenkant van het gewricht, dat voelde als een zandkasteel dat door een stiekeme golf werd omgegooid. Hij staarde naar de knie terwijl de scheidsrechter op zijn fluit blies en mannen een brancard het veld op droegen. William had het spel herkend en herkende nu de begeleidende mist en ook de pijn.

Hij moest twee operaties ondergaan, want de knie moest worden gereconstrueerd. Telkens wanneer de chirurg of dienstdoende arts de ziekenhuiskamer binnenkwam, luisterde William aandachtig omdat hij het precies wilde begrijpen. De knie was het enige waar hij zich op kon concentreren, alle andere informatie leek onmogelijk ver weg. Hij ving woorden op, flarden, maar geen betekenissen.

Hij had mazzel dat hij een kamer voor zichzelf had. Normaal gesproken zou een patiënt naar huis worden gestuurd in de twee weken tussen zijn operaties, maar aangezien William zijn been niet mocht bewegen en hoog moest houden en hij voor zijn studentenkamer drie trappen op moest, hielden ze hem daar. De verpleegkundigen zeiden dat hij elk moment een kamergenoot kon krijgen, maar dat gebeurde niet. Kent kwam op bezoek wanneer hij kon, al had hij met zijn studie, basketbal en zijn baantje in de wasserette niet veel tijd. Julia kwam minstens eenmaal per dag langs, soms twee keer. Ze probeerde William aan het lachen te maken door een dramatische entree te maken: ze draaide in het rond als een ballerina die het podium op kwam of schreed binnen met haar kin omhoog alsof ze een strenge verpleegkundige was. Eén keer kwam ze binnen en balanceerde een stapel boeken op haar hoofd. Ze redde het tot halverwege de kamer voor ze eraf gleden. William genoot van haar optredens maar had ze niet nodig. Hij was gewoon blij dat ze er was.

Julia bracht zijn studieboeken voor hem mee zodat hij kon proberen bij te blijven. Over minder dan twee maanden waren de laatste examens, gevolgd door de buluitreiking. 'Juni 1982 zullen we later herinneren als de beste maand van ons leven,' zei Julia. 'Afstuderen en trouwen.' Ze noemde de twee gebeurtenissen met plezier op en genoot van de soliditeit van de mijlpalen. William vond het leuk als zijn verloofde zo sprak. Hij bewonderde hoe Julia haar leven zag als een systeem van deskundig te navigeren snelwegen en was dankbaar omdat hij bij haar in de auto mocht zitten.

Maar als ze weer was vertrokken was hij vaak urenlang alleen. Hij negeerde de studieboeken en zapte van het ene naar het andere kanaal op de televisie in de hoek. Hij keek naar wedstrijden van de Bulls met het geluid uit. Kent had bij zijn vorige bezoek Williams post meegebracht, en hij had zijn vaders krabbelige handschrift op een van de enveloppen herkend. Toen hij de brief voor het eerst aanraakte, raakte zijn huid bedekt met ijskoud zweet. Hij had gedacht dat hij zichzelf wat zijn ouders betrof ongevoelig had gemaakt voor hoop, maar met het verschijnen van de brief was die emotie ongewild door hem heen geschoten. Hij had de envelop onder zijn kussen gelegd terwijl hij de hoop probeerde te verjagen, als een vogel uit een raam. William had het feit dat zijn ouders hem niet in hun leven wilden altijd geaccepteerd. Hij had bijna kalmte gevoeld terwijl hij en Julia zijn moeder belden om over de bruiloft te vertellen, omdat hij wist wat de uitkomst zou zijn. Zijn enige zorg die avond was Julia geweest, en haar teleurstelling. Maar zijn ouders hadden tijd gehad om alles te overwegen na het telefoontje en nu hadden ze de moeite genomen om hem een brief te schrijven. Ze konden niet weten dat hij in het ziekenhuis lag, hoe zouden ze dat kunnen hebben gehoord? De universiteit betaalde zijn ziekenhuisrekeningen en toen de chirurg had aangeboden met Williams ouders te praten, had hij gezegd dat dat niet nodig was. William dacht dat het mogelijk was dat zijn vader en moeder hem hadden geschreven omdat ze wroeging voelden. Nu hij een man was en ging trouwen beseften ze wellicht hoeveel ze van zijn leven hadden gemist. Misschien wilden ze deel uitmaken van zijn volwassen leven. Hij hoopte – weer presenteerde de hoop zich als koud zweet – dat ze hem een lange brief hadden geschreven, eentje waarin ze zich verontschuldigden omdat ze zo lang geen interesse in hem hadden getoond. Misschien vroegen ze hem in de brief om vergiffenis en een kans om bij zijn huwelijk aanwezig te zijn.

William zette de tv uit en wrikte de envelop open. Hij zag meteen dat er geen brief in zat. Het was alleen een cheque. In de opmerkingenregel stond: GEFELICITEERD MET BRUILOFT/AFSTUDEREN. Het was een cheque van tienduizend dollar. Hij keek naar de nullen en dacht: nu is het echt voorbij. Hij zou de cheque niet innen, dat wist hij ogenblikkelijk. Hij zou hun geld niet aanraken. Zijn hartslag vertraagde tot een fluistering in zijn borst en hij moest op een aparte manier ademen om te voorkomen dat hij ging huilen. Het verbaasde hem hoezeer hij van streek was; het voelde alsof iets binnen in hem kapotging.

Williams basketbalteam en coach kwamen tussen de twee operaties door op bezoek. Zijn teamgenoten, van wie verscheidene moesten bukken om door de deur te passen, in teamtrainingspak. Alles in William kromp toen de groep zich om zijn ziekenhuisbed schaarde. Het voelde alsof zijn binnenste – zijn zelf – zo smal was geworden als het puntje van een potlood. Alle kleur en lijnen waren verdwenen.

Iedere bezoeker droeg een angstvallige glimlach die bedoeld was om hem op te vrolijken.

'Het gaat goed met je,' zei Kent. Hij zat het dichtst bij William en sloeg hem twee keer op zijn schouder, alsof hij met die woorden een zekerheid erin wilde rammen. *Het gaat goed met je.*

Dat denk ik niet, dacht William.

De coach schraapte zijn keel en zei: 'Jongen, je hebt geluk dat het op dat moment gebeurde. Je hebt kunnen meespelen in de competitie en die ervaring opgedaan. We hebben tijdens het belangrijkste deel van het seizoen veel aan je gehad. En ik hoor dat je binnenkort gaat trouwen?'

'Ja, meneer.'

'Geweldig nieuws. Dat is wat echt belangrijk is. Zie je, het ziet er rooskleurig voor je uit.'

Daar meen je niets van, dacht William. Je weet dat ik niet meer zal kunnen spelen. Je weet dat het met me gedaan is.

Hun pointguard, Gus, overhandigde hem een beterschapskaart waar ze allemaal hun naam op hadden gezet, een paar jongens maakten grappen over ziekenhuiseten en daarna gingen ze godzijdank weer.

Maar de fysio, een bebaarde man genaamd Arash, bleef achter en liep naar zijn bed. Hij fronste en vroeg: 'Wat was de geschiedenis met die knie?'

William knikte omdat hij de vraag waardeerde. De knie had inderdaad een geschiedenis. De potloodpunt binnen in hem verzachtte en hij kon genoeg lucht binnenkrijgen om te ademen. 'In mijn een-na-laatste jaar op de middelbare school heb ik mijn knieschijf gebroken. Tijdens een gelijkaardige actie, trouwens.'

'Dat dacht ik al. Dus de knieschijf verbrijzelde zo vanwege een eerder trauma.'

Arash had de röntgenfoto in zijn hand en keek ernaar. Williams knieschijf zag er stoffiger, chaotischer uit dan de botten erboven en eronder op de foto. In het witte bot zaten meerdere scheurtjes. 'Het lijkt wel een mozaïek.'

'Einde carrière,' zei William.

'Helaas wel. Luister, ik weet dat je dol bent op het spelletje,' zei Arash. 'Ik heb dat gezien en ik zag ook je zwakke knie. Weet dat je bij het basketbal betrokken kunt blijven. Je kunt coach of trainer worden of een andere rol vervullen. Kijk naar al het ondersteunend personeel en wat je in die functies aanspreekt. Basketbal is een grote machine met heel veel onderdelen.'

William boog naar voren. 'Hoe bedoel je dat je zag dat ik een zwakke knie had?'

Arash was een gedrongen man met sterk uitziende onderarmen. 'Je hield hem af en toe buiten schot. En ik zag ook dat je je andere kant gebruikte om te draaien en te springen. Dat is wat er gebeurt bij een blessure op jonge leeftijd. De knie staat niet op zichzelf. De heupen en enkel worden ook anders gebruikt en je algehele balans verandert. Er is een wisselwerking tussen verscheidene gewrichten en niemand heeft je gezegd dat je je zwakke been weer sterk moest maken. Je bent toen zeker uit het gips gekomen en rechtstreeks naar het veld teruggegaan zonder iets te veranderen?'

William knikte.

'Dat dacht ik al.'

Julia arriveerde enkele minuten nadat Arash was vertrokken. Ze zag aan Williams gezicht dat hem iets dwarszat. 'Is er iets gebeurd?'

'Mijn knie doet vreselijk pijn.'

'Arme schat. Probeer aan iets anders te denken. Denk aan de bruiloft. Je hebt iets heerlijks om naar uit te kijken, niet?'

'Dat zei de coach ook al.'

Haar gezicht klaarde op. 'Wat aardig van hem!'

Ze gaf hem haar klembord met daarop pagina's vol plannen: de gastenlijst; de bloemstukken, met ingeplakte foto's van verschillende bloemen; een van minuut tot minuut ingepland dagschema. Een tijdlijn van wat er nog moest gebeuren en wanneer het klaar moest zijn. Een spreadsheet waarin stond wie waarvoor verantwoordelijk was. Achter bijna elke regel stond Julia's naam of die van Rose.

William bladerde erdoorheen. De bruiloft was over negen weken. Het was een concrete gebeurtenis die te bevatten viel, net als de realiteit van zijn knie. Bij de ene moest hij komen opdagen en met de andere moest hij voorzichtig zijn.

Julia streek Williams haar glad. Haar aanraking voelde goed.

Ze was aan het praten, dus hij probeerde zich te concentreren. 'Toen ik naar de geschiedenisfaculteit ging om je werk op te halen, heb ik rondgevraagd naar baantjes als docent-assistent. Er blijkt voor het komende najaar een vacature nog niet te zijn vervuld. Zal ik je cv voor je insturen?'

William zou in september aan het promotieprogramma van geschiedenis aan Northwestern beginnen. Hij was verrast en opgelucht geweest toen hij werd aangenomen. Hij vond zichzelf een middelmatige student, maar de waarheid was dat dat was veranderd doordat hij de afgelopen vier jaar zoveel samen met Kent en Julia had gestudeerd. Zijn vriend en zijn vriendinnetje hadden hard werken voorgeleefd en hem geleerd hoe je op een effectieve manier studeerde. Die vaardigheden, in combinatie met Williams voortdurende angst dat lage cijfers ervoor zouden zorgen dat hij uit het basketbalteam werd gezet, hadden hem een sprong doen maken op de lijst van de decaan.

Voor het promotieonderzoek had hij een periode in de geschiedenis moeten kiezen om zich op te concentreren en hij had moeite gehad met de keuze. Hij hield juist zo van de breedte van geschiedenis, de overspannende verbindingen tussen gebeurtenissen en personen. Dat Leo Tolstoi Mahatma Gandhi had geïnspireerd, die op zijn beurt Martin Luther King inspireerde. William zag niet in hoe hij vol overtuiging zijn voeten in welke eeuw, oorlog of welk continent dan ook kon planten. Toen hij dit dilemma met Kent had besproken, had zijn vriend het hoofd geschud en gezegd: 'Je hebt toch al een gebied waarop je je concentreert, sufferd. Je schrijft een boek over de geschiedenis van het basketbal.' Dit verraste William – het was niet bij hem opgekomen – en hij zei: 'Ik kan niet promoveren op basketbal. Dat zou niet als serieus academisch onderwerp worden gezien.' Maar hij had gekozen voor de Amerikaanse geschiedenis van 1890 tot 1969, een periode waarin zijn persoonlijke interesse en zijn echte werk in elk geval naast elkaar konden bestaan.

William zou aanstellingen als docent-assistent nodig hebben om hem en Julia van een inkomen te voorzien tijdens zijn promotie. Hij schikte zijn gezicht zo dat het liet zien dat hij naar zijn verloofde en haar plannen luisterde, maar ergens diep vanbinnen klonk een herhaaldelijk gefluister: *bruiloft, knie.*

'Wil je dat doen?' vroeg hij. 'Maar ik denk alleen niet dat mijn cv klaar is om te worden ingestuurd.'

'Ik schoon het wel voor je op, daar ben ik goed in. Ik heb zoveel cv's gelezen voor professor Cooper vorige zomer, weet je nog? Als je uit het ziekenhuis komt, moet je nodig naar de kapper.' Julia raakte zijn arm aan. Ze zweeg even en zei toen zacht: 'Ik wou dat ik bij je in bed kon klimmen.'

William stelde zich haar rondingen tegen zijn zij voor. Hij stelde zich voor wat er zou gebeuren wanneer hij de lakens over hun hoofd trok.

'Kus op mijn hand?' vroeg hij.

Ze boog zich naar voren en nam zijn hand in de hare. Ze kuste de buitenkant, op de zachte plek tussen zijn duim en wijsvinger. Toen draaide ze de hand om en drukte een kus in zijn handpalm. Zachtjes, steeds weer. *Bruiloft. Knie.*

Rose en Julia organiseerden een paar dagen voor de bruiloft een doorloop, aan de eettafel van de familie Padavano. Charlie was er niet bij aanwezig, maar daar werd niet over gerept en William vroeg zich af of de afspraak speciaal was gepland op een moment dat hij niet thuis zou zijn. Sylvie zat in de hoek het verst bij haar moeder vandaan en las een boek dat op haar schoot lag. Ze lette alleen op als ze direct werd aangesproken. Emeline was gevraagd aantekeningen te maken over beslissingen die werden genomen, dus ze zat klaar met een notitieblok en potlood. Cecelia leunde verveeld of slaperig tegen de arm van haar tweelingzus.

Het had even geduurd voordat William de verschillen tussen de tweelingzusjes doorhad, maar nu had hij geen moeite meer ze uit elkaar te houden. Cecelia had altijd verfvlekken op haar handen en kleding en kon met verbazingwekkende snelheid omslaan van goedgehumeurd naar geïrriteerd. Ze vond het leuk om strenge blikken uit te proberen op mensen, op een manier die William aan Julia deed denken. Emeline was evenwichtiger en trager in haar reacties dan haar tweelingzus. Ze was de rustigste van de vier zussen, maar als de telefoon ging in het kleine huis, was het meestal een verzoek of Emeline ergens wilde oppassen. William had een keer de gedachte dat zijn verloofde door het leven ging met een dirigeerstokje in haar hand, terwijl Sylvie een boek vasthield en Cecelia een kwast. Maar Emeline hield haar handen vrij zodat ze iemand van dienst kon zijn of een buurkind kon optillen en troosten. Elke keer dat hij Emeline had gezien sinds zijn blessure, had ze gevraagd of ze iets voor hem kon dragen of een deur voor hem kon opendoen.

William luisterde terwijl Julia en haar moeder om beurten het schema en de toegewezen taken doornamen. Toen Rose oplas dat Charlie William bij Northwestern zou ophalen, zei hij: 'Dat is niet nodig. Ik kom zelf wel bij de kerk.'

'Je bent geblesseerd,' zei Rose, op een toon die suggereerde dat het zijn schuld was dat zijn knieschijf verbrijzeld was. 'Hoe wilde je de kerk bereiken in je trouwpak, op krukken? Met de bus soms? Charlie leent de auto van onze buurman en rijdt je erheen. En daarmee uit.'

Emeline grijnsde. 'Mama wil gewoon helemaal zeker weten dat je op tijd bij de kerk bent.'

'Als dat zo is, had ze papa niet als chauffeur moeten aanwijzen,' zei Cecelia.

Rose schudde zo met haar hoofd dat haar grijze haardos heen en weer schoot. 'Stil, meisjes. William en Charlie zullen goed op elkaar letten en komen allebei op tijd.'

'O,' zei Emeline en ze streek met haar open handpalm over de tafel. 'Dat is een goed plan. Je geeft papa een verantwoordelijkheid en maakt William verantwoordelijk voor papa. Mam, je bent een kwaadaardig genie.' Ze hield haar hand op zodat haar moeder haar een high five kon geven, maar Rose negeerde die.

Ze zei: 'Heb je je getuige geïnstrueerd?'

'Kent weet waar hij moet zijn en hoe laat.'

'En is hij dan nuchter?'

William keek verbaasd naar haar op. 'Ja?'

'Let maar niet op haar,' zei Julia. 'Ze gaat er altijd van uit dat alle mannen te veel drinken.'

'Tot het tegendeel bewezen is,' zei Rose. 'Cecelia, waarom lig je half op tafel tijdens een bespreking? Ga alsjeblieft rechtop zitten.'

'Volgens mij zijn we er helemaal klaar voor,' zei Sylvie. 'Deze bruiloft zal lopen als een goed geoliede machine. Ik moet zo naar mijn werk, weet je nog?'

Rose wendde zich tot William en zei: 'Na de bruiloft noem je me moeder, of mama. Niet meer mevrouw Padavano.'

Ze keek er boos bij terwijl ze dit zei, maar haar ogen brachten hem een heel andere boodschap over. Ze vond het jammer dat zijn ouders niet naar de bruiloft kwamen en dat ze niet van hem hielden. Zij zou in hun afwezigheid van hem houden.

Julia kneep onder tafel in zijn goede knie.

Het duurde even voor hij iets kon zeggen. 'Bedankt,' zei hij.

'Onzin.' Rose was alweer in haar lijst verdiept.

Maar hij bedankte haar nog een keer en legde zijn hand op die van Julia.

Later pas bedacht William dat Rose die bespreking speciaal had ingelast om hem dat te kunnen vertellen. Ze hoefde de plannen niet door te nemen. Ze was de opperbevelhebber en zou op de dag zelf haar soldaten instrueren. Ze delegeerde, ze deelde bevelen uit. Ze had hem dit gewoon willen laten weten, in het bijzijn van getuigen.

De buluitreiking was één week voor de bruiloft en aangezien die gebeurtenis gepaard ging met grotere en kleinere feesten, leken de dagen voor William te bestaan uit het aan- en uittrekken van nette kleding. De avond voor de bruiloft ging hij met Kent burrito's buiten de deur eten en daagden ze elkaar uit te veel bier te drinken. Op maandag zou Kent naar Milwaukee verhuizen, waar hij geneeskunde ging studeren. 'Het is nog geen twee uur rijden,' zei hij. 'Ik weet dat je me zult missen, maar we kunnen elkaar opzoeken. En dan doen we samen de was, net als vroeger.'

Sareka, de chef van de wasserette die had geprobeerd William weg te sturen de eerste keer dat hij zich in de kelder meldde, was bij hun afstuderen geweest en had hard gejuicht toen Williams en Kents namen werden genoemd. Ze was nooit officieel van gedachten veranderd en was altijd blijven beweren dat ze William niet vertrouwde en Kent graag mocht, maar in het een-na-laatste jaar was wel duidelijk geworden dat ze maar deed alsof. William beschouwde haar genegenheid als het grootste compliment. Hij had haar uitgenodigd voor de bruiloft, maar ze had zonder aarzelen gezegd: 'Ik begeef me liever niet tussen zoveel witte mensen.'

'Je wordt een geweldige arts,' zei William.

Kent keek naar hem. 'Kijk je ernaar uit om professor te worden?'

'Heb ik je verteld dat Arash al eerder had gemerkt dat mijn rechterknie zwak was? Dat vertelde hij in het ziekenhuis.'

'Dat meen je niet. Interessant. Maar het verbaast me niets. Die vent is goed. Hij zei tegen Butler dat hij stijve enkels had en een paar dagen later brak hij een enkel in een scrimmage. Weet je dat nog?'

'Als ik het had geweten, zou ik de knie sterker hebben gemaakt en de breuk hebben voorkomen.'

'Uh-uh.'

'Wat?'

Kent schudde zijn hoofd. 'Zo moet je niet praten. We zijn afgestudeerd. Revalideer je knie, dan kunnen we een serieus potje een-op-een doen, maar het wordt nu tijd dat we volwassen worden.' Hij hief zijn bierflesje. 'Een toost op jou en de generaal, en op mij en miljoenen uren studeren.'

Charlie was precies op tijd en William stond al klaar op de stoep. Hij had er lang over gedaan om zich aan te kleden die ochtend. Hij had twee ijskoude douches genomen omdat hij zich oververhit voelde en bang was te gaan zweten in zijn mooie trouwpak. Toen hij het pak eenmaal aanhad, deed hij zijn kniebrace meerdere malen om en af tot zijn broek netjes en niet verfrommeld om de metalen brace hing.

William legde zijn krukken op de achterbank van de geleende blauwe sedan en liet zichzelf op de bijrijdersstoel zakken nadat hij die helemaal naar achteren had geschoven voor maximale beenruimte.

'De grote dag.' Charlie droeg een pak. Hij leek klein en ongemakkelijk achter het stuur. 'Ik draag dit normaal gesproken alleen naar begrafenissen,' zei hij, terwijl hij tussen het andere verkeer invoegde.

William keek door de ruit naar de gebouwen en huizen. Het voelde alsof hij een scène in een film speelde: jonge man met zijn aanstaande schoonvader op het punt om te gaan trouwen. Hij wilde deze rol zo goed mogelijk spelen.

'Je zult goed zijn voor Julia.' Charlie bracht dit als feit.

'Jawel, meneer. Dat zal ik.'

Charlie nam soepel de bocht en wisselde van rijbaan nadat hij in de achteruitkijkspiegel had gekeken. Er verscheen een dikke vrachtwagen voor hun auto en hij minderde vaart om voldoende afstand op zijn voorligger te kunnen houden. Het verbaasde William dat hij zo'n goede chauffeur was. Charlie kwam altijd op hem over zoals diens dochter en vrouw hem zagen: als een verwarde, licht incompetente man. Het was interessant om hem competent bezig te zien en William vroeg zich voor het eerst af hoeveel van Charlies normale gedrag een act was.

'Wist je dat Rose en ik stiekem zijn getrouwd? We hebben geen feest gegeven. Ik denk dat ze daarom zo koortsachtig met dat van jullie bezig is. Het is voor Julia én voor haar.'

William schudde zijn hoofd. 'Dat wist ik niet.'

'Ze was in verwachting van Julia en onze moeders mochten elkaar niet. Een of andere grief uit het moederland. We zijn naar Las Vegas gereden.'

William glimlachte toen hij Rose en Charlie op The Strip voor zich zag. Wist Julia dat het huwelijk van hun ouders een moetje was geweest?

Alsof hij zijn gedachten had gehoord, zei Charlie: 'Julia weet het. Het is een bekend verhaal, we hebben het nooit geheimgehouden. Maar Rose vond Las Vegas verschrikkelijk; ze zei dat ze teleurgesteld was in alle mensen die daar elk jaar naartoe gaan. Ze is nooit uit de depressie gekomen die Las Vegas haar heeft bezorgd.'

Dit was bedoeld als grapje, maar daar was Charlies algehele stemming te somber voor. William had medelijden met hem. Hij stond op het punt zijn oudste dochter weg te geven en was volkomen nuchter, wat een zeldzaamheid was. Alcohol maakte Charlie lichter.

'Ik heb Rose nooit goed kunnen geven wat ze wilde, behalve onze meisjes,' zei hij. 'Probeer Julia te geven wat ze wil, zoveel als je kunt. Julia is sterk, heeft een sterke wil, net als haar moeder. Ze zal je leven ruggengraat geven. Rose houdt me op allerlei manieren overeind. Ik ben een bofkont. En jij ook.'

William voelde hoe waar dit was: hij was een bofkont. Julia had hem al zoveel gegeven. Het enige wat ze van hem leek te willen was zijn liefde en zijn enthousiasme voor haar plannen. Die twee dingen kon hij met gemak blijven geven en hij hoopte dat dat genoeg zou zijn. Van buitenaf gezien leek het huwelijk van Charlie en Rose ingewikkeld, als een klok waarvan het binnenwerk wel draaide maar geen grip kreeg.

Charlie leunde naar voren en tuurde door de brede voorruit. 'Daar is de kerk. Kijk uit naar een parkeerplaatsje waar ik hem in kan draaien.'

Op de tijd voor het altaar na had William de daaropvolgende zes uur het idee dat hij altijd op de verkeerde plek was. Steeds weer werd hij geroepen door Julia, Rose of Charlie. Ze vroegen hem om een praatje te maken met een verre neef, een leerkracht van de basisschool van de meiden een knuffel te geven, over basketbal te kletsen met een fan van de Bulls of over Boston met een oom die daar weleens was geweest. Wat voor houding hij ook aannam, zijn knie deed pijn. Julia mopperde dat hij moest gaan zitten, om hem vervolgens weer over het gazon mee te sleuren om de man die de bloemen had geregeld een hand te geven. Kent, die de magische vaardigheid bezat zich altijd en overal op zijn gemak te voelen, verplaatste zich handenschuddend over het gras alsof hij in de race was om burgemeester te worden. William merkte dat zijn vriend altijd een groepje mooie jonge vrouwen in zijn kielzog had. Sylvie, Emeline en Cecelia leken als roze constellaties om William en Julia te roteren. 'Al dat glimlachen,' zei Sylvie een keer en passant tegen hem. Tegen de schemering gaf Cecelia haar schoenen met hoge hakken aan William en liep weg over het gazon. Charlie, zijn haar rechtovereind en een borrel in zijn hand, sloeg hem telkens wanneer ze elkaar tegenkwamen vriendschappelijk op de rug.

Al was dat allemaal maar wazig vergeleken bij de stralende Julia. Haar witte jurk met piepkleine witte kraaltjes ruiste als ze bewoog. De stof omhelsde haar zandloperfiguur. Ze droeg haar haar hoog opgestoken, haar ogen stonden helder. Ze zag eruit alsof ze een krachtbron had afgetapt waar de anderen geen toegang toe hadden. William was steeds opnieuw dankbaar als ze zijn arm vastpakte of hem op zijn wang kuste. 'Mijn vrouw,' fluisterde hij dan.

Rose zocht hen op toen de limousine arriveerde. 'Het is tijd om te gaan. Jullie gaan heel veel plezier hebben samen en ik ga drie dagen slapen.'

Julia omhelsde haar moeder en de twee vrouwen hielden elkaar een hele poos stevig vast. Toen Rose zich losmaakte uit de omhelzing, zei ze: 'William?'

'Bedankt voor alles, mam,' zei hij. Dat 'mam' deed pijn in zijn keel onderweg naar buiten. Hij had de term zelden gebruikt, want zijn eigen moeder leek altijd liever te hebben gewild dat hij haar niets noemde, dus had hij dat gedaan. Het woord was lang slapend geweest, bedekt met roest, diep vanbinnen.

Rose knikte tevreden en draaide zich om om de weg voor hen vrij te maken naar de wachtende auto – naar wat 'na de bruiloft' dan ook zou inhouden – en de rest van hun leven.

Julia

JUNI 1982 - OKTOBER 1982

Julia bleek vreemd onvoorbereid op hun huwelijksreis, die ze doorbrachten in een resort aan de oever van Lake Michigan. Ze had zoveel tijd en energie in de bruiloft gestoken dat ze weinig had nagedacht over haar reisje met William. Op dagdroommomenten had ze hen hand in hand op ligstoelen zien liggen. In werkelijkheid waaide het hard in de vijf dagen dat ze in het hotel aan het meer verbleven, waardoor het stoof op het strand, en kon William maar lastig vooruitkomen met krukken op het oneffen terrein. Hij had sowieso moeite met lopen. Na dertig meter verschenen er rimpels in zijn voorhoofd en werd hij bleek. De stappen die hij zette waren zo langzaam dat Julia moeite had zich aan zijn tempo aan te passen. Ze ontwikkelde de gewoonte voor hem uit te lopen en vervolgens weer met een boog bij hem terug te keren. Ze waren allebei uitgeput van het einde van het collegejaar en de bruiloft, dus toen Julia eenmaal van het gevoel los kon komen dat ze per se iets moesten doen – de stad verkennen, uit lunchen gaan, antiekwinkeltjes bezoeken omdat de regio bekendstond om haar antiek – konden ze van de laatste anderhalve dag genieten, waarin ze de hotelkamer amper verlieten.

Terug in Chicago gingen ze rechtstreeks naar hun nieuwe appartement in het gebouw voor getrouwde stellen op de campus van Northwestern. Ze kwamen daarvoor in aanmerking omdat William er in het najaar begon aan zijn promotie. Hij had een vakantiebaantje op de campus bij het toelatingsbureau, waar hij hielp met het organiseren van het archiveringssysteem. Het was een tweekamerappartement waarvan het raam van de woonkamer uitkeek op een binnenplaats. Zonlicht stroomde er naar binnen. Julia had nooit ergens anders gewoond dan met haar ouders en zusjes in het kleine huis aan 18th Place. Alleen met zijn tweetjes was dit appartement bijna onmogelijk stil. Ze hadden hun eigen keuken, badkamer en een klein, rond, geel tafeltje om samen aan te eten.

Ze ging met William mee voor zijn controle bij de chirurg. De man onderzocht het raster van littekens op en rond zijn knieschijf en verklaarde dat hij uitstekend genas. 'Tijd om van die krukken af te komen, jongeman. Je moet ook meer gaan lopen,' zei de arts. 'Die spieren moeten bewegen, anders worden ze niet sterker. Je bent basketballer, dus ik stel voor dat je elke dag een eind gaat lopen terwijl je met een bal dribbelt.'

'Ik wás basketballer,' zei William.

'Dat dribbelen is ter afleiding en om je evenwicht terug te krijgen,' zei de arts. 'Je vrouw let in elk geval op.'

'Ik ook.' William klonk beledigd.

De arts keek naar Julia. 'Zorg dat je echtgenoot gaat lopen. Als hij te veel zit, zal die knie altijd een probleem blijven. Dat is zonde van mijn werk.'

De volgende maandag meldde William zich bij het toelatingsbureau van Northwestern en ging Julia boodschappen doen. Dat was ook heerlijk. Ze kon nu bananen kopen – Rose had daar een hekel aan en weigerde die in haar huis toe te laten. Emeline was allergisch voor pinda's, dus hadden ze nooit pindakaas, maar Julia kon nu een pot in haar mandje doen. Ze kocht vleeswaren, brood en een dure mosterd voor Williams lunchpakketten. Ze nam meer tijd dan nodig was om over de markt te struinen. Toen ze weer bij het appartement kwam, stonden haar drie zussen voor de deur. Haar hart maakte een sprongetje.

'Ik heb jullie gemist!' zei ze. 'Maar wat doen jullie hier? We komen vanavond eten.'

'We wilden het huis zien,' zei Sylvie.

Julia probeerde te fronsen, maar ze kon niet ophouden met glimlachen. Ze vond het leuk om de aandacht van al haar zussen te hebben. Ze wist dat ze straalde en kon zien dat de meiden blij waren daar de oorzaak van te zijn. 'Volgende week,' had ik gezegd. Het is nog niet af. Ik wilde nog wat dingen ophangen zodat het er mooi uit zou zien als jullie het voor het eerst zagen.'

'Was de huwelijksreis heel romantisch?' Emeline leunde tegen de muur alsof ze in zwijm viel.

'We zijn hier niet voor je huis,' zei Cecelia. 'Maar laten we naar binnen gaan.'

Julia drukte hun haar boodschappentassen in handen en opende de deur.

Haar zussen slaakten gelijksoortige zuchten van bewondering.

'Schitterend!' zei Sylvie.

Het zag er ook schitterend uit, nu de ochtendzon er naar binnen stroomde. De drie bezoeksters begrepen hoe waardevol het was om je eigen huis te hebben. Als je opgroeide in zo'n vol, klein huis als dat van hen, omvatte een groot gedeelte van de droom van volwassenheid ergens wonen waar het minder druk was. Een plek die van jezelf was en die je niet hoefde te delen.

Julia gaf hun een korte rondleiding, waarna ze op de bank en een leunstoel in de woonkamer neerploften. Ze zag dat Cecelia iets onder haar arm droeg en vroeg: 'Wat is dat?'

'O.' Cecelia haalde het onder haar arm vandaan. 'Mijn "rode letter", van mama. Ze wil dat ik hem minstens een week overal mee naartoe neem. Ik heb gezegd dat ik het zou doen.' Het was een van de ingelijste heiligen van de eetkamermuur. Julia staarde ernaar en probeerde te bedenken welke naam erbij hoorde. Ze kende de heiligen alleen in hun context, op een rijtje naast elkaar aan de muur van hun huis.

'Clara van Assisi,' zei Cecelia.

Sylvie en Emeline hadden hun blik laten zakken, alsof ze hun eigen benen en voeten bestudeerden. Moeder had hun lessen geleerd die betrekking hadden op de heiligen, maar ze had er nooit eerder eentje van de muur gehaald, laat staan aan een dochter meegegeven om als boetedoening bij zich te dragen.

Julia herinnerde zich de heilige nu. Clara had geweigerd te trouwen op haar vijftiende en was van huis weggelopen. Ze had haar haar kort geknipt en haar leven aan God gewijd. Ze stichtte de Arme Vrouwen van San Damiano en haar eigen zus en moeder hadden zich bij haar in het klooster gevoegd. Ze was de eerste vrouw in de geschiedenis die een kloosterregel schreef, waarnaar de Orde van de Arme Vrouwen leefde. Julia bekeek haar jongste zus. Cecelia was drie minuten later geboren dan Emeline, dus soms noemden ze haar de baby. Charlie zong graag Frank Sinatra voor haar: *Yes sir, that's my baby. No sir, I don't mean maybe.*

'Wat is er gebeurd?' Julia was zich ervan bewust dat haar handen ijskoud waren geworden en ze bang werd.

'Ik ben in verwachting. Bijna vijf maanden.' Cecelia sprak de woorden rustig uit. 'Mama heeft besloten dat ik een leven van armoede tegemoet ga. Maar ik wil de baby houden. Ik zeg het niet tegen de vader, want...' Ze zweeg even. 'Want daar kan toch niets goeds van komen.'

Julia schudde weigerachtig het hoofd. Dit kon niet juist zijn. 'Je bent in verwachting?'

'Ja.'

'Je krijgt een baby, en je bent zeventien.'

'Achttien als de baby wordt geboren.'

Julia voelde binnen in haar iets verharden. Ze keek naar haar andere zussen. Zij was duidelijk de laatste die het hoorde. Ze hadden dit nieuws al verwerkt en een manier gevonden om het te accepteren. Emeline was haar tweelingzus onvoorwaardelijk trouw en bovendien was ze dol op baby's. Sylvie was wel teleurgesteld in Cecelia, dat had Julia in haar ogen gezien, maar Sylvie zag het leven als een vertelling en zou onder de indruk zijn van hoe hun jongere zus van zichzelf de hoofdpersoon in hun gedeelde verhaal had gemaakt.

Julia zei: 'Ik hoor als eerste een kind te krijgen.'

Sylvie en Emeline keken verbaasd op van hun voeten.

'Sorry,' zei Julia, 'maar dit is belachelijk. Je moet het ter adoptie afstaan. Waarom zou je je leven ruïneren vanwege een foutje?'

Cecelia stond op, en toen ze dat deed, rechtte ze haar rug en was de zwangerschap voor het eerst zichtbaar. Hoelang had ze al voorovergebogen rondgelopen in zorgvuldig uitgekozen kleding? Ze droeg een lavendelblauwe blouse en de harde bobbel van haar buik duwde de stof naar buiten.

'Jij en Sylvie zien ons nog als kinderen,' zei ze. 'Mama denkt altijd dat iedereen op het punt van rampspoed staat. Maar dat geldt allebei niet voor mij. Ik heb nooit willen doorleren. Ik studeer wel voor mezelf en maak kunst, met een baby. Dit is mijn leven en mijn keuze. Ik zal niemand tot last zijn.' Met haar een meter vijfenvijftig en de schouders naar achteren, gromde ze die laatste zin.

Emeline zei: 'Cecelia mag van mevrouw Ceccione in Franks kamer wonen en ze zal helpen met de baby, als wij koken en huishoudelijke klusjes doen. Ik begin in het najaar natuurlijk aan mijn vervolgopleiding, maar ik zal ook werken. En ik heb aardig wat geld van het oppassen waarvan we alle babyspullen kunnen kopen.'

Julia staarde hen aan. 'Je gaat twee huizen verderop wonen?'

'Ik kan niet thuis blijven wonen,' zei Cecelia. 'Dat heeft mama wel duidelijk gemaakt. En het spijt me als je het gevoel hebt dat ik je naar de kroon steek, Julia. Ik weet dat je graag de eerste bent.'

Cecelia zei dit vriendelijk, en hoewel Julia's handen ijskoud waren en ze boos was om deze waarheid recht voor haar neus, deze puinhoop, knikte ze in acceptatie. Ze wilde overeind komen en haar zus omhelzen, maar haar verkilde lichaam weigerde mee te werken.

Sylvie schraapte haar keel en keek naar Julia. 'Mama vroeg ons je te zeggen vanavond niet te komen eten. Ze zei dat ze jullie weer kan ontvangen als haar periode van rouw voorbij is.'

'Ik wil nu graag gaan,' zei Cecelia, 'maar ik moet plassen. Mag ik van je toilet gebruikmaken?'

Toen ze de kamer had verlaten, keken Julia, Sylvie en Emeline elkaar aan. Sylvies gezicht stond bezorgd en Emeline had een bedroefd lijntje tussen haar wenkbrauwen.

'En papa?' vroeg Julia.

'Die praat niet. Mama zegt ook dat ze niet praat, maar houdt nooit haar mond. Papa komt later dan normaal thuis.' Dat betekende dronkener dan normaal.

'Ze zien er oud uit,' zei Emeline. 'Ze willen niet dat Cecelia het huis uit gaat, maar mama heeft gezegd dat als ze deze keuze maakt en niet gaat doorleren, ze niet anders kan.'

Waarom? dacht Julia terwijl haar jongste zus de kamer weer in kwam en haar zussen achter elkaar het appartement uit liepen. Waarom zou je alles ruïneren, waarom zou je ons dit aandoen? Julia had zo haar best gedaan om alles goed te doen, en dat had ze ook gedaan. Ze voelde zich nu oververhit en duwde de deur open. Ze staarde naar de herinnering van Cecelia in haar paarse blouse in het midden van haar schitterende, perfecte appartement. Ze wilde dat ze haar het nieuws ergens anders hadden verteld. Waar dan ook. Op een gegeven moment ging ze naar buiten en liep over het pad rond de binnenplaats. Aan de andere kant stond een bankje, waar ze op ging zitten tot ze weer in beweging moest komen.

Toen William die avond thuiskwam, zei ze: 'Ik denk dat we een baby moeten maken.'

Hij bleef stilstaan, zijn krukken voor zich uit voor de stap die hij op het punt stond te zetten. Hij zag eruit als een boom die door houten palen gestut werd. William gebruikte de krukken alleen in huis, als zijn been vermoeid en pijnlijk was.

'Nu?' Hij slikte hoorbaar. 'Ik dacht… We moeten eerst alles op de rails krijgen. Julia, ik ben nog niet eens begonnen aan mijn promotie.'

'Je hebt die baan als docent-assistent in het najaar. Je zit goed.'

Ze was iets aan het bouwen in haar hoofd. Een antwoord op de puinhoop, een manier om alles te fiksen, om orde op zaken te stellen in haar familie. Julia zou zoveel als ze kon van Williams salaris opsparen en aan Cecelia geven, of aan mevrouw Ceccione, om te zorgen dat het haar zus aan niets ontbrak en ze het goed maakte. De onafhankelijkheid die Cecelia die middag tentoon had gespreid, voelde als een vlag geplant in zanderig terrein. Het was een kreet, een wens, van het zwangere meisje; het was niet wie ze was. Ze had niet de kracht die ze pretendeerde te hebben en het zou niet meevallen om twee huizen van Rose' tsunami van rouw en veroordeling vandaan te wonen. Dus meer geld zou helpen. En Julia zou zo snel mogelijk in verwachting raken, want de zwangerschap van een pasgetrouwde vrouw zou iets om te vieren zijn en zou ontegenzeglijk worden geaccepteerd. Julia zou haar zwangere buik naast die van Cecelia houden. Rose en Charlie konden niet anders dan beide kleinkinderen omarmen omdat ze als setje zouden arriveren. Iedereen zou weer bij elkaar zijn en er zou genoeg liefde zijn voor allemaal. Julia had een zonovergoten fantasie van twee baby's naast elkaar op een kleed; een ervan was van haar, maar ze wist niet goed welke.

'Je hebt me niet eens gevraagd hoe mijn eerste dag was,' zei William. 'Is er iets gebeurd?' Hij zweeg even en trok zijn krukken weer terug onder zich. Nu was hij een rechtopstaande boom. 'Je lijkt... geagiteerd?'

Julia glimlachte om zijn stijgende intonatie. Hij zat vol vragen, en ze hield van hem. Zij was vol met antwoorden. Ze liep naar hem toe en drukte zich tegen hem aan. Met hooggeheven armen maakte ze het bovenste knoopje los van het witte overhemd dat ze hem voor zijn verjaardag had gegeven. Toen het knoopje daaronder. Ze streelde over het zachte witte shirt eronder. 'Heb je trek?' vroeg ze, met een stem die niet luider was dan gefluister.

Hij schudde zijn hoofd.

Ze trok aan zijn overhemd en hij liet zich wat zakken. Dit zal werken, dacht ze afgeleid, terwijl zijn lippen de hare vonden en ze hem met langzame, wiegende, achterwaartse stappen naar de bank leidde.

De volgende dag nam Julia de bus van Northwestern naar Pilsen. Ze wilde niet gaan, maar het was onmogelijk om dit nieuws te horen en niet voor haar moeder te verschijnen. Julia kon niet onder woorden brengen waarom precies, maar ze moest haar moeder het respect van haar aanwezigheid tonen.

Rose was in de tuin. Ze zat zwetend over de kruiden gebogen. Hitte golfde van de grond; de zomer in Chicago was moordend. Julia wist uit ervaring dat het verzorgen van de kruiden de meeste accuratesse en aandacht voor detail verlangde. Rose stond erop dat degene die in dat deel van de tuin werkte een vergrootglas en pincet gebruikte. Kleine insectjes moesten worden opgespoord en verwijderd en een speciaal spichtig onkruid dat de neiging had langs de kruiden omhoog te klimmen en ze te verstikken, moest in een vroeg stadium worden opgemerkt.

'Ze is hier niet,' zei Rose. 'Als je voor háár komt.'

'Ik kom voor jou.'

Dit leek haar moeder te verbazen en ze stopte midden in de beweging waarmee ze een kluit harig vingergras uit de grond trok. Ze legde haar handen op haar dijen. Julia zag nu voor het eerst het gezicht van haar moeder. Rose was een wrak, alsof ze een auto-ongeluk had gehad. Alle vertrouwde onderdelen waren aanwezig, maar verkeerd en op de een of andere manier gebroken.

'Ik moest ergens een grens trekken,' zei ze.

Julia kon het bedroefde gezicht van haar moeder maar moeilijk verdragen, dus keek ze omhoog naar de warme, lage zon. Ze zocht in haar hoofd naar de juiste woorden, woorden die haar moeder zouden troosten. Voordat ze ze had gevonden, zei Rose: 'Ik heb altijd maar één ding van jullie verlangd.'

'Dat we zouden doorleren.'

Haar moeder keek haar boos aan. 'Nee, dat jullie er niet net zo'n potje van zouden maken als ik. Was dat te veel gevraagd?'

Julia schudde haar hoofd, ook al kon ze zich niet herinneren dat haar moeder dat ooit in dergelijke bewoordingen van hen had gevraagd. Ze had tot in den treure herhaald: jullie moeten doorleren. Ze had hun nooit daadwerkelijk gezegd niet vóór het huwelijk in verwachting te raken. Dat was een onuitgesproken verwachting, die echter van het grootste belang bleek te zijn.

'Jullie moesten meer doen dan ik,' zei Rose. 'Ik wilde dat jullie het beter zouden doen. Dat,' zei ze, haar stem zo korrelig als de aarde onder haar voeten, 'is mijn hele levensdoel geweest.'

'O, mama,' zei Julia onthutst. In de opwinding van het nieuws van de vorige dag had ze niet bedacht dat Cecelia hun moeders geschiedenis herhaalde. Rose was in verwachting geraakt van Julia toen ze negentien en nog ongetrouwd was en Rose' moeder had niet meer met haar willen praten. Moeder en dochter hadden elkaar nooit meer gesproken. De meisjes hadden hun oma nooit ontmoet. Charlie zei altijd dat ze daar niets aan misten omdat hun oma een onvriendelijke, verbitterde vrouw was. Maar als haar moeder ter sprake kwam, wendde Rose altijd haar hoofd af. Ze zei er nooit iets over. Nu was Rose de moeder die zich van haar dochter en van haar kleinkind afwendde. Rose hakte een tak van haar eigen stamboom af, wat betekende dat ze zowel pijn toebracht als zelf ervoer.

'Ik heb gefaald,' zei Rose.

'Niet waar. Je bent een geweldige moeder voor ons geweest.'

'Ik heb gefaald.' Deze keer zei ze het met zachte stem en klonk ze net als Emeline. Julia had haar moeder nog nooit zo horen praten en zou niet hebben geloofd dat ze daartoe in staat was. Ze vroeg zich af of hun moeder alle vier de meisjes in zich had. Emelines ernst, Julia's duidelijkheid, Cecelia's opwinding over het kleurenpalet waaruit de wereld bestond, Sylvies romantische verlangen. Misschien maskeerde Rose eenvoudigweg de stemmen van haar dochters met haar eigen barse stem, boze trekjes en teleurstelling, maar zaten ze daar allemaal, diep in haar begraven.

'Kijk naar mij,' zei Julia. 'Ik ben getrouwd, ik ben afgestudeerd. Het betekent niets dat je van mij in verwachting raakte voordat je trouwde. Het hóéft niets te betekenen.'

Julia had er nooit enige last van ondervonden dat ze was verwekt voordat haar ouders trouwden. Het was geen zeldzaamheid in hun buurt en ze had altijd lichte trots gevoeld dat zij de start van hun gezin was geweest. Zonder haar zouden Charlie en Rose misschien nooit zijn getrouwd. Sylvie, de tweeling, dit huis zouden niet hebben bestaan. Julia was de katalysator.

'Charlie is tenminste nog met me getrouwd,' zei Rose. 'Je zus doet alsof de vader niet bestaat, er niet toe doet. Ze weigerde me zijn naam te geven, dus kon ik zijn ouders niet bellen om dit recht te laten zetten. Weet jij wie het is?' Haar ogen lichtten plotseling hoopvol op.

'Nee, dat weet ik niet.'

'Larie,' zei Rose tegen de aarde.

Julia zag niet in hoe nog een ander persoon bij de fout betrekken iets anders kon doen dan het een nog grotere fout maken, maar die mening hield ze voor zich. 'Cecelia heeft ons allemaal,' zei ze. 'Ze heeft haar familie. We kunnen de baby alles geven wat hij of zij nodig heeft.'

Rose' gezicht versomberde. 'Met de baby komt het dan misschien goed,' zei ze, 'maar Cecelia's leven is voorbij.'

Ze had net zo goed kunnen zeggen: mijn leven was voorbij toen ik in verwachting raakte van jou. Maar Julia was niet beledigd, want haar moeder zag alles helemaal verkeerd. Rose was in een donkere bui en zag daarom alleen duisternis. Rose liet haar blik over haar tuin gaan en Julia wist dat haar moeder alleen maar zag wat er mis mee was: de knagende insecten, de bladeren met gaatjes erin, de mogelijke plantenziektes, de zwakke stelen.

Rose vroeg met vlakke stem: 'Hoe gaat het met William?'

'Goed. Hij gebruikt zijn krukken bijna niet meer.'

Rose knikte, maar Julia wist dat ze haar niet had gehoord, haar niet kón horen. Rose had gefaald en dus was ze een ruïne, net als het gebarsten beeld van de Heilige Maagd Maria die in een hoek van de tuin tegen de schutting geleund stond. Julia wilde zeggen: maak je geen zorgen. Ik ga ook in verwachting raken. Ik zal ervoor zorgen dat onze stamboomtakken intact blijven. Maar dat kon ze niet zeggen. Haar plan was nog slechts een plan. Nog geen antwoord op het hartzeer van haar moeder. Julia dacht aan Cecelia's baby en hoe dat kind, tenzij zij dit oploste, net zo op de wereld zou komen als zij, in het kielzog van minachting en verontwaardiging. Met de scheiding van een moeder en dochter.

Ze voelde voor het eerst liefde voor en een verwantschap met Cecelia's baby.

Toen Julia weer vertrok, was ze zo uitgeput alsof ze een spade had opgepakt om haar moeder te helpen in de tuin. In de bus onderweg naar huis vroeg ze zich af wat het doel van haar eigen leven was. Ze had er nooit op die manier over nagedacht. Haar vader had Julia zijn raket genoemd vanaf dat ze een klein meisje was – *ik kan niet wachten je te zien vliegen*, zei hij altijd – en ze was degene die problemen oploste. Maar er wachtte haar nu een grote uitdaging, haar grootste tot nu toe. Het was een bol wol waarin haar hele familie verstrikt zat, wat betekende dat iedereen om wie ze gaf op het spel stond. Haar zussen, haar ouders, William, de nog ongeboren baby's. Julia voelde een golf van angst bij de gedachte dat het haar niet zou lukken, maar drukte die de kop in. Tot nu toe was alles wat ze wilde gelukt, dit zou niet anders zijn. Het mócht niet anders zijn.

Eind oktober kreeg Cecelia – Julia was op dat moment bijna vier maanden in verwachting – weeën. Mevrouw Ceccione bracht haar met de auto naar het ziekenhuis, waar haar zussen ook naartoe kwamen. Er mocht maar één persoon bij de bevalling aanwezig zijn en de verpleegkundige, in uniform en met een masker voor, verkondigde tegen de wachtkamer dat de jonge moeder had gevraagd om ene Julia.

Opgetogen trok Julia een ziekenhuisuniform aan en deed haar best haar haren onder het mutsje te proppen. In de verloskamer trof ze Cecelia huilend aan. 'Ik wil mama erbij,' zei ze. 'Ik heb haar nodig en jij doet me aan haar denken.'

Julia veegde Cecelia's haar uit haar gezicht en zei: 'Meisje van me.' Zo noemde Rose haar dochters als ze ziek of verdrietig waren.

'Ik mis haar zo.' Cecelia keek met verwilderde blik naar haar zus. 'Je hebt geen idee. Elke dag lever ik strijd om niet naar huis te gaan. Het lijkt wel alsof de baby haar wilde zien. Mijn lichaam vindt het vreselijk om niet bij haar te zijn.'

'Zal ik haar voor je bellen?' vroeg Julia. 'Ze komt vast.' Ze wist niet of dit waar was, maar ze wist dat haar zus wilde dat het waar was, en in aanwezigheid van Cecelia's leed zou Julia haar best doen om de realiteit te verbuigen.

Cecelia's lijf kronkelde onder de lakens en ze schreeuwde het uit. Ze greep Julia's hand beet en kneep er zo hard in dat Julia naar adem hapte. Hoe kon het dat haar zusje zo sterk was? Ze ervoer de komende twintig minuten samen met Cecelia de weeënstorm en voelde het gewicht van het scheppen en ontmoeten van een nieuw menselijk wezen over zich heen spoelen. Ze veegde met een doek het zweet van Cecelia's voorhoofd en liet toe dat haar hand werd fijngeknepen. Ze was ervan overtuigd dat het verkeerd was van haar moeder om haar eigen kind en de komst van haar eerste kleinkind de rug toe te keren. Julia beloofde zichzelf dat ze nooit zo koppig zou worden.

'Het voelt alsof ik moet poepen,' fluisterde Cecelia luid.

'Dat betekent dat het tijd is om te persen.' Dit kwam van de verveeld uitziende verpleegkundige in de hoek, die Julia niet eens had opgemerkt. 'Ik zal de dokter halen.'

Het kind arriveerde – krijsend, roze, gerimpeld – zo fel dat Julia en Cecelia allebei huilden van opluchting.

'Ze is er,' zei Cecelia toen de baby op haar borst lag.

De zuigeling sloeg met haar vuistje op haar moeders huid. Julia keek naar haar snelle ademhalingen. Dit kersverse wezentje leek zich met haar hele hebben en houden te concentreren op één ding: leven.

Julia zei: 'Moet je haar nou toch zien.' Ze wilde dat iedereen die ze kenden bij hen in de kamer was om naar haar te kijken. Ze wilde wel dat duizenden mensen hier samen met hen in de verloskamer waren – de hele mensheid –, want het was zo'n geweldig gezicht.

'Isabella Rose Padavano,' zei Cecelia. 'Roepnaam Izzy. Welkom op de wereld.'

'Mama zal geen weerstand aan haar kunnen bieden.' Julia staarde vol verwondering naar het kindje. Haar perfecte ogen, perfecte neusje, perfecte roze mond. 'Ze is onweerstaanbaar.'

Later die avond, nadat Julia en haar zussen het ziekenhuis hadden verlaten, kwam Charlie op bezoek. Mevrouw Ceccione moest hem het nieuws hebben verteld.

Toen hij in de deuropening van Cecelia's kamer verscheen, zei hij niets over de voorafgaande vijf maanden of over Rose' boosheid of het feit dat hij nooit de vierentwintig stappen naar het huis van mevrouw Ceccione had overbrugd om zijn verbannen dochter te bezoeken. Charlie keek alleen maar een lange poos naar Cecelia en de baby. Toen glimlachte hij met zoveel warmte dat het was alsof de zon binnen in hem was opgekomen. 'Jullie zijn prachtig,' zei hij. En met die woorden wist Cecelia dat ze vergeven was, en ze vergaf hem ook.

Hij kuste haar op de wang en ging met de baby in zijn armen op de stoel naast het bed zitten. Izzy staarde haar opa aan, haar donkere ogen ernstig en helder. Charlie keek naar haar en zei: 'Ze heeft nog amper taal gehoord. Zullen we met een spreuk beginnen, met wat magie?'

'Ja, graag,' antwoordde Cecelia.

Hij wiegde de baby in zijn armen en fluisterde in haar kleine oortje: '*Want elk atoom dat mij behoort is evengoed van jou.*' Hij drukte kusjes op haar zachte wangetje. 'Hij leek nuchter te zijn en gaf zijn kleindochter al zijn liefde,' zou Cecelia later tegen haar zussen zeggen. Toen stond hij op en gaf Izzy voorzichtig terug aan Cecelia. Hij gaf zijn dochter nog een kus. 'Bedankt, lieverd,' zei hij.

Charlie wist nog halverwege de ziekenhuisgang te komen voor hij ineenzakte. Een verpleegkundige om de hoek herkende het geluid van een menselijk lichaam dat bezweek. Ze bereikte hem in een mum van tijd, maar zijn hart was al gestopt. Geen van de machines of experts in het ziekenhuis kon hem nog terugbrengen.

Sylvie

OKTOBER 1982 – MAART 1983

Tijdens alle drie de sessies van de wake vormde zich een rij buiten. Binnen in de rouwkamer stond Sylvie in een rijtje naast Rose, Julia en Emeline, en zei 'ontzettend bedankt' telkens wanneer een onbekende haar vertelde hoe geweldig haar vader was geweest. Eén vrouw vertelde dat ze jarenlang elke dag naast Charlie bij de bushalte op Loomis had gestaan omdat ze dezelfde kant op reisden en dat hij aardiger voor haar was geweest dan ieder ander in haar leven. Meneer Luis, die de bloemstukken voor Julia's bruiloft had verzorgd en nu voor de wake en de uitvaart, vertelde dat toen hij net in Pilsen was komen wonen, Charlie hem had geholpen een lage huur te bedingen voor de bloemenwinkel. 'Mijn zaak zou nooit hebben bestaan zonder hem,' zei meneer Luis tegen de Padavano-vrouwen. 'Ik geloofde niet in mezelf, maar Charlie, die me pas net had ontmoet, op de een of andere manier wél.'

Charlie leek er een gewoonte van te hebben gemaakt om jonge moeders te helpen: meerdere vrouwen vertelden dat hij flesvoeding voor hen had gekocht toen ze er het geld niet voor hadden. Hoofdbibliothecaresse Elaine verscheen voor Sylvies neus tijdens de tweede wake en vertelde haar met strenge stem dat haar vader een aangename heer was geweest en dat hij haar eens een belangrijke gunst had verleend. Sylvie was zich er niet van bewust dat haar vader en hoofdbibliothecaresse Elaine – die vijftien jaar ouder was dan haar ouders – elkaar ooit hadden ontmoet of zelfs maar eens met elkaar in dezelfde ruimte hadden verkeerd. Een paar mannen, vast drinkmaatjes van hem, kwamen behoorlijk sjofel de rouwkamer binnengelopen onder nerveuze blikken van de vriendinnen van Rose. Collega's van de papierfabriek verschenen in wit overhemd met donkere stropdas alsof het hun bedrijfskleding was. 'Het is niet te bevatten dat hij er niet meer is,' zei een van de jongste collega's.

Sylvie was het met hem eens. Het was niet te bevatten.

Veel gasten lieten zo nu en dan een traan. Om Charlie, maar ook om hun eigen persoonlijke verdriet. Een te vroeg verloren geliefde, een miskraam, de bonkende hoofdpijn van voortdurend geldgebrek. Ze maakten van de gelegenheid gebruik in een setting waar huilen geoorloofd was. Er werd een duidelijk pad gevolgd: eerst wachtte men in de rij langs de achtermuur, om daarna halt te houden voor de open kist, waarna ze naar links gingen om de Padavano-vrouwen te condoleren. Vervolgens verlieten ze de ruimte of bewogen zich meer naar het midden, waar stoelen klaarstonden. De Padavano-vrouwen hielden geen toespraak op de wakes, maar tijdens elke sessie stond er wel een man uit een bepaalde fase van Charlies leven op om met een brok in de keel iets over hem te zeggen.

Sylvie kwam niet in de buurt van de kist. Ze had een glimp van haar vader opgevangen toen ze het vertrek waren binnengekomen. De dode Charlie zag er verstild uit, wasachtig, weg, en ze had er geen behoefte aan zijn lege lichaam van dichtbij te zien. Ze bleef als geworteld staan waar ze stond alsof het een afgesloten cel was. Ze hoorde haar stem mensen bedanken of andere woorden zeggen die gepast leken. Ze zag haar handen in die van vreemden. Als oude vrouwen erop stonden haar te zoenen, bood ze hun haar wang aan. William ging op een gegeven moment een stoel halen voor zijn zwangere vrouw, maar in plaats van Julia nam Rose erop plaats, ondanks het feit dat ze de gehele avond aangeboden stoelen geweigerd had.

Mevrouw Ceccione wipte naar binnen en weer naar buiten zonder bij de Padavano-vrouwen in de buurt te komen. Ze ging Rose al uit de weg vanaf het moment dat Cecelia bij haar was ingetrokken, maar was ongetwijfeld bang dat ze naar de hel zou gaan als ze de overledene niet de laatste eer bewees. Familieleden die Sylvie maar een handjevol keren had ontmoet omdat die en die een hekel had aan zus en zo, arriveerden en vertrokken in tranen of snuivend. 'Dat mens,' fluisterde Rose minstens één keer per sessie tegen haar dochters, maar meestal had Sylvie geen idee wie ze bedoelde. Er was een infrastructuur van grieven die Charlies en Rose' uitgebreide families vorm had gegeven en bij elkaar vandaan had gehouden. Als de Padavano-zussen aan familie dachten, zagen ze alleen hun eigen gezin voor zich. Tantes, ooms, grootouders, neefjes en nichtjes waren altijd neergezet als vijanden of potentiële vijanden. Sylvie zag mensen de ruimte in en uit spoelen op een getijdenschema van theatraal verdriet, maar ze was zich er vooral bewust van wie ontbraken: Cecelia en de baby.

Cecelia en Izzy waren die middag uit het ziekenhuis ontslagen. Het oorspronkelijke plan, voornamelijk gesmeed door Julia, was dat Cecelia vanuit het ziekenhuis rechtstreeks naar Rose zou gaan, waar de baby als zoenoffer tussen hun moeder en haar jongste dochter zou dienen. Maar dat plan was met Charlies overlijden in rook opgegaan. Sylvie was degene geweest die de telefoon in de keuken opnam toen Cecelia vanuit het ziekenhuis belde, zo in tranen dat haar zus eerst niet wist wie ze aan de lijn had. Bij Rose was het nieuws ingeslagen als een bliksemschicht. Haar lichaam verstarde, ontspande vervolgens, en ze zakte ineen op de vloer in de woonkamer. Sylvie knielde bij haar neer. Emeline haastte zich met de vreselijke zin 'papa is dood' nog in haar oren terug naar het ziekenhuis om bij Cecelia te zijn. Julia wist het nog niet, die zat rustig in een bus op weg naar Northwestern.

Het eerste wat Rose zei, met een vreemde stem, was: 'Was zíj de laatste die hem heeft gezien? Was hij bij háár?'

Sylvie wist even niet wat ze bedoelde. 'Cecelia?'

'Zíj, ja,' zei Rose, met die vreemde stem.

'Hij is in de gang gestorven,' antwoordde Sylvie.

Op dat moment wist ze dat de deur naar Cecelia en de prachtige baby gesloten was. Dit sterfgeval en het verraad dat Rose erin zag, had elke kans op hereniging verpest. Sylvie bleef op de grond zitten, maar maakte zich los van haar moeder. Charlie had altijd geprobeerd Rose milder te stemmen en gewild dat ze zachter zou zijn. Hij had ongetwijfeld ook gedacht dat de baby de lijm zou zijn. Sylvie wilde dat ze er met hem over had gesproken. Zij en haar zussen hadden hem bij het plan moeten betrekken. Als ze dat hadden gedaan, zou hij misschien niet bij Cecelia op bezoek zijn gegaan in het ziekenhuis. Dan was dit misschien niet gebeurd.

Evengoed zei ze tegen haar moeder: 'Het heeft niets met Cecelia te maken. Zijn hart was op.'

'Niet bij mij,' zei Rose. 'Het was niet gebeurd als hij bij mij was geweest.'

Charlies favoriete leunstoel stond achter hen. De leunstoel waar hij in metrum sprak, zijn borrels dronk en zijn dochters vertelde hoeveel hij van hen hield. Het had Sylvie nooit iets uitgemaakt dat zijn loon daalde of dat hij te veel dronk. Hij was haar persoon geweest, en ze hadden altijd boeken aan elkaar uitgeleend. Ze had als klein meisje al opgemerkt dat Charlie zich nooit in de achtertuin begaf en dus deed Sylvie dat ook niet. Die vroege impuls om net als haar vader te zijn, hem te imiteren, had een muur tussen haar en Rose opgetrokken.

De uitvaart vond vijf dagen na het overlijden plaats. Er kwamen zoveel mensen naar de Saint Procopius dat ze niet allemaal in de grote kerk pasten. Rose droeg een zwarte jurk en zwarte zijde over haar haar. Ze zat in de voorste rij, geflankeerd door Sylvie en Julia. William zat in zijn trouwpak naast zijn vrouw. Aan Sylvies andere kant draaide Emeline zich om om te zien of haar tweelingzus ook in de kerk was, want Cecelia zou hier toch bij willen zijn. Sylvie ving Emelines blik om te vragen: zie je haar? Emeline schudde haar hoofd.

Zwetend in de dikke jurk en maillot dacht Sylvie aan de laatste keer dat ze alleen was geweest met haar vader, ongeveer een maand eerder. Op een avond had Rose hen tweeën er na het eten op uit gestuurd om een grote bestelling van de supermarkt naar huis te sjouwen. Ze had de bestelling eerder die dag gedaan, het was hun taak om de boodschappen op te halen. De bestelling was nog niet klaar, dus mevrouw DiPietro gaf Charlie een glaasje bier en ze wachtten op het trapje achter de winkel. Charlie bestudeerde het piekerige tuintje dat aan hun voeten lag. 'Haalt het niet bij die van jullie moeder,' zei hij.

'Hoe weet jij dat nou?' Sylvie hield haar haar omhoog in een poging wat koele lucht bij haar nek te krijgen. De zon was bezig onder te gaan, maar het was een ongewoon warme dag in september. 'Je komt er nooit.'

Hij glimlachte dunnetjes. 'Ik ga uit van haar uitmuntendheid.'

Haar vader zag er moe uit. Sylvie wist nog dat ze zich had afgevraagd of hij misschien slecht sliep. Waarschijnlijk was zijn hart al verzwakt; het verzwakte die dag op het trapje, met het biertje in zijn hand. Misschien voelde Charlie het aan, want hij zei: 'Lieverd, ik weet dat je heel veel hebt gespijbeld op de middelbare school.'

Ze keek hem verbaasd aan. 'Echt?'

'Butch was een oude maat van me, dus ik heb hem gezegd een oogje toe te knijpen zolang het ging en je vervolgens een onschuldige straf te geven.'

Butch McGuire was het schoolhoofd van Sylvies middelbare school geweest, en nadat ze langer dan een jaar meer wiskunde- en scheikundelessen had gemist dan bijgewoond, had hij haar meegedeeld dat haar straf was dat ze de muur achter de school moest verven. Cecelia had haar geholpen, altijd blij met een kwast in haar hand. Ondertussen voorzag Emeline hen van snacks. Sylvie had gedacht dat haar beide ouders geen weet hadden van haar verzuim en haar straf.

'Waarom?' vroeg ze, waarmee ze bedoelde: waarom deed je dat en waarom vertel je het me nu?

'Wat deed je als je niet bij die lessen was?'

'Lezen.' Sylvie maakte een wegwerpgebaar met haar hand. 'De lessen waren tijdverspilling. Als iets me niet interesseert, heb ik ook niet de hoop het te zullen leren.'

Ze had in het park vlak bij de school gezeten, waar ze romans verborg in een holte van een oude eik die ze als vriend beschouwde. Sylvie vertelde niet aan haar zussen wat ze deed. Ze wist dat Julia woedend zou zijn en erop zou staan dat ze weer naar de les ging. En ze wilde niet dat de tweeling zou denken dat wat zij deed oké was. Dat was misschien het moment geweest waarop Sylvie voor het eerst besefte dat ze een ander pad koos dan Julia. Ze las romans die ze in een boom bewaarde – een boom waarmee ze over haar gevoelens en zorgen sprak – terwijl Julia over elke academische horde sprong die ze tegenkwam.

Charlie knikte. 'Je bent te jong om echt te begrijpen dat het leven kort is, maar het is zo. Ik wilde je niet tegenhouden toen je van iets wegliep wat er niet toe deed om iets te doen wat er wél toe deed. Jij en ik zijn uit hetzelfde hout gesneden, meisje. We gaan er allebei niet van uit dat school of werk ons vervulling kan brengen. We kijken uit het raam, of in onszelf, op zoek naar méér.' Hij keek naar haar. 'Je weet dat je meer bent dan studente en het hulpje van een bibliothecaresse, toch? Je bent Sylvie Padavano.' Hij zei haar naam vol verrukking, alsof ze een beroemde ontdekkingsreiziger of krijger was. 'Omdát je weet dat er meer mogelijk is, zul je altijd de nutteloosheid inzien van het opvolgen van stomme regeltjes of het bijwonen van een saaie les. De meeste mensen zien dat onderscheid niet, dus doen ze gewoon wat hun wordt gezegd. Daar worden ze natuurlijk verveeld en geïrriteerd van, maar ze denken dat dat is hoe het nu eenmaal hoort. Jij en ik hebben het geluk in te zien dat het niet zo hoeft te zijn.'

De waarheid in Charlies woorden bezorgde Sylvie een huivering over haar ruggengraat.

Hij grijnsde naar haar. 'Dat was een hele toespraak van mij, hè? Nou, dan is dat maar zo. We worden niet door onze eigen grenzen gescheiden van de wereld.' Charlie zette zijn nu lege bierglas neer en wreef met zijn hand over zijn arm, als voorbeeld van een van zijn grenzen. 'We zijn onderdeel van de lucht, de stenen in je moeders tuin en die oude man die op het treinstation slaapt. We zijn allemaal met elkaar verbonden en als je dat kunt zien, zie je hoe geweldig het leven is. Je moeder en zussen bezitten dat bewustzijn niet. Nog niet, in elk geval. Ze denken dat ze ingesloten zijn in hun lichaam, in de biografische feiten van hun leven.'

Sylvie had het gevoel dat haar vader haar een deel van haarzelf had laten zien waarvan ze nog niet wist dat dat bestond. Als ze terugkeek op dat moment – nu, vanuit de kerkbank op de begrafenis; en later, gedurende haar leven – zou ze zich er altijd in verheugen dat haar vader dit tegen haar had gezegd en dat ze hém kon behagen door een van zijn lievelingsgedichten te parafraseren: '*We zitten niet klem tussen hoed en schoenen.*' En toen kwam mevrouw DiPietro naar buiten met hun tassen en liepen vader en dochter naar huis, de armen tegen elkaar, de moleculen dansten tussen hen door en de sterren flitsten aan als kleine lichtpeertjes in de avondhemel.

De priester sprak over Charlie en trachtte diens baan belangrijk te laten klinken, probeerde het te doen lijken alsof Charlie het huishouden had gerund, ook al wist de beste man dat Rose altijd alle beslissingen nam. Het deed Sylvie pijn dat de priester en alle mensen op de wake Charlie definieerden door middel van zijn biografische feiten, terwijl hij zoveel meer was geweest dan dat. Hij was onmetelijk, schitterend, en meer aanwezig in het geschenk van flesvoeding aan een jonge moeder dan de dagen die hij op de papierfabriek had gesleten. Hij wás zijn goede daden en zijn liefde voor zijn dochters en de twintig minuten die hij die ene avond met Sylvie had doorgebracht op het trapje van de supermarkt.

Dat gesprek had Sylvie geholpen zichzelf op een nieuwe manier te begrijpen. Ze zocht naar derde deuren omdat ze net als haar vader was. Julia was erop uit etiketten te verzamelen als 'topstudent' en 'vriendin' en 'echtgenote', maar Sylvie hield zich verre van etiketten. Ze wilde bij zichzelf blijven met elk woord dat ze uitsprak, elke actie die ze ondernam en elke overtuiging die ze aanhing. Er was geen etiket voor negentig seconden zoenen met jongens in de bibliotheek, wat deels was waarom Sylvie er zo blij van werd en Julia ongemakkelijk. Sylvie zou saaie lessen blijven boycotten om in parken te lezen. Ze zou geen genoegen nemen met minder dan ware liefde, ook al hadden haar zussen een collectieve zucht geslaakt toen ze hun vertelde dat Ernie haar mee uit had gevraagd en ze hem had afgewezen. Ze zou wachten, als het moest voor altijd, op een man die haar weidsheid zag, zoals haar vader had gezien. Sylvie ging verzitten op de kerkbank, haar gedachten samengepakt in haar hoofd. Volgepropt en warm en blubberig van de tranen die ze nog niet had laten lopen. Ze wist nu in haar lijf, haar botten, haar cellen dat haar vader er niet meer was. Hij was er niet meer en verder kende niemand haar echt. Julia, Emeline en Cecelia zagen allemaal een net iets andere Sylvie: ze was zacht bij Emeline, omdat haar zusje zachtaardig was; en speels met Julia omdat ze elkaar graag uitdaagden. In de buurt van Cecelia was Sylvie nieuwsgierig, omdat haar artistieke zusje anders dacht en praatte dan ieder ander die ze kende.

Sylvie keek om zich heen naar de gebogen hoofden, haar zwetende, huilende zussen en haar moeder met het stalen gezicht en ze wist dat ze allemaal in de problemen zaten. Charlie had hen allemaal gezien en bemind om wie ze waren. Als een van de meisjes – inclusief Rose – in zijn gezichtsveld kwam, had hij hun altijd hetzelfde gezegd: 'Wat ben je toch prachtig!' Het was zo'n aangename begroeting dat ze wel weg wilden gaan om opnieuw binnen te komen. Hij had genoegen geschept in Julia's ambitie en haar zijn raket genoemd. Hij had Cecelia op zaterdagochtenden meegenomen naar het museum. Voor Emeline had hij alles onthouden over de kinderen uit de buurt, omdat hij zijn dochter zo graag zag stralen als ze over de interesses van de koters vertelde of over de redenen waarom dat ene jochie of dat ene meisje bijzonder was. Sylvie en haar zussen hadden zichzelf gekend gevoeld onder de blik van hun vader. Zonder zijn blik waren de draden die hun familie zo strak bij elkaar hadden gehouden losgeraakt. Wat moeiteloos was geweest zou nu moeite kosten. Wat een thuis voor hen allemaal was geweest was nu eenvoudigweg Rose' huis. Emeline sliep al op de grond naast Cecelia's bed in het huis van mevrouw Ceccione om met de baby te helpen. Julia was getrouwd. Op dat moment besefte Sylvie dat zij ook het huis uit moest.

Na de begrafenis liep ze met Rose naar huis. Ze was van plan met haar moeder te praten over uit haar ouderlijk huis trekken, maar wilde dat niet diezelfde dag doen. Misschien zouden ze een tijdsbestek kunnen afspreken dat voor geen van beiden te abrupt voelde; een maand? Maar Rose keek niet naar haar, zei niets, onderweg naar huis. Ze liep rechtstreeks haar slaapkamer in en trok haar tuiniersoutfit aan. Onderweg naar buiten kwam ze met afgewend gezicht langs Sylvie.

'Kan ik iets voor je doen, mama?' vroeg Sylvie. 'Wat zullen we vanavond eten?'

Rose kwam tot stilstand. 'Je zussen hebben me allemaal verlaten,' zei ze met ijle stem. 'Iedereen is weg.'

Sylvie zei: 'Ik ben er,' maar haar moeder leek haar niet te hebben gehoord. Sylvie vroeg zich af of ze hier misschien niet was. Haar zekerheid wankelde, tegelijk met haar gevoel van eigenwaarde. Ze had het gevoel dat ze in haar zwarte jurk en maillot vervaagde. Onder Charlies blik was Sylvie heel geweest. Nu was ze poreus, verdwijnend, in de aanwezigheid van haar moeder.

'Ga maar bij een van je zussen logeren,' zei Rose. 'Ik wil alleen zijn.' Ze liep naar buiten door de achterdeur. Sylvie bleef een moment in het lege huis staan, happend naar lucht, want het voelde alsof haar longen stokten. Rose' tweede dochter was niet genoeg en zou nooit genoeg zijn. Toen ze weer normaal kon ademen, ging ze naar haar kamer om haar spullen te pakken.

Die nacht lag ze op William en Julia's bank. Ze had haar kleding in papieren boodschappentassen meegenomen. Ze verbaasde zich over hoe weinig ze eigenlijk bezat. Het kamertje dat Julia en zij hun hele leven hadden gedeeld was zo klein dat er nooit ruimte was geweest voor iets anders dan hun eenpersoonsbedden en een ladekast. Sylvie had nooit een boek gekocht, vanwege haar band met de bibliotheek. Ze lag in haar nachthemd op de bank onder een ruwe deken met de boodschappentassen netjes op een rij in haar gezichtslijn en voelde zich verstrikt in een net van verdriet. Haar vader was dood en haar moeder had haar weggestuurd. Mijn zielsverwant zal me redden, dacht ze, hij zal me zien en ik zal me weer solide voelen. Maar dit bracht nieuwe droefheid, want als ze deze man ooit zou ontmoeten, zou hij nooit haar vader leren kennen. Sylvie lag het grootste gedeelte van de nacht naar het plafond te staren. Ze voelde tranen diep vanbinnen, maar die leken geen uitweg te vinden. Ze had nog steeds niet gehuild.

De volgende ochtend hing ze in de bibliotheek een briefje op het grote openbare prikbord: *Oppas voor huis of huisdier nodig? Of iemand die je planten water geeft als je op vakantie bent? Ik doe dat graag in ruil voor een slaapplaats. Neem alsjeblieft contact op met assistent-bibliothecaresse Sylvie bij de balie.*

Maar niemand kwam bij haar in de buurt. Zelfs haar jongens niet, hoewel ze heel graag, al was het maar voor even, zou worden gekust of vastgehouden. Twee van hen, Ernie en Miles, waren op de wake geweest maar hadden oogcontact vermeden. Ze had hun niet over haar vader verteld, maar iemand had het overlijdensbericht op het prikbord van de bibliotheek gehangen. Iedereen die Sylvie tegenkwam leek aan te voelen dat ze de dood met zich meedroeg, dus liepen ze met een boog om haar heen. Ze rook een paar keer aan haar kleren om zich ervan te verzekeren dat ze geen vieze geur afgaf. Ze duwde haar karretje tussen de kasten met boeken door. Buiten haar werktijden las ze haar studieboeken in de bibliotheek en 's nachts sliep ze bij Julia en William op de bank.

'Heb je mama gezegd dat je hier een tijdje logeert?' vroeg Julia.

Sylvie schudde haar hoofd. 'Die is blij dat ze van me af is.'

'Maar ze is zo alleen,' zei Julia. 'Ze heeft nog nooit alleen gewoond.'

'Jij bent vanmiddag bij haar langs geweest.'

Julia bracht haar handen naar haar kapsel om zich ervan te verzekeren dat haar haar zich gedroeg. 'Volgens mij is ze elke dag de hele dag in de tuin. Ze heeft amper een woord gesproken terwijl ik er was. Ik weet dat ze rouwt, maar...'

Sylvie sprak vol overtuiging: 'Mama wil me daar niet hebben.'

De volgende middag in de bibliotheek zag ze haar moeder voorbij de brede ruiten lopen. Rose ging nog steeds in het zwart gekleed, al droeg ze niet meer het zijden netje over haar haar. Ze liep langzaam, met een rechte houding. Ze keek niet bij de bibliotheek naar binnen, hoewel er altijd een grote kans was dat haar dochter daar was. Sylvie rende ook niet naar buiten om met haar te praten. Ze bleef als verlamd achter de balie staan en keek toe terwijl Rose de volledige lengte van de ruiten langsliep en verdween.

Julia ontwikkelde de gewoonte om midden in de nacht bij Sylvie op de bank te kruipen. Omdat Julia wat boller werd – voor onbekenden was ze nog niet zichtbaar in verwachting, maar ze moest wel al grotere beha's kopen – betekende dit dat Sylvie op haar zij moest gaan liggen op het randje van de zitkussens. Ze moest een arm om Julia heen slaan om niet van de bank te vallen. De nacht roerde zich om hen heen en Sylvie was blij dat ze tegen haar zus aan gedrukt lag. Het was eind november, er waren enkele wazige weken verstreken sinds hun vaders overlijden.

'Wat moeten we nu?' fluisterde Julia.

Met haar ogen dicht kon Sylvie doen alsof ze in hun bed in hun kinderkamer lagen. Ze spraken tenslotte al in de duisternis met elkaar zolang ze zich kon herinneren. Ze zei: 'Jij krijgt een baby. Ik kom binnenkort in aanmerking voor een hoger loon en zoek mijn eigen plek.'

Sylvie had haar focus op school verlegd van Engelse literatuur naar bibliotheekwetenschappen, want ze wist dat hoofdbibliothecaresse Elaine een nieuwe opgeleide medewerker kon gebruiken en haar zou aannemen als ze de juiste kwalificaties had. Elke dag zocht Sylvie tussen de advertenties naar een studiootje, zeker dat ze zich dat zou kunnen veroorloven als ze die nieuwe baan kreeg.

Julia zei: 'Ik voel me net Beth.'

Sylvie trok haar zus dichter tegen zich aan. In hun kindertijd hadden alleen Sylvie, Emeline en Cecelia die zin ooit uitgesproken. Julia had nooit gezegd dat ze Beth was. Als Julia koorts had of verkouden was, dronk ze sinaasappelsap, zoog op zinktabletten en at salades als brandstof om op de been te blijven. Ziekte of teleurstelling kon je overwinnen. Je overgeven was niet eens iets om grapjes over te maken.

Maar Julia's blik stond paniekerig sinds Charlies dood. Omdat Sylvie haar zo goed begreep, wist ze dat haar oudere zus niet alleen om hem rouwde, maar ook ontdaan was door het feit dat hij überhaupt was overleden. Zo had Julia het niet gepland, en die shock was een bedreiging voor haar hele wereldbeeld. De afwezigheid van hun vader viel tenslotte niet te fiksen.

'We komen er wel uit,' zei Sylvie. 'Je bedenkt een nieuw plan. Dat doe je altijd. Het is waarschijnlijk nu gewoon lastiger omdat je in verwachting bent. Geef jezelf wat tijd.'

'Was het verkeerd om alles te willen fiksen?' Julia legde Sylvies hand op haar buik. De bewegingen van de baby waren in de afgelopen dagen voelbaar geworden.

Sylvie hield zich heel stil, want als de baby bewoog, was die beweging klein en bijna onmerkbaar wanneer je zelf bewoog. De gedachte viel haar in dat Julia's buik als een kleine trommel voelde, maar dan met de percussionist binnen in het instrument. Sylvie voelde iets en was extatisch: bubbeltjes, misschien een zwaaiend handje.

'Nee,' zei ze. 'Dat was niet verkeerd.'

Er waren momenten van stilte, als de ene of de andere zus bijna in slaap viel. Slechts één keer vielen ze allebei in een diepe slaap en trof William hen de volgende ochtend met de armen om elkaar heen aan. Meestal sluimerden ze alleen een beetje. Sylvie klampte zich deels aan haar zus vast omdat ze zich 's nachts voelde afdrijven. Ze werd opgeslokt door de hemel en haar laken en de papieren zakken met haar kleren. In de duisternis was Charlie zoek en keek Rose in Sylvies richting met een woede die ze niet begreep maar die haar lichaam evengoed deed verstijven van schuldgevoel. Sylvie wist dat Cecelia bij elke mijlpaal van Izzy huilde omdat ze haar beide ouders en de wereld waarin haar kleine meisje had moeten opgroeien kwijt was. Rose, twee huizen bij Cecelia en haar kleindochter vandaan hardvochtig zwijgend, zakte dieper en dieper in koppige rouw. De laatste keer dat Julia haar had opgezocht had Rose haar weggestuurd.

Sylvie sliep bijna, toen haar zus zei: 'Na de begrafenis heeft William een verzoek ingediend om dit semester van zijn onderwijstaken te worden geëxcuseerd; hij heeft tegen de faculteit gezegd dat hij bij mij moest zijn omdat mijn vader is overleden.'

'Dat was lief van hem.'

'Maar we hebben het geld nodig. Ik rekende erop. Hij heeft het me niet gevraagd voordat hij er met zijn begeleider over sprak. En ik zou ook liever hebben dat William zou doceren. Dit maakt een vreselijk slechte indruk. De professoren daar gaan nu denken dat hij lui is, of soft.' Julia zei het woord 'soft' alsof het de meest vernietigende kritiek was die ze kon bedenken.

Sylvie dacht hierover na. Haar zwager hobbelde door het appartement en glimlachte naar zijn schoonzus om haar te laten weten dat hij het niet erg vond dat ze er was, hoewel dat vast wél zo was. Ze vond niet dat ze zich in een positie bevond om kritiek op hem te hebben. 'Heb je dit ook tegen hem gezegd?' vroeg ze.

'Het is nu te laat om nog te veranderen. Wil je iets voor me doen?'

Antwoorden was niet nodig, dus wachtte Sylvie gewoon op wat er zou komen.

'Wil je zijn boek lezen? Hij noemt het een werk in uitvoering. Ik heb net zo lang gezeurd tot hij het me liet lezen en ik weet niet wat ik ervan moet maken. Totaal niet.' Julia keek Sylvie met grote ogen aan. 'Ik vermijd het om gesprekken met hem te voeren, want ik weet niet wat ik moet zeggen. Jij bent een lezer, misschien zie jij wat hij probeert te doen. En of het potentie heeft om hem te helpen? Om na zijn promotie aan een baan te komen?'

Zoveel vraagtekens van Julia was ongebruikelijk. Onze stiksels zijn losgeraakt, dacht Sylvie, hoelang kan dit nog doorgaan?

'Natuurlijk. Ik lees het morgen in de bibliotheek. Of vandaag, afhankelijk van hoe laat het nu is.'

Julia gaf haar een kus op haar wang. 'Ontzettend bedankt. Je moet hem natuurlijk niet laten weten dat je het hebt gelezen.'

Sylvie probeerde op haar horloge te kijken in het donker terwijl een paniekbubbel zich een weg door haar binnenste baande. Hoe laat was het? Was het al bijna dag? Zonder slaap namen de dagen de emotionele dimensie – en de luide verliezen – van de nacht aan.

Ze begon voor haar werktijd aan een tafel in de bibliotheek te lezen, las verder terwijl ze een boterham at tijdens de lunch en pakte het weer op toen ze in de bus zat onderweg naar haar lessen. Julia had haar een tastbaar zootje overhandigd; zo'n tweehonderd getypte pagina's in een papieren zak die met een elastiek bij elkaar werden gehouden. Sylvies eerste indruk was dat het inderdaad een werk in uitvoering was. Sommige hoofdstukken stopten midden in een paragraaf. Er stonden vraagtekens binnen zinnen die William op een zeker moment nog wilde oplossen. Er waren voetnoten vol suggesties, ideeën en vragen over welke richting het materiaal op moest gaan.

Het was ogenschijnlijk een boek over de geschiedenis van het basketbal en begon in 1891 in Massachusetts, toen dokter James Naismith het spel bedacht – met perzikmanden als baskets – om te zorgen dat baanatleten buiten het seizoen in vorm bleven tijdens de koude winter. Het boek leek naar aanleiding van Williams grillen alle kanten op te gaan in de tijd, maar was evengoed ruwweg chronologisch van opbouw. Het deed verslag van de eerste competitie van de sport in 1898, de dertien regels van dokter Naismith en het feit dat tot 1950 alle spelers en coaches in de officiële wedstrijden wit waren. De beschrijving hield op terwijl William midden in een uitleg zat van de strijd tussen de American Basketball Association en de National Basketball Association in de jaren zeventig van de twintigste eeuw, toen de twee competities om sterren als Dr. J en Spencer Haywood vochten. Afgewisseld met de geschiedenis, werden de verhalen van verschillende wedstrijden verteld: een wedstrijd in Philadelphia waarin Bill Russell tegen de reus Wilt Chamberlain streed. Een wedstrijd in een universiteitscompetitie waarin Oscar Robertson 45 punten scoorde, 23 rebounds had en 10 assists. Het spektakel eindigde in de vijfde wedstrijd van de finale in 1976 tussen de Boston Celtics en de Phoenix Suns. De wedstrijd werd drie keer verlengd en was de langste ooit. William schreef degelijk – helder en onberispelijk –, maar Sylvie merkte dat ze niet echt geïnteresseerd was in de hoofdlijn van het verhaal; het waren de voetnoten en ingesloten vragen die haar fascineerden. De voetnoten leken een gesprek te zijn dat William met zichzelf voerde. Hij schreef dingen als:

Vanwaar mijn interesse in de blessures van Bill Watson?

Schrijf ik alleen om bij het heden aan te komen? Is dat genoeg?

Hoe kwam het dat mijn vader en zoveel andere mannen in Boston zo'n hekel aan Russell hadden? Ik kan gewoon niet schrijven over wat er daar met zijn huis is gebeurd.

Waar is de wetenschap over waarom die mannen zo lang werden terwijl ze vaak kleine ouders hadden?

Dit project mist een rode draad.

Dit is slecht, ik bak er niks van.

Meerdere keren schreef William: *Wat ben ik aan het doen? Waarom doe ik dit? Wie ben ik?*

Eén keer stond er, richting het einde van een onafgemaakt verhaal, in een voetnoot: *Was ik het maar geweest, niet zij.*

Sylvie herlas de voetnoten. Ze voelden als een antwoordenblad voor een ander verhaal, niet de geschiedenis van het basketbal waar ze nu onder stonden. Wat betekende 'Was ik het maar geweest, niet zij?' Die zin kon toch niets met het basketbal te maken hebben? Was Julia die 'zij'?

De zorgen die in die vragen lagen, bezorgden Sylvie een rilling. De bus ratelde onder haar alsof die het met haar eens was. Charlie had tegen Sylvie gezegd: 'We kijken uit het raam, of in onszelf, op zoek naar méér.' In die voetnoten keek William in zichzelf, maar wat hij er vond was vrees en onzekerheid. *Wie ben ik?* William leek de persoon in de spiegel niet te herkennen, of misschien zag hij er niemand. Sylvie herinnerde zich de laatste keer dat ze bij Rose was geweest en ze het gevoel had dat ze verdween. Zo had ze zich in zekere mate gevoeld sinds haar vader was gestorven. Ze was bang geworden dat het haar vaders aandacht was geweest die haar intact hield, die zorgde dat ze Sylvie bleef, en ze had veel sympathie voor haar zwager. Sylvie voelde zich pas een maand zo en het was verschrikkelijk. De dikte van het manuscript en de moeite die in de pagina's was gestopt toonden dat William zich al heel lang zo voelde.

Op de terugweg van haar lessen, in de bus naar Julia's appartement, was ze klaar met lezen. Ze schoof het manuscript in de papieren zak en staarde uit het raam, waarin ze haar doorschijnende reflectie zag. Ze zag de omtrek van Williams gezicht over het hare. Sylvie had haar zwager altijd graag gemogen; ze voelde zich op haar gemak bij hem en ze wisselden zo nu en dan een glimlach uit als Julia met een hoop uitroeptekens praatte. Emeline, de barometer van ieders stemming, had William altijd als gevoelig omschreven. Maar William had Julia toebehoord vanaf het moment dat Sylvie hem ontmoette, dus had ze hem nooit als iets anders gezien dan de door haar zus gekozen man. Ze vroeg zich nu voor het eerst af of Julia een fout had gemaakt. De schrijver van deze pagina's bezat de eigenschappen die haar zus het slechtst verdroeg: besluiteloosheid, onzekerheid, droefheid. Julia was net een professioneel honkbalspeelster die op de plaat alle onzekerheden van zich af sloeg met haar knuppel. De enige logische verklaring was dat Julia niet wist dat dit in haar echtgenoot schuilde, of tenminste totdat ze deze pagina's gelezen had.

Sylvie voelde een verhoogd fysiek bewustzijn op de stoel in de bus, haar cellen tintelden alsof ze zojuist wakker waren geworden. Ze voelde het gewicht van het manuscript op haar schoot, de troebele ruit, Julia's onmogelijke fout, de vermoeidheid van wekenlang nauwelijks slapen op de bank van een ander, dat haar vader er niet meer was. Ze voelde ook iets binnen in haar bewegen, maar voordat ze kon bedenken wat het was, begon ze te huilen. Ze deed haar best om geen geluid te maken, zodat ze in de halfgevulde bus niet de aandacht op zich zou vestigen, maar de zoutige tranen glibberden over haar wangen en doorweekten de voorkant van haar jas.

Toen ze bij het appartement aankwam was het laat en waren haar zus en William al naar bed. Sylvie poetste haar tanden, trok haar nachthemd over haar hoofd en plofte op de bank. Ze voelde Williams vragen als speldenprikjes op haar huid. Ze verschenen opnieuw in de duisternis, sijpelden bij haar naar binnen en eisten antwoorden.

Wat ben ik aan het doen? Ik lig op een bank in het appartement van mijn zus.

Waarom doe ik dit? Omdat mijn vader is overleden, en hij was mijn thuis.

Wie ben ik? Sylvie Padavano. Ze hoorde haar naam in Charlies stem, met verrukking uitgesproken, en glimlachte.

Door deze laatste vraag, en het antwoord, besefte ze ineens waarom haar moeder altijd haar wenkbrauwen naar haar had gefronst en niet naar haar zussen. Rose herkende in Sylvie wat haar altijd had dwarsgezeten aan haar man. 'Bah, Whitman,' zei Rose steevast vol afkeer als Charlie zijn lyrische strofen reciteerde. Niet omdat Rose iets tegen Whitman had, maar omdat ze de poëzie binnen in Charlie verantwoordelijk achtte voor zijn gebrek aan succes in het leven. De reden dat zijn salaris laag bleef, dat hij weigerde zich druk te maken als het fornuis stukging en haar in plaats daarvan naar buiten sleepte om een volle maan te bewonderen, de reden dat het hem niets kon schelen wat anderen van hem vonden en er toch honderden mensen op zijn begrafenis kwamen. Sylvie bezat hetzelfde als Charlie, dus als Rose naar haar dochter keek, zag ze niet Sylvie, maar de mislukking van haar eigen huwelijk en haar persoonlijke nederlaag Charlie zover te krijgen dat hij werd wie ze wilde dat hij was. Sylvie dacht aan Julia, die zoveel van Rose in zich had. Ze wist dat Julia elke glimp die ze kreeg van de weifelachtige zinnen binnen in William ook zou verfoeien.

Met haar ogen dicht plaatste Sylvie zichzelf in de weidsheid van haar zwagers onzekerheid. Het leek op zo'n mistige, woekerende moor waarvan zij en haar zussen zo genoten in victoriaanse romans. Sylvie voelde zich thuis in het ruige terrein en vulde haar longen met de sombere lucht. Sinds Charlies dood had ze het gevoel dat haar grenzen overliepen en ze zich tegelijkertijd verwoed bij elkaar probeerde te houden. Haar zussen en moeder waren veilig, met hun ambities en routines, maar Sylvie wás haar verdriet en verlies. William was ook niet veilig en zijn vragen hielden Sylvie gezelschap. Zij en haar zwager worstelden allebei om hun eigen vel te bewonen, een doel dat voor ieder ander absurd zou klinken.

Toen Julia zich meldde, schoof Sylvie op en omhelsde haar oudere zus steviger dan anders.

'Alles goed met je?' fluisterde Julia.

Sylvie schudde haar hoofd en begroef haar gezicht in Julia's nek. Ze voelde de baby schoppen in de buik van haar zus en vervolgens in haar eigen platte buik. Ze had deze omhelzing nodig, ook om tijd te winnen tot Julia de vragen zou gaan stellen die Sylvie naar beste kunnen zou proberen te beantwoorden.

'Is het goed, het manuscript?'

'Ja en nee.'

'Zal het hem aan een professoraat helpen?'

'Nee.'

'Wat... betekent het? Wat is het?'

'Dat weet ik niet. Ik heb nog nooit zoiets gelezen.'

Rose belegde een familiebijeenkomst op een zaterdag toen Julia acht maanden zwanger was en Izzy vier maanden oud.

'Een familiebijeenkomst, inclusief Cecelia?' had Julia gevraagd toen ze haar moeder in haar tuin bezocht. ('Haar uitmonstering is nog erger geworden,' liet Julia Sylvie die avond weten. 'Ze draagt nu papa's pyjama onder het honkbaltenue.')

'Natuurlijk niet,' had Rose geantwoord. 'Jij, William, Sylvie en Emeline.'

De genoemde personen meldden zich om vier uur op de aangewezen dag. Alle drie de zussen hielden even stil in de deuropening en keken naar het huis van mevrouw Ceccione verderop. Geen van hen had Cecelia over de bijeenkomst verteld – ze konden het niet aan om haar te vertellen dat ze werd buitengesloten –, maar natuurlijk wist ze het. Sylvie had een parttimebaantje bij de bibliotheek voor haar geregeld en hun uren overlapten vaak. Emeline sliep op een stretcher in Cecelia's kamer en Julia belde Cecelia elke dag om te informeren hoe het met haar en de baby ging. Net als zij allemaal, luisterde Cecelia naar alles wat haar zussen zeiden en wat ze niet zeiden. Deze bijeenkomst was zo duidelijk weggelaten, het tijdstip gewist uit de gedeelde kalender, dat het misschien wel het enige was wat Cecelia zeker wist.

Rose zat al op haar plek aan de eettafel toen ze binnenkwamen. Haar wangen waren niet langer bol en ze droeg een vale jurk.

'Ik moet het huis verkopen,' zei ze toen ze allemaal om haar heen zaten. 'Ik kan het niet meer betalen.' Ze wuifde achteloos met haar hand naar de muren, slaapkamers en alle geschiedenis die hen omringde. 'Het is ook veel te groot.'

Sylvie schoof van ontzetting naar achteren op haar stoel. Het was nooit bij haar opgekomen dat het huis verkocht zou kunnen worden. Toen Rose en Charlie pas getrouwd waren, had Charlie een goede deal gekregen met de aankoop, waarschijnlijk door middel van een weddenschap in de kroeg – hoewel dat nooit hardop was uitgesproken – tijdens een periode van raciale spanningen in Chicago, toen veel witte mensen de stad ontvluchtten. Die deal was in Rose' ogen misschien wel Charlies grootste prestatie geweest.

Sylvies zussen keken net zo geschokt als zij zich voelde: Julia was wit weggetrokken en Emeline knipperde vaker dan normaal met haar ogen, wat ze deed als ze bang of verbaasd was.

'Ik dacht dat het huis helemaal van jullie was,' zei Julia. 'Papa pochte altijd dat hij geen hypotheek had.'

Rose fronste. 'Ik heb er zo'n tien jaar geleden eentje moeten afsluiten om jullie van eten en kleding te kunnen voorzien.'

Dit kwam aan. De heiligen aan de muur staarden op hen neer. Er was een lege plek waar Clara van Assisi had gehangen. Ze wisten allemaal dat het ingelijste portret nu onder Cecelia's bed verderop in de straat verbleef.

'Je kunt toch niet zonder je tuin?' zei Emeline.

Julia, William en Sylvie knikten instemmend. Dat was waar. Wat was Rose zonder haar tuin? Rose' bestaan had altijd plaatsgevonden in de tuin, alsof haar wortels naast die kruiden, sla en aubergines stonden.

'Te veel werk,' antwoordde Rose. 'Ik ben er klaar mee. Dit huis is af. Jullie zijn allemaal het huis uit.'

Ze keek niet naar Sylvie toen ze dit zei, maar Sylvie voelde het dartpijltje dat haar moeder had gegooid omdraaien in haar borst. Je zei dat je alleen wilde zijn, dacht ze, ik heb gedaan wat je vroeg.

'Ik verhuis naar Florida,' zei Rose. 'Naar een flatje aan het strand. Ik ken daar een paar dames uit de buurt en die regelen het voor me. Als dit huis is verkocht, moet dat lukken.'

'Florida?' Het was het eerste wat William had gezegd sinds ze waren gaan zitten. 'Dat kan niet.'

Rose keek hem aan.

'Je dochters hebben je nodig.' Hij ademde in. 'Mam. We hebben je nodig.'

'Ik krijg een baby,' zei Julia. 'Wacht, alsjeblieft.'

De lucht in de kamer voelde vreemd: zwaar, maar alsof het op het punt stond in beweging te komen, als bij aanvang van een storm. De Padavano-meisjes gingen verzitten. Ze voelden Cecelia verderop in de straat met haar dochter als een reddingsboei in haar handen proberen te luisteren naar woorden die ze niet kon horen.

‘Ik wilde het jullie persoonlijk vertellen,’ zei Rose.

Waar ben je, dacht Sylvie, zit je soms al in Florida? Ze herinnerde zich de aanblik van Charlie in de kist; wasachtig en weg. Dit was bijna nog erger. Haar moeder zat vóór hen, het bloed pompte door haar lijf, maar ze was er niet meer. Ze was vertrokken. Misschien al sinds de dag van de begrafenis? Of vanaf het moment dat Sylvie naast haar op de grond zat, vlak nadat ze het nieuws hadden gekregen? Of wilde ze al jaren ergens anders zijn en zag ze nu haar kans om te ontsnappen?

Emeline zei: ‘We missen papa allemaal. We moeten bij elkaar zijn. Ik heb foto’s van Izzy meegenomen, mama. Ze is zo mooi.’

Ze haalde de foto’s onder de tafel vandaan, maar Rose was plots opgestaan. Ze liep weg en zei: ‘Voel jullie vrij bij vertrek wat eten uit de tuin mee te nemen.’

Drie van de vier Padavano-meisjes bleven zitten en omklemden de eettafel met hun handen, alsof alles hun in één keer werd afgenomen.

William

NOVEMBER 1982 - MAART 1983

William had een dagelijkse routine. Na het ontbijt ging hij voor Julia naar de supermarkt of deed een andere boodschap voor haar. Hij probeerde zijn vrouw te behagen, om grond terug te winnen die hij had verloren door een inschattingsfout. Hij had aangenomen dat Julia het op prijs zou stellen dat hij na Charlies overlijden had gevraagd de rest van het semester niet te hoeven doceren. De faculteit was begripvol; ze hadden tenslotte meer dan genoeg promovendi die zijn plekje konden innemen. Maar Julia had paniekerig gekeken toen William het haar vertelde – ze hield niet van verrassingen – en hij besefte dat hij een fout had gemaakt. Julia vertrouwde op meer dan zijn liefde en aandacht; hij moest geld verdienen, ook al hadden ze voldoende spaargeld voor hun huwelijk gekregen om het de rest van het semester uit te zingen. Zijn vrouw wist ook niets over de niet-geïnde cheque in zijn lade van het dressoir. Hij was niet van plan die ooit te gebruiken, maar hij lag daar voor in een noodgeval. Julia had William ook niet thuis nodig om haar gezelschap te houden, want Sylvie was bij hen ingetrokken en was meestal degene naar wie Julia toe ging als ze zich verdrietig voelde. William snapte dit natuurlijk, maar het zat hem wel dwars dat hij op elk vlak de verkeerde inschatting had gemaakt.

Toen William na het ontbijt had afgewassen en vroeg of hij nog iets kon doen, schudde Julia haar hoofd en hield de deur voor hem open zodat hij zou gaan. Gelukkig zoende ze hem op weg naar buiten om hem te laten weten dat haar teleurstelling maar tijdelijk was. Hij liep naar de bibliotheek van Northwestern, waar hij studeerde voor zijn avondcolleges. Onderweg naar zijn favoriete studienis passeerde William meestal de oude geschiedenisprofessor in wiens college hij Julia had ontmoet. De bejaarde man leek William niet te herkennen, maar dat vatte William niet persoonlijk op. Hij vermoedde dat dit het laatste jaar was dat de professor college gaf. Er lekten tranen uit de ogen van de oude man als hij sprak en zijn neus huilde mee. William vroeg zich af of de onderwerpen waarover de professor doceerde hem nog boeiden. Had hij nieuwe ideeën over het Molotov-Ribbentroppact van 1939 of de Slag om Berlijn? Of waren het slechts woorden die de man opdreunde, als regels uit een toneelstuk?

Tijdens de lunch nam William een pauze van het studeren en liep naar het sportcomplex. Hij ging op de tribune van het basketbalveld zitten en at zijn meegebrachte lunch op. Soms was er een gymles gaande, met een verzameling studenten in allerlei maten en fitheidsniveaus die door de docent werden overgehaald gymnastiekoefeningen te doen. Soms waren een paar van de shooting-guards van het team er voor een extra training. William kende alle spelers behalve de eerstejaars, en een of twee keer liet hij zich na zijn boterham door de jongens overhalen om een paar schoten vanuit de hoek te doen. Hij wist dat hij met zijn knie niet kon draaien of zelfs maar wat heen en weer kon rennen, dus stond hij stil en raakte het ene schot op afstand na het andere terwijl zijn voormalige teamleden joelden. Als de bal door het net ruiste, normaliseerde Williams ademhaling en kon hij even doen alsof hij nog steeds een herkenbaar leven had.

Met de basketbal in zijn handen kon hij vergeten dat zijn schoonvader dood was neergevallen, zijn schoonzusje bij hen op de bank sliep en hij schrok telkens wanneer hij zijn vrouw zag. Julia was nog niet overduidelijk zwanger, maar ze zag er niet meer uit als de vrouw met wie hij was getrouwd. Haar heupen werden dramatisch breed en ze had vaak een blos op haar wangen. Ze was prachtig, blakend van gezondheid, maar op een uitgestippelde reis van bevruchting naar geboorte die William op geen enkele kaart kon volgen. 'Waar ben je?' wilde hij haar vragen. 'Weet je waar je heen gaat? Weet je zeker dat het de juiste kant op is?'

Hij was beschaamd de waarheid ook maar aan zichzelf toe te geven; dat hij nooit over kinderen had nagedacht. William was verliefd op Julia – hij zwom nog steeds in een zee van dankbaarheid voor het feit dat hij elke avond naast haar in slaap viel en elke ochtend naast haar wakker werd –, dus had trouwen logisch geleken. Maar een nieuw persoontje creëren en hem of haar opvoeden, was heel wat anders. Hij had tegen Julia gezegd dat hij blij en opgewonden was over de zwangerschap, omdat hij wist dat dat was hoe hij zich hoorde te voelen, maar William kon zich geen voorstelling maken van zichzelf als vader. Als hij zichzelf met een baby probeerde voor te stellen, was het beeld vaag. Misschien had hij enige twijfel moeten uiten bij Julia's plan, maar zijn vrouw had voorgesteld dat ze voor een baby zouden gaan en de daaropvolgende maand leek ze telkens wanneer hij het appartement binnenliep naakt op hem te liggen wachten. William was niet in staat, en niet bereid, de voors en tegens van het ouderschap te bespreken terwijl Julia geen kleren droeg.

Nu leefde hij met een zwangere vrouw en een schoonzusje dat schuldbewust het appartement in en uit wipte. Hij zat niet langer op de bank, omdat dat Sylvies bed was. Hij las studieboeken tijdens maaltijden en herlas zijn aantekeningen, hij probeerde alle bewegende delen van een bepaald jaar in de Amerikaanse geschiedenis uit zijn hoofd te leren. Als hij midden in de nacht wakker werd, was Julia's kant van het bed steevast leeg en vond hij haar slapend in de armen van haar zus. Als William naar hen keek, voelde hij een vreemd soort eenzaamheid. Ze zagen eruit alsof ze bij elkaar hoorden. Op de terugweg naar de slaapkamer kwam de gedachte bij hem op dat misschien niet Sylvie maar hij de indringer was.

Na zijn lunch bij het sportveld ging William terug naar de bibliotheek om te lezen over de Paniek van 1893. Williams promotiebegeleider was een professor met kwieke ogen die altijd een vlinderstrik droeg en slecht stil kon zitten, waarschijnlijk omdat hij overal zo enthousiast over was. Tijdens hun eerste ontmoeting, in Williams eerste maand, had de professor hem gevraagd waarom hij zo van de periode van de Amerikaanse geschiedenis hield die hij als onderwerp had gekozen. Bij deze vraag voelde William alles wat binnen in hem bewoog – zijn bloed, zijn longen, zijn hart – vertragen tot het bijna stilstond. Dat kwam hard aan; het was nooit bij hem opgekomen dat er liefde bij deze hele onderneming behoorde te komen kijken. Uiteindelijk zei hij maar iets over de grote veranderingen die het land had ondergaan tussen 1890 en 1969 – het vergulde tijdperk, twee wereldoorlogen, de Afro-Amerikaanse burgerrechtenbeweging –, maar het was te laat. Er lag verwarring in de blik van de professor en hij leek te denken: vreemd zeg, deze jongeman straalt geen enkele passie voor geschiedenis uit.

De meeste dagen bleef William langer bij het basketbalveld dan hij van plan was geweest nadat hij zijn lunch ophad. Hij moest hoofdstukken doornemen voor de avondcolleges die hij volgde, maar stelde zijn terugkeer naar de bibliotheek uit. Op een van die middagen zag Arash hem zitten toen die het veld overstak en ging bij hem zitten.

'Hoe gaat het met je knie?' vroeg hij.

'Prima.' Dat was Williams standaardantwoord als iemand ernaar vroeg. Hij dacht dat het het juiste antwoord was, aangezien de knie functioneerde en hij ermee van de ene plek naar de andere kon komen. Hij had er altijd pijn aan – 's nachts was die op zijn ergst –, maar het leek onmannelijk om dat toe te geven. En wie kon het iets schelen? Hij had immers geen pijnvrije knie meer nodig. Professoren konden gewoon blijven zitten. Zijn lichaam was nu min of meer irrelevant.

Arash bestudeerde hem. 'Ik heb gehoord dat je aan het promoveren bent. Gefeliciteerd.'

William was verbaasd. 'Hoe weet je dat?'

Arash glimlachte. 'We blijven onze jongens volgen. Ik volg degenen die een blessure hebben opgelopen, dus je staat op mijn lijst. Maar we volgen al onze spelers. We zijn niet harteloos, weet je. We kunnen geen aardig briefje sturen bij het behalen van prestaties als we jullie niet volgen.'

William dacht hierover na. Hij was niet uitgegaan van zulke vriendelijkheid en het deed hem aan Charlie denken. De uitvaart van zijn schoonvader was de eerste die hij ooit had bijgewoond. Hij had tijdens de wakes naar de verhalen geluisterd over Charlies grootmoedigheid voor zijn collega's en de mensen in Pilsen. Nadat een drietal dronken mannen had geprobeerd uit te leggen hoe Charlie hen had geholpen een boze huisbaas tot bezinning te brengen, had William de neiging gevoeld op te staan en de hele zaal te vertellen dat zijn schoonvader een bedreven chauffeur was geweest en dat hij zijn capaciteit verborgen had gehouden, of dat die misschien altijd was genegeerd door Rose en hun dochters. 'Waarvan vond Charlie nog meer dat hij het voor ons verborgen moest houden?' had hij willen vragen. In plaats daarvan had hij toegekeken hoe Rose met het uur harder werd en paniek en verdriet in het gezicht van zijn mooie vrouw geëtst werden.

Nadat ze de kist in de grond hadden laten zakken was Julia met William bij Cecelia en haar baby op bezoek gegaan en werd het kindje zonder enige waarschuwing in Williams armen gelegd. Hij had nog nooit een baby vastgehouden, maar zijn echtgenote en Izzy's moeder draaiden zich achteloos van hem weg, alsof ze erop vertrouwden dat hij op de een of andere manier wist wat hij moest doen. De baby staarde hem aan en haar gezicht trilde; ze overwoog te gaan huilen. Ze was ongelooflijk klein en in dekens gewikkeld, zodat hij haar ledematen niet kon zien. Ze leek heel warm. Had ze koorts? Waren die dekens wel nodig? William nam plaats op een stoel zodat de afstand tot de grond kleiner was mocht hij haar laten vallen, ging vervolgens zelfs op de grond zitten. Julia en Cecelia moesten om hem lachen, maar met genegenheid in hun ogen, en de twee vrouwen gingen bij hem op de grond zitten alsof ze daarmee wilden zeggen dat het helemaal prima was wat hij deed.

'Mooi afgemaakt!' zei Arash, die zijn blik op het veld gericht had. 'Die eerstejaars daar, de powerforward? Een uitstekende opvolger van Kent. Goede eerste stap.'

'Wie heeft mij vervangen?'

Arash liet zijn blik over het veld gaan. 'Er is een nieuwe die goed kan rebounden. Maar hij is erg van het ellebogenwerk, niet een IQ-man zoals jij.' Arash knikte, alsof hij het met zijn eigen vaststelling eens was. 'Heb je *The Breaks of the Game* gelezen?'

'De wat?'

'Een boek over slimme spelers zoals jij, hoe ze het spel spelen en het spel "denken". Een film afspelen in hun hoofd, begrijpen hoe ze de ruimte moeten gebruiken. De groten spelen altijd een soort schaakspel. Dat moet je echt lezen.'

William probeerde Arash' woorden te absorberen, want hij wist onmiddellijk dat hij dit gesprek later als hij alleen was opnieuw zou afspelen in zijn hoofd. Ze voelden als de woorden en zinnen waarop hij had zitten wachten. William beging kleine mislukkingen en teleurstellingen tijdens elk uur van zijn huidige leven; hij wilde dat hij nog steeds een basketballer met positionele intelligentie was en onderdeel uitmaakte van een team. Er kwam een herinnering boven: hij stond als tienjarige op het veldje in het park en zag de jongens die hem net hadden gevraagd met hen mee te doen naar huis rennen omdat het etenstijd was. Kom terug, dacht de jonge William.

Arash sloeg hem op zijn schouder. 'Ik moet naar een afspraak. Misschien spreek ik je hier nog wel een keer?'

'Ik ben hier bijna elke dag,' antwoordde William, die in verwarring was door het gevoel in zijn borst – was het verlangen? – toen de man wegliep.

Die decembermaand vervielen William en Julia wekenlang in dezelfde ruzie telkens wanneer Sylvie er niet bij was.

'We moeten naar een ander appartement verhuizen voor ik straks gigantisch ben,' zei Julia. Omdat ze een kind verwachtten, kwamen ze nu in aanmerking voor een driekamerappartement in een van de gebouwen voor getrouwde stellen. 'Ik wil dat het in kannen en kruiken is,' zei ze. 'We moeten op z'n minst een wiegje en een commode in elkaar zetten. Je gaat volgende maand doceren, dus horen we van deze periode gebruik te maken om te verhuizen, nu je nog wat vrije tijd hebt.' Ze zweeg even. 'Waarom kijk je zo naar me?'

William probeerde zijn gezicht neutraal te houden. 'Hoe?'

'Alsof het choquerend is wat ik zeg. Je beseft toch dat we in april een baby krijgen?'

'Natuurlijk. Ik zeg alleen dat we het hier prima naar onze zin hebben. Je roept altijd dat je zo dol op dit appartement bent. Laten we hier blijven tot het einde van het collegejaar. Dan kunnen we in de zomer verhuizen.'

Julia keek hem met grote ogen geïrriteerd aan. 'Het is hier te klein nu Sylvie hier ook nog logeert. Als we nu verhuizen, kan zij in de babykamer slapen. Ik snap niet waarom je hiertegenin gaat.'

William wist niet wat hij moest zeggen, hoe hij moest uitleggen dat hij de verhuizing gewoon zo lang mogelijk wilde uitstellen. Ze zou niet begrijpen wat er door hem heen ging. Hij dacht dwaas: als we niet verhuizen, wordt de baby niet geboren, omdat hij of zij geen slaapkamer heeft. Het grotere appartement was in een nabijgelegen campusgebouw, dus het zou geen grote verandering zijn, maar na Charlies overlijden, de uitdijende Julia en Sylvie op zijn bank, voelde voor William alles onzeker. Hij moest wakker worden in zijn bed in zijn huidige slaapkamer en twee geroosterde broodjes met aardbeienjam eten, en dan naar de bibliotheek lopen. Hij moest in zijn favoriete studienis zitten en zijn boeken precies op zijn gewenste manier voor zich neerleggen. Hij moest een pauze nemen van het studeren om te lunchen bij het basketbalveld – soms met Arash – en zich herinneren hoe het voelde om met een basketbal in zijn handen over het veld te rennen. Aan het einde van elke dag, na zijn colleges, ging William terug naar de vrouw voor wie hij een paar jaar eerder was gevallen. Het ritme van precies deze routine gaf hem een infrastructuur, en alleen al de gedachte aan een verandering zorgde ervoor dat hij zijn vrouw wezenloos aanstaarde, ook al wist hij dat zij redelijk was en hij niet.

Een aantal dagen per week kwam Arash met zijn soep en een bruin bolletje – hij had altijd dezelfde lunch – naast William op de tribune zitten. De fysiotherapeut sprak met hem alsof hij een collega was, wat William erg op prijs stelde.

'Ik heb zo mijn zorgen over Paterson,' zei Arash, met een knikje naar de tweedejaars shooting-guard die op en neer rende over het veld, wachtend op zijn beurt.

'Hij heeft een goed schot,' zei William. 'Vind jij van niet?'

'Een goede techniek bij het schieten, ja. Maar let eens op hoe hij landt.'

William keek hoe de slungelige jongen om drie pionnen dribbelde en vervolgens schoot. 'Ik zie het probleem niet.'

'Probeer het beeld vertraagd af te spelen in je hoofd. Kijk zijn volgende drie beurten naar hem in slow motion.'

William had geen idee wat Arash hiermee bedoelde, maar de daaropvolgende twintig minuten keek hij aandachtig. Hij probeerde de verschillende delen van Patersons bewegingen uit elkaar te trekken: de hoek van zijn lichaam als hij rende, de beweging van zijn knieën bij een draai, de ongeremdheid waarmee hij naar de ring sprong. Bij de vierde keer viel hem op dat Patersons lichaam draaide tijdens zijn schot, wat ervoor zorgde dat hij uit evenwicht was bij het landen. Hij probeerde het aan Arash uit te leggen, die knikte.

'Precies. Ik denk dat hij zijn enkels sterker moet maken, het gewricht is mogelijk wat zwak. Door jouw ervaring ben ik mijn werk gaan heroverwegen, wist je dat? Ik wil weten wat de eerdere blessures van de spelers zijn. Met die informatie kan ik ze sterker maken. Ik vrees alleen dat ze tegen me zullen liegen als ik hen rechtstreeks naar blessures vraag.' Hij trok een gezicht.

'Ze zullen niet willen dat je denkt dat er iets mis is met ze. Ze willen niet gezien worden als beschadigd en minder speeltijd krijgen.'

'Precies,' zei Arash. 'Stelletje sukkels.'

William knikte en legde een hand op zijn zwakke knie. 'Dit semester – de komende maand in elk geval nog – geef ik geen les,' zei hij. 'Ik heb wat vrije tijd. Vind je het goed als ik af en toe kom kijken hoe je je werk doet? Je een beetje volg?'

Arash draaide zich om om William aan te kijken. William bedacht dat hij heel weinig over deze man wist. Hij was al meer dan tien jaar fysiotherapeut bij Northwestern, maar had hij een vrouw? Kinderen? Woonde hij op de campus? Waar kwam hij vandaan? Geschiedenis bestuderen ging over context, het landschap rond de kritische gebeurtenis begrijpen. Niets en niemand bestond in een vacuüm. Charlie in zijn leunstoel in zijn huis was slechts een stukje van diens context geweest. De wake onthulde de vrouw bij de bushalte, de vrienden met wie hij dronk, medepoëzieliefhebbers, aardige mannen bij zijn ellendige baan. Bittere familieleden, stomverbaasde dochters.

'Ben je niet fulltime bezig met je promotie?'

'Ik red het makkelijk,' antwoordde William.

Arash' blik ging naar het veld.

'Ik zal niet in de weg lopen.' William kromp vanbinnen ineen omdat zijn stem wanhopig klonk, maar ook omdat hij besefte dat hij wanhopig wás. Er ging iets open in hem in deze sportzaal en als hij naar de spelers keek. Hij wilde hier meer tijd doorbrengen. Hij moest hier zijn om ook maar een kans te hebben zich oké te voelen.

'Ja hoor, prima,' zei Arash. 'Ik kan wel wat hulp gebruiken.'

Zodra hij het haar had gegeven had William spijt dat hij Julia zijn boek liet lezen. Als Charlie niet was overleden zou hij nooit hebben toegegeven aan haar herhaalde verzoeken, maar hij kon het niet aan haar nog ongelukkiger te maken dan ze al was. Ook had William het gevoel dat hij haar iets schuldig was voor haar schoorvoetende instemming om tot het einde van het collegejaar in hun huidige appartement te blijven. Hij zei: 'Het is nog geen leesbare versie. Je zult er geen chocola van kunnen maken. Dit is een kladversie, heel erg klad.'

'Dat begrijp ik. Ik ben zo blij dat ik het mag zien. Dank je wel.'

De volgende ochtend zag William haar in de pagina's verdiept aan hun gele keukentafel zitten, maar daarna zag hij haar er nooit meer in lezen. Een paar dagen later zag hij het manuscript op de bank liggen, in een papieren zak, en kromp ineen om het zo open en bloot te zien. Het voelde alsof hij zijn vrouw de warrige binnenkant van zijn hoofd had overhandigd, of misschien zijn ziel. Hij schreef al bijna vijf jaar aan het boek, met horten en stoten. Hij zag het niet echt als een boek, dat is alleen hoe Julia het noemde. Voor William was het iets waar hij aan werkte omdat er een stilte in hem zat die hem soms beangstigde. Basketbal was luidruchtig – het spel had een flink tempo, met tien mannen die constant sprongen, schoten, verdedigden, insneden – en erover schrijven maskeerde Williams interne stilte. Hij kon naar het dreunen van de basketbal luisteren, in de sportzaal of in zijn hoofd. Als hij over de kenmerkende bewegingen van grote spelers schreef – de beroemde fake van Oscar Robertson, of het fantastische hoekschot van Kareem Abdul-Jabbar – voelde hij de rimpelingen van die bewegingen in zijn eigen lijf. Die rimpelingen waren het enige moment waarop de stilte diep vanbinnen werd verbroken en hij opluchting ervoer. Maar vanwege de manier waarop hij schreef, was de verhaallijn kronkelig en volgde die alleen de slingerende paden van zijn grillen. Hij wist dat zijn vrouw er niets van zou kunnen maken en nu hij de pagina's uit handen had gegeven had hij het gevoel dat hij een deel van zichzelf was verloren. Dagen gingen voorbij zonder dat Julia over het boek begon en ze leek erg haar best te doen hem niet te hoeven aankijken. De mist die was komen opzetten met Williams blessure verscheen weer in zijn perifere zicht, als een wolk die om een berg heen hing. Het boek was vreselijk; hij was vreselijk.

Toen ze op een avond naar bed gingen, gaf Julia hem eindelijk het pak papier en zei: 'Het is erg goed!'

Hij sloot zijn ogen zodat hij haar brede, geforceerde glimlach niet zag. 'Dat hoef je niet te zeggen. Het is niet waar. Het is alleen voor mij. Sorry dat het me geen baan zal opleveren voor na mijn promotie.'

'Daar heb je geen boek voor nodig,' zei ze. 'We zorgen wel dat je een baan krijgt.'

Mist hapte naar zijn grenzen en hij had medelijden met zijn vrouw. Ze moest doen alsof ze dacht dat hij beter was dan hij was. Ze moest doen alsof ze zich geen zorgen maakte dat ze op het verkeerde paard had gewed. Dit was niet de eerste keer dat William zo'n geforceerde glimlach op Julia's gezicht zag en hij vond het vreselijk dat hij haar in deze positie had gebracht. Hij werd ondergedompeld in een duistere mist.

Ze zei: 'De voetnoten waren heel interessant. Erg ongewoon.'

'Ik moet even wat water pakken,' zei hij en hij stapte uit bed. Hij liep snel de woonkamer in en deinsde met bonzend hart achteruit toen hij Sylvie op de bank zag liggen. Hij was vergeten dat ze hier was; hij was alles vergeten.

'Sorry,' zei ze. Hij had haar ook laten schrikken.

'Mijn fout,' zei hij. 'Moet ik maar niet zo'n haast hebben.'

'Alles goed?' vroeg ze.

Er lag iets in Sylvies stem, een weten, dat William aan het denken zette. Hij zag zijn vrouw en Sylvie voor zich, naast elkaar slapend op de bank. De twee zussen gingen voorzichtig en vriendelijk met elkaar om, dat had hij altijd in hen bewonderd. Een van de dingen waar hij zo van hield bij Julia was hoe ze met haar familie omging. De zussen waren zo hecht dat zijn vrouw in feite nooit alleen opereerde; de vier Padavano-meisjes deelden hun leven, vierden en gebruikten elkaars sterke punten en verborgen elkaars zwakke punten. Julia was de organisator en leider, Sylvie de lezer en de weloverwogen stem, Emeline de verzorger en Cecelia de kunstenares.

Williams vrouw was niet zo'n lezer meer. Natuurlijk, zo besefte hij nu, had ze Sylvie gevraagd het boek te lezen. Niet als verraad maar als manier om de taak met haar beste zelf uit te voeren. Julia's liefde en ambitie plus Sylvies kritische leesvaardigheid.

William stond stil aan de rand van de woonkamer in het gedimde licht terwijl dit besef zich binnen in hem ontvouwde. Achter zich kon hij Julia's bezorgdheid voelen. Hij had altijd geweten dat hij niet alleen met zijn vrouw trouwde maar ook met haar familie. Bij het begin van hun relatie had Julia haar drie zussen meegenomen naar de basketbalwedstrijd om duidelijk te maken dat ze onderdeel was van een pakket, en dat had hij geaccepteerd. Julia had haar achternaam wettelijk in die van hem laten veranderen, maar in alle opzichten had hij zich bij de Padavano's gevoegd. De diepste verbintenis in dit appartement was tussen de twee zussen die in elkaars armen in slaap vielen.

Sylvie zat nu rechtop op de bank alsof ze visite was en niet een vrouw in nachthemd met haar haar los. Ze schonk hem dezelfde bezorgde blik die zijn vrouw op zijn rug richtte.

William liep weg van beide vrouwen, naar de keuken. Hij wilde alleen zijn. Hij moest moeite doen om zijn ademhaling onder controle te krijgen. Hij leunde tegen de koelkast en legde zijn handen op zijn bovenbenen. Hij hijgde alsof hij over het veld rende, in een wedstrijd die al een uur duurde en die zijn team verpletterend aan het verliezen was. Hoeveel minuten er ook nog op de klok stonden, de overwinning was onmogelijk.

Toen in januari het nieuwe semester begon, ging William weer lesgeven, boven op het volgen van colleges. Julia was duidelijk opgelucht dat hij geld verdiende en was dolenthousiast toen hij zijn eerste loon kreeg. William was blij dat ze gelukkig was, maar zijn lange dagen eisten zoveel van hem dat hij zorgvuldig met zijn energie moest omgaan om het einde van de dag te halen. De geschiedenisfaculteit vond het nuttig voor de promovendi als ze buiten hun eigen focusgebied doceerden, dus gaf William nu een college genaamd 'De geschiedenis van het oude Egypte'. Elk werkcollege vereiste een enorme hoeveelheid voorbereiding van hem en hij was altijd moe, zelfs als hij goed sliep. William ontwikkelde de gewoonte om een keer heftig met zijn hoofd te schudden voordat hij zelf een college volgde. Dit zette een interne motor aan die hem in staat stelde te knikken en glimlachen en aantekeningen te maken terwijl de professor sprak. Er was een sterkere motor nodig als hij zelf college gaf. Zijn hartslag schoot omhoog en de minuten leken uit het open raam te vliegen, gevleugeld door angst. Hij moest constant op zijn horloge kijken om zich ervan te verzekeren dat hij niet te snel door de stof ging. Het voelde alsof hij niet goed met de tijd kon omgaan; een betere professor zou zijn tempo zo aanpassen dat hij precies klaar was aan het einde van het college, de minuten regelend met een interne klok die William ontbeerde.

Als hij 's avonds laat thuiskwam, deed hij zijn best met Julia en kon hij merken dat zij ook haar best met hem deed. Maar hij wist dat het lezen van zijn manuscript Julia's mening over hem permanent had beschadigd. Voor haar had zijn 'boek' altijd boven hun hele relatie gehangen. In het begin had ze het geweldig gevonden, omdat ze het project zag als een teken van Williams volwassenheid en ambitie. Gedurende de jaren had ze het idee gebruikt om zorgen die ze had over zijn gebrek aan persoonlijke plannen en doelen te verbloemen. Julia had erop gerekend dat zijn boek zou bewijzen dat hij de man was voor wie ze had gekozen. En nu ze het had gelezen, wist ze dat dat niet zou gebeuren. William had voor dit moment gevreesd; het voelde alsof hij van een klif stapte zonder te weten in wat voor toestand hij de grond zou raken. Hij vroeg zich elke dag af of hij tegen haar moest zeggen dat hij het zou begrijpen als ze bij hem weg wilde. Maar Julia was in verwachting – nu zichtbaar – en dus zat ze gevangen. Ze zaten allebei gevangen: hij werd met de dag minder de man met wie ze was getrouwd, terwijl hun gezin groeide.

Julia vertelde hem over de doktersafspraak van de afgelopen middag en vroeg of hij zijn hand op haar strakgespannen buik wilde leggen. William legde zijn hand waar ze had gewezen, maar hij wist dat hij niet de juiste uitdrukking op zijn gezicht had. Een of andere angst moest hebben doorgeschemerd. Ze zuchtte en draaide zich weg, mompelend dat ze hoognodig naar bed moest. William was opgelucht op de avonden dat hij thuiskwam en Julia niet haar best deed. Ze zwaaide gewoon naar hem vanaf haar plekje op de bank naast haar zus, maar stond niet op om zijn avondeten te pakken of te vragen hoe zijn dag was geweest.

'Je bent helemaal niet blij dat we een kind krijgen,' constateerde Julia een keer.

Het duurde even voor William zich kon herinneren wat blijheid was, en toen zei hij: 'Jawel, hoor.' Maar hij wist dat hij niet overtuigend klonk. 'Het spijt me.'

'Hou alsjeblieft op met je te verontschuldigen. Soms heb ik het idee dat ik de baby met Sylvie krijg, William, en dat jij gewoon maar een man bent die hier ook woont.'

Julia daagde hem uit met haar blik. Ze wilde een reactie uitlokken, ze wilde dat hij zou tegensputteren, beledigd zou zijn, maar de enige respons was weer een berouwvol gezicht.

Een avond laat liep hij van college naar huis, toen hij in de duisternis een vrouw op een bankje zag zitten. Hij knipperde even met zijn ogen omdat hij niet begreep waarom ze zijn aandacht had gegrepen en besefte toen dat het Sylvie was. Zijn hart roffelde eventjes in zijn borst. Hij had de straat kunnen oversteken of een hoek kunnen omslaan voordat zijn schoonzusje hem zag, maar het was te laat. Ze had hem nu ook opgemerkt.

Al wekenlang ontweek hij haar. Telkens wanneer hij met haar in één ruimte was, dacht hij: je hebt mijn belachelijke voetnoten gelezen. Dit maakte dat hij wel door de grond kon zakken, want wat ze had gelezen moest Sylvie met afschuw hebben vervuld. Hij had het manuscript niet meer uit de papieren zak gehaald sinds Julia het hem had teruggegeven. Nog nooit had hij zo lang niets aan de pagina's toegevoegd.

'Ik heb mijn sleutels in de bibliotheek laten liggen,' zei Sylvie vanaf het bankje.

William merkte dat ze er moe uitzag en herinnerde zich dat zij ook avondschool volgde. Hij keek op zijn horloge; het was bijna tien uur. 'Wat was je van plan?'

Ze haalde haar schouders op. 'Dat probeerde ik te bedenken. Het is te laat om aan te bellen, want Julia heeft haar slaap nodig en ik wist niet of jij thuis was. Ik dacht hier nog een tijdje te blijven zitten – het is niet al te koud – en dan een bus te nemen om bij mevrouw Ceccione te slapen.'

William nam naast haar op de rand van het bankje plaats. 'Nou, probleem opgelost, want ik heb sleutels.'

Ze glimlachte. 'En ik was de sterren aan het bewonderen.'

'De sterren?' Eerst wist hij niet waar ze het over had, maar toen legde hij zijn hoofd in zijn nek. Daar waren ze.

'Heb je niets met sterren?'

Dit is een vreemd gesprek, dacht William. Maar hij had zijn dagelijkse routine even moeten loslaten en voelde zich in de schimmige duisternis minder nerveus bij Sylvie dan in het appartement. 'Ik denk van niet,' zei hij. 'Ik bedoel, ik heb ook niets tégen sterren.'

Ze waren een poosje stil, met hun hoofden achterover om naar de hemel te kijken.

'Ik mis mijn vader voortdurend,' zei Sylvie. 'Ik denk steeds dat het niet makkelijker gaat worden.'

William keek naar haar. De tranen rolden over haar wangen. Hij zag tranen tussen haar wimpers hangen en kreeg even geen lucht. Hij zag de sporen van haar verdriet over haar hele lichaam, het overlapte haar armen en benen en haar ovale gezicht. Dit raakte hem; nooit eerder had hij zo duidelijk kunnen zien wat iemand anders voelde.

Charlies dood had Sylvie aangegrepen. Julia was er ook kapot van geweest. Charlie Padavano had voor zijn dochters van essentieel belang gevoeld, alsof hij een deel van hun samenstelling was. William miste zijn schoonvader ook. Hij herinnerde zich dat Charlie hem eens vroeg basketbal uit te leggen. William had het speelveld op een stuk papier getekend en de verschillende acties van de vijf spelers van een team uitgelegd terwijl de oudere man naast hem geconcentreerd knikte.

Hij zei nu: 'Zo'n verlies... moet moeilijk zijn.'

'Ik had niet verwacht' – ze zweeg even – 'dat het deel zou uitmaken van alles, van elke minuut. Ik wist niet dat je nog zoveel andere dingen verloor als je iemand verloor.'

William dacht hierover na. 'Alsof het allemaal met elkaar verbonden is.'

Ze stootte een klein geluidje uit, geen ja en geen nee.

Hij schoof naar achteren op de houten planken van het bankje. Zijn lichaam voelde vreemd, alsof zijn bloed sneller stroomde dan anders. Hij keek naar een politieagent die aan de overkant van de straat over de stoep wandelde.

Sylvie zei: 'Je ziet er moe uit.'

William draaide zijn gezicht naar haar toe en merkte dat hij haar recht in de ogen keek. Hij had het vreemde gevoel dat ze bij hem naar binnen keek, naar zijn waarheid. Hij had niet geweten dat het mogelijk was. Als Julia naar William staarde, probeerde ze de man te zien die hij wilde zijn. Ze kon, of wilde, niet zien wie hij daadwerkelijk was.

William dacht weer aan Charlie. Zijn schoonvader leek erin geïnteresseerd te zijn hém te leren kennen. En toen even aan zijn ouders. Had zijn moeder of vader hem ooit recht aangekeken? Hij dacht van niet. Hij stelde zich voor dat zijn moeder hem als baby met afgewend gezicht had vastgehouden. Misschien was dit wel waarom hij het zo lastig vond zich een voorstelling te maken van zichzelf als ouder, omdat zijn eigen ouders altijd elk vertrek hadden willen verlaten waar hij zich in had bevonden.

William ademde scherp in. Waarom dacht hij deze dingen? Het voelde alsof Sylvies aandacht hem voor zichzelf onthulde. En de sterren waren zo helder daarboven. Agressief fel.

'Ik ben de laatste tijd erg moe,' hoorde hij zichzelf zeggen.

'Ik ook.'

'Je bent je vader en je huis kwijtgeraakt.' Hij had hier nog niet eerder over nagedacht, maar hij wist, alsof de antwoorden lagen opgestapeld in de lucht tussen hen in, dat dit de waarheid was.

'Ja,' zei ze en haar stem haperde.

Binnen in William haperde er als reactie ook iets en hij was heel even bang dat hij ook zou gaan huilen. Maar dat kon hij niet doen in het bijzijn van de zus van zijn vrouw. Ze hadden al te veel gedeeld. Hij stond op en zei bruusk: 'Laten we naar binnen gaan.'

Een paar dagen later vertelde Julia hem ontdaan dat Sylvie woonruimte had gevonden en ging verhuizen. Het voelde alsof William door iets scherps in zijn borst werd gestoken en hij dacht: dat komt ook door mij. Er was iets met hem gebeurd op dat bankje en sinds die tijd had hij zich nog lastiger door zijn dagelijkse routine kunnen worstelen. Hij had bijna gehuild in het bijzijn van zijn schoonzus, terwijl hij nooit huilde. In elk geval niet sinds zijn kindertijd, en William had ook maar weinig herinneringen van tranen in die tijd. Zijn losraken moest er voor Sylvie onaangenaam hebben uitgezien. Het was begrijpelijk dat de combinatie van het lezen van zijn gênante voetnoten en dat moment op het bankje te veel was geweest – te veel van wat, dat wist hij niet zo goed – voor Sylvie.

Een maand later kondigde Rose aan dat ze naar Florida ging verhuizen. De zussen kwamen de avond erna in het appartement van William en Julia bijeen. William wilde behulpzaam zijn maar wist niet goed hoe. Hij zat in zijn leunstoel en keek toe hoe de vier zussen door de woonkamer dwaalden. De vrouwen hadden dezelfde rimpel tussen hun wenkbrauwen en dezelfde behoefte aan beweging. Ze gaven Izzy aan elkaar door, ook al schopte en kronkelde de baby in hun armen.

'Ze is aan het oefenen met kruipen,' zei Cecelia verontschuldigend.

'Natuurlijk.' Julia sprak alsof ze geen lucht meer had. Ze was zo zwanger dat ze moeite had haar longen te vullen. 'Izzy is geweldig.'

Geen van de vrouwen glimlachte, want Julia maakte geen grapje en ze waren het allemaal met haar eens.

'Wat kunnen we doen?' zei Emeline. 'Als mama weg wil, kunnen we haar niet tegenhouden.'

'Misschien vindt ze Florida helemaal niets. Misschien komt ze wel weer terug,' opperde Sylvie.

William had heel kort oogcontact met haar gemaakt toen ze binnenkwam. Het knikje dat ze met elkaar uitwisselden had gevoeld als gebarentaal voor: ik heb je die avond gezien, en jij mij, maar het zit goed tussen ons. Sinds Sylvie was verhuisd had William ervoor gezorgd dat hij nooit ergens alleen met haar was. Hij had eindelijk wat van het momentum teruggevonden dat maakte dat hij zijn dagen door kon komen en dat wilde hij niet kwijt. Hij had Sylvies emoties gezien terwijl ze haar hele lichaam tekenden en dat leek onrustbarend intiem, alsof hij haar zonder kleren had gezien. William begreep niet wat er die avond op het bankje tussen hem en zijn schoonzusje was gebeurd, maar het voelde gevaarlijk, als een glanzende dolk die door zijn leven kon snijden alsof het van papier was.

Hij keek kort naar de andere vrouwen in de kamer. Niemand hier was ooit in Florida geweest of had zelfs maar gevlogen. Rose had haar tickets al in huis. William had die ochtend in het huizenkatern van de krant gezien dat het huis te koop stond, voor veel meer dan hij dacht dat het waard zou zijn.

'Ik kan niet geloven dat ze nú weggaat,' zei Julia. 'Dan is ze er waarschijnlijk niet bij als de baby wordt geboren.'

Sylvie gaf Izzy aan Julia door. Julia kuste het meisje op de wang en drukte toen haar gezicht in haar nek.

De drie andere zussen keken angstig, hun blik op hun oudste zus gericht; Julia was hun leider, en ze had geen plan. William voelde ergernis omdat ze verwachtten dat Julia dit oploste. Zijn vrouw sliep slecht en had voortdurend rugpijn. 'Ik heb het gevoel dat de baby me verdringt,' had ze die ochtend tijdens het ontbijt tegen hem gezegd. Ze zag er elk moment van de dag ongemakkelijk en opgezwollen uit.

'Oudere mensen verhuizen vaak naar het zuiden na hun pensioen,' zei hij en hij merkte dat zijn zwaardere, mannelijke stem gek klonk in de ruimte. 'Het is heel gewoon. Dat is niet per se slecht nieuws... Jullie verwachtten het alleen niet.'

Het was even stil. Niemand keek hem aan. Hij vroeg zich af of hij niets te zeggen had over het onderwerp omdat zijn eigen stamboom zo vroegtijdig was verdord. Of had hij niets te zeggen omdat hij een man in een leunstoel was, net als Charlie?

William liet zijn blik naar zijn zwakke knie zakken.

'Wil iemand iets eten?' vroeg Julia. 'We hebben pasta. Of eieren?'

'Het is een zwaar jaar geweest.' Emeline klonk alsof ze een toespraak hield die ze had uitgeschreven maar waarin ze niet echt geloofde. 'Maar we redden het wel alleen. We zorgen voor elkaar. Ik heb geregeld dat ik 's avonds lessen kan volgen zodat ik fulltime kan werken, en ik heb loonsverhoging gekregen bij de crèche. Cecelia en ik zullen binnenkort een eigen woonruimte hebben.'

'Ik schilder muurtekeningen op de muren van de crèche,' zei Cecelia. 'En als dat bevalt, ga ik hetzelfde doen bij andere crèches en misschien ook op scholen.'

'Jullie twee' – Emeline gebaarde naar Julia en William – 'doen het super. En Sylvie staat op het punt officieel bibliothecaresse te worden, de beste van de stad.'

'We zijn nog steeds bevoorrecht,' zei Sylvie onzeker, alsof ze de hypothese van de tweeling testte.

'We slaan ons hier wel doorheen,' zei Julia.

William liep naar de keuken om water te koken voor de pasta en te verbergen dat hij geroerd was door hoe de zussen zichzelf voor zijn neus weer hadden opgeraapt. Hij voelde zich alleen, bij het aanrecht, met een gammele knie en een jagend hart. Hij kookte de pasta, deed er *marinara*-saus uit de koelkast bij die Julia eerder die week had gemaakt en bracht de schaal naar de tafel. Emeline sprong op om borden en bestek te pakken.

'Dank je wel,' zei Julia, en hij zag de dankbaarheid in haar ogen.

'Ik ga een stukje lopen,' zei hij. 'Ik ben zo weer terug.'

De vier zussen keken naar hem en de baby slaakte een blij geluidje, wat maakte dat de vrouwen zijn kant op lachten voordat ze zich naar Izzy omdraaiden. William verliet het helverlichte appartement en sloot zijn ogen van opluchting toen hij alleen was in de paarse schemering. Hij dacht even aan zijn boek, maar dat bevond zich achter hem, binnen, en hij wilde niet teruggaan totdat iedereen behalve Julia was vertrokken.

Hij keek op zijn horloge; er zou een potje basketbal aan de gang zijn in de sportzaal of misschien een laatste teamtraining. Met flinke passen doorkruiste hij de campus en hij nam grote teugen van de avondlucht. Hij zou op zijn gebruikelijke plekje op de tribune gaan zitten en de looppas, sprongen en landingen van de jongemannen bestuderen, op zoek naar toekomstige blessures. Elke zwakke plek die hij op het basketbalveld kon bespeuren kon worden gefikst.

Julia

APRIL 1983 - JULI 1983

Julia en Rose zwegen onderweg naar het vliegveld. William had niet gewild dat Julia in de geleende auto zou rijden; ze was zo zwanger dat haar buik het stuur raakte, zelfs als ze de stoel helemaal naar achter schoof. Hij had aangeboden te rijden naar luchthaven O'Hare, maar Julia wist dat ze dit alleen moest doen met haar moeder. Als Rose iets naar Julia wilde communiceren – een ontbrekend stukje informatie of haar vertrek uitleggen of haar spijt uiten over het besluit – zou dat niet gebeuren met William erbij. Maar Rose' gezicht bleef onbewogen toen ze parkeerden, ze haar bagage incheckte en ze naar de gate liepen.

Julia zei: 'Ik stuur je wel een foto van de baby als hij is geboren.'

Rose knikte. 'Wees er maar niet zeker van dat het een jongen is.'

'Iedereen zegt het, door hoe ik draag.'

Julia en Rose hielden plotseling halt. Cecelia stond bij de gate, met Izzy op haar heup. Ze droeg haar schilderkleding: een spijkerbroek en een bevlekt shirt met lange mouwen. Haar haar zat in een gele bandana die van Charlie was geweest. Ze had net zo'n onbewogen uitdrukking op haar gezicht als haar moeder.

Ze zei: 'Ik laat je niet vertrekken zonder dat je je eerste kleinkind hebt ontmoet.'

Rose' blik werd duister. Haar gezicht was bleek en stond hard. Julia wist dat ze aan haar man op de vloer van het ziekenhuis dacht.

'Mijn eerste kleinkind is daar.' Rose wees naar Julia's buik.

'Nee,' zeiden Cecelia en Julia tegelijk.

Rose deed een stap naar achteren.

Izzy, die haar ochtendslaapje had gemist, wreef met de achterkant van haar handjes in haar ogen en fronste naar iedereen.

'Het kan heel heet worden in Florida,' zei Julia, in een poging het gesprek te sturen naar een logisch onderwerp dat de potentie had om vrede te brengen. Terwijl de woorden haar mond verlieten, wist ze alleen al dat ze betekenisloos waren. 'Je hebt nooit van warm weer gehouden, mama.'

'Je hoeft niet zo koppig te doen,' zei Cecelia.

Julia voelde een beving door haar lichaam gaan. Ze had geweten dat er op het vliegveld een belangrijk gesprek met haar moeder zou plaatsvinden – dat had ze in haar botten gevoeld –, maar ze had niet voorzien dat Cecelia daarbij betrokken zou zijn. Ze voelde een vleugje jaloezie, omdat haar jongere zus weer voor haar was gaan staan. Cecelia was bijna negentien en leek door het moederschap sterker, zekerder dan ze ooit was geweest. Ze was mooi en droeg kleding die haar paste. Julia voelde zich zo breed als de oceaan en haar gedachten zwommen als vissen in haar hoofd.

'Probeer je mij ook te vermoorden?' zei Rose tegen Cecelia. 'Vlak voordat ik in het vliegtuig stap om voor het eerst van mijn leven te ontspannen?'

O nee, dacht Julia.

'Je kunt niet echt, oprecht geloven dat ik iets van doen had met papa's dood.' Cecelia wierp Rose een blik toe en zei: 'Als iemand daar schuld aan heeft, ben jij het.'

Overal om hen heen waren mensen – ze aten snacks, dronken koffie, controleerden hun handbagage –, maar Julia had niet kunnen zeggen of er tien vreemden in de terminal waren of honderd. Keken en luisterden ze naar haar moeder en zus die elkaar in het hart staken?

'Papa zei dat jij je moeder nooit meer hebt gesproken nadat ze je op straat had gezet.' Cecelia schudde haar hoofd en dus deed Izzy hetzelfde. 'Ik wilde afscheid nemen en je zeggen dat ik altijd van je heb gehouden en dat ik Izzy alleen maar goede verhalen over je zal vertellen. En weet je waarom? Niet voor jou, mam. Ik doe dat voor mij. Ik wil niet net zo bitter en boos worden als jij. Ik wíl je missen, omdat ik van je hou.'

'Je moet niet zo praten,' zei Rose. 'Ik zou graag even zitten.' En ze nam op een van de stoelen van de wachtruimte plaats. De bevingen die door Julia's lichaam gingen, leken over haar moeders gezicht te gaan, maar Rose zweeg tot werd omgeroepen dat het boarden van haar vliegtuig ging beginnen.

'Heb je alles voor tijdens je vlucht?' vroeg Julia, waarna ze dacht: waarom zeg ik alleen maar domme dingen? Ze wilde deelnemen aan dit moment met haar moeder en zus, maar ze stond erbuiten. Ze was een goedkope stuiterbal midden in een vuurgevecht.

Rose vestigde haar aandacht op Cecelia. 'Ik kies zelf welke gesprekken ik voer, jongedame. Niet jij. Babbelziek zijn is niet deugdzaam.' Rose knikte alsof ze het met zichzelf eens was en liep toen langzaam naar de vliegtuigslurf, waar ze de stewardess haar ticket liet zien en uit het zicht verdween.

Izzy maakte een zacht geluidje en wiebelde in haar moeders armen.

De twee zussen keken elkaar aan.

'Toen ik vanmorgen wakker werd, wist ik niet dat ik hierheen zou gaan,' zei Cecelia. 'Ik liep gewoon als vanzelf naar de trein.'

Om hen heen gonsde de luchthaven: er werden aankondigingen omgeroepen, tassen werden met een plof neergezet, er klonken gemompelde gesprekken. Julia zei: 'Kun jij de auto terug naar de stad brengen? Ik denk dat de baby komt.'

'Nu?' Cecelia's ogen werden groot en ze kuste haar zus op de wang. Izzy boog zich naar voren in haar moeders armen om hetzelfde te doen. Eén stevige kus en één zo licht als een vlinder. 'Natuurlijk komt hij,' zei Cecelia. 'Kom mee.'

'Jij deed het zo stoer,' zei Julia, terwijl ze zich door de hal liet leiden. Haar stem klonk zacht in haar eigen oren en het waren de laatste woorden die ze voorlopig hardop zou zeggen. Een of andere oerkracht trok haar in zichzelf.

Ze hadden geen autostoeltje, dus installeerde Julia zich half zittend, half liggend op de achterbank met Izzy in haar handen.

'Hou vol,' zei Cecelia. 'Hou gewoon vol tot we bij het ziekenhuis zijn. Ik vond het maar suf toen papa ons leerde rijden, aangezien we in een stad wonen en nooit een eigen auto hebben gehad. Hij vertelde me dat het een waardevolle levensvaardigheid is en dat ik mooi de vluchtwagen kon besturen als we op een dag met z'n vieren een bank zouden beroven.'

Julia wist dat haar zus praatte om haar aandacht af te leiden van de pijn, al was het niet precies pijn, meer een overweldigende hevigheid. Elke paar minuten voelde het alsof er een onzichtbare olifant op haar ging zitten. Ze werd verpletterd door het gewicht. En dan stond de olifant weer op en was ze weer zichzelf. Julia concentreerde zich op het vasthouden van Izzy, die naast haar in slaap was gevallen. Ze zag er zo volmaakt en prachtig uit in haar slaap dat Julia moest huilen. Geen enkele baby kan ooit net zo schattig zijn, dacht ze, wat betekent dat de mijne niet zo schattig zal zijn.

'Daar is de rivier,' zei Cecelia vanachter het stuur. 'Nog vijf minuten. Ik ga Izzy en jullie baby samen schilderen. Ik maak voor ons allebei zo'n schilderij.'

Toen de olifant weer opstond, dacht Julia: mama is nu in de lucht. Ze is niet eens op aarde, ze is letterlijk onbereikbaar.

Cecelia leek haar gedachten te horen. 'Het is mama's gemis, niet het jouwe,' zei ze. 'Zij gaat alles missen, jij niet. En ik ook niet. Ik bel William en de anderen zodra we in het ziekenhuis zijn. We zullen er allemaal bij zijn.'

Ze bereikten het ziekenhuis, Cecelia pulkte Julia's vingers los van Izzy's kruippakje, en mensen – gezichtloze onbekenden wier stemmen ze niet begreep – hielpen haar in een rolstoel. Julia vroeg zich af of het dezelfde mensen van de luchthaven waren. Ze hoorde het timbre van Cecelia's stem, maar de woorden wilden zich niet in aparte vormen splitsen. Julia ging steeds verzitten in de rolstoel in een poging van de olifant af te komen, die nu weigerde op te staan.

Later zou ze te horen krijgen dat haar bevalling verrassend snel was gegaan voor een eerste kind en dat ze te laat in het ziekenhuis was gekomen voor een ruggenprik. Cecelia belde de geschiedenisfaculteit van Northwestern, maar ze konden William niet meteen vinden. Het duurde een halfuur voordat hij was opgespoord in de sportzaal van de universiteit, daarna rende hij ondanks zijn slechte knie naar de hoek van de campus waar je mogelijk een taxi kon krijgen. Sylvie verliet haar balie in de bibliotheek. Emeline zat in haar eentje in het huis waarin ze waren opgegroeid, vast van plan elke minuut van de laatste dag dat het nog in de familie was binnen de muren door te brengen, maar rende de voordeur uit zodra ze het telefoontje van haar tweelingzus kreeg.

Omdat alles zo snel ging en William er nog niet was, was Cecelia in de verloskamer, net zoals Julia bij haar was geweest. Het vermogen om woorden te horen en verstaan was het eerste wat Julia verloor. Ze dacht algauw in zinnen zonder voorzetsels of bijvoeglijke naamwoorden. *Nee, hou op, stop, baby komt.* Het voelde alsof er een muur in haar was omgevallen die onthulde dat ze niet meer was dan een dier. Dit was een verrassing voor Julia, zelfs vanuit de plek waar ze op dat moment was. Ze gromde en loeide en jankte terwijl haar lichaam zich op de een of andere manier uitwrong. De geluiden leken van binnen en buiten haar te komen en ze voelde geen schaamte. De kracht. Ze voelde zich een leeuwin, bedekt met zweet, die zich oprichtte op het harde bed waarop ze haar hadden gelegd en haar hadden gezegd te persen, terwijl haar lichaam met alles wat ze in zich had als een geoliede machine de baby naar buiten leidde.

'Het is een meisje!' riep Cecelia uit.

De olifant loste op, het wringen stopte en Julia was weer zichzelf. Grotendeels althans. Ze besefte dat ze welzeker een zoogdier was en het vermogen had de wereld uit elkaar te scheuren en een mens te scheppen als ze haar kracht de vrije loop liet. Ze was een moeder. Deze identiteit stroomde door haar heen, welkom als water in een droge rivierbedding. Het voelde zo natuurlijk en waar, dat Julia zonder het te weten altijd al een moeder moest zijn geweest die wachtte tot haar kind haar zou vergezellen. Ze had zich nog nooit zo gevoeld. Haar brein was een glanzende motor en haar inzichten voelden immens. Ze wás helderheid.

Julia mocht de baby voor haar gevoel maar een paar seconden vasthouden tot de verpleegkundige de zuigeling meenam om haar te wassen en in een dekentje te wikkelen. Cecelia verliet de kamer om de anderen op de hoogte te stellen. Julia schudde haar hoofd, van ongeloof en vreugde. Ze kon niet geloven hoe snel haar brein werkte, maar misschien hadden die waarheden altijd al in haar gezeten en waren ze nu toegankelijk omdat ze een kind had gebaard. Ze zag alles zo duidelijk. Haar hele leven had ze geprobeerd anderen te fiksen – haar ouders, haar zussen, William –, maar dat was een vergeefse onderneming geweest, dat zag ze nu in. Ze kon haar vader niet in leven houden of haar moeder in Chicago of Cecelia maagdelijk of William ambitieus. Ze was gewoon bezig geweest haar vaardigheden te oefenen voor dit moment, voor wat ertoe deed, voor het moederschap. Ze zou haar meisje beschermen en vieren en ieder ander laten doen wat zij wilden. Met haar dochter was Julia compleet. Verrast besefte ze: ik hou van mezelf. Op de een of andere manier was dat nooit eerder waar geweest.

William kwam met een zenuwachtige glimlach de kamer binnen. Julia was al weken gefrustreerd door haar man, maar in haar nieuwe warmte voelde ze genegenheid voor hem. Ze wás liefde. Ze keek stralend naar hem en dacht: ik heb je nooit nodig gehad, wist je dat? Ik dacht dat ik een echtgenoot nodig had, maar eigenlijk heb ik niemand nodig. Ik had alles zelf kunnen doen. William boog zijn lange lijf om haar een knuffel te geven en Julia sloeg haar armen om zijn nek. Ze vertelde hem hoe graag ze hem het meisje wilde laten zien dat zij had gemaakt.

Eenmaal thuis in het appartement van Northwestern scheen het zonlicht door het woonkamerraam en zaten moeder en baby in de leunstoel. De verpleegster van het ziekenhuis had Julia geleerd hoe ze Alice moest aanleggen en Alice had het meteen doorgehad, dus brachten ze hun dagen door in die stoel met voeden en rusten als hun enige activiteiten. Van de borstvoeding werden moeder en baby allebei slaperig. Julia was telkens wanneer ze wakker werd weer verbaasd dat ze rechtop gezeten en midden op de dag had geslapen. De tijd bewoog zich als golven door een waterbed; uren en minuten zwollen aan en namen weer af onder haar zwaardere gewicht. Ze wist nooit welke dag van de week het was en dus schrok ze elke keer als William zei dat hij naar zijn werk ging. Als hij thuis was, bracht haar echtgenoot haar voedsel en glazen water, deed hij de vaat en de was en liet haar zussen binnen als ze aanbelden. Met de baby in haar armen voelde Julia zich gedrogeerd door een soort verdwaasd geluk.

Haar pas ontdekte macht was als een prachtig geheim. Ze glimlachte op vreemde momenten in zichzelf als ze eraan dacht, maar gunde zichzelf deze rust, dit herstel, om haar krachten te verzamelen. Soms als de baby sliep, lag Julia naast haar te dagdromen over de toekomst. Ze zou helemaal onafhankelijk worden. Als de baby wat ouder was, zou ze professor Cooper bellen en hem om werk vragen. Ze zou haar glanzende brein gebruiken en terwijl William promoveerde, zou zij geld verdienen. Er zouden geen financiële probleempjes meer zijn als zij zich hierop toelegde. Ze zag dit nieuwe leven zo duidelijk voor zich. Emeline werkte bij een crèche, dus zou Julia Alice bij haar liefhebbende tante brengen als ze ging werken. Met twee inkomens zouden William en zij heel snel een huis kunnen kopen. Ze zouden het zich kunnen veroorloven om Alice naar een privéschool te sturen. Dit toekomstbeeld was minder ingewikkeld en problematisch dan de andere die Julia in haar leven had gehad, want in plaats van afhankelijk te zijn van haar echtgenoot, vertrouwde ze nu op haar eigen capaciteiten, waarvan ze had ingezien dat die grenzeloos waren.

Maar uur na uur trok de baby als een magneet haar aandacht. Julia had gedacht dat Alice een jongen zou zijn, al had ze ongeacht het geslacht verwacht dat de baby er net zo uit zou zien als

Izzy. Als pasgeborene had Izzy donkere ogen en een serieuze blik gehad. Ze leek geïnteresseerd in, en op de een of andere manier optimistisch over, haar omgeving. Sylvie had met Charlies oude camera een foto gemaakt van Julia en Alice in de leunstoel, om naar Rose op te sturen. Julia had verwacht dat het moeilijk zou zijn om voor deze foto te glimlachen, om iets anders dan verlies of woede uit te drukken. Maar tot haar verbazing straalde ze. De pijn van het vertrek van haar moeder was bijna verdwenen, er was slechts een vaag spoortje van een wond zichtbaar. De voor de hand liggende verklaring was dat Alice' geboorte Julia's plek in de familie had gewijzigd. Zíj was nu de moeder. Alice was de dochter. Julia vroeg zich af of Rose had aangevoeld dat ze op het punt stond een bijrol te krijgen in plaats van de hoofdrol en was vertrokken om dat lot te omzeilen.

Midden in de nacht, in de leunstoel, zat Julia hardop te praten, niet tegen haar moeder maar tegen haar vader. Hij was degene die ze op die momenten miste. In de duisternis was het makkelijk om zich Charlie zittend op de bank voor te stellen, zijn ogen vol vreugde telkens wanneer Alice met haar handjes zwaaide of haar lippen tuitte. 'Papa, is ze niet geweldig? Je zou dol op haar zijn. Haar tweede naam is Padavano. Alice Padavano Waters.'

Emeline kwam de meeste dagen langs in de korte tijd tussen haar werk op de crèche en haar avondlessen op de praktijkschool. Ze grapte dat ze de lange weg nam naar haar diploma als peuterleidster, omdat ze maar een of twee vakken tegelijk kon volgen. Maar ze was in de ban van de nieuwe baby en kon gewoon niet wegblijven. 'Ik mag nu knuffelen met Alice,' zei ze tegen de wang van de pasgeborene, 'en aan het einde van de dag ga ik naar huis, naar Izzy. Ik heb zo'n ongelooflijke mazzel.'

Julia glimlachte om het geluk van haar zusje. 'We moeten iemand voor jou zoeken om zelf baby's mee te maken,' zei ze. 'Je zou een fantastische moeder zijn.'

'Ik weet het. Ik zou willen dat ik daarnaartoe vooruit kon spoelen.' Emeline was verlegen en nerveus in het bijzijn van mannen. Bij sociale gelegenheden stond ze achter haar zussen, zoals ze zich als kind al achter hen had verscholen. 'Ik ben een huismus,' zei ze als ze iets over zichzelf moest vertellen tegen een onbekende. Haar neiging om thuis te blijven was zelfs groter sinds Izzy was geboren. Emeline wilde Izzy alleen verlaten om naar Alice te gaan.

Alice was drie weken oud toen Emeline op een middag dat ze alleen in het appartement waren, zei: 'Het is me opgevallen dat William de baby niet zo vaak, eh, vasthoudt. Denk je dat hij het eng vindt?'

Alice lag te slapen, een solide, heerlijk gewicht tegen Julia's borst, dus zei ze zacht: 'Je hebt gelijk. Dat is mij ook opgevallen.'

William hield de baby alleen vast als Julia hem dat rechtstreeks vroeg, bijvoorbeeld als ze naar de wc moest of een douche nam. En hij liep altijd regelrecht met Alice naar het wiegje of de commode om haar neer te leggen. Hij knuffelde nooit met haar, drukte nooit een kus op haar zachte wangetje.

'Ik weet niet of hij het eng vindt,' zei Julia. 'Ik weet niet wát hij voelt, want dat vertelt hij me niet.'

'Ik vraag me af of het misschien is omdat zijn ouders niet… normaal waren,' zei Emeline. 'Misschien weet hij niet wat hij moet doen?'

Dit was nog niet bij Julia opgekomen, maar ze schudde haar hoofd. 'Ik denk niet dat dat het is. Hij zegt altijd dat het prima gaat, dat alles goed gaat.' Ze ging verzitten in haar stoel, rustig, zonder de baby wakker te maken. Ze merkte dat deze kans om haar frustratie met haar zus te delen haar opluchtte. 'Ik vond het zo lief van hem dat hij de vaat en de was deed, en dat is het feitelijk natuurlijk ook, maar hij doet die dingen duidelijk om dan niet bij Alice te hoeven zijn. Hij kijkt niet eens naar haar, Emmie.'

'Nou, misschien heeft hij gewoon tijd nodig. Mannen zijn geen natuurtalenten met baby's, zoals wij. Maar dat komt vast wel goed. Dat kan toch niet anders? Alice is om op te vreten,' zei ze en ze overstelpte het voetje van de baby met kusjes.

Zondag was de enige dag dat William geen colleges of werk had en zijn aanwezigheid in het appartement schopte de normale routine van Julia en de baby in de war. Julia stuurde haar echtgenoot eropuit voor elke boodschap die ze kon bedenken en sliep lang in de middag, maar het voelde nog steeds alsof telkens wanneer ze opkeek William voor haar stond en haar een onnozele vraag stelde. Welk overhemd zou hij aantrekken? Moest hij de verhuizers bellen om te vragen hoe laat ze op de geplande dag zouden komen? Wilde ze dat hij bij de conciërge informeerde naar het knopje van de lift? Waren deze druiven wel eetbaar?

Uiteindelijk zei Julia: 'Ik heb ook niet alle antwoorden! Ik heb het druk met de baby en heb geen tijd om voor twee kinderen te zorgen.'

William keek gekwetst en bood zijn excuses aan. Dit irriteerde haar ook. Ze ging verzitten op haar stoel met de baby in haar armen en wenste dat het maandagochtend was. Ze kon de echte vragen in hun huwelijk onder het oppervlak van Williams onbenulligheden op de loer zien liggen. Dat waren haar vragen: wil je dit leven echt? Mij, en Alice? Wil je wel bij ons zijn?

Daarna stelde William minder vragen, maar dat betekende dat hij ook minder sprak. Dit irriteerde Julia ook en ze werd steeds verdrietiger om de manier waarop hij de baby vermeed. Nu een van de belangrijkste vergelijkingen van hun huwelijk – Williams vragen plus Julia's antwoorden stonden gelijk aan een plan – niet meer werkte, voelden ze zich ongemakkelijk bij elkaar. 'Doe ik iets verkeerd?' vroeg hij haar op een avond, nadat ze het licht hadden uitgedaan. 'O William, je doet het prima,' zei ze in de duisternis, waarna ze in slaap viel.

Toen Cecelia weer eens langskwam, probeerde Julia haar openbaring tijdens de bevalling en hoe anders ze nu was onder woorden te brengen. Ze zei: 'Voelde jij je ook net een beest?'

Cecelia dacht hierover na. 'Nou, ik geloof niet dat ik net zulke geluiden als jij maakte of net zo wild werd.' Ze grijnsde naar haar zus. 'Maar ik weet wat je bedoelt, denk ik. Als iemand Izzy iets aan zou willen doen, zou ik hem zo in tweeën scheuren.'

'Je bent veel sterker sinds je Izzy hebt.'

'Is dat zo?' vroeg Cecelia, met twijfel in haar stem. Izzy zat bij haar op schoot. De baby kon nu een paar wankele momenten op haar benen staan, maar ze hield ervan Alice vol enthousiasme te slaan, dus bleef Cecelia in de buurt.

'Ik heb William overgehaald te gaan promoveren,' zei Julia. 'Maar ík ben degene die zou moeten promoveren. Ik had een titel in organisatiepsychologie kunnen halen of naar de handelsschool kunnen gaan. Denk je ook niet dat ik een bedrijf zou kunnen runnen?'

Cecelia plantte een kus op Izzy's zachte wangetje. 'Ik denk dat je een sterke hormonencocktail in je lijf hebt en dat je ervan moet genieten zolang het duurt.'

Die nacht zei Julia tegen de duisternis: 'Ik mis je, papa. Ik zou willen dat je me nu kon zien, als moeder. Het zou je een glimlach hebben bezorgd.'

Julia en William verhuisden in juli, toen Alice elf weken oud was, naar het grotere appartement. Het had twee slaapkamers en een nieuwe keuken, maar de woonkamerramen keken uit op gebouwen in plaats van de lucht en een rustige binnenplaats. Alice werd 's nachts steeds minder vaak wakker, dus sliep Julia in bed met het wiegje naast zich. Hoewel Julia vóór Alice' geboorte had willen verhuizen, stelde ze de timing nu op prijs. Hier zou haar nieuwe leven beginnen. Ze had zonder er met William over te praten besloten dat ze zou gaan werken als Alice een halfjaar was. Julia keek naar haar kledingkast en bestemde de helft ervan voor de mantelpakjes die ze binnenkort zou kopen. Ze liep van kamer naar kamer in het appartement en dacht: als ik geld verdien, kopen we een nieuwe bank voor daar en een zacht kleed voor Alice om op te kruipen.

William was lange dagen afwezig. Hij studeerde in de bibliotheek, ging naar colleges en gaf een zomercursus. Door in de zomer te doceren en colleges te volgen, zou hij sneller zijn titel behalen, maar als hij thuis was zag hij er vermoeid uit, met glazige ogen. Nu de baby wat ouder was, kwamen Julia's zussen minder vaak langs. Cecelia en Emeline hadden hun eigen appartement – een kelderruimte met een kleine achtertuin voor Izzy – en Sylvie huurde een studio op de bovenste verdieping van een klein gebouw vlak bij de Lozano-bibliotheek. Haar zussen hadden het druk en Julia was niet langer hun middelpunt.

Eén keer per week belde Julia haar moeder. Het telefoontje klonk als de lange afstand die het overbrugde. Soms was er ruis en Rose zat steevast op het balkon van haar flatje waar ze een reepje van de zee kon zien, dus aan haar kant was er ook lawaai. Wind, zo nu en dan getoeter van auto's, de zee misschien.

'De lucht is hier anders,' zei ze. 'Zachter. Zouter ook.'

'Alice kan al bijna omrollen,' vertelde Julia. 'Heb je het nieuwste setje foto's ontvangen? Die we in het park hebben gemaakt?'

'Ja,' antwoordde Rose. 'Ze ziet er gezond uit. Heb ik je verteld dat de dames en ik om beurten koken?'

Julia keek naar Alice, die op haar schoot lag. De baby had een van haar voetjes vast en inspecteerde dat. Wat een wonderlijk ding, leek Alice te denken, wat een vakwerk. Julia glimlachte.

Ze dacht dat ze haar moeder hoorde zeggen: 'Je moet me loslaten.'

'Wat zei je?' zei Julia.

'Ik heb voor het eerst enchilada's gemaakt. En ze waren zo slecht nog niet.'

Julia schudde haar hoofd om helder te worden. Ze zei: 'Mama, voelde je je anders nadat je mij had gekregen? Nadat je moeder was geworden?'

'Wat een vraag! Ik herinner me amper iets uit die tijd, Julia. Tegen de tijd dat je zo oud was als Alice, was ik zwanger van Sylvie, weet je nog? Ik had het veel te druk om na te denken over wat ik voelde.'

Julia knikte. Wat er was gebeurd leek alleen haar te zijn overkomen. 'Ik moet ophangen, mama. Bellen is duur.'

Nadat ze had opgehangen legde Julia Alice in bed voor haar slaapje. De baby vond het altijd wel prima. Telkens wanneer ze in het wiegje werd gelegd, leek ze zich geheel aan haar taak te wijden. Met een glimlachje om haar lippen sloot Alice haar ogen en deed haar best om te slapen.

Julia sloot de zonneschermen en ging op haar eigen bed liggen. Ze was erachter waarom ze zo naar haar vader verlangde sinds Alice was geboren. Ze wilde aan Charlie uitleggen hoe ze de wereld nu zag, omdat hij het zou begrijpen. Haar vader had haar macht gezien – het bereik ervan begrepen – voordat zij dat zag. Toen Julia hem vertelde dat zij en William gingen trouwen, had Charlie één tel teleurgesteld gekeken. Die reactie had Julia op dat moment niet begrepen, omdat ze wist dat haar vader William graag mocht. Maar rond diezelfde tijd was Charlie opgehouden haar zijn raket te noemen en Julia besefte nu dat haar vader méér voor haar had gewild. Hij had haar potentie gezien en wilde haar zien vliegen, niet trouwen en een huishouden runnen. 'Maar ik kan allebei, papa,' zei ze nu in de kamer die werd verzacht door het lichte gesnurk van haar baby. 'Ik ga bedenken hoe ik allebei kan doen.'

Sylvie

FEBRUARI 1983 – AUGUSTUS 1983

Toen Sylvie niet langer bij Julia en William in hun appartement sliep, moest ze drie maanden zien te overbruggen tot ze een eigen huis kreeg. Ze had tegen Julia gezegd dat ze een appartement had gevonden, maar dat was niet waar. Ze had nog niets. Op de avond dat ze haar sleutels was vergeten en met William op het bankje had zitten praten had ze gewoon geweten dat het tijd was om ergens anders te gaan wonen. Dat was de tweede keer sinds de dood van haar vader dat Sylvie had gehuild; de eerste keer was nadat ze Williams manuscript had gelezen.

Ze was zelf verbaasd geweest dat ze met hem sprak over Charlie missen en over de sterren, en verbaasd dat ze moest huilen en dat ze Williams droefheid naast zich voelde in reactie op de hare. Het voelde alsof ze op een knop had gedrukt en terecht was gekomen op een plek waar ze de ware toestand van haar zwager zag, en hij de hare. William had het verlies herkend dat ze vanbinnen meedroeg en het hardop uitgesproken. Niemand anders in haar leven had de specifieke werveling van Sylvies pijn geïdentificeerd, niemand had haar begrepen sinds haar vader was overleden. Die herkenning had gevoeld als grote happen lucht nemen nadat je heel lang je adem hebt ingehouden.

Later die avond, toen ze op de bank lag terwijl haar zus en William verderop in hun kamer sliepen, besloot Sylvie dat het te riskant was om daar te blijven. In Williams gezelschap voelde ze zich kwetsbaar, onbeschermd tegen haar eigen elementen. Het voelde niet alsof dit haar of zijn fout was; de samensmelting van haar verdriet om Charlie, plus het lezen van Williams voetnoten, plus het handjevol minuten dat ze te moe was geweest om een muur op te trekken op het bankje, hadden het onmogelijk gemaakt dat Sylvie zich als een normaal persoon gedroeg in aanwezigheid van haar zwager. Ze was zich er ook van bewust dat toen William had voorgesteld naar binnen te gaan, ze bijna zijn arm had vastgegrepen en nee had gezegd. Ze voelde zich gezien tijdens die minuten op het bankje en wilde met William op die plek blijven. Sylvie wist dat het niet gepast was naar meer tijd met de echtgenoot van haar zus te hunkeren, ze wist wel beter.

Nadat ze daar was vertrokken, sliep ze bij collega's op de vloer of op de bank en een paar keer bij Emeline in haar eenpersoonsbed. Toen hoofdbibliothecaresse Elaine op vakantie ging, kreeg Sylvie de leiding over de bibliotheek en die nachten sliep ze in de personeelskamer. De zachte gele bank deed prima dienst als bed en ze gebruikte een washandje om zichzelf bij het wasbakje van het toilet te wassen voordat ze de deuren van de bibliotheek voor die dag opende. Vaak nam ze haar weekendtas mee naar haar avondschool omdat ze op een andere plek zou slapen dan de avond ervoor. De wind die van het meer kwam was meedogenloos die lente en elke stap was een worsteling.

Deze trekkende toestand maakte dat Sylvie schichtig en ongeconcentreerd was. Zonder thuis voelden haar bewegingen vaak willekeurig. Ze had altijd bij familie gewoond en besefte niet hoe belangrijk in de ochtend wakker worden met het geluid van haar ouders of Julia was voor haar vermogen zich zichzelf te voelen. Haar familie was een spiegel waarin ze haar spiegelbeeld herkende. Als ze wakker werd op de bank van een collega en even niet wist waar ze was, wist ze ook niet wíé ze was. Ze werd geplaagd door Williams vragen: wat ben ik aan het doen? Waarom doe ik dit? Wie ben ik?

Sylvie moest trucjes verzinnen om een gevoel van continuïteit te creëren en zichzelf niet kwijt te raken. Waar ze ook logeerde, het eerste wat ze deed als ze 's morgens wakker werd, was naar de badkamer gaan en zichzelf bestuderen in de spiegel. Dit had ze nooit eerder gedaan. Ze was nooit erg ijdel geweest of geïnteresseerd in haar verschijning, maar nu moest ze het meisje dat voor de spiegel stond eraan herinneren dat ze dag na dag ruwweg dezelfde persoon was. Ze keek naar de staat van haar kapsel, waar nooit iets aan te doen viel – ze accepteerde welke kant het nu weer op stond of wat voor vetkuif er ook na een nacht slapen was verschenen –, en zag de groene vlekjes in haar bruine ogen. Ze zei 'goeiemorgen, Sylvie' en poetste haar tanden.

Ze begon haar vaders exemplaar van *Grasbladen* te herlezen. Charlie had passages onderstreept en ontelbare keren in de kantlijn 'schitterend' geschreven. Het was een paar jaar geleden dat ze de bundel van begin tot eind had gelezen en deze keer verbaasde het Sylvie hoe vaak erin over de dood werd gesproken. In 'Lied over mezelf' noemde Whitman verscheidene definities van gras op, maar Sylvies favoriet was wel 'de mooie, nooit geknipte haardos op een graf'. Ze dacht hieraan als ze het graf van haar vader bezocht. Volgens de dichter was de dood er niet werkelijk, omdat het leven ermee verweven was. Sylvie en haar zussen liepen op aarde rond vanwege de man die ze hadden begraven. Deze gedachten, en het lezen van Whitmans woorden, kwamen Sylvie logischer voor dan het beleefde kletspraatje van de dame naast haar in de bus of het feit dat ze nooit genoeg geld in haar portemonnee leek te hebben.

Rose vertrok midden in die periode naar Florida. Haar moeder een afscheidszoen op de wang geven en zich een paar uur later naar het ziekenhuis spoeden om baby Alice te ontmoeten, voelde juist voor Sylvie; het paste bij alle opschudding binnen in haar. Haar vader was er niet meer, en nu waren haar moeder en hun ouderlijk huis er ook niet meer. Ze had een keer een foto gezien van de gevolgen van een grote aardbeving en dat beeld was haar bijgebleven. Een weg die over de lengte doormidden was gescheurd en het midden van de aarde prijsgaf. Hoe suf was de mensheid dat ze er huizen en scholen en auto's bovenop bouwde en deed alsof het veilig was? Ze had het gevoel dat ze hele dagen met een weekendtas en een boek in de hand over die spleet heen sprong. De ochtend dat Rose vertrok, stond Sylvie voor de badkamerspiegel en zei: 'Dag, mama. Goeiemorgen, Sylvie.'

Een paar weken voordat ze de vereiste punten kreeg voor haar graad in de bibliotheekwetenschappen, maakte hoofdbibliothecaresse Elaine haar promotie en nieuwe salaris officieel. Sylvie had tegen die tijd genoeg geld gespaard voor de borg, dus huurde ze diezelfde dag nog een klein studiootje om de hoek van de bibliotheek. Toen de makelaar haar de sleutel overhandigde, zei ze: 'Het spijt me dat ik zo emotioneel ben.'

De makelaar, die al decennialang in Pilsen werkte, haalde zijn schouders op. 'Er huilen meer mensen dan je denkt op zo'n moment. Je eigen appartement hebben is een belangrijke stap.'

Sylvie bezat geen meubels, dus erin trekken was simpel. Julia en de tweeling hadden een paar spullen uit hun ouderlijk huis gehaald voordat Rose vertrok, maar zij was dakloos geweest en had dus niets meegenomen. Ze kocht een matras voor op de vloer en betaalde een buurjongen twee dollar om haar te helpen een keukentafel die ze op straat had gevonden naar haar appartement te dragen. Omdat Rose op de avond voor het grofvuil werd opgehaald altijd op schatten had gejaagd die de mensen uit hun buurt weggooiden, wist Sylvie waar ze kon vinden wat ze nodig had. Boekenplanken, een doos met servies, een kookpan en een koekenpan. Mooie geborduurde kussens en bijna gloednieuwe gordijnen. Ze vroeg zich af hoe mensen spullen konden weggooien die nog zo goed waren.

Na maanden van zichzelf klein proberen te maken in het huis van anderen, sliep Sylvie met armen en benen gespreid op haar matras. Het raam hield ze open voor het briesje. Ze nodigde haar zussen en nichtjes uit voor een eierenmaaltijd, die ze bereidde in haar opgeduikelde pan. Ze luisterde naar de geluiden van haar appartement en de omringende straten; lachende kinderen in het speeltuintje, een sissend tot stilstand komende stadsbus, de mannen die de bodega beneden runden en Spaans spraken terwijl ze eindeloos kopjes koffie dronken op de trappen voor hun zaak. Sylvie begon weer romans te lezen en ervoer het duizelingwekkende genot van in nieuwe fictionele werelden duiken. Ze was dankbaar voor het feit dat ze met haar benen stevig genoeg op de grond stond om dat te kunnen doen.

Ze belde haar zussen met haar eigen telefoonaansluiting wanneer ze maar behoefte had hun stemmen te horen. Maar ze dacht er wel om Julia alleen te bellen als William op zijn werk was. Ze vertrouwde zichzelf niet als ze hem aan de telefoon zou krijgen. 's Nachts in bed dacht ze nog steeds aan hun halfuurtje op het bankje. Ze kende hun korte gesprek uit haar hoofd en speelde de scène steeds opnieuw af. Ze hield zichzelf voor dat het niets was geweest. Ze was gewoon een wrak, na Charlies overlijden, en wat ze wilde of waar ze maar mee bezig bleef, bezat geen enkele logica. Maar ze kon zich niet voorstellen over koetjes en kalfjes te praten als ze William aan de telefoon kreeg. De beleefde woorden zouden in haar mond blijven steken. Ze wilde vragen: 'Hoe is het om William Waters te zijn? Hoe heb jij die avond op het bankje ervaren?'

Heimelijk vond ze het Julia's fout dat ze in deze hachelijke toestand met haar zwager was beland, want haar zus was op de hoogte geweest van de voetnoten, had geweten dat in het manuscript Williams persoonlijke gedachten en vragen stonden en evengoed had ze haar gevraagd het te lezen. Als Sylvie zijn manuscript niet had gelezen, zou dit allemaal niet gebeurd zijn. De dag nadat ze op het bankje naast William had gehuild, loog ze voor het eerst tegen haar oudere zus. Ze vertelde Julia dat haar imaginaire appartement geen telefoonaansluiting had en dat, nee, Julia haar daar niet kon komen opzoeken omdat het te klein en rommelig was. 'Het gaat goed met me,' hield ze gedurende die drie maanden steeds maar weer vol tegenover Julia, ook al wist ze dat haar zus kon zien dat ze loog. Die leugen zorgde dat er iets van hen beiden afbrokkelde telkens wanneer Sylvie hem uitsprak.

Sylvies diploma-uitreiking had op een dinsdagochtend in juni plaatsgevonden in het bedompte auditorium van haar opleiding. Ze had tegen haar zussen gezegd dat ze niet moesten komen, want het zou een erg warme en saaie ceremonie worden. En een anticlimax, dacht ze, toen ze onderweg naar huis haar kartonnen baret in een afvalbak gooide. Sylvie had nu doorgeleerd, wat haar moeder altijd had gewild, maar haar moeder kon het niet meer schelen. Sylvie vertelde Rose niet eens dat ze haar opleiding had afgerond. Ze wilde niet dat haar moeder zou zuchten om het nieuws. Ze wist dat Rose de hoop op, en misschien ook wel de interesse in, de finish had losgelaten die ze voor haar dochters had gesteld toen ze nog jong waren.

Op een middag in augustus, drie maanden nadat Sylvie haar studio had betrokken, liep Ernie de bibliotheek in en het pad waar ze jongerenliteratuur aan het terugzetten was.

Sylvie staarde naar hem. Ze had hem niet meer gezien sinds Charlies wake. Ze had geen van haar jongens meer gezien. Al die tijd had ze in haar eentje door de gangpaden van de bibliotheek gelopen. Ze kreeg het voor elkaar uit te brengen: 'Kijk eens wie we daar hebben.'

'Ik ben aan je blijven denken,' zei hij. 'Ik heb het druk gehad. Ik heb net mijn diploma gehaald, ik ben officieel elektricien.'

'Gefeliciteerd. Ik heb ook net mijn diploma gehaald.'

Ze lachten naar elkaar, en ze keek naar zijn golvende haar en het kuiltje in zijn kin. Ze kenden elkaar al vanaf de basisschool; ze had hem zien opgroeien van mager jochie tot een gedrongen jongeman. Sylvie maakte een inventarisatie van wat ze wist: ooit had ze deze jongen in haar armen gewild, maar daar was ze nu niet langer zeker van. Ze was niet meer het meisje dat ze was geweest. Dat meisje had een vader en moeder en toekomstdromen gehad. Nu was Sylvie een bibliothecaresse die met veel pijn en moeite een thuis probeerde te creëren. Haar dromen waren in de wacht gezet toen haar vader stierf, de derde deuren waren afgesloten en de enige man aan wie ze dacht was degene die met haar zus was getrouwd.

Sylvie schudde haar hoofd in een poging van die gedachten af te komen en zei: 'Ga je me nog kussen of niet?'

Ernies glimlach werd breder en ze zetten allebei een stap naar voren, tot hun lichamen elkaar raakten. Haar handen achter in zijn nek, zijn armen rond haar middel. Sylvie voelde haar lichaam een zachte kreun van verlichting slaken. Het voelde fijn, net als vroeger. Godzijdank. Ze mijmerde over de synchroniciteit van het feit dat Ernie nu opdook, nu ze de sleutel van haar appartement in haar heupzakje had, nu ze de afleiding goed kon gebruiken. Misschien was dit een kans om opnieuw te beginnen. Misschien zou deze versie van haar wél vaste verkering met Ernie hebben, zoals haar zussen altijd hadden gewild.

Toen ze elkaar loslieten en om zich heen keken of er geen bezoekers of hoofdbibliothecaresse Elaine in de buurt waren, zei Sylvie: 'Ik heb pas mijn eigen appartement.'

Hij schudde zijn hoofd. 'Echt? Sensationeel!'

Het wás sensationeel dat ze een eigen huis had. De meesten van hun klasgenoten woonden nog bij hun ouders of hadden net als Julia rechtstreeks van hun vaders huis een huis samen met hun echtgenoot betrokken. Het beviel Sylvie wel dat ze ongewoon was. Cecelia was zelfs nog ongewoner, natuurlijk, met haar vaderloze baby en appartement dat ze met Emeline deelde. Julia was de enige die de traditionele weg volgde. Nu ze naar Ernie keek, met de sleutel in haar zak, voelde Sylvie zich hoopvol. Ze was terug in haar eigen leven, op haar eigen voorwaarden.

Ze zei: 'Wil je het zien? Mijn appartement?'

Ernie hield zijn hoofd schuin en antwoordde: 'Natuurlijk.'

Ze spraken af en toen hij de bibliotheek verliet, liep zij naar de lege balie in de achterste hoek en pakte de telefoon op. Ze wist dat William om dit uur thuis kon zijn, dus belde ze haar andere zussen.

Emeline nam op. 'Met het huis van de zusjes Padavano.'

Sylvie lachte. 'Waarom neem je zo de telefoon op?'

'Om de een of andere reden vindt Izzy dat grappig. Ben je in de bibliotheek?'

'Ik wilde alleen vertellen dat Ernie is teruggekomen. Vandaag. Hij kwam me opzoeken tussen de boeken.'

'Ah, wat goed!' Alle zussen wisten dat Sylvies jongens in rook waren opgegaan toen Charlie stierf. Ze hadden meerdere keren over de mogelijke reden daarvoor gesproken. 'Zei hij waarom hij was weggebleven?'

'Emmie, ik heb hem bij me thuis uitgenodigd vanavond.'

Het was even stil. Toen zei Emeline: 'W-au-w.'

Sylvie hoorde haar zus glimlachen en Izzy ergens in de buurt van de telefoonlijn brabbelen.

'Dan ben ik straks als enige nog maagd,' zei Emeline. 'Je moet me erna opbellen en me alles vertellen.'

'Zal ik vragen of hij misschien een leuke vriend voor je heeft?'

'Nee, alsjeblieft zeg.' Emeline zei het opgewekt. 'Ik heb het veel te druk met school en werk. Maar dit is geweldig, Syl! Vergeet je benen niet te scheren. Probeer naar je lichaam te kijken zoals een vreemde ernaar zou kijken.'

'Hij is geen vreemde. Ik ken hem al mijn hele leven.'

'Je snapt wel wat ik bedoel.'

Sylvie keek naar haar spijkerbroek en tennisschoenen. Ze probeerde zich te herinneren wat voor ondergoed ze die ochtend had aangetrokken.

Emeline zei: 'Je hebt Julia toch al wel verteld dat hij is langsgekomen?' Toen Sylvie niet meteen antwoord gaf, zei ze: 'Je moet haar bellen, Sylvie. Ze zal gekwetst zijn als je het haar niet vertelt.'

Sylvie zuchtte. Binnen de ingewikkelde wiskunde die de zussen samenbond, had Emeline gelijk. Ze waren met zijn vieren, maar binnen dat kwartet waren er twee paren: Sylvie en Julia, en Emeline en Cecelia.

'Je hebt nu woonruimte,' zei Emeline. Ze bedoelde: het was vergeeflijk dat je je vreemd gedroeg tegenover Julia toen je dakloos was en 's nachts naast mij sliep, maar nu heb je je eigen plekje en kan het beter.

'Verdomme, Emeline,' zei Sylvie. Ze wist dat Emeline er niet van hield als ze vloekte. 'Waarom moet je altijd zo wijs zijn?'

'Ik ben de enige zonder een privéleven, dus ik heb tijd om jullie allemaal in de gaten te houden.'

'Ik moet weer aan het werk,' zei Sylvie en ze hing op. Ze zei tegen zichzelf dat ze Julia zou bellen zodra het weer even rustig was in de bibliotheek, maar dat deed ze niet en voor ze het wist was het sluitingstijd.

Ernie arriveerde stipt om acht uur. Sylvie vermoedde dat hij rondjes om het gebouw had gelopen tot het precieze tijdstip. Hij droeg niet zijn gewoonlijke witte T-shirt en donkere broek met grote zakken voor gereedschap. Hij droeg een overhemd en had zijn haar netjes gekamd. Hij had een fles rode wijn bij zich.

'Hou je van wijn?' vroeg hij.

Sylvie knikte, hoewel ze zich afvroeg of ze wel zou kunnen drinken. Ze was zo nerveus dat ze moeite had met slikken. Ze keek rond in haar kleine appartement en probeerde het door zijn ogen te zien. Zag het er afgeleefd en triest uit in het onnatuurlijke licht?

Ernie raakte haar wang even aan en zei: 'Ik kan ook gewoon weer gaan. We hoeven dit niet te doen, wat het ook is.'

'Jawel,' zei ze. Dit was haar nieuwe leven, haar leven, of ze er nu klaar voor was of niet. 'Kus me. Dan voel ik me vast beter.'

Dat zorgde er inderdaad voor dat ze zich beter voelde. Ze hadden het tenslotte al jaren gedaan. De wijn maakten ze niet meer open. Ze hoefden niet na negentig seconden te stoppen of bang te zijn voor bezoekers of hoofdbibliothecaresse Elaine. Sylvie ging met haar vingers door Ernies haar. Toen hij haar blouse openknoopte en rustig haar beha opzijschoof om een kus op haar borst te drukken, dacht ze dat ze zou sterven van genot.

Hij richtte zich op om naar haar gezicht te kijken en zei: 'Vind je dit fijn?'

Ze antwoordde: 'O, ja.'

Meer kussen, en vervolgens rukten ze elkaar de kleren van het lijf. Sylvie kon niet geloven dat haar lichaam uit zoveel sensaties kon bestaan. Ze kon niet geloven dat iets zo goed kon voelen. Met gesloten ogen zag ze warme kleuren: roodtinten en oranje. Ze spraken met elkaar, maar ze lette amper op wat ze zei. Haar lichaam reageerde op zijn lichaam, haar mond op de zijne.

Nadien echter, toen ze in elkaars armen lagen, tintelde er paniek in Sylvies nek. Ze hoorde zichzelf zeggen met een stem die te luid voor haar eigen oren klonk: 'Dat je het weet, ik ben niet op zoek naar vastigheid.'

'Oké.' Ernies stoppels schuurden over haar schouder. 'Waar dan wel naar?'

Sylvie zag William voor zich, gezeten op het bankje, en kneep haar ogen dicht om van het beeld af te komen. 'Dat weet ik niet.'

'Dus we kunnen het gewoon leuk hebben samen,' zei Ernie en hij rolde haar naar zich toe.

Kunnen we dat? dacht Sylvie. Want dit wás zeker leuk. Ze was nog nooit zo dicht bij een mannelijke borstkas geweest. Die was zo anders dan haar eigen. Harig. Ze streek met haar vinger over het gootje in het midden van zijn buik. Hij over het hare. Hij moest een beetje wiebelen met zijn vinger om tussen haar borsten door te komen.

Kus ze, dacht Sylvie, en op de een of andere manier wist hij het en deed het.

'Ik denk ook dat ik niets normaals had moeten verwachten,' zei Ernie uiteindelijk, 'van het meisje dat me als een sirene riep om haar te kussen.'

Hij hield even op met haar aan te raken en Sylvie schreeuwde bijna tegen hem dat hij moest doorgaan. Haar lichaam kromde zich naar hem toe. 'Ik riep je als een sirene?'

Hij glimlachte om de gretigheid van haar lichaam en drukte zijn wang tegen de zijkant van haar borst. 'Een paar jaar geleden,' zei hij met zijn lippen op haar huid. 'Ik was in de bibliotheek. Ik moest een opstel schrijven voor mevrouw Brewster. Je kwam uit een rij met boeken en keek naar mij. Niemand had ooit zo naar me gekeken. Ik keek terug. Toen schoof ik mijn stoel achteruit en liep je achterna.'

'En toen kusten we.' Sylvie vond het een leuk verhaal, ze vond het leuk wat hij met haar lijf deed, ze vond het meisje leuk dat ze vroeger was geweest.

'Hm-mm. En hoe rot mijn leven ook was,' zei Ernie, 'ik wist

dat ik naar de bibliotheek kon gaan om met jou te kussen.' Hij trok zijn hoofd iets terug en keek haar aan. 'Hoewel ik je er ook een keer met een andere jongen zag kussen.'

Sylvie bloosde. 'Ik heb je niet gezien.'

Ernie liet zijn robuuste lichaam weer zakken. Ze hield zijn bovenarmen vast. 'Eerst was ik boos,' zei hij. 'Maar daar had ik het recht niet toe, weet je? We hadden geen verkering. Toen je vroeg of ik hier wilde komen, dacht ik weer aan die andere gozer. Ik vroeg me af – ik vraag me af – of hij hier ook al is geweest.'

'Jij bent de eerste.' Sylvie werd ineens verdrietig en haar stem klonk ook droevig. Was er zoiets als een fundamentele menselijke waarheid dat als je naakt was, je geen controle meer had over de toon van je stem? Alsof haar stem ook naakt was? Ze zei, zo vlak als ze kon: 'Er is hier niemand anders geweest.'

Maar ze was blij dat Ernie zei dat hij naar huis moest omdat hij de volgende ochtend vroeg moest werken. 'Misschien kunnen we elkaar morgenavond zien?' vroeg hij, en ze bracht een geluid voort waar zelfs zij geen ja of nee uit kon opmaken.

Sylvie zwaaide ongemakkelijk naar hem terwijl hij zichzelf uitliet. Alleen in het bed sloeg ze haar handen voor haar gezicht. Ze voelde een wirwar van emoties tegelijkertijd: schaamte, blijheid om hoe heerlijk seks was, ongemak over Ernie. Hij had gezegd dat ze het gewoon leuk konden hebben samen en ze herhaalde het woordje 'leuk' in haar hoofd. Ze dacht niet dat er moreel gezien iets verkeerd aan was om seks te hebben met iemand die ze aardig vond maar van wie ze niet hield, maar er had zich een eenzaamheid in haar gevestigd. Ze was zich ervan bewust dat als haar moeder hoorde wat ze had gedaan, Rose haar naar de Saint Procopius zou slepen en haar daar op haar knieën zou achterlaten. Maar Rose woonde nu aan het strand in Florida, en dat voelde ook als een straf. Sylvie rolde zich op tot een bal onder de lakens en duwde zichzelf in slaap.

Vroeg de volgende ochtend ging de telefoon naast Sylvies matras over en ze rolde zich om en nam op. Ze kneep haar ogen dicht naar de lucht achter de ruit: vaal licht met roze wolkenflarden. Zonsopkomst.

'Ik hoop dat ik niet te vroeg bel,' zei Julia. 'Alice was wakker, en ik weet dat jij altijd vroeg opstaat.'

Sylvie gaapte. 'Is alles goed?'

'Ik denk het wel.' Julia zweeg even. 'Maar er is wel iets vreemds gebeurd.'

De toon in de stem van haar zus maakte dat Sylvie rechtop ging zitten, en ze besefte dat ze nog steeds geen kleren aanhad. Ze had nog nooit naakt geslapen. Ze dacht: zo meteen, als ik aan de beurt ben, vertel ik Julia wat voor vreemds mij is overkomen. Ze vroeg: 'Wat dan?'

'Ik belde gister naar de geschiedenisfaculteit om William iets te vragen. Ik weet niet eens meer wat. Toen ze hoorde dat ik zijn vrouw was, zei de secretaresse dat hij al een week niet was komen opdagen en hij drie colleges die hij had moeten geven had gemist. Ze zei dat ze een professor had horen zeggen dat hij misschien op proeftijd zou worden gezet. Ik denk dat ze het vertelde omdat ze medelijden met me had.'

Sylvie trok de lakens hoger om zich heen; de woorden van haar zus hadden haar kippenvel bezorgd.

'Ik heb boos opgehangen, want ik dacht dat ze onmogelijk gelijk kon hebben. Ik dacht dat ze in de war was en dat het onverantwoordelijk van haar was om iemands echtgenote zulke onzin te verkopen.'

'Dat lijkt me ook,' zei Sylvie.

'Ja,' zei Julia bedachtzaam. 'Alleen had ze wél gelijk, en kende ik William gewoon niet zo goed als ik dacht.'

Een deel van Sylvies brein registreerde het feit dat haar zus de verleden tijd gebruikte. Ze herinnerde zich de voetnoot uit Williams boek: *Dit is vreselijk, ik ben vreselijk.* Ze leunde naar voren en probeerde te bedenken wat Julia's woorden betekenden.

'Gisteravond vroeg ik William hoe zijn dag was geweest en hij vertelde me over het college dat hij had gegeven, wat een van zijn studenten had gezegd en met wie hij had geluncht in de mensa. Ik vertelde hem dat ik had gebeld en de secretaresse van de faculteit had gesproken. Toen ik zei wat ze had gezegd, trok hij wit weg.' Julia aarzelde even. 'En toen verliet hij me.'

'Hoe bedoel je, verliet hij je?'

'Hij gaf me een briefje en een cheque en liep de deur uit.'

Er was iets verschrikkelijks aan de hand. Dit besef spoelde als een golf over Sylvie heen. 'Ik kleed me aan en kom zo snel mogelijk naar je toe,' zei ze. 'We komen er wel uit, Julia. Maak je geen zorgen.'

'Er is niets om uit te komen.' De stem van haar zus was kalm. 'William liegt al minstens een week. En hij wil niet meer met me getrouwd zijn.'

William

AUGUSTUS 1983

Het eerste college miste William per ongeluk. Het was laat in de zomer, een zonovergoten dag. Hij had net de laatste spelersgesprekken afgerond die Arash hem had gevraagd te voeren en was nog even in de sporthal van Northwestern gebleven om naar de training te kijken. Hij wist dat hij het te druk had met studeren en doceren, en niet te vergeten een baby thuis, om hier tijd door te brengen, maar hij leek het niet te kunnen helpen. Het was zomertrainingskamp en hij kende nu maar de helft van de spelers van het team. De laatstejaars en die in het jaar daaronder waren Williams teamgenoten geweest, maar de eerstejaars en tweedejaars waren vreemden voor hem.

Bij aanvang van het trainingskamp had Arash hem gevraagd te helpen de nieuwe spelers te interviewen over hun eerdere blessures. 'Jij bent daar de juiste persoon voor,' had hij gezegd. 'De jongere jongens weten nog niet welk staflid belangrijk is en welk niet. Als ze naar mij kijken, denken ze dat ik ervoor kan zorgen dat ze op de bank blijven zitten, dus mij vertellen ze de waarheid niet.'

'Dus het is mijn taak om ze zich te laten openstellen,' zei William.

'Vertel hun jouw verhaal en dan zullen ze dat doen.'

En dus zat William in een kantoortje achter in de sportzaal met een klembord waarop de gegevens van elke speler in de selectie stonden. Een voor een kwamen de studenten bij hem langs. Steeds weer vertelde William het verhaal over zijn knie.

De details over de eerste blessure op de middelbare school en vervolgens wat hem was overkomen in de lucht onder de basket in zijn laatste seizoen.

Als hij uitgepraat was, vroeg de speler bijna altijd: 'Hoe gaat het nu met je knie?'

Bij de eerste paar interviews antwoordde William: 'Prima.'

Maar bij herhaling dacht hij: dat is niet waar en ik zit hier nu juist in deze bedompte kamer om de waarheid te vertellen, zodat zij de waarheid zullen vertellen. Daarna gebruikte hij een variatie van: 'Hij is nog steeds pijnlijk, maar ik heb niet behoorlijk gerevalideerd. Ik kan nog steeds voelen waar hij allemaal gebroken is geweest.' Steevast deinsden de spelers op dat moment een beetje achteruit, alsof de schade besmettelijk was.

Maar de waarheid werkte. De jongens – de eerstejaars vond William er erg jong uitzien – vertelden hem wat er met hun lijf was gebeurd terwijl ze opgroeiden. Slechts een of twee waren helemaal onbeschadigd en intact, of beweerden dat tenminste te zijn. 'Nee, geen blessures. Geen ongelukken. Ik heb denk ik mazzel gehad.' Alle anderen hadden een verhaal. Twee van de jongens waren betrokken geweest bij een ongeval met een beschonken bestuurder, wat had geleid tot een gebroken schouder in het ene geval en een hernia in het andere. Een jongen met sproetjes die van een befaamde basketbalmiddelbareschool in Oklahoma kwam, had last van terugkerende ziekte van Sever: vreselijke hielpijn van zo hard groeien terwijl hij veel basketbalde. De jongens die ook American football hadden gespeeld hadden meerdere hersenschuddingen gehad. Een arrogante eerstejaars die zichzelf voorstelde als 'de enige echte' had zijn kniepees gescheurd. Een twee meter lange beer van een kerel met een prominent voorhoofd vertelde William dat zijn schouder vaak uit de kom ging, maar dat hij het nooit aan een coach of trainer had verteld omdat hij wist hoe hij hem weer terug in de kom kon krijgen. Een speler uit Los Angeles vroeg: 'Tellen messteken ook? Want ik ben een paar jaar geleden in mijn onderrug gestoken.'

'Dat telt ook, ja,' antwoordde William, die zijn shock probeerde te verhullen. 'Dat telt zeker.'

Aan het einde van de laatste middag met interviews strompelde William de warme kamer uit. Hij voelde de impact van alle blessures waarover hij had gehoord. Als deze jongemannen over het veld renden, zagen ze er niet uit als studenten; hun uitzonderlijke atletische eigenschappen gaven hun iets bovennatuurlijks. De goed verdedigde schutters zetten screens voor de logge centers, die op hun beurt vanaf de elleboog speelden naar de man die vrijstond. De scrimmages werden geïnterpungeerd met uitroepen van plezier vanwege hoe goed het voelde om op dit niveau te spelen. Vóór de interviews had William nooit kunnen raden naar de pijn binnen in de getalenteerde jonge spelers. Hij dacht terug aan het zien van Sylvies verdriet. Hij herinnerde zich wat van zijn eigen leed toen hij zijn knie verbrijzelde en de envelop van zijn vader opende. Nu kon William pijn zien alsof het een donkere wolk was die elk van de spelers over het veld achtervolgde. Voor dit moment liepen ze voor de pijn uit. Dat had hij ook een tijdje gedaan.

'Ze vertellen me over alle nare dingen die hun lichaam zijn overkomen,' zei William tegen Arash. 'Niet alleen wat er op het veld is gebeurd.'

Arash knikte. 'Daar ben ik blij om.'

'Blij?'

'Dat moeten ze aan iemand kwijt. We praten bijna nooit over onze pijn. Je hebt het beter gedaan dan ik had gehoopt, William. Uitstekend werk.'

William was verbaasd. Arash gaf maar zelden een compliment. Maar terwijl de woorden zich in hem nestelden, wist hij dat de jongens met een ander niet zoveel, of misschien wel niets, zouden hebben gedeeld. Hij wist niet precies waarom dit was. Zijn kapotte knie maakte er deel van uit, maar was niet de enige reden.

Na het verlaten van de sporthal liep hij over de zonovergoten paden van de campus, keek naar vreemden en vroeg zich af óf en hóé zij pijn hadden gekend en hoe ze waren hersteld. Als hij goed oplette, kon hij bijna hun verhalen zien in hun stilte, als het kielwater van een boot. Gewelddadige vaders, afstandelijke geliefden, foute keuzes, schulden, dromen van succes op een bepaald gebied waarvan ze vreesden dat ze het nooit zouden kunnen bereiken. Toen William vlak bij de universiteitsbibliotheek kwam, zag hij de oude geschiedenisprofessor op een bankje zitten. Zijn houding had iets neerslachtigs dat ervoor zorgde dat William op hem afstapte.

'Gaat het wel goed met u, professor? Kan ik u ergens mee helpen?'

De oude man keek naar hem op en William zag in een flits Charlie naar hem opkijken vanuit zijn leunstoel. 'Jij bent die lange.'

'Ja meneer, William Waters. Het is erg warm buiten.'

'Ja, dat is het, William Waters, dat is het.'

William ging voor de man staan zodat die in zijn schaduw zat. 'Hebt u hulp nodig?'

'Dat hebben we toch allemaal? Waarom kom je niet naast me zitten, William Waters? Een beetje zonneschijn heeft nog nooit iemand kwaad gedaan.'

William ging naast de oude man zitten. Hij keek naar studenten – ongeveer de helft van het normale aantal, omdat dit het zomersemester was – die versuft over de binnenplaats liepen. Hij hoorde de onregelmatige ademhaling van de oude man. De professor rook naar citroenen, of misschien naar citroenlimonade. William sloot even zijn ogen. De baby werd een paar keer per nacht wakker voor een voeding. Julia en Alice vielen daarna meteen weer in slaap, maar hem lukte dat niet. Hij luisterde dan naar Julia, die dieper ademde dan vroeger, alsof ze nu meer lucht nodig had. De enige manier om zich ervan te verzekeren dat de baby ademde, was zich over Alice' wiegje buigen en zijn oor bij haar mond houden. Ze ademde zo zachtjes in en uit dat William meerdere keren per nacht opstond om te luisteren of ze nog wel ademhaalde.

Toen William zijn ogen weer opendeed, was de hemel lichtpaars gekleurd en was de professor verdwenen. Het was schemerdonker. William knipperde een paar keer met zijn ogen terwijl hij probeerde te ontdekken wat hij zag. Zijn lichaam voelde stijf. Zijn knie klopte. Hij keek op zijn horloge en ademde zo gehaast in dat hij ervan moest hoesten. Zijn college over de wetenschappelijke revolutie was drie kwartier geleden afgelopen. Hij was de assistent-docent, maar er was niemand anders; hij was feitelijk de professor. William liet zijn blik over zijn omgeving gaan terwijl hij naar een oplossing zocht. Het bizarre van zijn hachelijke situatie vroeg om een al even zonderlinge oplossing. Misschien dat een magische boom de tijd kon terugdraaien naar het moment dat hij op dit bankje was gaan zitten.

In zijn hele schoolcarrière was het William maar één keer overkomen dat een docent niet was komen opdagen voor een les, en die man bleek zonder sleutels buitengesloten te zijn geweest van zijn huis tijdens een hevige stortbui. Behalve die ene keer was elke docent altijd precies op tijd of te vroeg het lokaal binnengestapt. In geval van ziekte of familieomstandigheden werd er altijd op tijd een vervanger geregeld. Een collegezaal met een op raadselachtige wijze afwezige professor was ondenkbaar. William zag zijn studenten voor zich, eerst verveeld, daarna in de war. Ze zouden onderweg naar buiten bij de faculteitssecretaresse hebben gemeld dat hij niet was komen opdagen.

William bleef heel stil op het bankje zitten. De zinderende hitte van de dag was verdwenen. Het zonlicht was verdwenen. Hij dacht aan de gescheurde banden en hersenschuddingen van de spelers, aan pijnlijke hielen en gewrichten die uit de kom schoten, en het was alsof hij zich niet kon bewegen. Hij had een vreselijke fout gemaakt, een die hij niet kon uitwissen. Toen de duisternis hem omhulde, toen hij zijn hand voor zijn gezicht moest houden om zijn vingers te kunnen zien, liep hij naar huis. Hij was opgelucht dat Julia hem normaal begroette, zo wist hij dat de faculteit niet op zoek naar hem naar zijn huis had gebeld. Hij dacht dat hij haar misschien moest vertellen wat er was gebeurd. Julia was geweldig in oplossingen bedenken en deze zou voor haar misschien een eitje zijn. Hij kon haar al horen zeggen dat hij gewoon de volgende ochtend vroeg de faculteit moest bellen om zijn verontschuldigingen aan te bieden en dat het dan allemaal goed kwam. Maar, dacht hij, zijn vrouw was niet langer geïnteresseerd in het beantwoorden van zijn vragen. Ze zou ook niet begrijpen waarom hij in de sporthal was geweest; Julia had geen idee dat hij zich op het basketbalteam had toegelegd. Hij zou het te gênant vinden om haar te vertellen dat hij midden op de dag in slaap was gevallen op een bankje. Wat voor man deed dat nou? Hij vroeg zich af wat de oude professor moest hebben gedacht toen William naast hem zat te slapen.

'Is alles wel goed met je?' vroeg Julia tegen bedtijd.

'Ja,' antwoordde hij. 'Natuurlijk.'

Zijn slaap was die nacht nog meer onderbroken dan anders. Alice gaf een schreeuw en zijn hart roffelde in zijn borst. Wat moet ik doen? dacht hij, zo vaak dat hij vergat voor welk probleem hij aan het wegzwemmen was in het donker. Hij bleef achter met de vraag en een instinctief paniekgevoel. Toen William de volgende ochtend vroeg wakker werd, opende hij de voordeur om hun twee dagbladen – een plaatselijke en een nationale – van de mat te pakken. Een nieuwe dag is begonnen, dacht hij. Hij besloot dat hij Julia toch zou vertellen over het gemiste college. Hij was oververmoeid en wist niet wat hij anders moest doen. Hij stelde zich zijn vrouw voor voordat hij haar had teleurgesteld, voordat de baby was geboren. Die versie van Julia zou haar armen om zijn middel slaan en duidelijke instructies geven. Met een pijnlijk hoofd dacht hij dat de oude Julia misschien zou komen als hij haar opriep, dat ze vanuit de schaduwen van het verleden voelde dat William geen andere hoop meer had.

Hij bukte zich om de krant van Evanston op te pakken en scande de voorpagina. Hij wilde net de keuken in gaan, toen hij in de linkeronderhoek een fototje van de bejaarde professor zag. Eronder stond dat de man de avond ervoor rond etenstijd in zijn huis was overleden aan een beroerte. De professor had tijdens zijn carrière een prestigieuze geschiedenisprijs gewonnen en was bekend geworden door zijn bestseller over de Tweede Wereldoorlog. Is hij dood? dacht William, en dat ene woordje maakte dat de bodem als een anker uit hem viel.

Met dit nieuws, en het gewicht van dat woord, breidde de stilte in William zich uit tot die hem helemaal vulde. Hij worstelde al een tijdje om samenhang te krijgen, zijn leven te begrijpen, maar strijden was nu niet langer mogelijk. Hij besefte dit terwijl hij de krant in zijn hand hield.

William nam de krant met zich mee toen hij het huis uit ging. Vijf dagen lang verliet hij het appartement op de gebruikelijke tijd, met zijn boterhammen en zijn studieboeken en papieren. Hij liet de bibliotheek links liggen en wipte alleen even binnen in de sporthal. Vanuit de schaduwen achterin keek hij een poosje naar het trainingskamp. Hij liet zich niet zien. Hij liep rondjes over de binnenplaats met het bankje waar hij met de professor had gezeten. Hij liep langs onbekenden en inventariseerde hun pijn. Hij bleef uit de buurt van het geschiedenisgebouw, maar alsof hij zijn eigen verdwijning documenteerde, hield hij de tijd in de gaten waarop hij zijn tweede college miste en vervolgens zijn derde. Hij verzuimde ook bij een afspraak met zijn begeleider te verschijnen en William stelde zich de steeds grotere verwarring op het gezicht van de professor voor terwijl die op de afgesproken tijd op hem wachtte. De professor met de vlinderdas hield zoveel van geschiedenis dat hij alleen maar verbijsterd kon zijn om Williams gebrek aan toewijding.

Het deel van William dat de geschiedenis kende – de data, de politici, de kritische momenten wanneer de toekomst onzeker was – was ontoegankelijk voor hem geworden. Het was ondenkbaar dat hij voor een volle collegezaal kon staan om een monoloog van een uur te houden. Toen hij een broodje kocht bij een kraampje was zijn stem zo zacht dat hij zijn bestelling drie keer moest herhalen voordat hij werd gehoord. William sloot zijn ogen en zag zijn aantekeningen over de blessures van de spelers voor zich. De ruwe schets van een elleboog of knie. Hij was zo verbaasd geweest toen de eerstejaars met de babyface hem over zijn steekwonden vertelde, dat hij een mes had getekend.

Elke avond ging hij op de normale tijd naar huis. Julia keek naar hem met milde nieuwsgierigheid maar stelde geen vragen. William wist, diep vanbinnen, dat ze zijn ervaringen van de afgelopen dagen toch niet wilde horen. Hij was bij lange niet de echtgenoot die Julia bij hun trouwen had gepland te hebben. Hij had de neiging daar zijn verontschuldigingen voor aan te bieden maar wist dat dat haar alleen maar zou irriteren. Hij hield een zak diepvrieserwten tegen zijn knie; het gewricht deed zeer van de hele dag lopen. Hij voelde vage opluchting dat de faculteit zijn vrouw nog niet had gebeld. Hij wist dat dit de laatste dagen van zijn huwelijk waren, want hij kon niet zo doorgaan of nog langer getrouwd blijven. Als Julia hem haar wang aanbood, kuste hij die. Hij probeerde het gevoel van haar gewicht in het bed naast hem in zijn hoofd te prenten. William deed alsof hij een echtgenoot was, maar er was niet veel van hem over en het moment zou komen. En het moment kwam. Toen hij op de zevende avond met zijn vork in een kippenborst prikte nadat hij holle leugens over zijn dag had verteld, kwam hij erachter dat Julia de waarheid wist. Een deel van de waarheid tenminste.

'Ik begrijp het niet.' Zijn vrouw staarde hem aan. 'Waarom heb je niet gewoon college gegeven? Waar was je dan?'

William stelde iedereen teleur: zijn vrouw, zijn begeleider, zijn studenten. Hij herinnerde zich dat zijn jongere versie zich aangetrokken had gevoeld tot geschiedenis omdat het over oorzaak en gevolg ging. Als een persoon dit doet, gebeurt er dat. Maar de oorzaak-en-gevolgknoppen binnen in William waren stuk; hij was een defecte machine.

'Ik zou willen dat ik beter voor je was geweest,' zei hij.

'Ik begrijp het niet,' zei Julia. Woede mengde zich nu door haar verwarring. Ze had een hekel aan verrassingen, had er een hekel aan als het tapijt onder haar voeten werd weggetrokken.

'Dat weet ik.' Hij kon het niet uitleggen, hij kon geen zaak bouwen. William was een vervalsing, een leugenaar, een oplichter. Hij schoof zijn stoel naar achteren, liep naar de slaapkamer en pakte een weekendtas van de plank in de kast. Hij overwoog zijn manuscript erin te doen maar deed dat niet. Hij pakte een sweater met de gedachte: voor als het koud wordt. Hij trok zijn la van de kledingkast open en pakte achter uit de la de oude portemonnee. Hij haalde de cheque uit de portemonnee en schreef *Julia Waters* op de plek van de begunstigde. Hij krabbelde een paar zinnen op een vel papier van het notitieblok dat Julia naast het bed bewaarde. William probeerde niet na te denken over wat hij schreef en las het ook niet na.

Hij liep naar de woonkamer en overhandigde zijn vrouw de cheque.

'Wat is dit?' vroeg ze, haar ogen op zijn gezicht gericht. 'Wat is er aan de hand?' Toen hij geen antwoord gaf, keek ze naar de cheque. 'Tienduizend dollar? Van je vader? Heb je dit van je vader gekregen?'

'Je mag hem innen,' zei hij. 'Het is voor jou.' Toen gaf hij haar het opgevouwen stuk papier en verliet het appartement. Pas later kwam het in hem op dat hij niet naar Alice in haar wiegje had gekeken, niet eens aan haar had gedacht voordat hij wegging. Julia riep hem nog na, maar hij liep gestaag de trap af.

Die avond zat de tijd hem vreemd mee. Hij begon te lopen en belandde uiteindelijk aan de oever van Lake Michigan. Het meer was altijd aanwezig geweest, tussen bomen door zichtbaar of vanuit bepaalde ramen van de campusgebouwen, maar William bracht er nooit doelbewust een bezoek aan. Het meer deed hem aan Boston denken, aan de ruige zee waaraan zijn geboortestad lag. Het feit dat deze uitgestrekte waterplas een meer was, ook al was de overkant niet te zien, voelde fout. Dit platte, ogenschijnlijk oneindige water verdiende een andere benaming dan 'meer', want dat stond voor iets waar je in een halfuurtje omheen kon joggen.

Maar het pad langs het meer kwam William vanavond van pas. Hij kon in een rechte lijn lopen en als hij te moe was om verder te gaan, waren er bankjes. Hij kon zijn blik op het zwarte water laten rusten. Hij sliep een paar keer zittend, geteisterd door de zachte zomerwind. Dronken of dakloze mannen lagen languit op sommige bankjes en William zag donkere schimmen opgekruld onder bomen liggen. Hij wisselde lopen en zitten af in deze nachtelijke wereld. Op zijn laatste bankje, voordat de zon weer aan zijn beklimming van de hemel begon, vroeg hij zich af hoe ver hij het meer in zou kunnen lopen voordat hij helemaal onder water zou verdwijnen.

Met de komst van de nieuwe dag startte Williams brein opnieuw op, alsof het licht hem van brandstof voorzag. Maar de motor bestond uit losse onderdelen. Hij wist niet wat hij moest doen. Hij zou nooit meer terugkeren naar het appartement dat hij thuis noemde. Julia en Alice verdienden de best mogelijke echtgenoot en vader, ze waren zonder hem beter af. Hij kon niet naar Northwestern, want hij deed al die tijd alsóf hij promovendus was en dat hadden ze vast wel door. Hij had nooit moeten worden toegelaten tot het programma; hij stelde zich voor dat ze zijn plekje al aan een ander hadden gegeven. Het voelde ook betekenisvol dat zijn eigen geveinsde carrière als docent en zijn leven met Julia tegelijk met de professor ophielden te bestaan. William had Julia ontmoet in het college van de oude man, voordat de huid van de professor doorzichtig was geworden en zijn ogen waterig. De ware docent was overleden en had als een golf die over het strand rolde al Williams armzalige inspanningen tot een leven weggevaagd. Zijn aandacht richten op het sportcomplex van de universiteit was lastiger. Denken aan Arash en ballen die door netten werden geduwd voelde als zijn hand op een hete kachel leggen. Niet per se pijnlijk, maar brandend en ontworpen om William en zijn gedachten er weg te houden.

Hij had het gevoel dat hij zichzelf uit zijn eigen leven had gesneden, zoals een kind een figuur uit wit papier knipt. De zon scheen fel vanuit een wolkeloze hemel, terwijl William door voor hem onbekende stukken van Chicago zwierf. Een deel van zijn brein bleef met dezelfde vraag bezig: hoe zou het koele water van het meer aanvoelen als het zijn huid bedekte? William stak de rivier en kanalen over, passeerde dreunende fabrieken, doorkruiste buurten die hem in het verleden angst zouden hebben aangejaagd omdat iedereen arm was en buiten was in de zomerhitte. Maar niemand sprak hem die dag aan, zelfs niet over zijn lengte. Hij was aan het verdwijnen of hij zag er te gevaarlijk uit, te anders, om aan te spreken. Later zou hij denken: niemand wil dicht bij iemand komen die zo dicht bij verdwijnen is.

In het donkere midden van de nacht zag hij Charlie in een deuropening staan. Zijn schoonvader keek William aan en zond hem een warme glimlach toe. William kon de pijn in Charlie zien, zoals hij het in de basketballende studenten had gezien, zoals hij het in Sylvie had gezien op het bankje. Zijn overbelaste lever, de baan die hem geen vervulling gaf, zijn gebroken hart. William zag het allemaal en zei: 'Wat goed je te zien.' Want dat was zo. Maar tegen de tijd dat de woorden zijn mond hadden verlaten, was Charlie verdwenen. William staarde naar de lege plek waar zijn schoonvader was geweest, en liep door.

Julia

AUGUSTUS 1983

William verliet haar vlak voor acht uur 's avonds. De borden stonden nog op tafel. Julia keek naar de cheque die hij haar had gegeven. Ze bestudeerde de handtekening van haar schoonvader. Ze had het handschrift van de man nog nooit gezien; zijn naam leek met grote snelheid op het papier te zijn gekrast. Tienduizend dollar leek een onmogelijk bedrag om achter die handtekening te zitten. Haar schoonvader had de cheque blijkbaar zestien maanden eerder aan haar echtgenoot gestuurd en William had niets tegen haar gezegd.

Julia kon dat maar moeilijk begrijpen. In het afgelopen najaar, toen ze zwanger was en William een verzoek had ingediend niet te hoeven doceren, zou haar financiële onzekerheid totaal zijn weggenomen als ze had geweten van dit extra geld. In plaats daarvan hadden de zorgen over hoeveel ze Cecelia kon geven en aan eten kon uitgeven zich boven op haar vaders dood ineengevlochten binnen in haar en had ze voortdurend hoofdpijn.

Julia deed de vaat en veegde het aanrecht schoon. Ze waste haar gezicht en trok haar nachtpon aan. Alice lag te slapen in haar wieg, haar gezicht vredig. Julia keek een paar minuten naar haar perfecte gelaatstrekken – haar neusje, haar roze wangetjes, haar lange wimpers – en ging toen op de bank zitten. Ze had haar normale avondroutine uitgevoerd, al was dit geen normale avond. Voor het eerst dacht ze aan het gevouwen papiertje dat William haar had gegeven. Toen hij naar buiten was gelopen, had ze het dichtgevouwen op de eettafel gelegd. Ze was zich bewust van een prikkelend gevoel in haar borstkas, besefte dat ze bang was het open te vouwen. Doe niet zo gek, dacht ze, en met geveinsd zelfvertrouwen streek ze het vel papier glad op haar schoot. Williams handschrift was anders dan dat van zijn vader; zijn letters waren rond en makkelijk leesbaar. Het was Julia net zo vertrouwd als haar eigen handschrift.

Jij en Alice hebben niets aan mij. Als ik zou blijven, verpest ik jullie leven. Je verdient het om vrij te zijn, Julia. Ons huwelijk is voorbij. Het spijt me voor alles.

Ze las de zinnen steeds weer, alsof het een boek was waarin ze opnieuw begon zodra ze bij de laatste pagina kwam. Na een tijdje stopte ze en ging op de bank liggen. Lag Sylvie nu maar naast haar op de kussens, om haar vast te houden. Julia was er nog niet aan toe erover te praten, maar ze was alleen op een manier die gevaarlijk voelde. Ze kwam overeind en controleerde nogmaals of de voordeur op slot was. Ze haalde de gereedschapskist onder de gootsteen vandaan en pakte er de roestige hamer uit die ze bij de verhuizing voor het ophangen van de foto's hadden gebruikt. Ze legde de hamer naast de brief en cheque op het salontafeltje voor het geval ze zichzelf moest beschermen, en ging weer liggen. Ze zei tegen zichzelf dat ze moest gaan slapen maar merkte dat ze haar ogen niet dicht kon doen. Bij elk kleinste geluidje richtte ze zich op en vroeg zich af of het Williams sleutel in het slot was. Was hij ooit tot later dan tien uur weggebleven? Nee. Het was nu middernacht. Na middernacht zouden de kroegen sluiten. De campusgebouwen waren dicht. Alice werd wakker en Julia voedde haar tot ze weer in slaap viel. Om drie uur 's morgens lag ze nog op de bank. Ze dacht: gebeurt dit echt?

Julia had haar helderheid van na Alice' geboorte niet verloren. Als ze oplette kon ze alles zien. Maar ze had zo weinig mogelijk op William gelet sinds Alice was geboren. Ze had haar blik afgewend, deels omdat ze erachter was gekomen wat haar echtgenoot, schijnbaar, ook had ontdekt: het werkte niet tussen hen. Of misschien werkte het wél, toen Julia vastberaden was de wereld en de mensen om haar heen te fiksen. Ze had William gepusht om te gaan lesgeven, om te gaan promoveren, zelfs om met haar te trouwen. Maar ze was gestopt met pushen toen Alice werd geboren. En toen ze was gestopt met pushen, was iets in hun huwelijk sputterend tot stilstand gekomen. Ze was haar rol als echtgenote blijven spelen en hij zijn rol van echtgenoot, maar ze was het al een tijdje alleen maar voor de vorm.

'Maar ik zou bij je zijn gebleven,' zei ze tegen de lege kamer. 'Ik ben tenslotte een verbintenis aangegaan.'

Het deed pijn dat William er niet hetzelfde over dacht. Toch, dacht ze, was het dapper van hem dat hij was weggegaan. Hij had altijd geworsteld met het nemen van beslissingen en dit moest wel het moedigste besluit van zijn leven zijn. Julia dacht dat ze haar nieuwe gevoel van onafhankelijkheid van na Alice' geboorte had verhuld, maar hij keek door haar heen. Hij zag dat ze hem niet nodig had. Hij merkte dat ze haar handen van zijn rug had gehaald en hij niet langer vooruit werd geduwd in een door haar gekozen richting.

Toen de zon opkwam, belde Julia Sylvie, waarna ze een douche nam en veel zorg besteedde aan haar uiterlijk. Ze zou de basis leggen voor haar nieuwe leven door ervoor te zorgen dat de vrouw in de spiegel er toonbaar uitzag. Ze had er altijd in geloofd dat je je moest kleden voor de rol die je wilde, en ze wilde er niet uitzien als een verslonsd slachtoffer. Julia herinnerde zich hoe ze in haar kindertijd graag in de kamer een rondje draaide en 'tada!' riep. Ze nam de tijd voor de spiegel en bracht wat lippenstift en eyeliner aan. Ze stak haar haar netjes op. Toen ze volledig was aangekleed, liet ze een professioneel klinkende boodschap achter op het antwoordapparaat van professor Cooper, waarin ze uitlegde dat ze beschikbaar was voor werk en dat ze van grote waarde kon zijn voor zijn bedrijf. Ik kan dit, dacht ze toen ze had opgehangen, ik kan alles.

Maar dit zelfvertrouwen schoot als een elastiekje om in twijfel. Had ze wel een goed idee van haar capaciteiten? Julia had geweten dat ze William niet zou verlaten, ook al had hij haar teleurgesteld en geïrriteerd. Ze was in voor- en tegenspoed met hem getrouwd. Maar ze had ook geweten dat als hun huwelijk ooit zou worden ontbonden, het haar beslissing zou zijn, niet de zijne. William had haar nodig gehad, zij hem niet. Hoe was het mogelijk dat zij nu degene was die werd verlaten?

Ze wreef over haar voorhoofd en dwong haar gedachten naar elders. Alsof ze een essayvraag beantwoordde op school probeerde ze te bedenken wie William zou zijn als zij hem niet langer pushte. Hij zou waarschijnlijk graag basketbalcoach worden op een middelbare school, dacht ze, en ze was trots op zichzelf dat ze zo volwassen en grootmoedig dacht over de man die haar had voorgelogen en zijn gezin in de steek had gelaten. Al even waar was het feit dat ze nooit met een basketbalcoach zou zijn getrouwd. Dat soort mannen woonde in kleine huizen in Pilsen zoals waarin ze was opgegroeid. Ze droegen T-shirts naar hun werk en verdienden amper genoeg om de huur te betalen.

Julia had getrouwd willen zijn geweest met een professor. Ze had geheime aspiraties voor William: dat hij later in zijn carrière rector van de universiteit zou worden of misschien zelfs de politiek in zou gaan. Maar toen ze zijn boek had gelezen waren die aspiraties verdwenen. Ze besefte toen dat er diep binnen in hem iets fout zat – want wat voor man zou de woorden 'ik ben vreselijk' op papier zetten? –, wat betekende dat hij nooit succesvol zou worden. Maar professor leek nog haalbaar, zelfs onvermijdelijk. Julia had in het voorjaar in de zaal gezeten toen William een van zijn colleges gaf en aan het eind had hij, op een tedere manier, gezegd dat de aanblik van Julia die achter in de zaal zat te grijnzen het lastig voor hem had gemaakt zich te concentreren. Maar William was uitzonderlijk geweest, had de stof afgewisseld met grapjes en een interessante discussie aangemoedigd over de moraliteit van oorlog, hoewel het een hoorcollege was geweest. Voor het eerst leek hij buiten het basketbalveld gebruik te maken van het feit dat hij zo lang was. Zijn lengte gaf zijn aanwezigheid een zeker gewicht mee. Hij was gebouwd om op te vallen, dus leek het logisch dat hij in zijn eentje voor een hele zaal stond. Kijk naar mij, zei zijn lichaam, en de studenten gehoorzaamden.

Julia zou getrouwd zijn gebleven met de man die voor in die zaal had gestaan. Maar de man die zomaar was weggegaan, die tienduizend dollar verborgen had gehouden en wie wist wat nog meer, was een vreemde voor haar. Ze had lange tijd niet geweten, niet willen weten, wie William was. Als haar echtgenoot thuiskwam nadat hij de hele dag was weg geweest, vroeg ze hem nooit waar – of wíé – hij was geweest.

Ze moest Sylvie zien, want niets in haar leven leek echt tenzij ze het met haar zus deelde. Maar Sylvie arriveerde bleek en in paniek, alsof het gebouw in brand stond. Julia was ontregeld door de intensiteit van haar zus vanaf het moment dat ze de deur voor haar opende. Het voelde alsof Sylvie met een probleem was gearriveerd, in plaats van te komen om Julia te helpen met het hare.

Sylvie bestudeerde het bewijs op de salontafel: de vijf zinnen, de cheque. Ze zei: 'Heeft William voor zijn vertrek uitgelegd waarom hij niet was komen opdagen voor die colleges? Wat heeft hij nog meer tegen je gezegd?'

'Niets.'

'Helemaal niets?'

'Het staat in het briefje, Sylvie. We konden niet goed meer met elkaar overweg sinds de geboorte van de baby. Sinds ik zwanger werd, eigenlijk.' De redenen waarom het niet had gewerkt tussen haar en William waren net een reeks doodlopende wegen; Julia liep er vlug eentje in, om weer om te draaien en een andere in te lopen. 'We zijn als een klok die de tijd niet langer bijhoudt,' zei ze. 'Hij is niet ambitieus. Hij wist nooit wat hij moest doen, dus wilde hij dat ik hem voor alle dingen, groot of klein, instructies gaf. Ik ben een snelle loper en hij is langzaam. Ik dacht dat ik een echtgenoot nodig had, want dat is wat we als kleine meisjes te horen kregen, toch? Of misschien niet te horen kregen, maar het werd ons voorgeleefd. Het kwam niet bij me op dat het in mijn eentje beter zou kunnen zijn. Ik droeg hem, Sylvie.'

Sylvie luisterde met licht voorovergebogen lichaam, alsof ze het daardoor beter zou kunnen begrijpen.

Nu haar zus bij haar was, voelde Julia zich minder helder dan toen ze alleen was geweest. Ze voelde de gevolgen van het late opblijven; haar ogen waren korrelig en haar handen trilden lichtjes. Ze legde haar handen in haar schoot zodat Sylvie het niet zou zien. Ze zei: 'Alice en ik redden ons wel. Ik heb geen echtgenoot nodig. William...' – weer aarzelde ze een fractie van een seconde – 'het is goed dat William is weggegaan.'

'Denk je dat hij in orde is?'

Julia knipperde verbaasd met haar ogen. 'Of ik denk dat William in orde is?'

'Ja.' Sylvie keek naar de papieren en de hamer op de salontafel. 'Ik denk dat als je zoiets doet – colleges missen, dat briefje schrijven – het niet goed met je kan gaan.'

Julia liet haar blik ook op het briefje rusten zodat zij en Sylvie naar hetzelfde keken. 'Ik denk dat niemand zich goed voelt als een huwelijk op de klippen loopt,' zei ze. 'Waarom maak je je zorgen om hem?' Ze hoorde haar stem beven. 'Je zou je zorgen om mij moeten maken.'

'Dat doe ik natuurlijk óók!' zei Sylvie. 'Ik vind het vreselijk voor je. Maar Julia...' – ze aarzelde even – 'als hij echt in nood is, moeten we iets doen.'

'Hij is bij me weggegaan,' zei Julia. 'Volgens mij valt dat niet onder noodgevallen.' Ook al zaten de zussen op dezelfde bank, ze voelde zich ver verwijderd van Sylvie. Er kwam een vreemde gedachte bij Julia op. Kon het zijn dat Sylvie op de een of andere manier de man wél kende die tegen Julia had gelogen, haar een cheque had overhandigd en vervolgens was weggegaan? Had haar zus een versie van William gezien met wie zijn eigen vrouw niet bekend was? Ze schudde haar hoofd. Dat sloeg nergens op. Ze was moe en dacht niet helder na.

'Maar wij zijn de enigen die weten wat er is gebeurd,' zei Sylvie. 'Ik denk dat we Kent misschien moeten bellen, zodat hij in elk geval op de hoogte is.'

Julia dacht hierover na. 'William is waarschijnlijk bíj Kent.

Als jij dat wilt, prima. Zijn nummer staat in het boekje naast de telefoon.'

Sylvie knikte met opeengeperste lippen. 'Wil jij bellen?'

'Nee,' zei Julia. 'Het is jouw idee.'

Sylvie stond op en liep naar de leunstoel. Op het kleine tafeltje naast de stoel stond de telefoon, ernaast lag een adresboekje. Ze staarde naar de telefoon terwijl ze het nummer intoetste.

Julia zag dat haar zus zich ongemakkelijk voelde, en ze dacht: mooi, dat moet ook. Je zou hier moeten zitten om mij te troosten. Waarom maak je je zorgen om William?

'Hoi Kent, je spreekt met Sylvie, Williams schoonzus? We hebben hier een beetje een situatie en ik wilde je op de hoogte stellen.' Ze was even stil en zei toen: 'William is sinds gisteravond verdwenen. Hij heeft Julia een briefje geschreven.' Sylvie schraapte haar keel. 'Daarin staat dat hij uit hun huwelijk stapt. En hij is niet op zijn werk verschenen… Nee, niemand heeft iets van hem gehoord. Hij zei niet waar hij naartoe ging. Heb je niets van hem vernomen?' Het was even stil. 'Ja natuurlijk, bedankt.' Sylvie legde de telefoon neer.

'Hij komt hierheen,' zei ze tegen Julia. 'Hij maakt zich zorgen.'

Hete woede schoot door Julia heen. 'Hij komt hier niet binnen,' zei ze. 'Als je buiten met hem wilt praten, prima. Maar vergeef me als ik niet bezórgd ben om de man die me heeft verlaten, Sylvie. En dat zou jij ook niet moeten zijn. Jezus!' Ze stond op. 'Ik ga even liggen. Ik heb de hele nacht niet geslapen.'

Sylvie keek alsof ze iets wilde zeggen maar toen van gedachten veranderde. Ze knikte.

Julia ging naar haar slaapkamer. Vanuit het bed keek ze naar Alice in haar wiegje. Ze vond het vreselijk dat Kent nu wist dat William bij haar weg was. Hij zou haar als slachtoffer zien en dat was ze niet. Hij zou niet weten dat ze een mooie jurk droeg. Hij zou niet weten dat ze haar haar had opgestoken en lippenstift ophad en professor Cooper had gebeld. Hij dacht misschien dat ze niet goed genoeg was geweest als echtgenote. Midden in die gedachten viel ze in slaap.

Toen Julia wakker werd, duwde dik geel licht zich door de luiken, wat betekende dat het laat in de middag was. Ze besefte dat ze uren moest hebben geslapen. Alice lag wakker in haar wieg met haar voetjes te spelen. Julia tilde haar eruit en kuste haar op haar zachte wangetje. 'Jij bent letterlijk de zoetste baby van de wereld,' zei ze.

Het was stil in het appartement toen ze de slaapkamerdeur opende. 'Sylvie?'

Er kwam geen antwoord, dus Julia liep met de baby de woonkamer in. Ze zag dat er een vel papier op de salontafel lag en pakte dat op.

J, Kent heeft een zoekactie op touw gezet. Ik heb de reservesleutel uit de spaghettipot meegenomen zodat ik mezelf binnen kan laten. Ik ben snel weer terug, dat beloof ik.

Een zoekactie? Dat voelde nodeloos dramatisch. Ze schudde haar hoofd, geïrriteerd en nog versuft van de slaap. Waarom was Sylvie met Kent meegegaan? Julia begreep niet wat haar zus dacht, en dat was nog nooit eerder voorgekomen. Zelfs toen Sylvie op de middelbare school spijbelde of met jongens zoende in de bibliotheek, begreep Julia haar manier van denken, ook al was ze het er niet mee eens. Maar deze ochtend had Julia Sylvie verteld dat haar man haar had verlaten, en had haar zus haar ook verlaten.

'Waarom doe je dat nou?' zei ze in de stilte.

Ze voedde Alice en legde haar daarna op een kleed midden in de woonkamer. Ze liep naar de keuken, beseffend dat ze trek had. Ze maakte een sandwich van wat er nog in de koelkast lag – tonijnsalade, sla, tomaat – en legde dat op een bord. Julia had sinds de vorige dag niet meer gegeten en ze at de sandwich in zijn geheel op, waarna ze haar vingers aflikte. Toen hij op was, had ze nog steeds trek, dus at ze een appel helemaal tot aan het klokhuis op. Ze dronk een van Williams biertjes uit de koelkast. Toen ze eindelijk verzadigd was, verschoonde ze Alice en las vervolgens *Dag Dag, Dag Nacht* voor. 'Je bent zo lief,' kirde ze tegen de baby. Alice keek op naar Julia. Haar gezicht stond welwillend, optimistisch. Ze was vier maanden oud en straalde liefde naar haar moeder als een zonnetje. Als Julia een kamer binnenkwam, beefde Alice' hele lichaam van opwinding. Nu stak ze haar handjes uit om op haar moeders kin te kloppen, wat ze ook graag deed als ze bij haar dronk.

Om zes uur werd er op de deur geklopt. Julia keek door het sleutelgat en maakte de deur open voor Cecelia en Emeline, met Izzy in de wandelwagen. Beide vrouwen bleven even staan en namen haar in zich op.

'Arme schat,' zei Emeline. 'Je bent vast van streek.'

'Het is een vreemde dag,' antwoordde Julia.

'Sylvie zei niet veel over de telefoon,' zei Cecelia. 'Ze had haast. Ik begreep eruit dat ze heel bezorgd was, veel bezorgder dan nodig, volgens mij. William is vast in orde. Emmie en ik maken ons meer zorgen om jou.'

De tranen sprongen in Julia's ogen. 'Dat stel ik op prijs,' zei ze.

'Ik wist niet dat het zo slecht ging tussen jullie. Was het vanwege zijn houding tegenover de baby?' Het was alsof dit nieuws Emelines biologische klok had teruggedraaid, want ze leek net een kind door de grote ogen die ze opzette. 'Hoe kan William nou bij je weggaan?'

Cecelia bestudeerde Williams briefje, dat Julia haar had overhandigd. 'Ik snap het niet: dat hij bij je weg is, en dat Sylvie en Kent naar hem op zoek zijn alsof hij vermist wordt. Ik begrijp er niets van.'

'Ik weet het,' zei Julia. 'Dit is onverwachts, allemaal, maar het is niet...' Ze schudde haar hoofd. 'Ik red me wel. Ik ben nog jong, toch? Dankzij mama heb ik een studie gevolgd. En we leven in de jaren tachtig, niet in de jaren vijftig. Alice en ik maken een nieuwe start.'

'Ba,' zei de tien maanden oude baby in de wandelwagen, en ze zwaaide naar haar tante.

Julia ging op haar hurken zitten en drukte haar neus tegen die van Izzy, waarop de baby schaterde van plezier. Verderop in de kamer schopte Alice wild met haar voetjes op het kleed, blij haar nichtje te zien.

Julia voelde zich beter nu de tweeling er was. Sylvie had haar het gevoel gegeven dat er nog een probleem was boven op het feit dat haar echtgenoot haar had verlaten en dat was desoriënterend geweest. Maar Julia had nu weer vaste grond onder haar voeten; ze wist dat William aan het begin van de vorige avond hun huwelijk had beëindigd, en bijna vierentwintig uur later was ze zelf ook zover. Ze waren er allebei klaar mee. Ze dacht dat ze het in haar eentje zou kunnen rooien, maar om zichzelf te overtuigen probeerde ze zich een mogelijke dag in een mogelijke toekomst voor te stellen. De toekomstige Julia droeg een schitterend mantelpak en zat achter een modern zwart bureau. Haar haar zat strak in een magistrale knot. De deskundigheid straalde van haar af. Julia richtte haar aandacht op het speelkleed midden in de kamer. Cecelia had haar dochter naast Alice gezet en Izzy gaf de jongere baby een speeltje aan. Julia herinnerde zich de eerdere versie van zichzelf die zwanger was geraakt om haar baby naast deze op een zonovergoten kleedje te kunnen leggen. De twee baby's moesten de magneet zijn die alle volwassenen naar elkaar toe trok, maar in werkelijkheid hadden ze het tegenovergestelde gedaan. Hun komst had de volwassenen uiteengedreven. Izzy had iets in gang gezet zoals Julia met haar geboorte iets in gang had gezet, maar in wat voor baan had Izzy iedereen geslingerd? Charlie was overleden, Rose was vertrokken en William nu ook. Natuurlijk verweet Julia de baby niets; ze voelde een steek van liefde terwijl ze naar het donkerharige kind met de donkere ogen keek.

'Heb je mama al gebeld?' vroeg Cecelia.

Julia keek naar haar zus, die een veeg felgele verf op haar rechterhand had, en wist dat omdat Rose haar in de steek had gelaten, Cecelia altijd eerst aan hun moeder zou denken. 'Nog niet,' antwoordde ze. 'Ze zou zich toch maar zorgen maken. Maar ik zou wel willen dat Sylvie hier was. Ze gedraagt zich zo vreemd.'

'Wat kunnen we doen om te helpen?' Emeline stond bij het

raam. Ze keek net zoals ze als klein kind wanneer de school uit was had gedaan om te zien of ze Sylvie zag, of misschien William. 'Zullen we voor je koken? Wil je dat we hier blijven slapen?'

Julia schudde haar hoofd. Ze stelde het op prijs dat Emeline en Cecelia haar te hulp waren geschoten, zoals ze Rose te hulp was geschoten in haar tuin toen hun moeders hart was gebroken. Maar Julia's zussen konden de volgende stap niet met haar zetten, ook al was zichzelf vermannen altijd vergezeld gegaan van haar zussen naar zich toe trekken. Nu betekende sterk zijn dat ze zich alleen moest redden met haar kind in haar armen. Dit was een eenzame positie, ook al voelde het als de juiste. Ze was volwassen, en moeder.

'Als mama hier was,' zei Cecelia, 'zou ze ons allemaal meeslepen naar de Saint Procopius.'

Dat was helemaal waar. De vier meisjes hadden in de kerk altijd voor Rose de rozenkrans gebeden, niet voor God. Dat was niet zichtbaar geweest toen ze nog allemaal aan 18th Place woonden, omdat de kerk en hun moeder zo met elkaar verweven waren geweest. Het succes van katholicisme schuilde in het feit dat het de parochianen zich schuldig liet voelen, waardoor ze elke zondag in de kerkbanken zaten, maar geen van de Padavano-meisjes had sinds het vertrek van hun moeder ook maar één voet in de kerk gezet. Het enige waar de meisjes tijdens hun jeugd echt in hadden geloofd waren fictieve personages geweest, hun spellen en elkaar.

Toen Julia pas op de middelbare school zat, had een meisje haar en haar zussen ervan beschuldigd een heksencoven te zijn. Julia wist niet wat een coven was en moest het opzoeken. De definitie schonk haar groot genoegen en ze hoopte dat het meisje gelijk had. De vier Padavano-zusjes verkleedden zich dat jaar met Halloween als heksen en Charlie citeerde opgewekt uit *Macbeth*. Julia, in de bloei van haar meisjestijd, met een zwarte punthoed op haar hoofd, wist dat ze, in zekere zin in elk geval, echt een heksencoven waren. Zij, Sylvie, Cecelia en Emeline hadden een gedeelde kracht, een felheid.

‘Gaan jullie maar,’ zei ze tegen de tweeling. ‘Ik red me wel, en de meisjes moeten toch naar bed.’

Haar zusjes kusten Julia bij vertrek om beurten op de wangen. Ze drukten zich kort tegen haar lijf aan voordat ze de deur uit liepen.

Julia ging weer op de bank zitten. Het was een rare dag geweest en ze voelde zich raar. Williams vertrek was plotseling geweest, maar was ingeslagen als de bliksem midden in een onweersstorm. Onverwacht en toch logisch. In de felle flits had Julia voor het eerst helder de overeenkomsten tussen haar echtgenoot en haar vader gezien. Ze had met iemand willen trouwen die het tegenovergestelde van Charlie was. Ze had William gekozen omdat ze dacht dat hij dat was: ernstig, volwassen, nuchter, hoffelijk. Charlie was een dromer, Rose zei altijd dat hij met zijn hoofd in de wolken leek te lopen. Hij werd ook regelmatig gedegradeerd op het werk en gaf geld uit in kroegen in hun wijk dat Rose nodig had om de rekeningen mee te betalen.

William liep niet met zijn hoofd in de wolken, maar net als haar vader ontbrak het hem aan ambitie en betrouwbaarheid. Charlie was een liefhebbende vader geweest, maar een blok aan het been als echtgenoot. Hij had Rose niet gegeven wat ze nodig had. Misschien had Charlie dat facet van zichzelf in William herkend. Julia herinnerde zich de teleurstelling op haar vaders gezicht toen ze hem over hun aanstaande huwelijk vertelde. Haar vader had zoveel geweten, dacht ze. Ze had Charlie tijdens zijn leven niet erkend, maar ze wist genoeg om te begrijpen dat als haar vader nu hier was, hij naar haar zou knipogen en zeggen: ‘Eens zien wat mijn raket kan bereiken.’

Sylvie

AUGUSTUS 1983

Sylvie liep door de stad met Kent en de andere basketbalspelers, ook al hield ze hen op met haar benen van normale lengte en fitheid van normale mensen. Ze waren allemaal langer dan een meter negentig, sommigen minstens twee meter. Ze schreden voor haar uit, een zichtbaar intimiderende meute die de stoep schoonveegde. Meerdere keren zag ze dat mensen stopten om naar hen te kijken. Niet alleen de lengte van de mannen was opvallend, ook de doelmatigheid van hun stappen. Ze bewogen zich voort als het team dat ze op de universiteit hadden gevormd; met gelijke passen en aanwijzingen van elkaar aannemend. Een aantal van de mannen sprak Kent aan met 'aanvoerder', wat Sylvie eerst amusant vond, aangezien Kent al twee jaar hun aanvoerder niet meer was en ze niet meer bij elkaar in het team zaten. Maar ze zagen William ook als hun teamgenoot en Sylvie begon zich af te vragen of deel uitmaken van een team een ander soort verbintenis betekende dan ze tot nu toe had begrepen. Zij noch haar zussen hadden ooit aan sport gedaan – het was niet mogelijk geweest voor meisjes in hun wijk –, dus ze kon het onmogelijk weten. Ze bewonderde de onuitgesproken verstandhouding tussen deze mannen: Kent nam beslissingen en de anderen volgden op de efficiëntst mogelijke manier zijn bevelen op. Als de groep een straat overstak, zwaaide een van hen met zijn lange arm alsof hij de wachtende auto's begroette terwijl ze het tempo dat alleen zij konden aanhouden vasthielden.

Sylvie dacht steeds maar dat ze zich los zou maken van de

groep, een hoek om zou gaan en naar Julia zou wandelen. Ze was niet van plan geweest met Kent mee te gaan. Ze had hem gesproken voor het appartement terwijl de zonnestralen zich in hen boorden. Ze was van plan geweest het nieuws te overhandigen als een schaal vol rotte appels en dan terug te gaan. Maar daar was ze niet toe in staat geweest; ze was met hem meegegaan om zijn en Williams vrienden te treffen, voortgedreven door een sterk gevoel dat als ze niet zou helpen, William niet gevonden zou worden. Dit was natuurlijk volkomen onlogisch, maar vanaf het moment dat Julia haar had gebeld was Sylvie bang geweest, bang alsof haar lichaam iets wist over deze situatie dat haar hoofd niet wist.

Ze herinnerde zich dat ze die ene avond op het bankje Williams emoties had gevoeld en hoe moe hij was geweest. Ze herinnerde zich hoe weinig licht hij bevat had. Ze herinnerde zich de vragen in zijn manuscript. Sylvie had William verteld dat ze haar vader miste en zich pas later herinnerd dat hij een vader en moeder had die niets met hem te maken wilden hebben. Ze had Kent het briefje en de cheque laten zien omdat ze wilde dat hij zelf zijn mening zou vormen. Misschien zat ze ernaast. Als Kent net als Julia de situatie duidelijk achtte – gewoon een man die bij zijn vrouw wegging – zou Sylvie zichzelf dwingen te kalmeren. Ze zou naast Julia in bed gaan liggen tot haar zus ontwaakte van haar dutje. Sylvie zou een troostmaal voor Julia bereiden en zou bij haar zus blijven tot die weer vaste grond onder haar voeten had. Weken-, maandenlang als dat nodig mocht zijn. Tot de pijn van in het appartement wonen zonder haar echtgenoot zou zijn verdwenen.

'Misschien wilde hij bij Julia weg,' zei Kent nadat hij had bestudeerd wat ze hem had gegeven. 'Ik kan er wel bij dat hij me dat niet heeft verteld. Maar de toon van het briefje bevalt me niet, en William zou nooit colleges missen. Er is iets aan de hand. We moeten hem zoeken.'

Sylvie wist dat haar bezorgdheid om William Julia in verwarring bracht. Ze wist dat het niet juist was dat ze haar zus alleen had gelaten in dat appartement. Maar door Kents woorden werd haar angst zo luid dat ze wist dat ze iets moest doen om die het zwijgen op te leggen, anders zou niemand iets aan haar hebben. Voordat ze met Kent was meegegaan was ze het appartement weer in gegaan om het briefje en de cheque terug te brengen en Emeline en Cecelia te bellen. Ze vroeg hun Julia gezelschap te houden en hing op voordat de tweeling vragen kon stellen.

Sylvie had Kent slechts één keer eerder ontmoet, op de bruiloft, toen hij joviaal en charmant was geweest en meerdere meisjes uit de wijk hem 'enig' hadden genoemd. Nu zag hij er moe en gestrest uit en als iemand die geen tijd te verliezen had. Sylvie jogde door de nu donkere straten van Chicago en probeerde de anderen bij te houden. De jonge mannen keken achterom en vertraagden hun tempo voor haar. Ze hadden de uitgestrekte campus van Northwestern uitgekamd, met de beveiliger van het geschiedenisgebouw gesproken, en in de sporthal gekeken. Ze wachtten op de stoep terwijl de langste jongen bij elke bar en elk restaurant waar veel studenten en faculteitsleden van Northwestern kwamen zijn hoofd om de hoek stak en zijn blik liet rondgaan op zoek naar William. Ze baanden zich zigzaggend een weg door de wijken om de universiteit heen, doorzochten de ene na de andere straat. Dit duurde lang, minstens een paar uur, hoewel Sylvie het niet precies wist omdat ze geen horloge droeg. Nu waren ze onderweg om een man op te halen die Arash heette en die alle spelers leken te kennen.

Sylvie zag dat Kent er steeds afgetobder uit begon te zien. Hij maakte geen grapjes met de andere jongens, die af en toe lachten, want ook al was dit een nare situatie, ze waren blij weer bij elkaar te zijn. De meeste spelers namen aan dat ze William ergens dronken en treurend om zijn mislukte huwelijk zouden aantreffen. 'Die is zijn ellende aan het verzuipen,' was een opmerking die Sylvie meerdere keren hoorde. Dit leek haar onwaarschijnlijk, omdat William zelden dronk, maar ze hoopte dat ze gelijk hadden. Ondertussen leek Kent met elke verstrijkende minuut ouder te worden, alsof hij een lang leven met zijn zoekgeraakte vriend in één enkele avond beleefde. De enige met wie hij regelmatig sprak, was een speler met de naam Gus, die eindeloos veel energie leek te hebben. De jonge man jogde voor het groepje uit en kwam dan weer terug om iets in Kents oor te zeggen.

Een speler genaamd Washington zei tegen Sylvie: 'Je ziet er moe uit. Gaat het nog?'

Sylvie keek naar hem op in de duisternis. Tranen prikten achter haar ogen terwijl ze achter de mannen aan rende. Ze droeg gympen waarvan ze had gedacht dat die comfortabel waren, maar ze had een blaar op haar hiel gekregen. Ze maakte zich zorgen om William. Ze maakte zich zorgen om haar zus. Als van een afstandje maakte ze zich ook zorgen om zichzelf. Sylvie was ook geroerd door de toewijding van de spelers aan haar zwager, en als ze erbij stilstond, merkte ze dat ze zelf ook toegewijd was. Ze moest deze zoektocht tot het einde toe volbrengen, wat dat einde ook zou zijn.

'Het gaat wel,' zei ze en ze schonk geen aandacht meer aan haar lichamelijke ongemakken. Ze bleef gewoon vooruitbewegen, zo snel als ze kon.

In het kielzog van de spelers was Sylvie zich bewust hoezeer haar lijfelijke leven verschilde van dat van hen. De spelers waren sterk, onwrikbaar. In Sylvies gewone leven vermeed ze stille straten als het donker was en stak ze de weg over als ze agressie of zorgwekkend gedrag van een man voelde aankomen. Ze negeerde het als iemand naar haar floot, hield haar hoofd laag en ging zo snel mogelijk de hoek om. Zelfs in de bibliotheek wist ze wanneer ze haar schouders moest intrekken, haar heupen minimaliseren en haar armen voor haar borst moest slaan. Zij, en alle vrouwen, waren prooien. Maar in het gezelschap van deze mannen liet Sylvie haar gewoonlijke zorgen om haar fysieke veiligheid los. Hun nabijheid betekende dat ze met rust zou worden gelaten.

Elk stratenblok dat ze afzochten voelde als een puzzel. Sylvie draaide haar hoofd van links naar rechts op zoek naar het ontbrekende stukje: William. Toen ze een verre uithoek van de campus van Northwestern bereikten, troffen ze Arash, een man van gemiddelde lengte met dikke wenkbrauwen en een intense blik. Hij liet weten dat hij overal op de universiteit had rondgevraagd en dat William er al een paar dagen niet was gezien. 'Arash is onze fysiotherapeut,' legde Washington aan Sylvie uit, en ze knikte. Ze zette niet langer vraagtekens bij Washingtons gebruik van de tegenwoordige tijd. In hun hart zaten deze mannen nog steeds samen in het basketbalteam en hadden een fysiotherapeut en waarschijnlijk ook een coach. Haar team bestond uit haar zussen, en zij was niet bij hen. Ze wist dat Julia inmiddels wakker moest zijn en boos op haar zou zijn. Het voelde voor Sylvie alsof een deel van haar nog in dat appartement wás, op de bank naast haar oudere zus.

Achter Arash stond een groepje jonge mannen, de laatstejaars uit het huidige basketbalteam van Northwestern, zo bleek. Ze waren ook Williams teamgenoten geweest, en Kent hun aanvoerder, dus waren ze ook gekomen. Sylvies ogen deden pijn en toen ze haar hand ernaartoe bracht, merkte ze dat ze huilde. Opgelucht omdat niemand het zag, stapte ze iets verder het donker in.

'We moeten ons opsplitsen,' zei Kent. 'William is al meer dan vierentwintig uur zoek. We moeten een groter gebied bestrijken.' Hij deelde de groep in tweeën en stuurde Arash en de jongere spelers een kant op. Alle anderen, inclusief Sylvie, zouden samen met hem dieper de stad in trekken.

Er jogden nu meer dan twintig huidige en voormalige basketbalspelers door Chicago, die parken afzochten waarvan ze wisten dat er basketbalveldjes waren en mensen die op bankjes sliepen, controleerden. Op een bepaald moment begon de zon op te komen; een oranje hemellichaam vulde de plekken tussen gebouwen. Sylvie probeerde zich te herinneren wanneer ze voor het laatst een nieuwe dag had zien aanbreken. Ze probeerde te bedenken welke dag van de week het was en hoe laat ze op haar werk werd verwacht. Ze vroeg Washington, die een horloge droeg, naar de tijd, maar ze was zo moe dat ze geen chocola kon maken van zijn antwoord. Ze zou niet gaan werken, dat wist ze. Ze wist ook dat hoofdbibliothecaresse Elaine niet blij zou zijn. Ze had een paar stokpaardjes en een daarvan was verantwoordelijkheid.

Op een gegeven moment liet Kent zich afzakken naar de achterhoede om naast Sylvie te lopen. Hij sprak als een man die zijn energie spaarde en ze moest naar hem toe leunen om hem te kunnen verstaan. 'William is al vaker somber geworden. Dat zit in hem. Hij heeft een keer een week niet gepraat of gegeten toen hij dacht dat Julia boos op hem was en de coach hem uit de basis had gehaald. Hij herstelde weer snel, maar ik denk dat ik de enige ben aan wie hij zich zo liet zien.'

Sylvies gehele gezicht deed pijn door iets wat op opluchting leek. Het was fijn om te weten dat ze niet gek was. Ze vertelde Kent bijna over de voetnoten in Williams boek, maar zei in plaats daarvan: 'We zijn de hele nacht opgebleven.' Ze wreef in haar ogen omdat dat een suffe opmerking was. Er kwam een herinnering bij haar op aan Ernies handen om haar middel en ze herinnerde zich hoe het had gevoeld om naakt naast hem te liggen zonder de angst of wetenschap dat haar wereld op het punt stond op zijn kop te gaan staan. Het voelde als een herinnering uit een ander leven. Ze bedacht dat ze Ernie misschien had teleurgesteld, zoals ze ook op het punt stond hoofdbibliothecaresse Elaine teleur te stellen. Hij had waarschijnlijk gisteravond voor de deur van haar appartement staan wachten, verbluft dat ze niet thuiskwam. Ik ben niet waar ik zou moeten zijn, dacht ze, en ik heb geen idee waar ik ben.

In de binnenstad bezochten ze drie bibliotheken op rij en gingen er naar binnen om in de studienissen te kijken. Halverwege de ochtend liepen Sylvie, Washington, Gus en Kent een winkeltje binnen om frisdrank voor iedereen te kopen. Sylvie zag dat de gezichten van de jongemannen onder de winkellampen barsten vertoonden van vermoeidheid. Ze kon zich er wel iets bij voorstellen hoe ze er zelf uit moest zien en vermeed opzettelijk spiegelende oppervlakken. Er was al in geen uren iemand over een stuk in de kraag drinken of kroegen begonnen. Het voelde nu alsof wanneer ze William zouden vinden, het vreselijk zou zijn, en als ze hem niet zouden vinden ook.

Na het verlaten van de winkel stonden ze even stil op de stoep. De ijskoude frisdrank zweette in hun handen. De rest van de spelers wachtte een halve straat verder op hen. Sylvie merkte op dat ze gestopt waren en vermoedde dat Kent niet wist waar ze nu het beste naartoe konden gaan. De lucht had een nieuwe zwaarte; de zon beklom de hemel en bracht een compacte hitte mee. Van de zijkant kwam een geloei dichterbij, het doordringende geluid van een sirene. Ze draaide zich om naar het geluid, maar het splitste zich onmiddellijk, of verdubbelde. Een ambulance raasde langs hen heen terwijl auto's aan de kant gingen om hem door te laten. Twee politieauto's met gillende sirenes kwamen om de bocht achter de ambulance aan. De lucht dreunde met geluid. Kent, Sylvie, Washington en Gus keken elkaar aan met een gemeenschappelijke angst op hun gezicht. Sylvie wist dat ze allemaal hetzelfde dachten: William?

'Gus,' zei Kent. 'Rennen!'

Gus was weg, de straat uit voordat Sylvie doorhad wat er gebeurde. Hij was ongelooflijk snel. Later zou ze te horen krijgen dat hij hun pointguard was en driekwart van de lengte van het veld in drie seconden kon sprinten. De rest rende achter Gus aan, terwijl hij de ambulance en politieauto's volgde. Blikjes werden op de stoep weggesmeten, waar ze als tollen wegdraaiden. Kent was ook snel, net als de meesten van hen; ze sprintten over de brede straat met hun handen omhoog om het verkeer op afstand te houden. Ze moesten hun best doen om Gus in zicht te houden. Washington was blijkbaar de langzaamste, want hij bleef achter bij de rest van de spelers. Hij was twee meter dertien en rende als een boom die met wortels en al uit de grond was getrokken. Sylvie kon Washington niet bijhouden, maar ze zag zijn lange rug voor zich uit tussen de voetgangers door zigzaggen, waardoor ze toch in verbinding bleef met de groep.

Het meer dook plotseling op en Sylvie moest haar ogen half

dichtknijpen van het glinsterende oppervlak. Ze hijgde en haar hart bonkte in haar oren. Het water zag eruit als een glanzende schaal die zich tot de horizon uitstrekte. Charlie had zijn dochters toen ze klein waren heel af en toe op een zondagmiddag meegenomen naar het meer. Hij dronk dan een biertje en kletste met onbekenden op het strand terwijl de meisjes zandkastelen bouwden en uittestten hoeveel salto's ze onder water konden maken. Sylvie voelde een steek van verdriet om haar vader en daarna kroop het verdriet nog verder. Ze had de enige andere man in hun familie verloren. Wat als ze William kwijt waren? Ze probeerde te voelen wat haar zwager voelde – strekte zich uit tot voorbij haar eigen grenzen om dat te doen – maar voelde niets.

Ze was nu op het pad langs het meer en rende nog steeds. De ambulance en politieauto's waren even verderop tot stilstand gekomen, maar hun zwaailichten bleven aan. Sylvie was duizelig en een beetje misselijk. Ze had grijze vlekken in haar gezichtsveld waarvan ze wist dat die niet bij het landschap hoorden. Ze sprintte maar bleef ver achter, aan de staart van deze groep. Laat het niet William zijn, dacht ze in het ritme van haar passen, laat het niet William zijn. Ze stopte toen ze eindelijk de geparkeerde ambulance bereikte. Ze bleef aan de rand van het pad staan, bevend van vermoeidheid en spanning. Vanwege de hitte was het strand vóór haar al half gevuld met gezinnen en zonnebaders. Op het zand hadden kinderen hun spel onderbroken en mannen en vrouwen in zwemkleding stonden op hun handdoeken, hun hand boven hun ogen om te zien wat er in het meer aan de hand was. Wat kan er aan de hand zijn in het meer? vroeg Sylvie zich af. Kent en de andere spelers waren van het pad af op het strand gesprongen, waar de ambulancemedewerkers en een handjevol agenten aan de waterrand stonden. Ze draaide zich in de richting waarin ze keken en zag een boot met zeer lage snelheid naderen. Een van de hulpverleners en een paar basketbalspelers waadden het meer in. De andere twee ambulancebroeders wachtten aan de waterlijn met een brancard. De boot was nu zo dichtbij dat Sylvie een man op het dek kon zien liggen. Ze zag het niet goed genoeg om te weten of hij het kon zijn. Kent en Gus stonden tot hun middel in het water. Samen met de hulpverlener tilden ze hun armen boven hun hoofd en droegen de man naar de kant. Zijn gezicht was nu naar de zijkant gedraaid. Het was hem.

'William,' fluisterde ze alsof ze hem riep, alsof hij in zijn huidige toestand alleen gefluister zou kunnen verstaan.

Williams ogen waren gesloten en hij lag slap in de armen van zijn vrienden. Zijn overhemd was losgekomen uit zijn broek. Hij droeg geen schoenen. Een van zijn armen hing omlaag en raakte het water, terwijl de andere op zijn borst lag. Meer vrienden voegden zich bij Kent en Gus, meer handen ondersteunden William terwijl ze hem met moeite het meer uit droegen. Kent viel een keer bijna en Washington stond meteen naast hem, zijn arm om Kents schouders. Ze legden William voorzichtig op de brancard.

Vlak bij Sylvie zei een tienerjongen tegen niemand in het bijzonder: 'Volgens mij is-ie dood.'

'Sylvie!' riep Kent.

Dat haalde haar uit haar verdoofde toestand. Ze rende naar hen toe. Niet wetend wat ze anders kon doen, hoe ze kon helpen, hield ze Williams ijskoude hand vast toen ze hem van het strand het pad over droegen. Bij de ambulance aangekomen, zei een van de hulpverleners: 'Er mag maar één persoon meerijden.' Hij keek naar haar. 'Bent u zijn echtgenote?'

Sylvie staarde de ambulancechauffeur aan. Ze had het gevoel dat ze Williams hand niet zou kunnen loslaten. Zijn vingers waren zo koud dat zijn huid aan de hare leek te zijn vastgevroren, en als zij de echtgenote was, zou zij degene zijn die mee mocht in de ambulance. Dus zonder Kent of iemand anders aan te kijken, knikte ze van ja en klom in het voertuig.

De ambulance kwam in beweging nog voordat Sylvie besefte dat William ademde – al was het oppervlakkig – en ze bijna braakte van opluchting. Ze zat ingeklemd tussen de wand van de ambulance en de brancard waarop hij was vastgegespt. De ambulancebroeder boog zich over William. Hij trok een ooglid omhoog. Drukte zijn vingers tegen de zijkant van Williams nek. Bedekte zijn lichaam met een deken. Williams gezicht was opgezwollen en zijn huid had een grijze teint. Er zat een blauwe kneuzing op een van zijn jukbeenderen. Hij lag heel stil. Té stil, dacht Sylvie.

Het ziekenhuis waar ze naartoe reden was hetzelfde als waar Julia en Cecelia waren bevallen en Charlie was overleden. De tijd vertraagde en versnelde voortdurend. Medisch personeel in uniform tilde William uit de ambulance. Kent was er ook, hij moest een taxi hebben genomen. Hij sprak met een ambulancemedewerker over bloeddruk en ze herinnerde zich dat hij geneeskunde studeerde. 'Ik moet Julia bellen,' zei ze en ze liep het ziekenhuis in, niet zeker of iemand haar had gehoord.

Terwijl de telefoon overging – ze zat in een telefoonhokje vlak buiten de wachtruimte van de spoedeisende hulp – knipperde Sylvie met haar ogen en raakte haar gezicht even aan. Haar haar was stug, waarschijnlijk van opgedroogd zweet. Het voelde goed om te zitten. Haar lichaam was een verzameling pijntjes en steekjes. Spieren waarvan ze nooit had geweten dat ze ze had, waren in de war en van slag door de beproeving van de afgelopen uren.

'Hallo?' zei Julia.

'Met mij.' Sylvie had moeite met praten. Ze besefte dat ze wat er was gebeurd niet onder woorden wilde brengen. Als ze haar zus het verhaal vertelde, zou het echt zijn. Het zou zijn gebeurd, en wat gebeurd was zou gevolgen hebben. Ze had geen idee wat die gevolgen waren. Ze was te moe en haar verbeelding was omvergelopen door de realiteit.

'Waar was je?' vroeg Julia. 'Waar ben je nu?'

'Ik ben in het ziekenhuis. Je moet komen. We hebben William gevonden.' Sylvie aarzelde. 'In Lake Michigan. Hij probeerde zelfmoord te plegen.'

Het was even stil, daarna zei Julia: 'Nee, dat kan niet kloppen. Het is warm, dus hij is vast gewoon gaan zwemmen en hij is niet zo'n goeie zwemmer. Hij heeft het als kind nooit geleerd.'

'Hij was bewusteloos, Julia...'

'Nee, nee, dat kan hij niet hebben gedaan.' Maar er was twijfel in Julia's stem geslopen.

'Je dacht ook dat de geschiedenisfaculteit het mis had toen ze zeiden dat hij niet was komen opdagen bij zijn colleges. Dit is echt, Julia. Dit gebeurt echt.'

Julia viel stil aan de andere kant van de lijn.

Sylvie voelde zich vreselijk in elk deel van haar lijf. Vreselijk voor haar zus, voor William. 'Alsjeblieft,' zei ze, 'regel een taxi en kom hierheen. Ik bel Emeline ook, dan kan ze hierheen komen om op Alice te passen.'

'Hij is bij me weggegaan,' zei Julia in slow motion. 'Hij was heel duidelijk. Hij zou niet willen dat ik kwam.'

Sylvie staarde naar de troebele plastic wand van het hokje. Ze zat met haar gezicht naar de wachtruimte, vlakbij zat een oudere man met zijn hoofd in zijn handen. Naast hem stond een vrouw met een zonnebril op en haar armen over elkaar geslagen voor haar borst. Zelfs als ze niet had geweten waar ze waren, had Sylvie geweten dat ze op slecht nieuws wachtten.

Ze zei: 'Dus je komt niet?'

'Kent is bij hem. Die zal goed voor hem zorgen.' Julia schraapte haar keel en zei toen: 'Ik heb je nodig, Sylvie. Kom alsjeblieft naar het appartement.'

Sylvie deed haar mond open om iets te zeggen. Ze voelde zich een verzameling roestige scharnieren: haar kaak, elk gewricht in haar lijf. Ze zei: 'Zodra ik hier klaar ben.' Ze legde de hoorn op de haak en bleef toen in het hokje staan tot een man op het glas klopte om aan te geven dat hij een telefoontje wilde plegen.

Kent was makkelijk vindbaar in de wachtruimte. Hij en zijn vrienden zaten in de verste hoek. Ze zagen eruit als wat ze waren: een basketbalteam dat in het meer had gewaad. Alle andere mensen in de wachtruimte leken een stoel zo ver mogelijk bij het team vandaan te hebben gekozen.

'De arts wil niet met ons praten,' zei Kent. 'Ga jij naar de balie en vraag je of je bij hem mag zitten tot Julia er is? Ik wil niet dat hij alleen is.'

'Ze komt niet.'

Kent keek haar indringend aan. 'Helemaal niet?'

'Nu in elk geval niet. Ik weet het niet.'

Kent sloot even zijn ogen en zei toen: 'Oké. De ambulancechauffeur dacht dat je zijn echtgenote was, dus zeg hetzelfde tegen de vrouw achter de balie zodat je bij hem mag. En als je de arts spreekt, zorg dan dat William niet alleen lichamelijk wordt onderzocht maar ook een psychiatrisch onderzoek krijgt.'

Ze dacht: zeg tegen Kent dat je moet gaan, zeg hem dat je zus je nodig heeft. Ze zei: 'Jij studeert geneeskunde. Moet jij niet naar binnen gaan?'

Kent schudde zijn hoofd. 'Alleen familie mag naar binnen. Ik kan moeilijk doen alsof we familie zijn.'

Sylvies ogen vulden zich met tranen, ook al had ze zelf geen idee wat ze voelde, want het was alsof ze álles voelde. Ze knikte naar Kent en liep naar de balie.

Ze zei: 'Ik ben de echtgenote van William Waters.' De verpleegkundige ging haar voor door een deur en twee gangen, langs open deuren waar zich mannen, vrouwen en kinderen in verschillende dringende toestanden bevonden: huilend, bloedend, bewusteloos. Sylvie voelde zich zelf ook steeds ellendiger. Haar kleren schaafden over haar huid. De blaar op haar hiel schrijnde bij elke stap die ze zette.

De verpleegkundige kwam tot stilstand en wees naar een deur. Sylvie liep er, alleen, doorheen. William lag met gesloten ogen op een bed. Zijn voeten waren bedekt met een deken, maar hingen over de rand van het te korte bed. Sylvie zag dat zijn huid er helemaal verkeerd uitzag. Extra bleek, en uitgerekt, leek wel. Alsof hij was opgeblazen en nu zijn normale afmetingen weer terugkreeg. De verpleegkundigen hadden hem zijn natte kleren uitgetrokken. Hij droeg een ziekenhuishemd en had een infuus in zijn arm. Dit was de eerste keer dat Sylvie alleen met hem was sinds die avond op het bankje, een half jaar eerder.

'Ik dacht dat je dood was,' fluisterde ze.

De kamer had één raam, dat uitkeek op een groene loofboom. De kraamafdeling was een etage hoger en aan de andere kant van het enorme gebouw. Dat was waar Sylvie eerder was geweest, waar haar nichtjes waren geboren, waar haar vader was gestorven. Er stond een stoel naast het bed, dus daar ging ze op zitten.

Ze sloot haar pijnlijke ogen. Ze was zich bewust van een gevoel – een gespetter, als lichte regen – en langzaam maar zeker besefte ze dat het opluchting was. Ze was opgelucht. Ze was opgelucht omdat William hier levend voor haar lag. En opgelucht dat zij de persoon in deze stoel mocht zijn, in deze kamer. Aan de telefoon met Julia was Sylvie gefocust geweest op wat er hóórde te gebeuren – de vrouw van een zieke man hóórde aan zijn bed te komen zitten –, maar het was beter voor William dat zij bij hem was. Sylvie kon de punten verbinden die hem naar deze kamer hadden geleid; op de een of andere manier had ze geweten dat dit niet onmogelijk was. Met gesloten ogen kon ze zich voorstellen hoe William het meer in was gelopen, met het gevoel alsof hij een eetlepel water was die niet meer op de lepel kon blijven. Er was geen zwaartekracht meer geweest die hem bij elkaar hield en dus had hij geprobeerd op te gaan in die gigantische watermassa. Sylvie zat aan zijn bed, los in haar eigen huid, om wat van haar kracht aan hem terug te geven terwijl hij sliep.

William

AUGUSTUS 1983 - NOVEMBER 1983

Hij liep het grootste gedeelte van de nacht door de stad en keerde toen terug naar de oever van het meer. Het was nog donker. Er was niemand meer, er zat zelfs geen enkele beweging in de lucht toen hij het water in waadde. Er klonk geen vogelgezang, geen verkeerslawaai achter hem, geen stemmen. Het voelde alsof de wereld op pauze stond. William moest een heel stuk lopen voordat hij helemaal onder water was. Hij had er niet aan gedacht zware voorwerpen mee te nemen die hem zouden laten zinken, hij was al uren gestopt met nadenken. William kende alleen nog maar een verlangen naar water, naar duisternis, naar stilte. Hij wilde zinken, maar zijn grote lijf bleef maar proberen te drijven. Zelfs na een lange tijd in het water en terwijl hij behoorlijk ver weg was, bleven zijn voeten naar de zijkant schieten en lag hij weer op zijn rug, drijvend als een boot, zijn gezicht naar de zon. Hij was geen persoon met een naam en geschiedenis meer. Op dat punt was hij een kurk die in een vloeistof dobberde en hij bemerkte alleen het zachte, pruimachtige gevoel van zijn handen, de zon die op zijn gezicht brandde, het water dat in zijn ogen en oren kwam. Hij sliep of was bewusteloos toen er een bulderend geraas klonk, en stemmen, en er handen aan hem trokken. Hij kon zijn ogen niet openen om te kijken wat er aan de hand was. Hij luisterde – hoorde na een tijdje Kent zijn naam roepen –, maar alleen omdat hij geen keus had. Toen hij bijkwam in het ziekenhuis, droog, en Sylvie op een stoel naast hem zag zitten, was zijn eerste gedachte dat het mislukt was. En dat het mislukt was, betekende dat hij vooruit moest blijven gaan met zijn levenshistorie – zijn fouten – als een zware rugtas over zijn schouders geslagen. Dit besef putte hem uit, maar hij was te moe om het te verwerpen.

William was in een ander ziekenhuis dan waarin hij was bijgekomen; na bijna een week van onderzoeken was hij naar een psychiatrische afdeling in het centrum van Chicago verplaatst. Het meer was drie straten verderop, buiten het zicht. Maar William was zich ondanks de afstand bewust van de watermassa. Terwijl hij slapen en waken afwisselde, voelde hij zich nog steeds doorweekt, ver van de oever, en niet in staat onder water te blijven.

Tijdens de eerste dagen in het nieuwe ziekenhuis was of Sylvie of Kent altijd in de kamer als hij even wakker was. Hij zag ze maar was niet sterk genoeg om te praten. Kent praatte tegen hem, vertelde hem dat hij weer beter zou worden, dat zijn artsen uitmuntend waren, en zei uiteindelijk dat hij weer naar school moest maar dat hij over een paar dagen terug zou zijn. Sylvie sprak zelden, zat gewoon op de enige stoel in de kamer en las een boek.

Toen hij alerter werd, voelde haar aanwezigheid gecompliceerd. Hij vermoedde dat Sylvie behalve Kent de enige was die niet totaal geschokt was door wat hij had proberen te doen. Ze had die avond op het bankje en in de voetnoten van zijn manuscript de somberte gezien die in hem huisde. Zijn vrouw had zijn voetnoten natuurlijk ook gelezen, maar hij wist dat Julia's voornaamste reactie verbijstering was geweest over het feit dat William dat soort gedachten had. Voor Julia betekende dit dat hij niet de goede man voor haar was, niet dat er iets met hem aan de hand was.

William besefte dat hij blij was dat Sylvie er was, ook al klopte er iets aan haar aanwezigheid niet; de familie Padavano zou niets meer met hem te maken moeten willen hebben. Telkens wanneer Sylvie in de kamer was, verwachtte hij half dat de deur open zou zwaaien en Julia binnen zou lopen. Hij lag te woelen in bed onder het gewicht van deze mogelijkheid en probeerde zo veel mogelijk uren van de dag bewusteloos te zijn. 'Slaap geneest,' zei dokter Dembia, de arts die hem was toegewezen op deze psychiatrische afdeling. 'Je hebt heel lang heel hard gewerkt, William. Rust maar uit.'

Op een middag, toen hij ontwaakte uit een rusteloze slaap, zei Sylvie: 'Mag ik je wat vragen?'

William hoorde de droefheid in haar stem. Hij moest zijn keel schrapen om 'Ja' te antwoorden. Toen voelde hij berusting, want wat ze ook zou vragen, hij moest antwoord geven. Hij zou niet meer liegen. Als een broos porseleinen beeldje dat geen gewicht kon hebben, kon hij er niet langer tegen.

'Wil je dat Julia op bezoek komt? We weten niet goed wat we moeten doen.'

Op die vraag verdween alle lucht uit zijn lichaam. Maar hij wist het antwoord. Hij had het op het briefje geschreven voor hij het appartement verliet. Hij begreep dat dit een noodzakelijk naschrift was, een verduidelijking. 'Nee,' zei hij, buiten adem. 'Zij en Alice moeten bij me vandaan blijven. Voor altijd.'

Hij wist niet hoe Sylvie deze mededeling opnam, want hij keek niet naar haar. Hij wist dat het iets vreselijks was om te zeggen, maar hij meende het, meer dan hij ooit iets gemeend had. 'Zeg tegen haar dat ik Alice opgeef,' zei hij, en hij draaide zijn gezicht naar de muur. Zo bleef hij liggen met zijn ogen dicht tot Sylvie vertrokken was.

Zijn woorden waren meedogenloos geweest en zijn afwijzing van Sylvies zus en nichtje zo definitief, dat William wist dat Sylvie niet terug zou komen. De daaropvolgende nacht was lang. William dacht terug aan het meer. Hij probeerde te beschouwen wat hem nog restte in zijn leven: Kent, zijn andere vrienden van het team, de medicijnen die dokter Dembia hem voorschreef. Dat was alles wat hij nog had, al wist hij dat hij van geluk mocht spreken dat hij überhaupt nog iets had. Zijn oude leven lag op de bodem van het meer. Hij had zojuist het laatste stukje, Sylvie, weggeduwd en het was een verlies dat pijn deed.

William had een vreemde sereniteit ervaren die ene avond naast haar op dat bankje – alsof hij het doen alsof kon afschudden en gewoon kon zíjn – en had telkens wanneer ze de ziekenhuiskamer binnenkwam opluchting gevoeld. Maar William was het soort monster gebleken dat zijn vrouw en kind kon verlaten en daar zaten consequenties aan.

De deur van zijn kamer moest openblijven, zelfs 's nachts, zodat de verpleegkundigen die over de gangen patrouilleerden hem te allen tijde konden zien. Er waren geen sloten op de afdeling, zelfs niet op de wc's. Het gebouw zelf was afgesloten met een dikke metalen deur, die op slot zat. De tassen van bezoekers werden doorzocht en de ingang moest van het slot worden gehaald om hen binnen te laten en werd weer op slot gedaan zodra ze binnen waren.

Dokter Dembia sprak elke middag een halfuur met William. Ze had kort grijs haar maar een jeugdig gezicht. William wist niet of ze oud of jong was. Misschien betekende haar haarkleur dat ze ouder was dan ze in haar gezicht leek, of misschien was ze vroeg grijs geworden. Hij was een week onder haar hoede, toen ze zei: 'Ik heb eindelijk een van je ouders telefonisch te pakken kunnen krijgen. Ik heb je vader gesproken op zijn kantoor.'

Een diep in William begraven snaar trilde. Hij wilde dat hij het niet zover had laten komen dat zijn ouders erbij werden betrokken. Hij had de arts de namen van zijn vader en moeder gegeven toen ze zijn levensverhaal had opgeschreven.

'Ik neem aan dat hij zei dat hij niet kan helpen,' zei William.

'Hij zei dat je volwassen bent en er daarom alleen voor staat. Hij hing zelfs zomaar op. William, ik wil dat je weet dat dit geen normale reactie is van een ouder. Het is onaardig en oneerlijk. Je verdient, en verdiende, beter van je ouders. Je bent voortgekomen uit twee gebroken mensen en dat is een deel van de reden waarom je nu hier bent.'

'Je vindt hem een klootzak.'

Ze glimlachte. 'Nou, dat woord valt niet binnen mijn technische vocabulaire. Ik zou zeggen dat ik vermoed dat je vader ook depressief is.'

William had moeite zich de gezichten van zijn ouders voor de geest te halen. Hij zag ze voor zich op het station, zwaaiend, maar hun gezichten waren vaag. Het idee dat zijn vader depressief was bleef niet hangen in Williams brein, het gleed gewoon weg. Die sessies met zijn arts, die hem haar volle aandacht gaf en haar blik in de zijne boorde als vishaken, waren dodelijk vermoeiend. De andere twee artsen die hem bezochten waren afgeleid; William kreeg maar een flard van hun aandacht. Dat vond hij een stuk prettiger.

'Hij en mijn moeder maken geen deel uit van mijn leven,' zei hij. 'Al heel lang niet.'

De arts hield haar hoofd schuin en William zag dat ze de waarheid van die opmerking overdacht. Het kwam voor het eerst bij hem op dat, ook al dacht je nooit aan iemand, dat niet betekende dat diegene geen deel van je was.

William werd op een ochtend misselijk en badend in het zweet wakker. Hij wist dat dit een reactie op zijn medicijnen was. De meest effectieve combinatie van antidepressiva en angstremmers vinden was een proces van vallen en opstaan. Hij hield nog een paar minuten zijn ogen dicht omdat hij wist dat dit een zware dag zou worden en hij geen haast had eraan te beginnen. Toen hij ze uiteindelijk opende, zat Sylvie naast zijn bed. William knipperde met zijn ogen. Ze zat rechtop op de stoel, alsof ze op haar houding zou worden beoordeeld.

'Ik dacht niet dat je nog terug zou komen,' zei hij, onzeker of ze daadwerkelijk was teruggekomen of dat hij hallucineerde.

Ze knikte. 'Ik had nog een vraag,' zei ze. 'Je zei dat je Julia en Alice niet wilde zien. Mag ik nog wel bij je op bezoek komen? Of wil je dat ik wegga?'

Wegga? dacht William. Hij had na zijn gesprek met dokter Dembia over zijn ouders gedroomd. In de droom zwom hij weg van zijn moeder en vader terwijl zij van hém wegzwommen. En hij had tegen zijn vrouw en dochter gezegd dat ze weg moesten blijven. Zoveel mensen die elkaar verlieten. De droom had claustrofobisch aangevoeld, als een voorteken, alsof ze allemaal op het punt stonden te ontdekken dat ze in een vissenkom rondzwommen. Hun poging bij elkaar vandaan te komen was gedoemd te mislukken.

William keek naar de jonge vrouw op de stoel. Hij wist dat ze echt was en geen hallucinatie. Hij wist dat hij wilde dat ze bleef. Hij wist niet waarom, maar dat deed er nu niet toe. William probeerde opnieuw te leren hoe het voelde om überhaupt íéts te willen.

'Ga niet weg.' Zijn stem klonk moe, verward van medicijnen en slaap. 'Het spijt me dat ik je zus pijn heb gedaan.'

Sylvie zei: 'Je hebt jezelf ook pijn gedaan.'

Hij schudde zijn hoofd om dit te verwerpen. 'Is Julia in orde?'

Sylvie ging nog rechter zitten; ze leek wel uitgerekt, alsof ze op meer dan één plek tegelijk probeerde te zijn. 'Julia is van streek,' zei ze. 'Natuurlijk. Maar het komt wel weer goed. Ze weet niet dat ik hier ben. Ik vind gewoon...' Ze aarzelde even. 'Dat je bezoek verdient. Ik weet dat Kent op bezoek komt, maar hij heeft het te druk om vaak te komen. Je verdient het niet om alleen te zijn.'

Deze zin raakte William als een por tegen zijn borst. Hij verdiende het niet om alleen te zijn? Hij dacht niet dat dat waar was, maar hij geloofde dat Sylvie meende wat ze zei.

'Dank je wel,' zei hij.

Sylvie knikte, waarna ze allebei een poosje stil waren. De stilte was luid, als het omringende geraas van een witteruismachine. William vroeg zich af of hij nog iets moest zeggen. Sylvie leek ook slecht op haar gemak. Het voelde alsof ze bij het einde van een script waren aangekomen en nu een van hen iets moest verzinnen of het toneel moest verlaten. William dacht met verlangen aan slaap. Misschien kon hij even verdwijnen in bewusteloosheid.

Sylvie boog zich naar voren en zei: 'Ik vroeg me af of je me iets over Bill Walton kon vertellen.'

'Bill Walton. De basketbalspeler?'

Ze knikte.

William was verbaasd, maar hij wist het antwoord, dus gaf hij dat. 'Hij is een spelverdeler. Speelde bij Portland en won een MVP als waardevolste speler van een seizoen én van een NBA-finale. Verstuikte zijn enkel. Heeft luxaties van vingers en tenen gehad.'

'Jeetje.' Sylvie leek er nu lichter uit te zien, opgelucht nu ze iets hadden om over te praten.

'Walton brak een bot in zijn voet en ze moesten een soort mitella schuine streep gips maken voor de voet om zijn pijn te verminderen. Ze gaven hem injecties met pijnstillers, waar hij op doorspeelde, en dat maakte de voet alleen maar slechter.' William kon niet geloven dat hij zoveel praatte, maar nu hij eenmaal was begonnen, moest hij Sylvie voldoende informatie geven zodat ze het echt begreep. 'Walton is een geweldige speler, misschien wel de beste passer ooit, helemaal voor een center. Hij leeft voor basketbal, maar zijn lichaam is een ramp. Zijn knieën zijn... onmogelijk, en hij heeft continu voetblessures. Hij zit dit jaar op de bank bij de Clippers.'

Sylvie zei: 'Het lijkt al knap dat hij überhaupt nog speelt, en dan nog wel uitgeroepen worden tot MVP, met dat lijf.'

'Klopt,' zei William. 'Het is knap.' Maar hij was uitgeput geraakt van al dat praten en viel in slaap. De volgende keer dat hij zijn ogen opendeed, was Sylvie weg.

Dokter Dembia liet hem weten dat hij huiswerk van haar kreeg. 'Ik wil dat je elk geheim, elk deel van je leven dat je voor de mensen die dicht bij je stonden verborg, opschrijft.'

Hij keek naar het effen notitieboek dat ze hem gaf. William knikte en legde het notitieboek toen weg. Zo lang als hij zich kon herinneren had hij al het ongemakkelijke proberen weg te duwen, om het niet dichtbij te laten komen. Maar hij had zoveel weggeduwd dat er niets was overgebleven. Hij wist dat hij om beter te worden moest nadenken over zijn vrouw, zijn jeugd en het feit dat hij niet geslaagd was in wat er van de buitenkant uitzag als een goed leven. Maar hij was er nog niet klaar voor. Het was al genoeg om te weten dat het moment eraan zat te komen en hij zich niet langer kon verstoppen. Als William sliep, droomde hij over water en als hij wakker was, liep hij door de gangen van de psychiatrische afdeling.

Als Kent op bezoek kwam, zat die op de stoel in de hoek en bereikten zijn lange benen het midden van de kamer. Hij zag er slaperig uit en soms deed hij zijn ogen dicht. 'Hou op met je schuldig te voelen,' zei hij. 'Als ik hier zat, zou jij ook op bezoek komen.'

'Ik volg geen geneeskundestudie en heb geen twee parttimebaantjes. Je zou hier niet moeten zijn. Hoeveel uur heb je afgelopen nacht geslapen? En nu moet je nog terugrijden naar Milwaukee.'

'Ik kom maar één keer per week langs. Mijn maat neemt vandaag voor me waar. Je kunt me niet dwingen weg te blijven.'

Kents genegenheid voor William was te duidelijk en te ongecompliceerd. Het straalde naar William als de zon. Niemand had ooit zo onvoorwaardelijk van hem gehouden, en die liefde, op het moment dat hij het het minst verdiende in zijn leven, maakte dat William het warm kreeg. Hij ijsbeerde door de kamer in een poging zichzelf af te koelen door middel van beweging.

'Ik denk dat jij denkt dat ik nog steeds in gevaar verkeer. Maar dat is niet zo. Ik doe het niet weer,' zei hij. 'Dat beloof ik.'

Kent bestudeerde hem vanonder halfgeloken oogleden. 'Weet je, ik wil meer dan dat. Ik wil dat je je beter voelt. Dat je van het leven houdt.'

William lachte, een kort, droog geluid. Wanneer had hij voor het laatst gelachen?

'Dat is niet grappig,' zei Kent.

William voelde zich gekastijd. 'Sorry,' zei hij. 'Ik dacht van wel.' Hij dacht even na. 'Hou jij van het leven?'

'Shit, ja,' zei Kent gemeend.

William keek naar zijn vriend. Kent was nog steeds op zijn speelgewicht en leek te glanzen van jeugdigheid en gezondheid.

Ze waren allebei drieëntwintig jaar oud. William voelde zich minstens veertig, wat natuurlijk stokoud was. Hij legde zijn hand op zijn kapotte knie.

'Ik zal je iets geven om voor te leven,' zei Kent. 'Ik hou die Michael Jordan in de gaten, je weet wel, die jongen uit North Carolina die vorig jaar de belangrijkste punten scoorde? Die is goe-hoed! Misschien kunnen de Bulls hem contracteren als hij kan worden ge-draft.'

William knikte. Hij dacht aan het gesprek waarin hij Sylvie over Bill Walton had verteld. Aan Michael Jordan denken was een stuk lastiger voor hem. Kent was enthousiast over Jordan omdat het erop leek dat die de toekomst van het basketbal was, maar voor William was het onmogelijk om na te denken over de dagen en weken die voor hem lagen.

'Luister.' Kent keek hem aandachtig aan. 'Weet je zeker dat je huwelijk voorbij is? Want ik kan met Julia gaan praten als je dat wilt. Helpen het bij te leggen, of wat er ook moet gebeuren.'

'Ik weet zeker dat het voorbij is.'

'Oké.' Kent ging voor het eerst rechtop zitten. 'We kijken dit jaar samen naar de Bulls op tv. Alle wedstrijden. Jij komt naar Milwaukee of ik kom naar jou.'

Naar mij komen, dacht William, waar dan? Waar zal ik dan zijn?

Hij was in augustus het ziekenhuis in gegaan en nu was het eind september. De blaadjes buiten verloren hun kleur, hun donkere zomergroen werd weggewassen. Hij hield van het korte moment waarop de kleuren vervaagden, een visuele diepe inademing voordat het nieuwe seizoen arriveerde.

Dokter Dembia zei: 'Heb je je huiswerk gedaan?'

Het was alweer een poos geleden dat ze hem voor het laatst naar het notitieboek had gevraagd en hij wist dat ze hem een mentale por gaf. Hij schudde zijn hoofd. 'Nog niet.'

Als Sylvie bij zijn deur verscheen, was hij zich ervan bewust dat hij blij was haar te zien. Hij werd zich over het algemeen van meer bewust. Wat een doffe brij van emoties binnen in hem was geweest had nu meer textuur gekregen. Sylvie had onlangs sokken meegebracht die Emeline voor hem had gebreid en een kunstboek van Cecelia. Het was hem duidelijk geworden dat de tweeling ook met hem meeleefde, ook al kwamen ze niet naar het ziekenhuis. Op hun eigen manieren bleven drie van de vier Padavano-zussen voor hem zorgen, alsof hun aantal en hun nabijheid tot Julia het gat kon dichten dat hij in hun leven had geslagen. Deze aandacht zei hem dat hij niet alleen was, en die vriendelijkheid ontroerde hem.

William wist dat Julia het vreselijk zou vinden dat Sylvie hem opzocht. Zijn vrouw zou, correct, het briefje dat hij had achtergelaten – samen met het bijschrift dat hij Sylvie had gegeven – zien als het einde van hun huwelijk. Het feit dat Sylvie, zelfs al was het tijdelijk, haar relatie met William voortzette, was op zijn minst problematisch en grensde aan verraad. De Padavano-zussen, zo wist hij, hadden hun hele leven als een eenheid gehandeld. Hij had Sylvie en Julia in elkaars armen zien slapen op zijn bank. Hij kon maar moeilijk geloven dat Sylvie voor hem die grens overschreed.

Sylvie zette haar tas op de stoel in de hoek. Ze zei: 'Ik ben nieuwsgierig naar Kareem Abdul-Jabbar. Waarom heeft hij in het begin van zijn carrière zijn naam veranderd?'

William glimlachte, want hij was nog met zijn gedachten bij zijn ex en Julia zou hem in geen miljoen jaar deze vraag hebben gesteld. Ze interesseerde zich niet voor basketbal en probeerde Williams aandacht altijd van zijn favoriete spelletje af te leiden. Ze had haar blik gericht op wie William zou wórden, als hem de volgende baan werd aangeboden, of als hij eenmaal professor was. Hij verweet zijn vrouw deze voorwaardelijke acceptatie niet, hij was opgegroeid met ouders die hem helemaal nooit hadden geaccepteerd.

'William?' vroeg Sylvie met scheef gehouden hoofd. 'Gaat het wel goed? Je lijkt ver weg.'

'Ik ben hier,' zei hij.

Met zijn nieuwe bewustzijn wist hij dat hij tegen Sylvie moest zeggen dat ze voorgoed terug naar haar zus moest gaan. Hij zou haar moeten zeggen dat hij het wel zou redden zonder bezoek. De verpleegkundige die door de gangen patrouilleerde en elke kamer in keek was zojuist langsgelopen en zou over vier minuten weer voorbijkomen. William voelde zich gegronder in zijn lijf. Kent zou op zaterdag langskomen. Ga maar, dacht hij. Maar hij kreeg de woorden niet over zijn lippen.

Sylvie zat op de stoel en William ijsbeerde van de ene kant van de kamer naar de andere. Hij was al meer dan twee maanden in het ziekenhuis. Het was bijna Halloween en de verpleegkundigen hadden posters met pompoenen op de muren van de woonkamer gehangen. Williams ramen konden niet open, maar hij zag dat de mensen buiten op de stoep nu een jas of vest droegen.

'Hoe vaak heeft Bill Russell in totaal het NBA-kampioenschap gewonnen?' vroeg Sylvie nadat ze een paar minuten had toegekeken hoe hij langzaam van de ene muur naar de andere stuiterde.

'Elf in twaalf jaar,' zei hij en hij stond stil. De warmte, die ongemakkelijke warmte die hij voelde als Kent hem aankeek met zijn open gezicht, vlamde op. Sylvie straalde ook genegenheid naar hem uit, en ook al was het moeilijk, hij probeerde het te ontvangen. Toen hij tijdens Kents recentste bezoekje een keer had geglimlacht, had zijn vriend hem vergenoegd op de rug geslagen. Dokter Dembia had tegen hem gezegd: 'Ongemak is slechts een gevoel. Het is oké om jezelf toe te staan je gevoelens te voelen.'

Hij zei: 'Ik weet dat je over basketbal begint om mij op mijn gemak te stellen, Sylvie. Dat is erg aardig van je.'

Sylvie trok haar wenkbrauwen op, verrast door zijn woorden.

'En ik weet dat je mijn boek hebt gelezen.' Zonder erover na te denken, pakte William het lege dagboek van zijn nachtkastje. 'De dokter heeft me huiswerk gegeven. Misschien kun jij me erbij helpen? Ik stel het erg op prijs dat je op bezoek komt. Dat had ik al eerder moeten zeggen.'

'Ik wil je graag helpen,' zei Sylvie behoedzaam.

'Kun je opschrijven wat ik zeg, als een soort lijst? Ik moet de geheimen opschrijven die ik verborg voor... nou ja, voor Julia.'

Sylvie nam het notitieboek aan. Net als hij was ze opgegroeid met de biecht in de kerk. Het donkere hokje binnengaan en zichzelf laten zakken op het kniekussen. Haar zonden opbiechten aan het rooster dat haar van de priester scheidde. William dacht nu aan dat sacrament en had medelijden met alle kinderen die werden gedwongen hun gewone leventjes op te delen in zonden en niet-zonden zodat ze iets te zeggen zouden hebben tegen een vreemde in soutane.

'Het eerste is dat ik wist dat jij mijn boek hebt gelezen,' zei hij. 'Dat heb ik nooit tegen Julia gezegd.' Zijn manuscript lag nog steeds op de bovenste plank van de kast in het appartement, tenzij zijn vrouw het had weggegooid.

Sylvie schreef het met gebogen hoofd in het notitieboek.

Hij ging op de rand van het bed zitten, zijn lichaam kon nu rustig worden. 'Ik heb nooit professor willen worden.' Hij zweeg om te zien of er een reactie kwam en ging toen verder: 'Ik heb Julia nooit verteld dat ik elke dag mijn lunch at in de sportzaal van Northwestern en dat ik Arash hielp met de spelers. Ze had geen idee hoeveel tijd ik doorbracht in het sportgebouw. Ik heb haar niet gezegd hoe ellendig het voor mij voelde dat ze las wat ik had geschreven. Dat het eerder een dagboek was, voor mezelf, dan een boek.' Hij liet zijn hoofd hangen. 'Ik wilde geen kind.' Hij sloot zijn ogen, zonk diep weg in zichzelf. 'Ik heb haar niet verteld dat ik een zus heb gehad.'

Hij hoorde haar een verbaasd geluidje uitstoten. 'Je had een zus?' Sylvie fluisterde het, alsof de woorden heilig waren, te belangrijk om met volume te worden uitgesproken.

'Ze is vlak na mijn geboorte overleden. Griep, of longontsteking, zoiets. Mijn ouders waren er kapot van. Ik denk dat ze nooit naar mij hebben kunnen kijken zonder aan haar te denken.'

'O, William.'

Hij en Sylvie zaten in dezelfde verbijsterde stilte. Ze zaten in het ondenkbare – William dacht er nooit aan – verlies dat aan al het andere verlies vooraf was gegaan. Hij had nooit iemand over zijn zus verteld en deze bekentenis zorgde voor een ontwikkeling. Toen hij zijn ogen sloot, zat het meisje naast hem. William had haar vaste vorm gegeven door haar verhaal te vertellen. Hij was er zeker van dat zijn ouders nooit over haar spraken omdat ze dat niet aankonden. Als maar drie mensen zich haar korte verhaal herinnerden en er nooit hardop over spraken, werd ze uit de geschiedenis gewist. Hij was in dit ziekenhuis om te proberen zijn eigen lichaam te bewonen, zijn eigen geschiedenis. Zijn zus maakte daar deel van uit, maar ze was op zichzelf ook een persoon.

'Hoe heette ze?'

'Caroline.' Hij had haar naam nog nooit hardop uitgesproken.

William voelde dat het kleine meisje straalde omdat ze zo in de belangstelling stond. Hij kon ook de felrode en gele kleur van de bladeren voor het raam voelen en de heftige emotie van de vrouw tegenover hem. Nooit eerder had hij zo'n ontwikkeld moleculair bewustzijn gehad of op één enkel moment zoveel gevoeld. William had de scherpe speren die emoties op hem afvuurden altijd ontweken en elk ongemakkelijk gevoel snel gesmoord. Hij kon maar moeilijk geloven dat andere mensen het leven aankonden als het met zo'n hevigheid op hen afkwam.

'Ik had dit niet aan iemand anders kunnen vertellen,' zei hij. 'Ik weet niet waarom, maar ik moest het jou vertellen.'

Sylvie keek hem aan en hij wist dat ze allebei dachten aan die avond op het bankje onder de sterren. Ze zei: 'Mag ik je iets vragen?'

Hij knikte.

'In je manuscript, in de voetnoten, schreef je iets als "Was ik het maar geweest, niet zij". Ging dat over je zus?'

William staarde voor zich uit. 'Ik herinner me niet dat ik dat heb opgeschreven.' Hoe kon het dat hij nog verrast werd door de geheimen binnen in hem? Maar het was de waarheid: hij had altijd geweten dat zijn ouders liever hadden gehad dat hij degene was die was gestorven. 'Ik denk dat ik het dan inderdaad over mijn zus had.'

Hij keek naar Sylvies open blik en wist dat hij haar alles kon vertellen zonder dat ze hem zou veroordelen. Hij had haar alle vreselijke dingen uit zijn binnenste opgebiecht en ze hield nog steeds de pen vast, klaar en bereid om meer op te schrijven.

'Ik denk dat dat alles was,' zei hij. 'Misschien moet je dit ook allemaal aan Emeline en Cecelia vertellen. Het zouden geen geheimen meer moeten zijn.' William zweeg even om een hap lucht te nemen. 'Ik denk niet dat er nog meer is voor op die lijst. Ik was geen goede echtgenoot voor Julia. Ze verdient zoveel beter.'

Sylvie flakkerde voor zijn ogen, en zo kwam hij erachter dat ze huilde.

Toen ze wegging – en ze zag er net zo vermoeid uit als William, alsof ze zojuist samen een marathon hadden gelopen – bleef Sylvie even in de deuropening staan. 'Je zei dat je geen professor wilde worden. Had je dan professioneel basketballer willen zijn?'

'Ja, maar ik was niet goed genoeg, zelfs al vóór de blessure.'

'Dat moet een vreselijke teleurstelling zijn geweest,' zei ze, en hij knikte.

William wist dat hij nog één ding moest doen voordat dokter Dembia hem uit het ziekenhuis zou ontslaan. Ze bleef maar zeggen: 'Nog een paar dagen,' en hij begreep dat hij nog niet alles gezegd had. Hij begreep niet waarom hij alles moest uitspreken, maar aan beter worden waren regels verbonden en hij moest zich aan de regels houden. De arts was tevreden met de hoeveelheid medicatie en William had niet meer het gevoel dat hij over de bumper van een auto hing die door de stad racete om vervolgens met een klap tot stilstand te komen. Zijn handen waren niet meer klam, hij sliep 's nachts en er waren momenten van kalmte. Hij leerde het verschil tussen kalm zijn en afgesloten zijn en werkte eraan meer van het eerste te zijn dan het laatste.

Arash kwam op bezoek en keek hem streng aan. 'Weet je nog dat ik zei dat we onze spelers volgen?'

William knikte.

'Niet iedereen heeft goed nieuws met ons te delen als we naar hen informeren, en we proberen waar nodig te helpen. Ik kan je geen baan bij het team garanderen. Dat je hier hebt gezeten' – Arash fronste even – 'is natuurlijk een obstakel waar je omheen moet. Maar de universiteit kan altijd inwonende adviseurs gebruiken en je arts zei dat je de verantwoordelijkheid aankunt, dus gaan we een kamer in een studentenhuis voor je fiksen. Dan is je woonruimte geregeld. En verder zien we wel.'

William merkte dat hij niet in staat was iets te zeggen. Hij had zich zorgen gemaakt over waar hij moest slapen als hij hier weg mocht. Hij had maar weinig geld op de bank en geen opties. De enige optie die hij had kunnen bedenken was naar Milwaukee reizen en bij Kent op de vloer slapen, maar dat was ook problematisch, omdat Kent een nieuwe vriendin had, een medestudente. Ze zou begrijpelijkerwijs niet blij zijn als een depressieve voormalig teamgenoot van haar vriendje haar ruimte innam.

'Je doet dit uit medelijden,' zei William uiteindelijk en de woorden proefden zuur.

Arash schudde heftig zijn hoofd. 'Je bent depressief, niet gek. Het is niet raar om depressief te zijn in deze wereld. Dat is logischer dan gelukkig zijn. Ik vertrouw mensen die vrolijk zijn en wat er ook gebeurt blijven grijnzen voor geen meter. Dat zijn degenen met een schroefje los als je het mij vraagt. En ik bied je geen baan aan, ik bied je een kamer aan.'

Na de weken in het ziekenhuis hield William zich vast aan een nieuw refrein: geen onzin en geen geheimen. Hij kon beide nu herkennen, en toen hij overdacht wat Arash had gezegd, wist hij dat dat geen onzin was. De coaches volgden inderdaad hun spelers en hij had in het verleden bewezen waardevol te zijn voor het team. De uren dat hij naar de jongens had geluisterd terwijl ze over hun kwetsuren vertelden, betekenden iets. Voor William, misschien ook voor de jongens, en voor Arash in zijn missie om de spelers sterk en blessurevrij te houden. Hoewel zoveel andere dingen in zijn brein gerafeld waren of waterschade hadden, bleef de herinnering aan de uren in dat bedompte kamertje intact en het was er een waar William graag naartoe ging in zijn hoofd. Toen hij hier meer over nadacht, besefte hij dat het misschien wel zijn enige herinnering was die hem geen gevoelens van spijt of wanhoop bezorgde. Hij was van nut geweest.

'Dank je wel,' zei hij.

Toen hij die dag door de gangen liep, realiseerde hij zich dat het gevoel van het water van het meer op zijn huid was verdwenen. De koele vloeistof kietelde niet langer omhoog over zijn ruggengraat. Hij had woonruimte, wat ervoor zorgde dat hij voor het eerst kon geloven dat er een volgende stap bestond.

William was die middag verrast toen dokter Dembia zei: 'Je praat nooit over Alice.'

Hij had gestaan, en wendde zich na die opmerking af om uit het raam te kijken. Dit was waar hij over moest praten. Dit was wat hij moest zeggen voordat hij kon vertrekken. Dit was wat hij moest weten voordat hij opnieuw kon beginnen. Dit was het laatste geheim, dat hij niet langer voor zich kon houden.

Hij zei: 'Ik werd al somberder – alles werd somberder – voordat ze geboren werd. Het kwam niet door haar, maar ze kwam toen niets nog zin had en ik constant lampen in mijn hoofd uit moest doen om me door de dag te slepen. En het zit zo...' Hij zweeg, zocht naar de juiste woorden.

'Ja?' zei de arts.

'Alice is een lamp. Een felle lamp, vanaf het moment dat ze werd geboren. Ze schittert. Het deed pijn als ik naar haar keek en ik durfde haar niet aan te raken.'

'Je was bang voor haar licht?'

'Nee. Ik was bang dat ik ervoor zou zorgen dat haar licht doofde. Dat mijn duisternis haar licht zou opslokken.'

'Dus je had het gevoel dat je bij haar uit de buurt moest blijven, voor haar veiligheid.'

'Ja, ik moet bij haar uit de buurt blijven.'

Julia

AUGUSTUS 1983 - OKTOBER 1983

Toen de telefoon op die warme ochtend in augustus ging, was William anderhalve dag weg. Julia zat op de bank met Alice op schoot. Ze kietelde het buikje van de baby. Alice lachte gorgelend en het was het mooiste geluid dat Julia ooit had gehoord. Het maakte haar elke keer zelf ook aan het lachen. Ze droeg Alice naar het kleurrijke speelkleed op de grond en legde de baby erop. Toen nam ze de telefoon op die naast de leunstoel stond, en veranderde alles.

Iets binnen in Julia bevroor terwijl ze Sylvie aanhoorde. Het nieuws dat William had geprobeerd zelfmoord te plegen was zo gigantisch dat ze het niet kon bevatten. Haar handen werden koud en nadat ze had opgehangen blies ze erop alsof het midden in de winter was. Ze liep met Alice van kamer naar kamer, ook al had de baby niet aangegeven dat ze weer wilde worden opgepakt. Ze ging langs elk van de vier ramen in het appartement. Ze leek naar iets op zoek en ze zou niet in staat zijn geweest te vertellen wat de tijd was of wat voor weer het buiten was.

Toen Cecelia en Emeline naar haar appartement kwamen, zei ze dat ze alleen moest zijn om na te denken. Ze knikten met ernstige gezichten. Ze waren allemaal geschokt door het idee dat William hen had willen verlaten, alles had willen achterlaten. Zijn keuze bezorgde hun een gevoel van kwetsbaarheid; ze hadden nooit aan iets anders gedacht dan een natuurlijke dood en hij had hen op een andere uitweg gewezen. De wereld voelde enger na wat er bijna was gebeurd.

De drie vrouwen stonden een paar minuten bij Julia's deur.

'Hoe kan hij dat doen?' Cecelia klonk fel.

Emeline wreef over Cecelia's arm. 'Ik denk niet dat het zin heeft boos op hem te zijn.'

'Maar,' zei Cecelia, 'ik begrijp letterlijk niet hoe hij alles zomaar op kan geven. Hij wilde Alice in de steek laten? Fouter dan dat kun je het niet krijgen in dit universum.'

Julia hoorde het gesprek tussen de tweeling net zo aan als ze Sylvie over de telefoon had aangehoord. Alles was nu nieuw voor haar; het voelde alsof haar eerdere begrip van de wereld was gewist. Ze luisterde naar elke zin alsof ze de woorden voor het eerst hoorde.

Ze zei: 'Hoe heeft het me kunnen ontgaan dat William zo ongelukkig was?'

Zijn gebrek aan ambitie, het feit dat je niet op hem kon bouwen bleken symptoompjes in een oceaan van somberte. Julia bleef koud van angst. Ze had zichzelf angst aangejaagd – wat was ze dom geweest – en Williams somberte boezemde haar angst in. Ze had nacht na nacht in bed gelegen naast een man die niet wilde leven. Als ze nu terugkeek op het recente verleden, werden de herinneringen door schaduwen bedekt. Haar eigen ervaring was een leugen.

'Hij is ziek.' Emeline keek droevig. 'Sylvie zei dat hij waarschijnlijk heel lang in het ziekenhuis moet blijven.'

'Evengoed,' zei Cecelia. 'Niemand moet het zomaar opgeven. Dat is egoïstisch. Het is verkeerd.'

Julia merkte dat ze instemmend knikte.

Toen de tweeling was vertrokken, werd ze zich bewust van haar eigen woede. Ze had het idee dat Cecelia het aan haar had doorgegeven, alsof de emotie een verkoudheid was. Ze liep weer van raam naar raam en haar hart bonkte vragen:

Hoe kon William zoiets gênants doen als zichzelf proberen te verdrinken in Lake Michigan?

Was het leven met mij zo ondraaglijk dat hij me niet alleen moest verlaten maar ook zichzelf van het leven moest beroven?

Waarom heeft hij me niet verteld hoe hij zich voelde?

Ook al had Julia afgezworen nog alle problemen van de mensen om haar heen te willen fiksen, ze had evengoed al haar expertise nog tot haar beschikking en had kunnen helpen. Ze had in elk geval kunnen voorkomen dat hij zijn toevlucht nam tot zoiets dramatisch, hopeloos, vernederends.

Toen Sylvie zich later die avond meldde, liet Julia haar zus wel binnen maar bleef ook nu weer bij de voordeur staan. Ze kon geen lange bezoeken verdragen. Haar huis moest door alleen haar en haar dochter worden bezet.

Sylvie bood haar verontschuldigingen aan. 'Ik weet niet waarom ik met Kent ben meegegaan,' zei ze. 'Het spijt me zo. Ik had bij jou moeten blijven.'

Ze sloeg haar armen om Julia heen en Julia deed hetzelfde, en de twee zussen hielden elkaar lange tijd stevig vast, steunend op elkaars lijf als gebouwen die moesten worden gestut.

'Wat moet ik nu doen? Móét ik iets doen?' vroeg Julia in Sylvies haar.

Sylvie had toen ze vanuit het ziekenhuis belde geopperd dat een zenuwinzinking het briefje dat William had geschreven en de cheque die hij op Julia's naam had gezet tenietdeed. Was dat waar? Moest ze nog steeds een echtgenote zijn, in een worstcasescenario, van een man die ze niet langer herkende?

'Ik weet het niet,' antwoordde Sylvie. 'Maar ik kom er wel achter.'

De volgende ochtend besloot Julia grote schoonmaak te houden in het appartement. Ze duwde de salontafel naar de muur en rolde het dunne woonkamerkleed op. Met Alice in een draagzak sleepte ze het kleed naar een gigantische wasmachine in de kelder van het gebouw en worstelde het in de trommel. Toen het kleed schoon was, pakte ze een trapje uit de kast in de gang en gebruikte dat om de gordijnen van het woonkamerraam eraf te halen. Ze hadden deze gordijnen ook in het kleine appartement van Northwestern gebruikt. Ze waren magenta, gemaakt van een dik weefsel dat Julia in de begintijd van hun huwelijk had gekozen omdat ze het volwassen vond aanvoelen. Ik was een dwaas, dacht ze, een jonge dwaas. Ze droeg Alice en de gordijnen naar de kelder en zette de machine aan op een extra lang inweekprogramma.

Ze had moeite met slapen. Als ze probeerde uit te rusten, maakte ze zich druk. Alles leek mogelijk nadat William zichzelf had proberen te verdrinken in het meer waarin ze als kind had gezwommen. Ze dacht in wat-als-scenario's. Als Williams ziekenhuisopname op de een of andere manier het briefje tenietdeed dat hij haar had gegeven, zou Julia uiteindelijk naar het ziekenhuis moeten gaan en getrouwd moeten blijven. Als zij en William zouden scheiden, een te prefereren scenario, was hij nog steeds Alice' vader. Hij zou nog steeds een rol willen spelen in het leven van zijn kind. Julia moest een manier vinden om Alice te beschermen voor wat het dan ook was dat ervoor had gezorgd dat William dat meer in ging. Als William tijd doorbracht met Alice kon zijn depressie haar dochter besmetten. Julia kwam steeds weer terug bij de gedachte dat het niet goed voor Alice' levensgeluk kon zijn om tijd door te brengen met iemand die het leven als wegwerpartikel zag. Het leven bestond uit kansen, een kast met laatjes die je een voor een kon openen, en William had getracht de hele kast uit het raam te smijten.

Om drie uur 's morgens gebruikte Julia het trapje om de bovenste planken van de keukenkastjes leeg te maken. Die planken waren gevuld met huwelijksgeschenken, dingen die te onpraktisch waren voor regelmatig gebruik. Een absurd zware kristallen kom. Porseleinen theekopjes die te breekbaar waren voor in een huis met een kind. Miniatuurwijnglazen, bedoeld voor een of andere ouderwetse borrel voor na het eten. Cognac of sherry, Julia wist niet meer welke van de twee. Ze vulde de gootsteen met een afwassopje en maakte elk breekbaar voorwerp behoedzaam schoon, tot de zon opkwam en Alice wakker werd.

Het voelde alsof Julia gevangenzat: in haar appartement, in het vreemde ongewisse van haar huwelijk, in haar eigen huid. Misschien wachtte ze tot William haar zou bellen en haar zou zeggen dat hij haar terug wilde en haar nu nodig had. Of tot Sylvie terugkwam met datzelfde antwoord. Ze wachtte op helderheid over of ze nou een echtgenote moest zijn of niet. Toen Sylvie weer langskwam, iets meer dan een week nadat William had geprobeerd zichzelf van het leven te beroven, leek ze wel vijf jaar ouder te zijn geworden, zo moe zag Julia's jongere zus eruit. Ze droeg haar haar in een staart. Ze had zwarte kringen onder haar ogen.

'Ga zitten,' zei Julia bezorgd. 'Je ziet eruit alsof je elk moment flauw kunt vallen.'

Sylvie schudde haar hoofd. 'William heeft me gevraagd je te zeggen dat hij niet wil dat je hem komt opzoeken.'

Een golf van opluchting ging door Julia heen en ze liet zich op de leunstoel zakken.

'Hij zei ook' – Sylvie hield haar stem vlak, als een nieuwslezer – 'dat hij Alice opgeeft.'

'Haar opgeeft?' Deze term was onbevattelijk voor Julia en ze dacht dan ook dat ze het verkeerd had gehoord. 'Wat betekent dat?'

'Ik denk dat het betekent dat hij niet langer haar vader zal zijn. Jij zou haar enige ouder zijn.'

Langzaam draaide Julia haar hoofd en ze keek naar Alice die op haar speelkleed lag. Ze droeg een roze kruippakje en schopte haar blote voetjes hoog op alsof ze in de lucht fietste, een blosje op haar bolle wangetjes van de inspanning. Julia proefde de woorden in haar mond: haar opgeven.

'Hij leek het te menen,' zei Sylvie. 'Hij gebruikte de woorden "voor altijd".'

Nog meer woorden die Julia proefde: voor altijd. Ze dacht: de Here zij dank. Hoewel ze niet meer had gebeden sinds de dood van haar vader. Maar toch, de opluchting was zo enorm dat ze het nog een keer dacht: de Here zij dank.

Sylvie legde een hand op de muur alsof ze steun zocht. Aan hoe ze eruitzag, viel op te maken dat ze net zo weinig slaap kreeg als Julia.

'Ga maar even op de bank in de kinderkamer liggen.' Julia merkte dat het idee haar zus in haar ruimte te hebben haar nu niet tegenstond. Ze hoefde zich niet langer samen met Alice te verschuilen. Julia had zich vrij gevoeld toen William haar verliet, daarna opgesloten toen hij had geprobeerd dood te gaan, en nu was ze weer vrij. Deze vrijheid voelde als je achterover laten vallen op een zacht bed; het was decadent, heerlijk. 'Rust alsjeblieft in elk geval een poosje uit,' zei ze, blij dat ze zich even om iemand anders dan zichzelf kon bekommeren. 'Je lijkt wel een geest.'

Sylvie glimlachte dunnetjes. 'Het gaat wel. Ik moet naar mijn werk. Ik wilde het je eerst even komen vertellen.'

'Bedankt daarvoor.'

'Ik wilde dat je duidelijkheid had,' zei Sylvie. 'Het was te verwarrend, te onopgelost, en ik weet dat je daar een hekel aan hebt. Ik wilde weten of hij echt wilde dat jullie huwelijk voorbij was.'

Julia keek naar de zus voor haar, die tegelijk met Julia's huwelijk, met Williams bijna-einde leek te zijn gaan rafelen. Sylvie leed voor Julia's neus, alsof ze gegrepen was door het krachtveld van Williams depressie en zich niet helemaal kon losrukken. Het scheen Julia toe dat Sylvie namens haar leed, in een poging haar zus helderheid te schenken. Julia stelde dit op prijs. Ze hield hierom van haar. Maar ze wilde dat het lijden ophield, voordat het haar zus permanent veranderde en ze permanent verdrietig en moe zou zijn. 'Ik moet je helpen,' zei ze. 'Ik maak eieren zoals je ze graag eet, voordat je gaat.' Ze nam Sylvie bij de hand en liep naar de keuken.

Toen Sylvie met iets meer kleur op de wangen naar de bibliotheek was vertrokken, legde Julia Alice in de wandelwagen en ging naar buiten om twee boodschappen te doen. Ze merkte dat ze moest glimlachen onder het lopen en dat haar gezicht vreemd uitgerekt voelde, omdat het lang geleden was dat ze zo breed had geglimlacht. Julia was licht van opluchting omdat William niets met haar te maken wilde hebben. Ze had hem niet beschadigd, en ze hoefde hem niet te fiksen. En, belangrijker, hij wilde niets met hun dochter te maken hebben. Dat was onbegrijpelijk voor Julia – ze verdroeg het nauwelijks ook maar even bij de baby uit de buurt te zijn –, maar het sloot haar grootste zorg uit. William had Alice opgegeven.

Ze besloot dat ze zo snel mogelijk met een advocaat zou gaan praten, om alles wat William had gezegd zwart-op-wit te laten zetten voordat hij van gedachten veranderde. Ze ging naar de bank en inde de cheque die William haar had gegeven. Toen kocht ze een antwoordapparaat voor in het appartement zodat ze enige controle over haar leven kon uitoefenen. Nooit wilde ze meer de telefoon opnemen zonder te weten wat voor vreselijk nieuws er aan de andere kant van de lijn op haar wachtte.

Julia bracht haar dagen door met alle spullen van het appartement in dozen stoppen. Dit appartement was bedoeld voor een andere toekomst, eentje die niet langer zou plaatshebben, en ze moest verhuizen. Ze had zich hier een gelukkig gezin voorgesteld: een succesvolle professor en een carrièrevrouw met een volmaakte dochter. Maar die toekomst was zonder dat Julia het wist gedoemd geweest. Nu schaamde ze zich voor haar eigen naïviteit terwijl ze de kasten leegmaakte. Een nieuw huis was noodzakelijk zodat zij en Alice een nieuwe start konden maken.

Op een ochtend begin oktober ging de telefoon terwijl Julia net een trui over haar hoofd trok. Het was van de ene op de andere dag fris geworden. Ze was buitengewoon blij met de gezakte temperatuur, omdat die een nieuw seizoen aankondigde, en dat betekende een kleine stap haar toekomst in en weg van haar rampzalige verleden. Toen het antwoordapparaat met een klik aansloeg, hing de beller op. Maar de telefoon ging meteen daarna weer over en na de piep klonk Rose' stem: 'Julia Celeste Padavano, neem onmiddellijk op. Hoe durf je van je moeder te verlangen dat ze praat tegen...'

Sprintend doorkruiste Julia het appartement, ze struikelde over een doos, krabbelde overeind en klom over een stoel die tussen twee dozen stond. Alice keek toe vanaf haar kleed. Eerst werden haar ogen groot en daarna schaterde ze het uit. Ze dacht blijkbaar dat haar moeder een showtje opvoerde.

Julia was buiten adem tegen de tijd dat ze de hoorn oppakte. 'Ja mama, ik ben er!'

'Julia?' Rose klonk wantrouwig, alsof ze misschien dacht dat de technologie de stem van haar dochter nabootste.

'Ik ben het.'

Ze kon haar moeder bijna horen knikken en zich weer ontspannener in haar stoel op het balkon nestelen. 'Ben je het echt? Ik zou namelijk denken dat *mijn* dochter me zou hebben gebeld als haar echtgenoot het meer in was gelopen.'

Julia had haar zussen gevraagd niet aan Rose te vertellen wat er was gebeurd en daar hadden ze mee ingestemd. Ze had sinds Williams vertrek één keer met haar moeder gebeld, maar had het gesprek kort gehouden en veel vragen gesteld over Rose' leven in Florida. Ze had tijd willen rekken tot de storm was gaan liggen, tot ze wist hoe ze het gebeurde onder woorden kon brengen, tot ze de kracht had om met haar moeders reactie om te gaan. Maar zo'n dramatisch verhaal kon niet lang geheim blijven en het geroddel waar Julia voor had gevreesd moest zijn ontstoken in Pilsen en zich helemaal tot aan Florida hebben verspreid. 'Nou, ik was nogal van slag, mama. En ik had het druk...'

'Je had het niet druk. Lieg niet tegen me, jongedame. Emeline vertelt alles aan Grace Ceccione, en Grace heeft me verteld dat je amper nog je appartement verlaat en dat je niet één keer naar het ziekenhuis bent geweest. En dat je Sylvie' – Rose sprak Sylvies naam uit met evenveel ongeloof als wanneer ze 'de Kerstman' zou hebben gezegd – 'hebt belast met de communicatie met Williams artsen. Ik kon mijn oren niet geloven.'

'Ik heb Sylvie er niet mee belast. Je begrijpt het...'

Rose onderbrak haar. 'Je weigerde naar het ziekenhuis te gaan. Wat moest ze anders? Hem daar bijna dood helemaal alleen achterlaten? William is een wees, dat weet je. Hij heeft verder geen familie.'

Julia keek naar Alice, die op haar kleed op de vloer lag. De baby leek nu slaperig, waar ze blij mee was. Dat betekende dat haar kind niet aan Julia's adrenalinesysteem gekoppeld zat. Als dat zo was, zou het kind nu liggen huilen. Julia kon wel huilen.

'William heeft me verlaten, mama, vlak voordat hij in het ziekenhuis terechtkwam. We gaan scheiden. Het is een heel zware tijd voor me.'

'Gebruik dat lelijke woord niet. Ik heb gehoord dat William je een bríéfje gaf.' Het woord 'briefje' zei ze op geringschattende toon. 'Je echtgenoot is in het ziekenhuis omdat hij ziek is, Julia. Heb je hem gesproken?'

'Nee,' antwoordde Julia. 'Hij heeft laten weten dat hij niet wil dat ik op bezoek kom. En mama, je zult dit niet geloven, maar hij wil niet langer Alice' vader zijn. Hij geeft al zijn ouderlijke rechten op.'

Ze verwachtte dat haar moeder geschokt zou zijn door deze opmerking, maar Rose zuchtte, een geluid dat precies zo klonk als de zuchten van Julia's zussen. Het versmelten van het geluid en de vrouwen maakte dat Julia over haar voorhoofd wreef. Haar moeder en zussen waren in haar hoofd en hart allemaal met elkaar verweven, maar niemand kon Julia zo laten struikelen over de banden die hen verbonden als Rose.

'William is niet goed in orde,' zei Rose. 'Niemand die bij zijn volle verstand is, zou zoiets zeggen over zijn eigen kind. Het is godslastering.'

Julia wilde zeggen: jij hebt ook een kind opgegeven. Je hebt Cecelia opgegeven. Maar ze wilde haar moeder niet kwetsen en ze wist dat Rose zou zeggen dat dat totaal anders was omdat Cecelia volwassen was. Als Julia deze discussie afspeelde in haar hoofd, kwamen zij en haar moeder aan het eind allebei als verliezers uit de bus. Ze zuchtte en zei: 'William meende het.'

'Hij is in de war en jij bent ook in de war. Luister naar me. Jouw echtgenoot is een aardige man. Hij drinkt niet en hij is serieus. Met het promoveren is het dan misschien niets geworden, maar hij kan gaan werken. Je hebt een baby, in hemelsnaam. Je moet helder blijven denken. Het is iets afschuwelijks om een gescheiden vrouw te zijn. Mannen herstellen van een scheiding, maar vrouwen niet. Wil je echt je leven weggooien? Je bent pas drieëntwintig.'

Julia schudde haar hoofd. 'Er scheiden nu veel meer mensen dan in jouw tijd, mama. Zo erg is dat allemaal niet.'

Rose blies lucht in de telefoon. 'Niet zo erg! In de kerk anders wél, kan ik je zeggen. En de hele buurt praat over ons,' zei ze. 'Ze smullen van zulke rampen. Vader Cole heeft je gedoopt en getrouwd, stel je eens voor wat een verdriet je hem doet als je dit doorzet. Weet je nog dat mevrouw Callahan haar haar niet langer borstelde nadat haar man was weggegaan, en niemand haar nog wilde?'

'Zo zal ik nooit worden,' zei Julia beledigd.

'William heeft het zwaar, maar dat geldt voor ons allemaal. Niet zo opzichtig als proberen te verdrinken in Lake Michigan, hopelijk, maar we lopen allemaal op een gegeven moment op volle snelheid tegen een blinde muur. Als je over twintig jaar samen terugkijkt op deze periode zal het slechts een dipje in jullie huwelijk lijken. Dan zul je blij zijn dat je hebt volgehouden.'

Julia keek naar de dozen om haar heen. Ze dacht aan de bedroefde uitdrukking op Rose' gezicht in de tuin nadat Cecelia haar zwangerschap had aangekondigd. Toen was Rose tegen een muur op gelopen. En dat was William ook overkomen, natuurlijk. Maar Julia niet. Ze was gezond, en heel, en vol kwaliteiten. Ze had gezien hoe haar moeder had volgehouden in haar eigen huwelijk en dat was niet Julia's pad. Ze was haar vaders raket. Zij en Alice zouden met zijn tweeën beter af zijn.

'Ik ga verhuizen,' zei ze. 'Ik verwacht een telefoontje van professor Cooper over een baan en ik moet weg uit dit appartement omdat William niet langer aan Northwestern studeert.'

'Moet je nu al verhuizen? Geven die mensen je niet eens een maand extra, na wat er is gebeurd?'

'Nee.'

Dit was niet waar, of voor zover Julia wist tenminste niet. Ze wist niet wanneer ze weg zou moeten zijn. Ze had nog een stapel post weg te werken en misschien zat daar wel post van Northwestern tussen, maar ze had alle post al ongeopend in een doos met JULIA erop gestopt. Op bijna alle dozen stond JULIA of ALICE. Haar man leek alleen wat kleding te bezitten, een paar basketballen en zijn manuscript, dat nog steeds in de papieren zak was gewikkeld.

'Belachelijk,' zei Rose, en Julia kon horen dat ze haar niet geloofde. 'Zal ik je helpen een appartement in Pilsen te vinden? De dames met wie ik hier bevriend ben, hebben overal connecties in onroerend goed. Laten we dit regelen. Ik bel wel even rond. We zorgen dat je wordt verhuisd en als je hoofd weer helder is, kun je over alles met William nadenken.'

'Je bent te ver weg om te helpen,' zei Julia. 'Evengoed bedankt.'

'Doe niet zo gek. En gebruik mij niet als excuus voor slecht gedrag, Julia. Ik heb je beter opgevoed. Hoe gaat het met mijn kleinkind?'

Julia keek naar Alice en glimlachte, want ze was op het kleed in slaap gevallen. Midden tussen de stapels dozen, vlak voor haar moeder, die een spijkerbroek en een oude trui droeg, en ondanks het feit dat haar oma door de telefoon dwars door Julia's ziel schreeuwde.

'Perfect,' zei Julia. 'En ik ga ervoor zorgen dat dat zo blijft.'

Professor Cooper had haar verteld dat hij wachtte tot hij meer duidelijkheid had over een bepaald project, zodat hij zou weten wat voor personeel hij daarvoor nodig zou hebben. Hij belde op een middag en liet een kort bericht achter op het antwoordapparaat. Julia wist dat hij te intelligent was om zich niet te hebben gerealiseerd dat ze de telefoon helemaal niet meer opnam, aangezien ze hem altijd meteen terugbelde zodra hij een bericht had ingesproken. Maar ze vond het niet erg als hij vermoedens zou hebben dat er iets speelde in haar persoonlijke leven. Vermoedens waren prima. Julia wist ook niets over professor Coopers privéleven. Het beviel haar dat hun relatie zuiver professioneel was.

Toen ze hem terugbelde, zei de professor: 'Julia, het spijt me, maar ik kan nu helaas niet gebruikmaken van jouw diensten. Waarschijnlijk niet tot volgend jaar mei, om eerlijk te zijn. Sorry, ik weet dat dat niet is waar je op hoopte.'

'Maar het is' – Julia dacht na over welke datum het was – '12 oktober.'

'Ik weet het. Zie je, er is me een groot project voor een halfjaar aangeboden in New York, dus tot na die tijd ben ik niet in de stad. Ik pak mijn werk hier in het voorjaar weer op en dan zou ik heel graag willen dat je voor me komt werken.'

Julia probeerde deze informatie te verwerken. Wat kon ze de hele winter en lente doen? Behalve oppasbaantjes en andere bijbaantjes had ze nooit voor iemand anders dan professor Cooper gewerkt. En hij had toen zoveel betaald dat ze een goede crèche voor Alice zou kunnen betalen. Ze was van plan geweest de baby naar Emelines crèche te brengen als ze ging werken, zodat de baby verwend zou worden door haar tante en met Izzy kon spelen, die daar ook de meeste dagen was.

Julia vond dat ze van geluk mocht spreken dat ze college had gehad van professor Cooper; ze had zich uit nieuwsgierigheid ingeschreven voor de cursus organisatiepsychologie, omdat ze niet begreep wat het inhield. Cooper was een gereserveerde man en leek van de wijs gebracht toen ze als studente op hem was afgestapt en had gevraagd of ze hem tijdens de zomer ergens mee kon helpen. Ze had aangeboden boodschappen voor hem te doen, koffie te halen, wat hij maar wilde. En dat soort dingen had ze ook echt gedaan, maar de professor leek ook te beseffen dat als hij haar meenam op locatie om klanten te ontmoeten, de klanten altijd blij waren. Julia was slim en had goede ideeën. 'Ik stel je beginnersgeest op prijs,' zei professor Cooper dan, waarna hij haar over het ingewikkelde workflowprobleem vertelde waarmee hij worstelde. Soms begreep ze het niet goed genoeg om te kunnen helpen, maar meerdere keren had ze suggesties of ideeën die hem een nieuwe richting op hielpen.

'Dan kom ik met u mee,' hoorde Julia zichzelf nu zeggen. 'Ik kan u helpen met het grote project.'

'Naar New York?' De man klonk geschokt.

Julia was zelf ook geschokt.

'Neem me niet kwalijk,' – professor Cooper aarzelde even – 'maar je hebt toch een man en kind?'

'De baby kan mee,' zei ze. 'Ze zullen in New York toch ook goede crèches hebben. En het is maar voor zes maanden.'

Er vormde zich een plan in Julia's hoofd. Dit zou een aantal van haar problemen oplossen of in elk geval uitstellen. Ze kon al haar meubels en bezittingen opslaan en hoefde hier pas op zoek naar een nieuw appartement als ze terug was uit New York. Ze zou ver weg van William zijn terwijl de scheiding en de herroeping van zijn ouderlijke macht plaatshad. Dat zou vast helpen het proces zakelijk te houden. Als William van gedachten veranderde en Julia in Chicago woonde, kon hij persoonlijk met haar bakkeleien. Maar als ze in New York was, zou hij moeten bellen of een brief schrijven. Met een halfjaar zouden het stof en het drama wel weer zijn gaan liggen. Als Julia terugkwam zou ze misschien in Pilsen kunnen wonen, in de buurt van haar zussen. Dan zou het minder waarschijnlijk zijn dat de vriendinnen van Rose haar achterna zouden zitten op straat met de vraag waarom haar huwelijk was stukgelopen en wat ze verkeerd had gedaan. Een halfjaar zou een heel ander terrein bieden dan de hete kolen waarop haar gezin op dit moment stond.

'Dat is een interessant voorstel,' zei professor Cooper. 'Even hypothetisch gesproken zou ik natuurlijk het vliegticket betalen, maar de rest… Ik was van plan om ter plekke iemand in te huren.'

'Ik heb geld voor de verhuizing,' zei ze. 'Dat kan ik zelf betalen.' Ze zei bijna: ik ben nog nooit in New York geweest, dus het lijkt me heel opwindend. Maar ze vreesde dat ze dan niet serieus genoeg over het werk klonk en ook minder van nut dan iemand die hij ter plekke inhuurde en waarschijnlijk beter zou weten waar je het beste kon eten en hoe het metrosysteem werkte.

'Ik heb de regel dat ik geen beslissingen neem over de telefoon,' zei professor Cooper.

'Natuurlijk,' zei Julia.

Professor Cooper had veel regels, waarvan de meeste te maken hadden met het nemen van verstandige beslissingen en efficiëntie. Hij kocht één pak per jaar en niet meer, zodat hij de mode bijhield maar ook zijn oude kleding kon opgebruiken. Hij bleef fit door zes keer per week een grote salade te eten. Het maakte niet uit wanneer hij die at of wat hij verder nog naast die salades binnenkreeg, zes grote salades per week was de regel.

'Maar als je denkt dat je de verhuizing aankunt, Julia, ga ik op je aanbod in. Je bent de beste assistente die ik ooit heb gehad. Ik neem binnenkort contact op over de details.'

Na het ophangen werd Julia overspoeld door een tintelende energie waarvan ze een wild dansje deed tussen de verhuisdozen. Ze wist dat ze bang zou moeten zijn, nadat ze zo'n roekeloze beslissing had genomen, maar dat was ze niet. Ze was opgewonden. Ze dacht aan hoe ze het Rose zou vertellen en grijnsde; het zou leuk zijn om haar moeder te choqueren met dit nieuws. Rose had hen in de steek gelaten en dat had consequenties. Een daarvan was dat Julia het recht had er ook vandoor te gaan, al was het maar voor een poosje. Midden in haar dansje bedacht Julia zelfs dat haar moeder haar misschien wel kon helpen een appartement in New York te vinden. Rose had gezegd dat haar vriendinnen in Miami overal connecties in onroerend goed hadden, dus een van hen zou ook vast een beschikbaar appartement in New York weten. Misschien had een van die oude dames daar wel een appartement dat nu toch leegstond waar Julia en Alice zo in konden.

Julia pakte een gebonden atlas uit een van Williams dozen; het was een van zijn weinige bezittingen die geen kledingstuk was. Ze vond de staat New York en daarna een ingezoomde pagina van de stad New York. Met haar vinger ging ze over het eiland Manhattan. Ze was in een stad opgegroeid; hoeveel konden grote steden nou van elkaar verschillen? Ze keek om zich heen naar de stapels met dozen en de slapende baby. Ze had haar volgende stap uitgedacht en haar moeder noch haar zussen konden haar tegenhouden.

Julia stelde het op de hoogte stellen van haar zussen uit tot professor Cooper de details had bevestigd en tot ze de vliegtickets had om twee weken later met Alice naar New York te vertrekken. De meeste avonden kwam wel een of meer van haar zussen bij haar eten, maar Julia wilde het ze niet persoonlijk vertellen. Ze was bang dat als haar zussen van streek zouden raken waar ze bij was, ze misschien haar moed zou verliezen en van gedachten zou veranderen over de verhuizing. De zussen waren tenslotte nog nooit zo van elkaar gescheiden geweest, hadden nooit meer dan twintig minuten van elkaar vandaan gewoond, hadden elkaar nooit minder dan één keer per week of vaak zelfs elke dag gezien. Julia besloot dat het het beste was om het een van hen over de telefoon te vertellen en die zus het aan de anderen te laten vertellen. Ze hoopte dat ze in het vliegtuig zou zitten voordat ze hun gezamenlijke emoties naar haar konden slingeren.

Toen ze erover nadacht welke zus ze het zou vertellen, dacht ze eerst aan Sylvie, maar die voelde als een ingewikkelde keuze. Ze kwam net zo vaak bij Julia op bezoek als de tweeling, maar ze was stiller als ze in het appartement was. Zij en Julia omhelsden elkaar vaker dan eerder, en na het eten zaten ze naast elkaar op de bank en keken televisie terwijl de ene zus haar hoofd op de schouder van de andere legde. Ze hielden zo nu en dan elkaars hand vast, knepen even in elkaars vingers. Hun lichamen trokken naar elkaar toe als magneten, alsof hun lichamen communiceerden in een periode dat de twee oudste Padavano-zussen leken te aarzelen om te spreken. Julia had nooit gevraagd waarom Sylvie zich in de vierentwintig uur nadat William weg was gegaan meer zorgen om William had gemaakt dan om haar eigen zus. Ze had nooit naar het verhaal van de zoektocht gevraagd. Ze had aangenomen dat Sylvie was gestopt met haar bezoekjes aan het ziekenhuis nadat William haar had verteld dat hij niets meer met Julia en Alice te maken wilde hebben, maar iets wat Williams arts had gezegd maakte dat ze zich afvroeg of dat wel waar was.

Dokter Dembia had een boodschap achtergelaten op haar antwoordapparaat met de vraag of ze tien minuten van Julia's tijd zou mogen. De arts hoopte dat Julia antwoorden zou hebben over wat ze Williams 'inzinking' noemde. Maar Julia had niet geweten dat hij depressief was. Ze had het niet zien aankomen. Alles had haar totaal overvallen. Toen de arts haar naar informatie vroeg, besefte ze dat ze niet veel over zijn jeugd wist. William had er nooit over gepraat.

Julia zei: 'Ik denk dat ons huwelijk sowieso geen stand zou hebben gehouden.'

Het was even stil en vervolgens zei de arts: 'Dit moet heel verontrustend voor je zijn geweest, zelfs al waren er huwelijksproblemen.'

Even zei Julia niets. Ze had een brok in haar keel en ze dacht dat ze misschien zou gaan huilen. Ze had verwacht dat de arts haar zou veroordelen om het feit dat ze haar man niet kende. Ze had verwacht dat de arts zou afkeuren dat ze nooit naar het ziekenhuis was gekomen, ook al was haar gezegd weg te blijven. Ze had geen vriendelijkheid verwacht. En de arts had haar juist gediagnosticeerd: wat er was gebeurd hád Julia verontrust. Ze was omgevallen als een blokkentoren en zelfs nu ze de kans had gehad zichzelf op te rapen, voelde het alsof ze een deel van haar hart voorgoed kwijt was.

'Sorry dat ik niet van groter nut kan zijn,' zei Julia toen ze weer op haar stem durfde te vertrouwen.

'Bedankt voor je tijd, Sylvie.'

Julia knipperde met haar ogen. 'Sylvie?'

'O, het spijt me. Ik versprak me. Julia, had ik willen zeggen. Ik stel het op prijs dat je met me wilde praten.'

Nadat ze had opgehangen vroeg Julia zich af waarom Sylvies naam in het hoofd van de arts had gezeten. Had dokter Dembia Sylvie onlangs nog gezien? Of had haar zus soms zelfs voor haar neus gestaan tijdens het gesprek? De verspreking van de arts kon ook niets te betekenen hebben, maar nu zat Julia met vragen, en die vragen creëerden een afstand tussen haar en Sylvie. Ze besloot Emeline te bellen om haar te vertellen over de verhuizing naar New York. Emeline had een vriendelijke stem en had bijna altijd een baby in haar handen, dus ze zou nooit schreeuwen. Cecelia was geneigd boos te worden als ze werd overvallen met iets wat zij als slecht nieuws beschouwde. Dus op een woensdag in de laatste week van oktober belde Julia Emeline op de crèche.

'Het is het drukste moment van de dag,' zei Emeline. 'De baby's zijn rusteloos. Is het goed als ik je later terugbel als ik thuis ben?'

'Ik wil je vertellen dat ik een baan heb aangenomen bij professor Cooper.'

'O, gefeliciteerd! Wat goed.'

'Het eerste halfjaar is dat in New York en daarna werk ik hier.'

Het was even stil, toen hoorde Julia Emeline op een afstandje van de hoorn zeggen: 'Josie, kun je het van me overnemen? Ik moet dit telefoontje even in de keuken aannemen.' Het was weer een poos stil, waarschijnlijk omdat Josie de telefoon vasthield tot Emeline het toestel in de keuken opnam. 'Dank je wel, Josie,' zei ze en er klonk een klik toen het andere toestel werd neergelegd.

'New York?' zei Emeline.

'Voor een halfjaar maar. Het is een geweldige kans en ik heb het geld nodig.'

'Dat kun je niet maken,' zei Emeline en haar stem klonk scherp, als die van Cecelia. Emeline was een botermes; Cecelia een steakmes. 'Je kunt nu niet weggaan. Midden in dit hele gebeuren. Je begaat een vergissing, Julia. Je kunt niet weglopen.'

'Het is maar voor even. Ik loop niet weg.' Maar dit frustreerde haar wel, want ze wist dat Emeline bedoelde dat ze wegliep van haar huwelijk, en wat Julia betrof was dat niet eens mogelijk. William was volkomen duidelijk geweest: hun huwelijk was voorbij. Er was niets om van weg te lopen.

'Je hebt ons nodig,' zei Emeline. 'Dat besef je misschien niet, maar het is wel zo. We hebben elkaar nu nodig.'

'Je kunt me komen opzoeken in New York, Emmie. Lijkt je dat niet leuk?'

'Je stelt me teleur,' zei Emeline, en Julia besefte dat ze dit helemaal verkeerd had ingeschat. Ze had de verkeerde zus gebeld. Emeline was hun geweten. Ze had Cecelia moeten bellen en dan hadden ze tegen elkaar kunnen schreeuwen. Ze had zelfs Sylvie kunnen bellen en het nieuws in stilte tegen haar zus kunnen horen kaatsen. Emeline ging uit van goed en fout. Ze probeerde niet een discussie te winnen. Cecelia en Sylvie zouden hebben geprobeerd te winnen. In die krachtmetingen had Julia beter grip kunnen krijgen.

'Alice huilt,' zei ze. 'Ik hou van je. Ik moet ophangen.'

Toen ze ophing, wist ze dat ze zelfs met het beëindigen van het telefoontje gefaald had. Huilende baby's waren een constante in Emelines leven. Er waren er waarschijnlijk vijf of zes die op dat moment in haar aanwezigheid tot aan hun slaapje jengelden. Julia zag voor zich hoe haar zus haar verantwoordelijkheden weer oppakte, baby's optilde en hen op haar heup zette, speentjes in monden stopte, liefdevol kirde naar zuigelingen met wie ze geen familieband had, gewoon omdat dat het juiste was.

Sylvie

AUGUSTUS 1983 – NOVEMBER 1983

Tijdens de eerste tien dagen van Williams ziekenhuisopname dachten de verpleegkundigen en artsen allemaal dat Sylvie zijn vrouw was. Dat had ze tenslotte ook beweerd op de dag dat William zichzelf van het leven had proberen te beroven. Ze had die woorden nooit weer gebruikt, maar Kent noch zij had de fout gecorrigeerd. Als echtgenote kreeg Sylvie informatie over Williams medische zorg. Artsen en verpleegkundigen behandelden haar met respect en lieten haar Williams status zien, en zij gaf alles wat ze haar vertelden weer aan Kent door.

Een paar dagen nadat William naar het tweede ziekenhuis was overgeplaatst, vertelde Sylvie dokter Dembia echter de waarheid. Het doel op deze afdeling was Williams gediagnosticeerde ernstige depressie te behandelen en toen Sylvie de arts tegen William hoorde zeggen dat hij meedogenloos eerlijk tegen haar moest zijn, werd ze onmiddellijk overspoeld door schuldgevoel. Het voelde alsof ze op een leugen was betrapt tijdens de biecht in de Saint Procopius. Sylvie liep achter de arts aan de gang op en legde met moeite uit hoe ze in deze situatie was beland. Ze was blij dat dokter Dembia een vrouw was, zo kon ze tijdens het praten proberen te doen alsof de intense dokter met kort grijs haar een van haar zussen was.

'Vlak voor hij zelfmoord probeerde te plegen heeft William tegen mijn zus Julia gezegd dat hun huwelijk voorbij was. Dus wilde Julia niet naar het ziekenhuis komen toen het was gebeurd, en Williams ouders... Ik weet niet precies hoe het zit, maar ze bemoeien zich op geen enkele manier met hem. Kent kon natuurlijk moeilijk beweren dat hij Williams broer was en iemand moest voor hem spreken terwijl hij bewusteloos was. De ambulancechauffeur veronderstelde dat ik zijn vrouw was en ik heb hem niet gecorrigeerd. Dus zo kwam het.' Sylvie haalde haar schouders op, licht duizelig van de inhoud van de paragraaf die haar mond uit was gekomen.

Dokter Dembia trok haar wenkbrauwen op. 'Het klinkt alsof je juist hebt gehandeld,' zei ze. 'Ik zal nu op het bezoekformulier achter je naam zetten dat je de schoonzus bent. Bedankt dat je het me hebt laten weten.'

Als Sylvies zussen dit hadden gehoord, zouden ze verbaasd zijn geweest. Sylvie was ook verbaasd. Zelfs voor zichzelf was ze een vreemde. Ze was veranderd door de nacht en dag dat ze door de straten van de stad had gehold met Williams vrienden. Die uren waren anders geweest dan alle andere uren van Sylvies leven; de inspanning, het gezelschap, de angst, de doorwaakte nacht. Ze zou het nooit vergeten. Het voelde alsof ze gemerkt was door de ervaring, als een soort tatoeage.

Sylvie hield zichzelf voor dat er twee redenen waren waarom ze William bleef bezoeken. Ten eerste omdat hij nog steeds lichamelijk niet in orde was en onmogelijk zijn eigen medische zorg kon regelen en het hielp dat er iemand was die met de arts kon praten. Kent kon het niet doen, omdat hij terug moest naar zijn studie geneeskunde. En ten tweede omdat Julia Sylvie had gevraagd uit te zoeken of haar aanwezigheid gewenst was in het ziekenhuis of niet, of ze nog steeds een echtgenote moest zijn. 'Móét ik iets doen?' had Julia gevraagd toen Sylvie bij haar langs was gegaan. Sylvie had haar zus al een keer teleurgesteld door haar alleen te laten en William te gaan zoeken en ze wilde haar niet nog een keer teleurstellen. Dus wachtte ze naast Williams bed tot hij weer alert genoeg was om te praten.

De vele uren die William in het meer had doorgebracht hadden een tijdelijk effect op zijn zicht, zijn elektrolytenwaarde en zijn schildklier. Hij had de grootste moeite om wakker te blijven en Sylvie las een bundel lievelingsgedichten terwijl hij sliep. Gedichten die pasten bij haar gefragmenteerde aandachtsspanne, maar ze koos ze ook omdat ze zich erdoor dichter bij haar vader voelde. Ze dacht bijna voortdurend aan Charlie als ze naast de slapende patiënt zat. Haar vader had haar begrepen en ze wist dat hij Williams gebrokenheid ook had herkend. Sylvie wist met heel haar hart dat als Charlie nog zou leven, hij ook in deze ziekenhuiskamer zou zijn, net als zijn middelste dochter in staat de innerlijke reis van de man in het bed te volgen.

Op een middag werd William knipperend met zijn ogen wakker en ging rechtop zitten. Sylvie legde haar boek weg. Haar lichaam werd onrustig; ze wist dat het tijd was. Ze kon Julia bijna onrustig voelen zijn in haar appartement aan de andere kant van de stad. Meende William wat hij in dat briefje had geschreven? Wilde hij echt niet meer met Julia getrouwd zijn? Toen William – met vlakke, duidelijke stem – te kennen gaf dat hij inderdaad niet wilde dat Julia op bezoek kwam, en hij Alice ook niet wilde, hij hen allebei meer opgaf dan Sylvie of Julia of de tweeling mogelijk hadden geacht, keek Sylvie naar zijn half afgewende gezicht, zijn lange lijf in het bed, de witte lucht buiten het raam en voelde iets opwellen in haar lichaam en vrijkomen met stille snikken.

Het bleek dat zij dat antwoord ook nodig had gehad. Sylvie bestond uit vraagtekens en gevoelens waarvan ze niet wist wat ze ermee aan moest, alsof ze haar handen vol had en een broek zonder zakken droeg. Ze maakte zelf een proces door in deze ziekenhuiskamer. Ze miste haar zus, maar als Julia naar het ziekenhuis zou komen, zou Sylvie geen plek meer hebben naast Williams bed. En als Julia en haar man weer bij elkaar kwamen, wist Sylvie dat ze nergens meer zou passen; in hun appartement en in deze kamer zou er op de een of andere manier geen plaats meer voor haar zijn. Het voelde voor haar alsof ze samen met William had ingecheckt in deze ziekenhuiskamer. En ze had meer tijd nodig. Ze was niet ziek, maar ze was ook niet in orde.

Daarna was Sylvie van plan niet meer op bezoek te gaan. Ze

had haar beide doelen bereikt: William was nu in staat zelf met de arts te praten en Julia had het nieuws gekregen waarnaar ze verlangde. Maar Sylvie merkte dat ze niet weg kon blijven. Ze zei elke ochtend tegen zichzelf dat ze die dag niet op bezoek zou gaan en stapte vervolgens op de bus naar het ziekenhuis. Ze werd als door een magnetische kracht heen en weer getrokken tussen de bibliotheek, het ziekenhuis en het appartement van haar oudere zus. Ze stempelde boeken, stuurde herinneringen voor boeken die te laat waren, zat aan Williams bed en at afhaalmaaltijden met haar zussen.

Wat ben ik aan het doen? vroeg ze zich herhaaldelijk af en ze had nooit een goed antwoord. In het ziekenhuis zat Sylvie urenlang naast iemand die dood had willen zijn. Hij leek in elk geval niet volop te leven. Soms was zijn blik wezenloos als hij naar haar keek en kon ze zien dat hij zijn best moest doen zich haar naam te herinneren. Ze zat in stilte met een boek open op haar schoot en probeerde met haar wilskracht te bewerkstelligen dat de man in het bed zich weer aan de stof van het leven vastnaaide. Dokter Dembia had met haar gesproken over de weerspannigheid van depressie, over de kunst en techniek van het vinden van de juiste combinatie en hoeveelheid medicatie. 'Hij zal de rest van zijn leven medicijnen moeten slikken,' zei dokter Dembia. 'Zonder zal hij deze depressie niet het hoofd kunnen bieden. Het is buitengewoon dat hij het zo lang heeft uitgehouden.'

Sylvie probeerde uit alle macht een veilig onderwerp te bedenken om met William over te praten terwijl hij alerter werd. Over koetjes en kalfjes kletsen kon ze niet; ze kon niet met hem over het weer of het vreselijke ziekenhuiseten praten. De gedachte met William over onzinnige dingen te spreken maakte dat haar mond droog werd en ze helemaal niets meer kon zeggen. Eén keer stelde ze in haar wanhoop een basketbalvraag. Dit werkte en werd de oplossing voor gesprekken die niet gekunsteld of ongemakkelijk voelden. Sylvie herinnerde zich een bepaalde speler of een stukje basketbalgeschiedenis uit zijn boek en vroeg hem ernaar. Ze voelde een golf van opluchting vanwege de opluchting op Williams gezicht als hij antwoord gaf. Op die momenten ging er een lichtje branden achter zijn ogen dat Sylvie deed denken aan de waakvlam van een kachel. Ze vond een basketbalencyclopedie in de bibliotheek en noteerde vragen die ze kon stellen. Ze wilde die waakvlam weer aankrijgen. Ze vroeg zich af of hij, als ze maar genoeg vragen stelde, misschien voorgoed aan zou gaan.

Op een avond na het eten verlieten Sylvie, Cecelia en Emeline Julia's appartement. Julia leek lichter sinds ze had gehoord dat William haar en Alice niet wilde. Ze glimlachte, plaagde haar zussen en gaf haar mening over het eten dat ze aten, ze kletste over Alice en Izzy. Sylvie keek naar haar oudere zus en benijdde haar om haar lichtheid. Sylvie voelde zich opgesloten in zichzelf, alsof ze was ondergesneeuwd met geheimen. Telkens wanneer ze tijdens het eten haar mond opendeed om te praten, voelde ze een verwarrende onduidelijkheid over wat ze wel en niet mocht zeggen.

Cecelia had een auto geleend van een beeldhouwer die met haar uit wilde, dus stapten ze in zijn kleine groene sedan. Emeline zat achterin naast een slaperige Izzy, die in een autostoeltje zat vastgegespt.

'Hou je aan de snelheid,' zei Emeline waarschuwend. Als Cecelia reed, reed ze hard.

'Ik hou niet zo van Buffalo-wings, denk ik,' zei Cecelia. 'En welke kip heeft er eigenlijk zulke kleine vleugels? Heel verdacht.'

'En weg is ze,' zei Emeline, want Izzy was in slaap gevallen. Het gezichtje van het meisje stond ernstig, alsof haar onderbewuste moeilijke problemen overdacht: hoe begrotingstekorten in een moderne economie op te lossen misschien, of of vrije wil verenigbaar was met determinisme.

Sylvies spieren waren zo gespannen dat ze moeite had haar autogordel om te doen. Toen de auto versnelde na een bocht, wist ze dat ze iets moest zeggen voordat ze volledig ingesneeuwd zou raken en helemaal niet meer zou kunnen praten. Ze kuchte en zei snel: 'Ik moet jullie iets vertellen. Ik bezoek William af en toe. Ik ben een paar keer geweest. Ik wil het niet tegen Julia zeggen, maar ik kan het niet ook voor jullie achterhouden.'

Cecelia keek vanaf de bestuurdersstoel naar haar. Sylvie zag dat haar zus nadacht over wat ze zojuist had gezegd.

'O, daar ben ik blij om,' zei Emeline, duidelijk opgelucht.

Sylvie keek over haar schouder.

'Ik maak me erge zorgen om William,' zei Emeline. 'Hij heeft geen familie. Ik weet dat we aan Julia's kant moeten staan en ik sta ook aan haar kant, natuurlijk,' – Emelines ogen werden groot – 'maar William is geen eikel. Hij moet zich zo vreselijk ellendig hebben gevoeld, om dat te doen. Het is gewoon een afschuwelijke situatie. Ik vind het vreselijk. Ik ben zo blij dat jij hem opzoekt.'

'O, Emmie.' Sylvies schouders ontspanden. Ze voelde hoe gestrest ze was geweest omdat ze dit geheim met zich meedroeg. 'Zo voel ik het ook.'

Cecelia zat over het stuur gebogen. 'Wat?' zei ze, toen ze de blikken van haar zussen op zich gericht voelde.

'Ben je boos?' vroeg Sylvie.

'Ik ben blij dat je het ons hebt verteld,' zei Cecelia, 'maar ik ga niet bij hem op bezoek.'

Sylvie wist dat Cecelia boos op William was vanwege zijn zelfmoordpoging. We zouden hem allemaal geholpen hebben, als hij het maar had gevraagd, had ze meerdere keren gezegd in de dagen nadat het was gebeurd. Sylvie dacht dat haar zus de gedachte niet kon verdragen dat iemand om wie ze gaf zichzelf in het geniep van kant probeerde te maken. Cecelia was open en bot. Ze geloofde dat als je ongelukkig was, je dat gewoon moest zeggen. Als je hulp nodig had, moest je daarom vragen. Williams stilte beledigde Cecelia net zozeer als zijn keus om het meer in te lopen.

'Ik denk ook niet dat je bij hem langs moet gaan,' zei Sylvie.

'Julia zal het van mij al vreselijk vinden. Het is niet goed als we allemaal iets voor haar verbergen.'

Cecelia leek niet te luisteren. Ze zei: 'Emmie blijft maar op me inpraten over hoe ellendig William zich moet hebben gevoeld. Ze wil dat ik het begrijp, ook al kan ik er totaal niet bij.'

Emeline knikte op de achterbank.

Sylvie zei: 'Ik ben blij dat jullie niet boos op me zijn. Dat zou ik niet willen.'

'We kunnen toch onmogelijk boos op jou zijn?' zei Cecelia.

Sylvie glimlachte omdat ze wist dat haar zus het meende. Bepaalde zaken waren voor Cecelia niet-onderhandelbaar en in deze turbulente tijd voor de familie zou ze elke nodige richting op buigen om haar zussen te steunen.

Toen Cecelia Sylvie thuis afzette, stond Ernie voor de deur van haar appartement te wachten. Ze had hem niet meer gezien sinds de nacht dat ze met elkaar naar bed waren gegaan en ze had maar zelden aan hem gedacht, maar het voelde logisch dat hij nu opdook. Sylvie was begonnen de waarheid te vertellen. In elk geval een deel ervan, aan sommige mensen. Dat betekende dat ze niet langer om haar eerdere zelf heen kon.

Wie wil ik nu zijn? dacht ze. En heb ik een keuze?

'Tijd niet gezien,' zei Ernie en daar was ze het mee eens.

Ze waren allebei duidelijk nerveus over hoe dit zou lopen. Ernie zei dat de voordeur van haar gebouw stuk was en ze dat tegen de conciërge moest zeggen. Sylvie antwoordde dat de deur al een tijdje stuk was. Ernie droeg een spijkerbroek en een bowlingshirt en ze realiseerde zich – alsof ze nummers in een kolom optelde – dat hij er knap uitzag. Sylvie glimlachte, hij glimlachte terug. Ze stond hem toe haar in zijn armen te nemen en haar in haar hals te kussen.

Toen deed ze met haar handen langs haar zij een stap achteruit. Er was een zoemend gevoel in haar lichaam, een soort waarschuwingssignaal. Ze vertelde hem wat er was gebeurd sinds de laatste keer dat ze hem had gezien. Ernie bleek op de radio over de reddingsactie in het meer te hebben gehoord.

Hij zei: 'Dat dat jouw zwager was.'

'Ja,' zei Sylvie. 'Ik heb het nu erg druk met hem en mijn zus helpen, dus ik heb niet echt tijd over.'

Ze zweeg. Ik wil je niet, dacht ze, ik zou willen van wel. Ik zou willen dat ik een normale vrouw was die met de knappe man die voor haar staat naar bed wil.

'Ah... oké,' zei hij, met begrip op zijn gezicht. Ze stonden nog steeds in de gang.

'Misschien zie ik je nog eens in de bibliotheek?'

'Tuurlijk,' zei Ernie, en weg was hij.

Sylvie leunde tegen de muur. Omdat ze zo goed wist wat ze niet wilde, was ze alleen. Ze was niet langer wie ze was geweest en ze was nog niet wie ze dan ook aan het worden was. Ze was dankbaar voor het feit dat haar vader haar had voorbereid op dit moeilijke, eenzame moment. Dankzij hem wist ze dat ze buiten de grenzen van haar eerdere en toekomstige zelf kon bestaan, voor een poosje tenminste. Ook al deed het pijn. Maar ze begreep nu ook waarom haar vader de wrede schoonheid van een dergelijk leven – dergelijke eerlijkheid – met alcohol had verdoofd en waarom ze zich altijd fijner had gevoeld bij de boeken in de bibliotheek dan in de mensenwereld.

Ze stond nog steeds in de gang. Ze wilde haar knusse studio binnengaan; de vaal geworden muren en het tl-licht van de gang maakten de krassen van wanhoop binnen in haar dieper, maar dat ongemak voelde noodzakelijk. Er was een vraag die ze zichzelf moest stellen, een vraag bedekt met stekelige braamstruiken.

Wat wil je?

Sylvie zou deze vraag niet eerder hebben gesteld, omdat ze bang zou zijn geweest voor het antwoord, maar ze wilde helemaal en waarachtig zichzelf zijn en de wereld zo volledig en waarachtig mogelijk ervaren. Ze deelde zichzelf nu al een hele tijd op, in elk geval sinds de dood van haar vader. Ze was de ene persoon bij Julia, een iets eerlijker persoon bij de tweeling, en hield controle over haar eigen gedachten en gevoelens terwijl ze probeerde zichzelf het pad op te duwen waarvan ze dacht dat ze dat moest belopen. Er was maar één persoon bij wie Sylvie zich volledig zichzelf voelde: William. Bij hem was ze haar hele zelf en voelde het zelfs alsof er ruimte was om nog méér te worden. Als hij naar haar keek, was dat zonder oordeel of verwachtingen, en in die ruimte voelde Sylvie haar potentie: voor dapperheid, genialiteit, vriendelijkheid, vreugde. Al die zeilen rustten op het dek van haar schip; ze waren van haar, maar ze had ze niet eerder gezien. Voorafgaand aan de vele uren in Williams ziekenhuiskamer was ze zich niet van ze bewust geweest. Haar vaders liefde had gezegd: doe alles, wees alles. Als ze bij William in de buurt was, wist ze dat ze het vermogen bezat om die gigantische, schitterende zeilen te hijsen en het ruime sop te kiezen.

Ze dacht: ik wil bij hem zijn. Haar adem stokte door de grootsheid van dit verlangen. Het voelde alsof ze een paraplu had vastgehouden om te ontkennen dat het regende, en nu was de paraplu weg en stond ze in een stortbui. Sylvie werd overspoeld door verbazing, schaamte en droefheid omdat ze natuurlijk niet bij hem kon zijn. Niet meer nadat hij het ziekenhuis had verlaten en niet op een manier die ertoe deed.

Op een middag hield dokter Dembia haar staande in de ziekenhuisgang. 'Ik probeer iets te achterhalen en misschien kun jij helpen. William zei dat je met hem over basketbal praat.'

Sylvie knikte, blij dat de dokter haar om hulp vroeg. 'Daar praat hij graag over. Hij is... gelukkiger als hij over basketbal praat.'

'Ja,' zei de arts. 'Waarom denk je dat basketbal zo belangrijk voor hem is?'

'Nou, hij heeft het van jongs af aan gespeeld. Hij zat in het universiteitsteam.' Sylvie dacht er even over na. 'Hebt u het ook aan Kent gevraagd?'

'Hij zei dat basketbal Williams eerste taal is. Dat hij vroeger meer met een bal dribbelde dan sprak.'

'Zijn eerste taal,' herhaalde Sylvie. Dat klonk logisch. Ze had per ongeluk de situatie gecreëerd waarin ze met William in zijn eerste taal sprak, misschien wel de enige die hij vloeiend sprak.

Daarom was zijn waakvlammetje aangegaan.

'Dat zal een deel van de oorzaak zijn.' De arts knikte naar een patiënt die langsliep maar hield haar blik op Sylvie gericht.

'Hij heeft me een keer verteld dat zijn ouders niet van hem hielden,' zei Sylvie. 'Ik denk dat ze niet veel met hem spraken toen hij jong was.'

Ze schrok er een beetje van toen ze die zin hardop hoorde. Rose en Charlie hadden altijd aan één stuk door tegen de meisjes gepraat. Sylvie probeerde zich voor te stellen hoe het moest zijn om op te groeien in een huis waar geen liefde of vreugde was en zag een koude, weergalmende ruimte voor zich. Ze zag een jongetje dat met een basketbal dribbelde om een troostend, herhalend geluid voort te brengen. Sylvie had het gevoel dat ze vaak kreeg als ze een goed boek las en het verhaal plotseling binnen in haar samenkwam, vergezeld van nieuw begrip.

Ze zei: 'Basketbal was het eerste in Williams leven wat ook van hém hield, lange tijd het enige wat van hem hield.'

'Ja,' zei dokter Dembia, wier ogen straalden. Ze was wetenschapper en Sylvie had haar zojuist een nuttig onderdeel van de vergelijking gegeven. 'Dat is het. Ja.'

Op de dag dat William Sylvie vroeg zijn geheimen op te schrijven, merkte ze dat haar handen trilden toen ze zijn kamer verliet. Wat er in die ziekenhuiskamer was gebeurd was hoe ze zich altijd had voorgesteld dat de kerkgang hoorde te voelen. De lucht leek open te breken en wat ze hadden uitgewisseld voelde heilig.

Sylvie nam meestal de bus vanaf de halte voor het ziekenhuis, maar die middag wandelde ze naar de bibliotheek. Ze wilde de wind op haar huid voelen. Ze versnelde een paar keer naar een hardlooppas omdat haar lichaam naar beweging hunkerde, en ze vond het fijn dat midden in een pas haar beide voeten een fractie van een seconde van de grond waren. Die avond in Julia's appartement fluisterde ze tegen Emeline en Cecelia dat ze hen moest spreken. Ze begrepen dat ze zonder Julia bedoelde, dus toen ze na de curry met samosa's in de auto van de beeldhouwer stapten, reed Cecelia een paar straten en keerde de auto. Mevrouw Ceccione paste op Izzy, dus de drie zussen zaten alleen in het voertuig. Sylvie en Cecelia draaiden hun lichaam zo dat ze allebei Emeline achterin konden aankijken.

'Wat is er?' vroeg Emeline. 'Is alles goed met William?'

Sylvie vertelde hun alles wat William haar had verteld. Het enige wat ze voor zich hield was zijn opmerking dat hij zijn geheimen met niemand anders dan haar had kunnen delen. Die zin verwarmde Sylvie vanbinnen en was van haar alleen.

'O, hemeltje,' zei Emeline toen Sylvie was uitverteld. Ze was even stil. 'Wat ontzettend dapper van hem.'

'Niet te geloven dat hij een zus had,' zei Cecelia.

De drie vrouwen keken elkaar met gedeelde verwondering aan. Een verborgen, verloren zus was monumentaal.

Sylvie zei: 'Zijn arts, die overigens heel aardig is, heeft tegen hem gezegd dat om beter te worden, hij dat allemaal niet binnen moest houden. Ze gaf hem een mantra: geen onzin en geen geheimen.'

'Ik moet jullie iets vertellen.' De woorden stroomden uit Emeline als uit een verstopte kraan. 'Ik leef voor een deel zo met William mee,' zei ze, 'omdat ik zelf af en toe ook depressief ben geweest. De afgelopen paar jaar. Ik heb zelfs ook dat soort gedachten gehad.'

De autoramen waren dicht. Het was een stormachtige oktoberavond; de wind schudde de takken boven hun hoofd en het klonk alsof de bomen applaudisseerden.

'Niet waar.' Cecelia's stem klonk scherp. 'Dat moet je niet zeggen. Dat is niet waar.'

'Ik zou het niet hebben gedaan,' zei Emeline. 'Dat beloof ik.'

'Waarom zou je dat voor ons verbergen?' vroeg Sylvie. 'Waarom heb je ons niet verteld dat je je zo voelde?'

Emeline draaide haar gezicht naar het autoraampje. 'Ik durfde het niet. Maar Williams arts heeft gelijk. Het is niet goed om geheimen te hebben.'

Cecelia keek naar het profiel van haar tweelingzus. Ze was

duidelijk verbaasd te horen dat Emeline geheimen voor haar had. 'Emmie, je kunt ons alles vertellen.'

'Ik ben verliefd op iemand. Heel erg.'

Sylvie en Cecelia legden allebei een hand op hun borst, net als Rose deed als iemand haar groot nieuws vertelde. Julia deed dat ook altijd.

Emeline had nu haar ogen dicht. Ze hield haar hoofd nog steeds afgewend alsof ze bang was voor een fysieke aanval. 'En het is geen man. Het is Josie, mijn collega op de crèche.'

'Josie?' vroeg Cecelia.

'Ik was ervan overtuigd dat ik me vergiste en dat wat ik voelde gewoon betekende dat ik haar heel aardig vind, en dat is ook zo. We werken geweldig goed samen en ze maakt me aan het lachen. De baby's zijn dol op haar. Maar mijn hart gaat sneller slaan als ik bij haar in de buurt ben en ik wil haar zo graag kussen.'

Sylvies lichaam was verstijfd van verbazing. Ze probeerde iets te bedenken om te zeggen.

'Ik weet het,' zei Emeline verdrietig.

Sylvie had nog nooit een lesbienne gekend. Er was een vrouw die op een rode fiets door de wijk reed met een baseballpet op en van wie het gerucht ging dat ze samenwoonde met een andere vrouw, maar ze kwam nooit in de bibliotheek, dus Sylvie had haar nog nooit van dichtbij gezien. Ze dacht altijd dat lesbiennes hard en mannelijk waren, en Emeline was juist het tegenovergestelde. Ze was de liefste en zachtste zus.

'O, Emmie,' zei Cecelia. 'Weet je het zeker?'

Emelines ogen vulden zich met tranen.

Sylvie stak haar arm naar achteren om haar hand op de knie van haar jongere zus te leggen. 'We houden van je,' zei ze. 'Dit is alleen... onverwacht, meer niet.'

'Ik heb geen idee of Josie mij ook op die manier leuk vindt,' zei Emeline. 'Waarschijnlijk niet.'

'Mam zou een hartverzakking krijgen,' zei Cecelia.

Dat was ongetwijfeld waar; Rose was door en door katholiek en had in de loop van hun leven meerdere kleinerende of beledigende dingen gezegd over homoseksuele mensen. Een vreselijke nieuwe ziekte die vooral homoseksuele mannen leek te treffen had onlangs de kop opgestoken en dit nieuwsverhaal wekte bij Rose evenveel afkeer als fascinatie op.

'Ik weet het. Ik ben voor het eerst blij dat ze zo ver weg is gaan wonen.'

De andere vrouwen moesten lachen om de opluchting in Emelines ogen.

'Ik dacht dat jullie me zouden haten als ik het jullie vertelde. Maar William heeft jou vreselijke dingen verteld en ik voel alleen maar sympathie voor hem.' Ze aarzelde. 'Maar geen eigen baby's voor mij dus,' fluisterde ze. 'Ik zal geen moeder kunnen worden.'

Sylvie en Cecelia wisselden een vlugge blik uit om hun verbazing te delen over wat ze zojuist hadden gehoord en hun verdriet om die laatste opmerking. William wilde geen vader zijn, en Emeline kon niet krijgen wat ze het liefste wilde: moeder worden.

'Misschien kun je adopteren?' zei Sylvie. Ze voelde nog een klein scheurtje in zichzelf; weer een stukje leven dat de zussen scheidde van de dromen die ze ooit voor zichzelf en elkaar hadden gehad.

Emeline schudde haar hoofd. 'Ik vraag me af hoe William zich voelt. Ik voel me nu al beter.' Haar gezicht stond vrolijker, ze zat rechter. 'Nu moeten jullie me een waarheid uit jullie leven vertellen,' zei ze. 'Het is jullie beurt. Voor William.'

Dit deed Sylvie denken aan het spelletje met de toekomstvoorspellingen dat ze vroeger speelden. Ook al waren ze net bij Julia weg, ze miste haar, een gevoel dat ze als een pijnlijke steek in haar lijf ervoer. Ze zag dat haar zussen ook aan het spelletje dachten en er een rimpel in Emelines voorhoofd was verschenen die betekende dat ze spijt had van hoe ze haar verzoek had verwoord. Ze hadden onlangs te horen gekregen dat Julia hen een halfjaar zou verlaten. Alle drie zagen ze haar vertrek als een vergissing. 'De timing is afschuwelijk,' had Cecelia opgemerkt. 'Het is een vlucht,' had Emeline gezegd. Maar Sylvie vermoedde dat haar zus juist naar iets toe rende: een nieuw leven. Julia wilde zichzelf opnieuw uitvinden en dat was moeilijk in aanwezigheid van mensen die haar al van kleins af aan kenden. Maar Sylvie maakte zich wel zorgen dat haar zus had aangevoeld dat Sylvie iets voor haar achterhield, en dat geheim had ruimte gecreëerd voor Julia om weg te gaan. Als Sylvie en Julia hecht waren gebleven, eerlijk waren gebleven, zou de oudere zus vertrekken niet eens als mogelijkheid hebben gezien. Diep vanbinnen geloofde Sylvie dat het haar schuld was dat Julia binnenkort weg zou gaan.

'Ik ga wel eerst,' zei Cecelia. 'Ik zou wel weer een keer seks willen hebben. Ik heb het maar één keer gedaan.'

Emeline moest dit al hebben geweten, maar Sylvie was verrast. Ze had aangenomen dat Cecelia met vele minnaars de liefde had bedreven op een stuk zeil, voor of na een project. Ze had het gevoel dat Cecelia het kleed van volwassenheid veel makkelijker had aangetrokken dan zij allemaal. Ze bewoog zich met een zelfvertrouwen dat Sylvie ontbeerde en leek zich niets aan te trekken van de verwachtingen van anderen. Cecelia en Izzy lachten veel samen; ze genoten zichtbaar van elkaar. Sylvie had aangenomen dat haar zus de mannen voor het grijpen had die haar fysiek genot konden geven.

'Ik weet dat het eruitziet alsof mijn leven geweldig is,' zei Cecelia, als antwoord op Sylvies gezichtsuitdrukking. 'En mijn leven is ook goed, maar niet geweldig. De eigenaar van deze auto zou dolgraag seks met me willen, maar hij is een miljoen jaar oud en een viezerik. Ik moet rekeningen betalen, en de jongens van mijn leeftijd zijn zo vreselijk onvolwassen, daar kan ik niet tegen.'

'Sylvie?' zei Emeline.

'O,' zei Sylvie en de lettergreep verliet haar mond als een zachte kreun. Het was nu warm in de auto en de ramen waren beslagen. Sylvie was een geheim gewórden. Ze veranderde op manieren die ze niet bij kon houden, laat staan uitleggen. Zou ze hun vertellen dat ze altijd aan William dacht en hem miste zodra ze zijn kamer verliet? Dat ze soms als hij lag te slapen in het ziekenhuis bij hem wilde gaan liggen in de hoop dat hij haar voor zijn vrouw zou aanzien en haar zou vasthouden? In plaats daarvan zei ze: 'Ik ben iets aan het schrijven.'

De gezichten van haar zussen lichtten op van plezier. Natuurlijk, zag Sylvie hen denken.

'Nee,' zei ze, 'het is niet wat jullie denken. Het is geen boek. Ik slaap slecht, dus als ik 's avonds thuiskom, schrijf ik over onze jeugd. Gewoon wat scènes. Gisteravond schreef ik over een verjaarspartijtje waarbij een jongen Julia uitdaagde haar adem zo lang mogelijk in te houden, wat ze zo lang deed dat ze flauwviel.'

'Onze negende verjaardag,' zei Cecelia. 'Die met die afschuwelijke taart.'

'Felgeel glazuur,' zei Emeline. 'Sylvie! Wat geweldig! Ik ben zo blij dat je dat doet.'

'Het is niet goed geschreven of zo.' Sylvie probeerde hun dit duidelijk te maken met haar ogen. Ze wilde dat haar zussen het begrepen. 'Daar is het me ook niet om te doen.'

Ze was op het idee, de mogelijkheid, gekomen door Williams boek natuurlijk. En door Whitman. Sylvie had altijd gedacht dat als, áls, ze iets zou schrijven, het perfect moest zijn. Een verhaal dat prachtig in elkaar zat en klaar was om aan de wereld te worden geschonken. Maar William had haar laten zien dat ze voor, en aan, zichzelf kon schrijven. En Whitman had gedurende zijn leven zijn gedichten voortdurend herschreven, uitgebreid, ingekort en heruitgevonden. Hij had niet één schitterend boek geschreven, maar verschillende pogingen tot uitmuntendheid en schoonheid gedaan terwijl hij ouder werd en liefhad en alles heroverwoog.

Sylvie vond het op dit moment lastig om zich in haar eigen lijf te bevinden, want haar huid voelde ongemakkelijk krap sinds de zoektocht naar William. Ze was zich ervan bewust dat ze over haar jeugd schreef in een poging een derde deur te maken; ze moest met een moker een muur te lijf gaan om een uitweg uit het hier en nu te vinden. Als ze wél sliep, stond ze als verstijfd op het strand en keek toe hoe mannen een dode William uit het meer tilden. En er ging een pijnscheut door haar heen omdat Julia Chicago zou verlaten zonder een idee te hebben wat voor pijn en verlangen Sylvie met zich meedroeg. Elke avond zat Sylvie aan haar bureautje bij het raam dat uitkeek op Pilsen, haalde herinneringen op en probeerde de tijden te herscheppen dat haar familie heel was geweest. Toen Charlie nog leefde, Rose in haar tuin werkte, de tweeling giechelde op hun slaapkamer en Julia door het huis schreed en plannen uitdeelde alsof het cadeautjes waren. Elk moment dat Sylvie op een pagina wist te vangen kon niet verloren raken.

Sylvie was uitgeput door haar verlangen naar eerlijkheid maar voelde zich er ook toe aangetrokken, alsof de eigenschap een magneet was. Ze vond het geweldig dat ze nu een completere versie van Emeline kon zien, nadat die Sylvie en Cecelia haar waarheid had verteld. Sylvie ging op een middag bij de crèche langs omdat ze Josie wilde ontmoeten; ze wilde glimlachen naar de jonge vrouw met kastanjebruin haar die het hart van haar zus had gestolen. Met een blosje op haar wangen straalde Emeline geluk uit in haar werkomgeving, omringd door baby's en met Josie vlakbij. Sylvie vond het heerlijk om Emelines weidsheid te zien, ook al had haar zus haar liefde voor Josie nog niet opgebiecht en wist ze niet of het wederzijds was.

Sylvie snapte dat Williams genezing was gebouwd op eerlijkheid. Ze herinnerde zich dat dokter Dembia hem opdroeg meedogenloos eerlijk te zijn. Het probleem was dat Sylvie in haar nieuwe toestand van verhoogd bewustzijn een flagrante onwaarheid in Williams gedrag had opgemerkt en dat zat haar dwars. Ze hield haar mond erover, want het waren haar zaken niet en niet zij, maar dokter Dembia had de zorg over William. De arts zou toch zeker ook zien wat Sylvie zag en het oplossen? Maar er leek niets te veranderen en het scheen Sylvie toe dat William zijn nieuwe leven op een gammel fundament bouwde.

Op een middag zei William: 'Je lijkt uit je hum. Is er iets?'

'Ik ben niet uit mijn hum,' antwoordde Sylvie, hoewel ze voelde dat ze erbij fronste.

'Als jij het zegt,' zei hij.

'Nou,' zei ze, 'er zit me wel iets dwars. William, je mag natuurlijk doen wat je wilt en ik veroordeel je keuze niet. Echt niet.' Ze aarzelde even. 'Maar ik ken jouw mantra en volgens mij lieg je jezelf voor over iets belangrijks.'

Hij keek naar haar en ze wist dat hij haar angst zag. Hij zag haar vrees dat ze misschien iets zei wat zijn herstel zou tegenwerken.

'Maak je geen zorgen,' zei William. 'Ik kan het aan. Zeg het gewoon.'

'Het gaat over Alice.'

Hij schrok bijna onmerkbaar. Dit was de eerste keer dat een van hen beiden de baby ter sprake bracht.

Sylvie zei: 'Je hebt haar opgegeven omdat je denkt dat je haar pijn zou doen, maar dat klopt niet. Je zou Alice nooit pijn doen. Dat weet ik.'

William was een poos stil. 'Dokter Dembia denkt ook dat het besluit om de voogdij op te geven onzin is.' Hij zag er moe uit, alsof hij al zo lang leefde als de tijd en elk mogelijk hartzeer had gezien. 'Maar ik ben het daar niet mee eens, en ik kan het risico niet nemen. Alice is bij Julia beter af.'

Sylvie voelde haar schouders ontspannen. William hád er met dokter Dembia over gesproken; hij had goed over het onderwerp nagedacht en een zorgvuldig besluit genomen. Ze dacht nog steeds dat het verkeerd was, maar het was niet haar beslissing en het kwam bij haar op dat de waarheid voor William misschien ingewikkelder lag vanwege zijn verleden. Nu ze wist over zijn overleden zus – een klein meisje, dat was gestorven – snapte Sylvie dat hij extra bezorgd was over zijn dochter. Misschien deelden de twee baby's een ruimte binnen in hem en wás het juist voor hem om weg te lopen. Ze zag deze mogelijkheid en de manier waarop verdriet en depressie in hem ineenvlochten. Sylvie merkte dat ze zijn keuze kon accepteren, ook al begreep ze die niet volledig.

William leunde naar voren en zei: 'Heb je enige reden, wat voor reden dan ook, om aan te nemen dat Julia niet uitstekend voor Alice zou kunnen zorgen?'

Hier hoefde Sylvie niet over na te denken. 'Nee.'

Hij knikte. 'Ik ben de risicofactor,' zei hij. 'Daarom heb ik afstand genomen.'

Julia wilde geen afscheid met zijn allen, dat zou te pijnlijk zijn, zei ze. Ze vroeg Sylvie langs te komen op de ochtend voor haar vlucht naar New York. Sylvie vond haar zus en Alice in een kleine open plek midden tussen de stapels dozen in de woonkamer.

'Ik kan dit niet,' zei Julia, zonder Sylvie aan te kijken. 'Ik kan geen afscheid nemen.'

'Ik ook niet.' Ze richtte haar aandacht op haar nichtje, die op een kleedje op de grond zat. Julia had een roze strik in het spaarzame blonde haar van de baby geklikt en Alice leek geweldig trots op deze ontwikkeling. Sylvie voelde zich een beetje buiten adem. Ze miste haar zus al sinds William in het ziekenhuis was opgenomen en nu ging Julia weg. Het voelde als opgestapeld verlies. En deze prachtige baby, die stralend opkeek naar haar moeder en tante, zou ook verdwijnen. Sylvie hield zoveel van Alice en een halfjaar was zo lang in het leven van een baby. Alice zou een jaar zijn de volgende keer dat Sylvie haar zag. Misschien liep ze dan al. Misschien zou ze haar liefhebbende tantes zijn vergeten.

'Ba,' zei Alice vreugdevol, en Sylvie bukte zich om haar een kus op de wang te geven.

Julia droeg een spijkerbroek en een oud T-shirt. Ze leek te veel cafeïne te hebben gehad, was nerveus. 'Ik had nooit gedacht Chicago te verlaten. Maar ik had ook nooit gedacht dat papa dood zou gaan. En ik had nooit gedacht dat mama ergens anders zou gaan wonen.' Ze zweeg even en zei toen: 'Ik had nooit gedacht dat jij elke dag mijn man in het ziekenhuis zou opzoeken.'

Geschokt incasseerde Sylvie de woorden als een stomp in haar maag. Ze was op haar knieën bij de baby gaan zitten, maar kwam nu overeind. 'Niet elke dag,' wist ze uit te brengen.

Julia knikte. 'Ik was er niet zeker van dat je hem überhaupt opzocht.'

Sylvie keek haar zus voor het eerst recht aan. Ze voelde de afstand die tussen hen was gegroeid in de afgelopen paar maanden. 'Je had me er niet in hoeven luizen,' zei ze. 'Je had het gewoon kunnen vragen.'

'Ik wist niet of je de waarheid zou vertellen.'

Sylvie liet dit op zich inwerken. 'Hij heeft niemand anders,' zei ze. 'Ik heb medelijden met hem.'

Julia verliet de open plek tussen de dozen en kwam terug met een map in haar handen. 'Dit zijn de papieren aangaande de scheiding en de voogdij,' zei ze. 'Wil je die alsjeblieft aan William geven de volgende keer dat je hem ziet?'

Sylvie voelde wanhoop. Ze voelde dat haar zus de schaar zette in de draadjes die hen verbonden. Was dit Sylvies schuld? Of haalde Julia uit omdat ze het anders niet aankon weg te gaan? 'Ik hou van je,' zei ze.

Julia schoof wat haar uit haar gezicht. Ze schudde tegelijkertijd haar hoofd, alsof ze geïrriteerd was, alsof het nu niet om dat gevoel ging. Maar ze zei: 'Ik ook van jou.'

Sylvie arriveerde vroeg op de koude novemberochtend dat William uit het ziekenhuis zou worden ontslagen. Ze wist dat Kent zou komen, en Arash. Waarschijnlijk zou dokter Dembia er ook bij zijn. Sylvie kon zien dat de dokter om William als persoon gaf en haar tijd met hem zou gaan missen. Cecelia, wier antagonisme jegens William was gedoofd met de onthulling dat Emeline ook depressief was geweest, zou hen treffen in zijn nieuwe flatje aan Northwestern om te beoordelen of de muren profijt zouden hebben van wat kleurrijke verf. Toen Sylvie de lift uit stapte op de verdieping met de psychiatrische afdeling, merkte ze dat ze om zich heen keek of Julia daar was. Haar zus was weg, dertienhonderd kilometer ver weg, maar Sylvie verwachtte nog steeds half dat ze Julia daar zou treffen, met gespannen kaak, klaar om haar echtgenoot weer haar leven in te organiseren.

William stond bij het raam toen Sylvie bij zijn kamer aankwam. Hij had bijna niets om in te pakken. Hij had Julia niet om zijn spullen willen vragen toen hij net in het ziekenhuis lag. Daar was hij onvermurwbaar over geweest, ook al had hij kleren nodig en was hij zo lang dat niets uit de gevondenvoorwerpenbak van het ziekenhuis hem paste. Toen ze dit hoorden, hadden vrienden van het basketbalteam kleren uit hun eigen kast gebracht. William droeg nu een kaki broek, versleten gympen en een trui van Northwestern. Hij had de scheidings- en voogdijpapieren getekend en Sylvie had ze naar de advocaat opgestuurd. Julia had bij haar vertrek uit Chicago geregeld dat zijn bezittingen voor hem werden opgeslagen. Vanaf de dag dat hij het ziekenhuis verliet, was William niet meer getrouwd en geen vader meer.

'Grote dag,' zei ze.

'Sylvie,' zei hij. Hij liet zijn blik naar zijn handen zakken. 'Ik weet niet hoe ik je moet bedanken voor alles wat je hebt gedaan.'

'Dat hoeft ook niet.'

'Ik ben egoïstisch geweest. Ik had tegen je moeten zeggen dat je niet meer langs moest komen, maar ik vond het fijn als je er was. Ik hoop dat je weet dat nu ik het ziekenhuis mag verlaten, je je geen zorgen meer om me hoeft te maken. Weet dat alsjeblieft. Ik heb mijn medicijnen' – hij liet een klein glimlachje zien – 'en mijn mantra. Ik ga Arash proberen te helpen.' Hij zweeg even. 'Iedereen is zo aardig voor me geweest. Dat ga ik niet verspillen.'

Die woorden kwamen vreemd bij Sylvie binnen. Het voelde alsof William zinnen in elkaar had gezet die mikten op wat er binnen in haar was. Intellectueel gezien wist ze dat hij iets aardigs had gezegd, iets waar ze het mee eens was. William was gezonder. Hij liet haar weten dat ze weg kon lopen, maar ze wist – en die kennis was scherp, als pijn – dat ze dat niet wilde, dat ze het misschien niet eens zou kunnen. Dit was haar echte geheim, het geheim dat niemand mocht weten. Ze voelde haar ogen prikken en was even bang dat ze zou moeten huilen. Ze zei: 'Wist je dat ik die nacht samen met Kent en de anderen naar je heb gezocht?'

William kneep zijn oogleden samen alsof het licht in de kamer pijn deed aan zijn ogen. 'Ja,' zei hij, 'dat heeft Kent me verteld.'

Waarom denk ik hier nu aan? Waarom praat ik hierover? Ze zei: 'Toen ze je het water uit droegen, dacht ik dat je dood was.' Ze kon niet voorkomen dat ze het weer voor zich zag: de lange, vermoeide jongemannen die Williams slappe lijf tilden. 'Ik wist niet wat ik moest doen. Ik kon niet helpen je te dragen, maar ik wilde iets voor je doen. Dus hield ik je hand vast terwijl Kent en Gus je naar de ambulance droegen. En tijdens de ambulancerit.'

William was even stil, toen zei hij: 'Dat wist ik niet. Ik kan me bijna niets van die dag herinneren. Sylvie, het spijt me enorm dat je dat hebt moeten meemaken. Het moet heel beangstigend zijn geweest.'

's Nachts in bed herinnerde Sylvie zich steeds weer hoe Kent haar naam riep en ze over het zand rende. Ze herinnerde zich de steken van paniek en verdriet in haar borst omdat William er niet meer was. Ze herinnerde zich dat ze haar hand uitstak en zijn ijskoude hand vastpakte. Ze wilde niet dat hij alleen was, ook al leefde hij niet meer. En tegelijkertijd had ze zich zelf nog nooit zo alleen gevoeld als op dat moment.

Ze hoorde zichzelf zeggen: 'Mag ik je hand nog een keer vasthouden, heel even maar?'

William doorkruiste de kamer om voor haar te gaan staan. Hij stak zijn hand uit, met de palm omhoog. Zijn huid was zacht en warm, zo anders dan die dag. Er ging een golf van allerlei gevoelens door Sylvie heen. Een afstemschijf, het volume keihard. Ze dacht: ik hou van je. En de woorden – nu onmogelijk te ontkennen – brachten zowel wanhoop als intense vreugde. William was haar ware. Hij was haar hart. Hij had al haar moleculen veranderd. Sylvie had geweten dat de liefde haar zou bereiken met de kracht van een tsunami. Ze had hier van kinds af aan van gedroomd en haar droom was waarheid geworden. Maar ze had niet geweten dat haar liefde onmogelijk zou zijn, een doodlopende weg, onuitspreekbaar, omdat hij getrouwd was geweest met haar zus.

Ze dacht: ik zit behoorlijk in de penarie. Om die gedachte moest ze lachen.

'Alles oké?' vroeg William.

Ze wilde niet dat hij zich zorgen maakte, dus antwoordde ze: 'Alles oké.'

Zij en William hielden nog een paar seconden elkaars hand vast, tot er een geluid op de gang klonk en ze een stap bij elkaar vandaan zetten.

Kent arriveerde, springerig van opwinding alsof hij bij een play-off was, klaar om een winst te vieren. 'Je mag hier weg!' zei hij en hij gaf William een grote knuffel. Normaal gesproken was er maar één bezoeker tegelijkertijd toegestaan, maar omdat William werd ontslagen gold die regel niet meer.

Arash kwam binnen, wierp één blik op Williams gezicht en zei: 'Je zult altijd een enorme sufferd blijven.' Maar ook hij grijnsde.

William deed zijn mond open om iets te zeggen, en vervolgens weer dicht. Hij schudde even met zijn hoofd. Kent, die begreep dat zijn vriend 'dank jullie wel' of zelfs 'ik hou van jullie' wilde zeggen maar dat niet zou kunnen zonder te moeten huilen, gaf William een klap op de rug, en de vier mensen in de kamer glimlachten alleen maar naar elkaar.

Een uur later liep Sylvie samen met de drie mannen het ziekenhuis uit, de hand die William had vastgehouden hing tintelend langs haar zij. De novemberlucht was grijs en voor die nacht was de eerste sneeuw van dat jaar voorspeld. Ze liepen onder een baldakijn van bladerloze bomen op weg naar Kents auto en Sylvie dacht aan de herinnering die ze de avond ervoor aan haar bureautje had opgeschreven. Ze schreef haar familiegeschiedenis niet in een bepaalde volgorde op, hoewel de herinneringen wel als golven in elkaar over leken te gaan. Gisteravond herinnerde ze zich de keer dat mevrouw Ceccions valse keffertje Emeline een boom in had gejaagd. Zelfs nadat de hond naar binnen was gedaan, weigerde het achtjarige meisje omlaag te komen. Julia, Sylvie en Cecelia stonden een uur lang, tevergeefs, onder de boom en probeerden Emeline te lokken met snacks en beloften om haar haar te vlechten, want ze vond het altijd heerlijk als er met haar haar werd gespeeld. 'Ik kan niet zonder je,' had Cecelia op een gegeven moment geroepen, als een soort waarschuwing. 'Doe niet zo gek,' zei Julia toen, 'we kunnen allemaal niet zonder elkaar.' Rose werd gewaarschuwd, en die schreeuwde naar haar dochter dat ze als de sodemieter naar beneden moest komen. 'Nee, bedankt,' zei Emeline, met haar armen stevig om de tak. 'Ik heb een mooi uitzicht. Ik kan niet naar beneden.' Kinderen uit de buurt verzamelden zich ook rond de boom, benieuwd naar hoe dit zou aflopen. Sylvie herinnerde zich dat ze pijn in haar nek had gekregen van zo lang omhoogkijken. Cecelia begon te huilen, waardoor Emeline ook moest huilen, maar ze leek zich nu geworteld te hebben in de boom en kon niet van haar plek komen. Terwijl de zon onderging en de duisternis inviel, was het voor de zussen maar moeilijk voor te stellen dat ze nog bij hen terug zou komen. Toen Charlie uit zijn werk kwam, voegde hij zich, nog gekleed in zijn witte overhemd met korte mouwen en stropdas, bij de menigte onder de boom. Hij zei niets. Hij keek omhoog naar zijn dochter als een trekstraal en stuurde haar zijn liefde. Emeline zei ook niets, maar klom omlaag naar zijn armen.

Sylvie had vermeden te denken aan hoe haar leven zou zijn nadat William uit het ziekenhuis was ontslagen. Ze had haar kop in het zand gestoken en was gewoon in zijn kamer verschenen, wetende dat dat was waar ze hoorde. Eerst had ze gehoopt dat zijn ontslag uit het ziekenhuis ervoor zou zorgen dat ze weer haar voormalige zelf werd. Maar nu leek het alsof ze naast de kleine Emeline op die boomtak zat en niet naar beneden wilde komen. Haar vorige leven was de grond onder haar. Ze zag Ernie, met zijn kuiltje in zijn kin en joviale gezicht. Haar dagelijkse route van haar studio naar de bibliotheek. Haar collega's die over eigenzinnige bezoekers spraken, over het weer, hun plannen voor het weekend. Maar er was geen trekstraal van Charlie, want er was geen Charlie, en er was ook geen Julia. Ze zou William minder zien of misschien helemaal niet meer, want de crisis was voorbij en het zou gevaarlijk zijn als ze nog tijd met hem zou doorbrengen. Dan pakte ze misschien zijn hand of kon ze haar gevoelens niet langer voor zich houden. Sylvie schoof dichter naar Emelines kleine lijfje toe en hield zich stevig aan de tak vast. Voor geen goud ging ze terug naar die bedroefde, eenzame grond, waar de zussen, die hadden geloofd dat ze niet zonder elkaar konden, zonder elkaar verder moesten.

William

NOVEMBER 1983 - DECEMBER 1983

Na zijn ontslag uit het ziekenhuis woonde William zoals hij zich voorstelde dat alcoholisten deden nadat ze de drank hadden afgezworen: voorzichtig en van dag tot dag. Het voelde alsof hij pas verhuisd was naar dit lichaam en hij was zich ervan bewust dat verwaarlozing ervoor zou kunnen zorgen dat het hele gebouw instortte. Elke ochtend stapte hij uit zijn eenpersoonsbed, nam vier van de acht pillen die hij elke dag moest slikken en deed zoveel push-ups als hij kon – vijf, in het begin –, gevolgd door de knieoefeningen die de chirurg hem jaren eerder had opgegeven en die hij had nagelaten te doen. William was bijna geamuseerd om hoe zijn knie hoorbaar kraakte tijdens de strekoefeningen en luid klaagde omdat hem werd gevraagd te functioneren. Maar hij stopte er niet mee en sloeg nooit een dag over, want hij moest doelbewuste actie ondernemen naar stabiliteit en gezondheid. 'Als ik op bezoek kom, gaan we samen hardlopen,' zei Kent tijdens een van hun telefoontjes. 'Je moet weer in vorm komen.'

William knikte naar de lege kamer. Hij had mazzel gehad dat de suite op de campus gemeubileerd was en er een bank en bed in stonden toen hij er arriveerde. Deze muren hadden een draaideur aan twijfelachtige volwassenen gezien gedurende de jaren: volwassen mannen wier leven klein genoeg was om in deze miniatuurverzameling aan kamers te passen, die bereid waren met middernachtelijke noodgevallen om te gaan en in geval van brand studenten het gebouw uit te loodsen. 'Gescheiden, zeker,' had de oude beveiliger opgemerkt toen hij hem zijn sleutels gaf, alsof hij bijhield om welke redenen mannen hier eindigden. William had 'psychiatrische inrichting, eigenlijk' kunnen zeggen om hem te choqueren, maar deed dat niet. Hoe minder mensen wisten waar hij vandaan kwam, hoe beter.

Hij had Kent geantwoord: 'Ik wil wel met je hardlopen, maar niet in de buurt van het meer.' Hij wist dat hij dat waarschijnlijk niet hoefde te zeggen, dat Kent hen als vanzelf bij de oever vandaan zou houden, maar William wilde duidelijk zijn over wat hij niet wilde als hij wist wat dat was. Vóór zijn ziekenhuisopname had hij voortdurend dingen gedaan die hij niet wilde doen en hij was zo goed geworden in het verstikken van zijn eigen voorkeuren, dat hij zich er nog maar zelden bewust van was. Weten dat hij niet over het pad langs het meer wilde joggen, en dat uitspreken, voelde als vooruitgang.

Hij probeerde dezelfde tactiek bij Cecelia toen ze langskwam met een schilderij van Alice om in zijn flat aan de muur te hangen. Ze had zijn verzameling kleine kamers – een slaapkamer en een krappe woonkamer met een keuken langs één muur ervan – als acceptabel bestempeld. 'Je hebt in elk geval boekenplanken,' zei ze. 'Maar die kunnen wel een laagje verf gebruiken. Ik zie dat Sylvie een buit voor je heeft meegenomen van de bibliotheek.' Het was waar; alle boeken op de planken waren geplastificeerd en hadden het logo van de Lozano-bibliotheek op de rug. Sylvie was op een middag langsgekomen met fictie, non-fictie en poëzie in even grote hoeveelheden. De non-fictie ging over basketbal; biografieën van spelers en geschiedenissen van de sport.

'Voorzichtig, Iz,' zei Cecelia. De dertien maanden oude dreumes liep langzaam door de kamers met een geconcentreerde uitdrukking onder haar weerspannige krullen. Ze leek de ruimte te beoordelen: de muren, de meubels. Ze keek onder het bed en liep toen naar de badkamer om het bad te bekijken. Op het moment dat William het ziekenhuis in ging, was Izzy nog een baby geweest die door iedereen werd rondgedragen. Hij kon zijn ogen bijna niet geloven nu een klein onafhankelijk mensje zijn bezittingen bestudeerde.

'Sylvie zei dat ze de boeken zou omwisselen als ze weer terug moesten naar de bieb,' zei hij. 'Ik bedoel, ik heb gezegd dat dat niet hoefde, maar...' Hij haalde zijn schouders op. Hij was zich terdege bewust van zijn opluchting over het feit dat Cecelia hier was en niet Sylvie. Bij Cecelia voelde hij zich op zijn gemak. Ze was wie ze altijd bij hem was geweest en zijn gevoelens voor haar waren onveranderd gebleven. Bij Sylvie was dat anders. Het voelde alsof hij Sylvie altijd door een kier in een deur had gezien en de deur nu wagenwijd openstond. Ze vroeg om zijn volledige aandacht op een manier die hem voor een raadsel stelde. Als ze samen waren, kreeg William kippenvel op zijn armen. Sylvie verscheen om de paar dagen bij hem thuis en haar aanwezigheid schokte hem altijd, alsof hij een elektrische schok had gekregen.

Hij wist rationeel gezien dat deze verandering verklaard kon worden door het feit dat Sylvie hem had begeleid tijdens de turbulentste periode van zijn leven. Ze had naast zijn ziekenhuisbed gezeten, met de psychiater gesproken. Ze had zijn geheimen ontvangen. Hij was verward geweest toen hij wakker werd in het ziekenhuis en Sylvie naast hem zat, maar zij had ook verward gekeken, en op de een of andere manier waren ze opnieuw begonnen vanuit dezelfde versuftheid. Ze had hem klakkeloos geaccepteerd, zelfs toen hij opgezwollen was van het water uit het meer. Dit had William verbaasd en verbaasde hem nog steeds. Niemand in zijn leven, behalve misschien Kent, had hem ooit geaccepteerd precies zoals hij was, en Sylvie had hem geaccepteerd toen hij zo gebroken was dat hij nog amper een persoon was.

'De keuken is een beetje saai,' zei Cecelia met een frons naar de gootsteen, de minikoelkast en de kookplaat. 'Ik weet niet of we daar iets aan kunnen doen.'

'Cecelia?' zei hij.

Ze keek naar hem. Van alle zussen deed zij hem het meest aan Julia denken. Ze had dezelfde schroeiende focus als haar oudere zus. Maar Cecelia was nieuwsgieriger dan Julia en wilde alles doorgronden. Hij had Cecelia eens tegen haar zussen horen zeggen: 'Het kan me geen moer schelen wat mensen van me denken.' William was hierdoor verrast, deels omdat hij haar geloofde en deels omdat het nooit bij hem was opgekomen dat het een optie was.

'Bedankt voor het schilderij van Alice, maar ik wil het niet ophangen. Ik...' – hij aarzelde – 'ik hoef het niet.'

Cecelia leek niet beledigd, ze bestudeerde zijn gezicht zoals Izzy op dat moment de deurknop van de slaapkamer bestudeerde. 'Is het te pijnlijk om naar te kijken?'

'Ik ben haar vader niet meer.'

Er flitste iets in Cecelia's blik; William ging het gesprek met haar aan en daar was ze blij om. 'Je bent nog steeds haar vader,' zei ze. 'Je hebt haar opgegeven vanwege je depressie. En om Julia een plezier te doen. Dat betekent niet dat je niet van Alice houdt. En het betekent niet dat je het niet verdient om naar haar te kijken.'

William was opgevoed door ongelukkige ouders en was ongelukkig geweest vanaf zijn vroegste herinneringen. Hij wist dat een vader geweldloos aanwezig kon zijn in het leven van een kind en dat kind evengoed kon verwoesten. Het verdriet van zijn ouders had hem vormgegeven, als een gletsjer die zich zwijgend door een dal voortbeweegt. Alice zou beter af zijn als haar universum gevuld was met Julia's lichtheid en niets van zijn duisternis. Hij zei: 'Dat wil ik niet.'

Cecelia nam hem taxerend op. 'Het is interessant je nu te leren kennen,' zei ze, 'na al zo lang in je leven te zijn geweest. Je hebt een dappere beslissing genomen. Ik weet niet of het de juiste is, maar dapper is het. Het is het soort beslissing dat Julia zou nemen.'

William moest bijna glimlachen, want Cecelia had gelijk. Zijn ex-vrouw was de arrangeur van grote plannen en levensveranderende acties. Het voelde ironisch dat hij in haar afwezigheid eenzelfde soort beslissing had genomen. William zei bijna tegen Cecelia dat hij best een portret van Julia aan zijn muur wilde, dat dat idee hem in het geheel niet stoorde. Hun huwelijk was voorbij. William had op een treinstation afscheid genomen van zijn ouders en in de woonkamer had hij afscheid genomen van zijn vrouw. Hij was dankbaar voor het feit dat Julia Chicago had verlaten. Hij had zijn oude leven verlaten en zij ook. Maar William wilde niet aan Alice denken en dus wilde hij Cecelia's schilderij niet.

'Ik schilder wel iets anders voor je,' zei ze. 'Je weet dat je met kerst bij Sylvie bent, toch? Ze zei dat je had aangegeven dat je alleen wilde zijn, maar dat accepteren we niet. Onze familie is al veel te klein geworden.' Ze pakte het schilderij van Alice op van waar dat tegen de muur had gestaan en hing haar tas over haar arm. 'Kom, boontje,' zei ze.

Izzy kwam uit de open kast tevoorschijn en liep naar hen toe. Was je mijn gympen aan het tellen? dacht William. Hij deed een stap achteruit om haar niet in de weg te staan, maar Izzy liep naar hem toe. Ze liep recht op zijn been af, haar hoofd op dezelfde hoogte als zijn geblesseerde knie, en gaf zijn kuit een stevige knuffel.

'Goed zo, Iz,' zei Cecelia, en Izzy liet los en pakte haar moeders hand.

Nadat ze waren vertrokken bleef William in het midden van de kamer staan tot hij weer normaal kon ademen. Aanrakingen waren moeilijk voor hem en hij had deze niet zien aankomen.

William zat op de tribune van de sportzaal en keek naar de trainingen. Hij had geen officiële rol binnen de staf; voorlopig was hij daar alleen maar om te proberen van nut te zijn. Ze hadden een sterke selectie dit jaar, met uitstekende atleten. De NBA was in de ban van de rivaliteit tussen Magic en Bird en de studenten waren geïnspireerd om hun *no look*-passes na te doen. De trainingen waren luidruchtig, vol grof taalgebruik en vreugdevolle uitroepen als een van de spelers een opzichtige actie probeerde uit te voeren en daarin slaagde.

Arash had hem een informatiemap gegeven met daarin ook de transcripten van zijn interviews van de afgelopen zomer.

William had ze op Arash' verzoek op een klein taperecordertje opgenomen. De teamspeler met de hoogste verticale sprong was degene die William had verteld dat hij was neergestoken en William bemerkte de bezorgde uitdrukking op diens gezicht als hij speelde. De jongeman met het prominente voorhoofd klopte af en toe op zijn eigen schouder en William vroeg zich af of die onlangs nog uit de kom was geraakt en of hij soms pijn had. De jongens die ooit een hersenschudding hadden gehad leken zo nu en dan contact te proberen te vermijden en hij vroeg zich af of ze bang waren dat hun hersens voor een tweede keer tegen hun schedel zouden smakken. William zag de spelers en hun geschiedenissen heen en weer rennen over het veld. 's Avonds in bed las hij de inhoud van de map opnieuw, want hoe beter hij voorbereid was, hoe groter de kans dat hij van nut kon zijn. William voelde de informatie door zich heen wervelen. Hij geloofde, ook al was dat geloof ingekleed in bezorgdheid, dat hij dit team een dienst had te bieden die niemand anders kon bieden. Misschien was het iets kleins, bijna onmerkbaars, maar er was iets. Hij moest er alleen nog achter zien te komen wat het was.

Bij het herlezen van de interviews met de jongens – zijn ogen zo vermoeid dat ze zwaar bij elk woord bleven hangen – werd William herinnerd aan zijn manuscript, waar zijn vragen ook gedrukt waren verschenen. Het manuscript lag in een ongeopende doos in zijn kast, samen met andere spullen uit hun oude appartement. Samen met Kent had hij de kleine opslagruimte kort na zijn vertrek uit het ziekenhuis leeggehaald. Op de buitenkant van de doos stond in Julia's handschrift: *Williams spullen*. Hij was er nog niet klaar voor om naar het manuscript te kijken, om erover na te denken of hij meer wilde schrijven over het spelletje basketbal. Als William zich zijn vragen in de voetnoten probeerde te herinneren, herinnerde hij zich alleen maar onzekerheid en angst, alsof hij op dun ijs stond. In zijn vragen in de transcripties herkende hij ook een toon van bezorgdheid. Daar leek hij zich zorgen te maken over de dikte van het ijs waarop de jongens stonden. Hij had vragen gesteld als: 'Ben je al eens geblesseerd geweest?', 'Gedurende het schooljaar of tijdens de zomer?', 'Hoe ernstig was het?' en 'Had je hulp?'

Hij verscheen bij Sylvies appartement met kerst, maar alleen omdat hij dacht dat een of alle zussen hem anders zouden komen ophalen en hij niet hun feestdag wilde verpesten doordat ze in de sneeuw op een bus naar Northwestern moesten wachten. Hij had de feestdagen met Kent willen doorbrengen, maar Kent ging naar Des Moines om de familie van zijn vriendin te ontmoeten. William begreep dat de drie zussen probeerden een familie met hem te blijven vormen en hij stelde hun vriendelijkheid enorm op prijs, maar wist dat hij moest ophouden met tijd met hen doorbrengen.

Hij had een duidelijk beeld van hoe zijn nieuwe leven eruit zou moeten zien. Hij zou een solitaire, monnikachtige figuur worden. Dat was tenslotte de veiligste manier om niemand pijn te doen. Hij had zijn uren bij het basketbalteam, zijn vriendschap met Kent en een dak boven zijn hoofd. Het grootste deel van zijn nieuwe leven zou plaatsvinden langs de kant van een basketbalveld, waar hij misschien kon helpen voorkomen dat jonge spelers net zo'n blessure opliepen als hij. Het zou een prima leven zijn, vol vervulling en vriendschap. Hij had geen familie nodig, of schoonzussen. En wat het dan ook was wat Sylvie voor hem was geworden, had hij zeker niet nodig. Hij beloofde zichzelf tijdens de busrit naar Pilsen dat dit zijn laatste avond met de Padavano's zou zijn. Ze waren zonder hem beter af.

Hij arriveerde met een ingepakte brandweerwagen voor Izzy en voor de vrouwen drie identieke sweaters die hij uit paniek had gekocht in de campuswinkel van Northwestern. Sylvies appartement was klein, helemaal nu een kerstboom een hele hoek in beslag nam, dus William leunde tegen een muur vlak bij het open raam. De koude lucht voelde goed op zijn rug. Izzy liep rondjes door de kamer, zo nu en dan wankelend omdat ze die middag te opgewonden was geweest om een middagslaapje te doen. Sylvie serveerde Charlies lievelingskerstmaal: kalkoensandwiches. De drie zussen leken gelukkig samen, al wierpen ze om beurten blikken op de dichte voordeur van het appartement. William bedacht dat ze hoopten dat de ontbrekende familieleden op magische wijze zouden verschijnen: Julia en Alice, Rose, zelfs hun vader. De Padavano's hadden de feestdagen nog nooit van elkaar gescheiden doorgebracht en de drie zussen die nu hier waren, werden gekweld door geesten.

William had het niet gevraagd, maar hij nam aan dat Julia er geen benul van had dat haar zussen kerst met hem vierden. Hij wilde zijn verontschuldigingen aanbieden omdat hij hun nog een reden had gegeven om tegen hun oudere zus te liegen, maar hij wist dat dat iedereen alleen maar een ongemakkelijk gevoel zou geven. Hij had niet moeten komen. Verlies en geesten waren zijn schaduw en zijn duisternis verspreidde zich door het krappe appartement.

'Alles goed?' vroeg Emeline, die naast hem kwam staan. Ze droeg de wit met paars gestreepte sweater die hij haar had gegeven; Cecelia en Sylvie ook. Ze leken net de leden van een of ander onbekend sportteam.

Hij knikte en nam een slok wijn. 'Ik ga zo weer richting huis. De stadsbussen houden er vanavond vroeg mee op.'

Emeline keek naar hem met grote ogen en legde toen een hand op zijn arm. Hij realiseerde zich dat ze aangeschoten was. 'Wist je,' zei ze, 'dat ik lesbienne ben? Hebben ze het je verteld? Ik noem mezelf pas net zo.'

Hij wist dit niet. Hij dacht er even over na, legde het vervolgens naast zich neer omdat het hem niets aanging. 'Je ziet er gelukkig uit,' zei hij, want dat was zo. Haar gezicht was open en hij besefte dat hij Emeline nog nooit zo had gezien. Vanaf het moment dat hij haar voor het eerst ontmoette bij zijn basketbalwedstrijd toen ze veertien was geweest, had ze altijd een aarzeling bij zich gedragen. Emeline leek voortdurend druk met het observeren van alle anderen en proberen zich nuttig te maken, vanaf de zijlijn, alsof het niet haar beurt was om te leven. William had gedacht dat die aarzeling bij Emeline hoorde, dat het een deel van haar persoonlijkheid was, maar het was nu verdwenen. Ze leek nu volledig te leven.

Ze boog zich dicht naar zijn oor en zei: 'Ik ben verliefd.'

Er gebeurde iets in Williams hoofd; de woorden maakten dat zijn wangen kleurden en hij voelde een verlangen zo krachtig dat hij even dacht dat hij zou gaan huilen. Die zin, 'ik ben verliefd', schoot een pijn als een pijl naar zijn verleden. Hij wist dat hij nooit van Julia had kunnen houden op een echte, intense manier, noch zij van hem. En nu, in zijn nieuwe, veilige leven, was hij omgeven door land en was liefde de zee; William had stabiliteit verkozen boven nog meer risico of verlies. Hij glimlachte stroef naar Emeline, pakte zijn jas van de bank en zei gedag, wenste iedereen nog een fijne kerst en bedankte hen terwijl hij de enige deur van het appartement uit liep. Hij voelde grote opluchting, in de sneeuwbui, staand bij de bushalte onder de zachte verlichting van de stad. Dit was waar hij hoorde, alleen in het halfdonker.

William was pas een halfuur thuis – het gebouw was grotendeels leeg, nu alleen buitenlandse studenten en toegewijde sporters er verbleven tijdens de vakantie – toen er op de deur werd geklopt. Hij zuchtte, wetende dat het een student zou zijn die zich eenzaam voelde, of misschien de bejaarde beveiliger die hoopte dat William hem een borrel zou aanbieden. Langzaam en met tegenzin trok hij de deur open.

Sylvie stond in de gang met smeltende sneeuw op de schouders van haar winterjas. Ze trok de jas uit terwijl ze naar binnen stapte. Ze droeg nog steeds de gestreepte sweater.

Hij knipperde verward met zijn ogen. 'Wat doe je hier? Heb jij ook de bus genomen?'

Ze liep langs hem op naar het midden van de kamer. 'Denk je dat ik niet doorheb wat je aan het doen bent?'

'Sorry?'

'Je probeert je terug te trekken, te verdwijnen. Van mij, van ons. Het lijkt wel alsof' – ze beet even op haar lip – 'Julia is weggegaan en jij daarom nu ook weggaat.'

De klok in de hoek aan de muur tikte luidruchtig. Het was een van de meubelstukken die al in het appartement aanwezig waren geweest, misschien verschaft om iedereen die er woonde eraan te herinneren dat de tijd doortikte. Het zweet brak William uit in zijn nek. Toen Julia en hij pas samen waren, had hij hard zijn best gedaan om door de familie Padavano geaccepteerd te worden. Hij had boeken gelezen over loodgieterswerk zodat hij een roestige leiding onder hun gootsteen kon repareren. Hij had middagenlang onkruid gewied in Rose' tuin. Hij had gedichtenbundels geleend in de bibliotheek zodat hij Charlies verwijzingen zou begrijpen. Nu voelde hij zich schuldig om hoe effectief die inspanningen waren geweest. Hij en zijn vrouw waren uit elkaar, maar op de een of andere manier maakte hij nog steeds deel uit van de familie. Een week eerder had Cecelia hem gebeld toen ze lekkage op de badkamer had en was William erheen gegaan met gereedschap. De drie Padavano-zussen die nog in Chicago waren, leken zich moedwillig niet bewust van de waarheid van de situatie: hij verdiende de familie niet die Julia zich genoodzaakt had gevoeld te verlaten.

Ga alsjeblieft weg, dacht hij. Zijn lichaam en brein wilden hem naar de donkere, ondergedompelde plek trekken waar hij zich niet bewust was van zijn emoties, waar alles als verdoofd voelde. Maar dat kon hij niet meer doen.

'Je mag hier niet zijn,' zei hij. 'Er zijn regels over vrouwelijk bezoek 's avonds.'

'Alsjeblieft, zeg,' zei Sylvie.

Hij was het in stilte met haar eens. Dat was een zwak excuus. Hij was zwak. De waarheid was dat William zich wakker voelde, en ongemakkelijk, en dat hij in Sylvies aanwezigheid dingen *wílde*. Dingen die hij niet verdiende en waarvan de puinhoop alleen nog maar groter zou worden. Toen hij had besloten afstand te nemen van de Padavano's, bedoelde hij eigenlijk van Sylvie. Telkens wanneer ze zijn ziekenhuiskamer binnen was gekomen was zijn hart sneller gaan slaan. Hij wist dat hij afstand van haar moest nemen. Dat was veel makkelijker geweest als Sylvie niet zijn hand had willen vasthouden op zijn laatste dag in het ziekenhuis. William probeerde zich al zijn hele leven groot te houden. Er was het kleine jochie dat in zijn kast hoestte omdat hij zijn ouders niet ongerust wilde maken. De wisselvallige student die altijd net een seconde te laat een glimlach of een high five beantwoordde. De basketbalspeler die zich alleen thuis voelde met een bal in zijn handen. De jongeman die opgelucht was te worden uitgekozen door een stuwende kracht als echtgenote die hem plannen en schema's en zelfs gedachten aanreikte. Hij had al haar instructies opgevolgd, maar uiteindelijk hadden de instructies hem zo ver bij zichzelf vandaan gebracht dat hij geen persoon meer was.

In het ziekenhuis had hij zichzelf toegestaan medelijden te voelen met het eenzame kind dat hij was geweest en de jongeman die de hoop had verloren nadat een blessure hem van het basketbalveld verdreef. William had zijn stem gevonden in het ziekenhuis en de medicijnen zorgden ervoor dat als hij in de ochtend zijn ogen opende, zijn eerste gedachte niet was hoe hij in godsnaam de dag door moest komen. Zijn voortdurende doel – en, dacht hij, ook dat van zijn artsen – was om gezond genóég, goed genóég en gelukkig genóég te zijn. Maar toen Sylvie haar hand in de zijne had gelegd, ervoer William een sensatie waarvan hij niet had geweten dat die bestond. Met haar hand in de zijne had hij zich heel gevoeld. De schok en de vreugde hiervan weergalmde door hem heen. Op dit moment wilde hij dat Sylvie er niet was, hem niet dwong te communiceren, en toch wilde hij haar hand vasthouden. Hij wilde het gevoel dat met haar aanraking meekwam. Heel graag.

Ze zei: 'Je hebt vanavond amper naar me gekeken of met me gepraat en ik denk dat je deed alsof je niet thuis was toen ik een paar dagen geleden langskwam.'

Hij knikte. Hij had het licht uit gelaten en zich stilgehouden toen ze aanklopte. 'Je moet me met rust laten,' zei hij. 'Je moet lekker gaan daten en lol maken. Ik ben een bouwval van een man. Je moet je leven gaan leiden.'

Sylvie luisterde naar zijn woorden en, terwijl Cecelia nieuwsgierig naar hem had gekeken, keek Sylvie bedachtzaam. 'Maar dat gaat tegen je mantra in,' zei ze. 'Je kunt niet net doen alsof je niet thuis bent als je wilt leven zonder onzin en zonder geheimen.'

William dacht hierover na. Ze had geen ongelijk. Hij maakte fouten, en daarom moest ze ook weg. Hij moest stilletjes en voorzichtig leven, alleen.

'Ik had liever gehad dat je de deur opendeed en me vertelde waarom je wilde dat ik weg zou gaan.' Sylvie ademde scherp in en het geluid deed William denken aan een raam dat open werd gerukt. Ze zei: 'Ik wil niet dat je jezelf verbergt en ik wil mezelf ook niet verbergen.'

Je verbergt jezelf niet, dacht hij, ik zie zoveel van jou, meer dan van ieder ander die ik ooit heb gekend. Dit was begonnen op dat bankje op die koude avond, maar ook nu kon hij haar pijn zien. Hij kon ook zien dat ze vol verlangen was. William stond nog steeds bij de deur. Sylvie stond midden in zijn kleine woonkamer, voor de rode bank. William vroeg zich even af wat zijn ouders op dit moment aan het doen konden zijn. Hij stelde zich hen voor, stilletjes in hun woonkamer gezeten met een vuurtje in de haard, een drankje in de hand. Hun gezichten vervaagd van ouderdom en verdriet.

'Ga je helemaal níéts zeggen?' vroeg Sylvie.

Hij keek naar haar, probeerde met zijn gezicht over te brengen dat het hem speet, want hij leek niet in staat te spreken. Het was onmogelijk om in de maalstroom van gevoelens en taal binnen in hem te grijpen en woorden uit zijn mond te duwen.

Ze schudde haar hoofd, duidelijk gefrustreerd. 'Ik ga je iets zeggen. Iets wat ik me ben gaan realiseren vanwege jou. Toen ik jong was, was het mijn droom om een meeslepende liefde te vinden, zoals waarover je in een Brontë-roman leest. Of in Tolstoi.'

William stelde zich dit voor alsof hij door een album bladerde: hij sloeg de bladzijde om met de foto van zijn verslagen ouders naar Sylvie die een hoogsluitende jurk droeg en op een Russisch treinstation stond.

'Toen we tieners waren, wilden mijn zussen dat ik verkering nam met jongens en niet deed wat ik deed: met ze zoenen in de bibliotheek. Maar ik had er geen interesse in iemands vriendinnetje te zijn en ik was al zeker niet van plan een echtgenote te worden. Ik wist dat als ik mijn grote liefde nooit zou vinden, ik liever alleen bleef dan genoegen te moeten nemen met een middelmatige relatie. Doen alsof je gelukkig bent lijkt me vreselijk.' Sylvie wapperde even met haar handen alsof ze nat waren en ze ze wilde drogen. 'Maar wat ik me nu realiseer, is dat ik altijd dacht dat ik die droom wilde omdat ik romantisch was en voorbestemd was een groots leven te leiden, maar dat was niet waar. Ik creëerde die droom omdat het echte leven me angst aanjoeg, en die droom leek zo onwaarschijnlijk dat ik niet dacht dat het ooit zou gebeuren. Ik had nooit een dergelijke liefde gezien. Mijn ouders hielden van elkaar, maar op een slechte manier en ze waren ellendig. Net als alle andere stellen in onze wijk. Heb jij dat soort liefde ooit echt gezien?'

William schudde zijn hoofd. Hij was getrouwd uit angst, omdat hij niet dacht dat hij zichzelf de volwassenheid in zou kunnen leiden. Hij had Julia meer als ouder nodig gehad dan als partner. Hij schaamde zich hiervoor, maar het was waar.

'Ik dacht niet dat ik ooit een andere man dan mijn vader zou vinden die me echt zou begrijpen. Die de wereld net als ik ziet, weet wat lezen voor me betekent, hoe ik me over alles verwonder. Iemand die mijn beste versie zag en me kon laten geloven dat ik die persoon kon zijn.' Sylvie knipperde een paar keer met haar ogen, alsof ze tranen probeerde tegen te houden. Haar handen hield ze gebald langs haar lichaam. 'Ik dacht dat dat soort liefde een sprookje was. Ik dacht dat zo'n man niet bestond. Wat betekende dat ik me goed kon voelen over het feit dat ik een droom had en ik evengoed veilig bij mijn zussen kon blijven.'

Sylvie keek hem een lange poos aan en William wist dat hij vreselijk in de problemen zat. Hij liep niet weg; hij bleef in het vuur staan.

'Ik zie jou helemaal,' zei hij, heel zacht.

'Dat weet ik. Ik wist dat het mogelijk was toen ik je boek las. En toen ik je hand vasthield.' Ze viel stil.

Hij dacht aan Emeline die vertelde dat ze verliefd was.

'Dit kan niet, Sylvie.' William sprak nu resoluut, vanuit het middelpunt van het vuur, om dit duidelijk te maken.

Hij dacht: ik was met je zus getrouwd. Hij wilde dat hij was weggelopen toen hij Julia Padavano voor het eerst had gesproken op het binnenplein van de universiteit en haar met rust had gelaten. Hij had zelfs toen al geweten dat er iets mis met hem was, hij had alleen niet geweten wat het was of wat hij moest doen. De achttienjarige Julia scheen naar hem als een baken en hij had haar licht gebruikt om zijn pad te beschijnen.

'Ik kan weggaan uit Chicago,' zei hij, wetende terwijl hij het zei dat als hij de Padavano's, de universiteit, Arash en het basketbalteam achterliet, hij in zoveel kleine stukjes uit elkaar zou vallen dat hij onmogelijk weer in elkaar gezet zou kunnen worden. 'Luister,' zei William, wanhopig nu. 'Er zijn genoeg andere mannen. Zoek een ander. Blijf gewoon zoeken.'

'Er is geen ander,' zei ze. 'Jij bent het.'

'Ik verdien dit niet.' Hij bedoelde alles: dit moment; deze vrouw voor zijn neus; haar hand in de zijne, want ze was de kamer doorgelopen en hield nu zijn hand vast. Warmte stroomde door hem heen.

'Nou, ik wel,' zei Sylvie. En ze kuste hem.

Sylvie

DECEMBER 1983 – AUGUSTUS 1984

De laatste dag in het ziekenhuis, toen ze Williams hand had vastgehouden en aan zichzelf had toegegeven dat ze van hem hield, was Sylvie van plan geweest dat besef voor zich te houden. Ze zou haar contact met hem beperken. Ze zou extra werken in de bibliotheek, een nieuwe hobby nemen – wat precies, dat wist ze niet – om zichzelf bezig te houden. Als er geen zuurstof bij kwam, zouden de gevoelens vanzelf uitdoven. Maar dat plan werkte niet. Niets werkte. De gevoelens leken alleen maar groter te worden. In de bibliotheek trilden Sylvies handen als ze boeken opruimde. Ze merkte dat ze niet kon lezen, want zodra ze haar fantasie aanzette, ging ze niet de wereld van de roman binnen maar een kamer waar William was. Hun blikken haakten in elkaar en ze vertelden elkaar zonder iets te zeggen alles wat ertoe deed. Sylvie maakte lange wandelingen na het werk om zichzelf moe te maken zodat ze zou slapen, maar elke avond stapte ze in bed en voelde spanning komen op haar onzichtbare naad tot die op het punt van scheuren stond.

Met kerst, toen William naar elke centimeter van haar appartement keek behalve waar Sylvie stond, toen zijn blik chirurgisch om haar heen sneed tot ze zich, alweer, een geest voelde, was ze hem achternagegaan in de sneeuw. Ze was boos. Ze was van plan, in zoverre dat ze íéts plande tijdens de busrit, naar zijn flat te gaan en te zorgen dat hij naar haar zou kijken. Meer was ze niet van plan. Maar eenmaal in zijn aanwezigheid, starend naar zijn lieve, droevige gezicht en de blauwe ogen die haar dromen plaagden, wilde ze meer. Ze wilde rust en weer in bed kunnen liggen zonder het gevoel dat ze zou ontploffen. Ze wilde de woorden uitspreken die in haar vastgekluisterd zaten. Ze wilde alles, want ze kon de muren zien die ze allebei hadden opgericht om hun verlangens tegen te houden en kon de gigantische schoonheid voelen die aan de andere kant van de muren lag.

Toen ze elkaar eindelijk kusten, midden in Williams kleine woonkamer terwijl buiten de sneeuw viel, verdween de druk die Sylvie vanbinnen had gevoeld. Haar lichaam was licht en ze ervoer een nieuw soort vreugde en betekenis. Ze dacht: dit is waar we voor leven. Ze hielden elkaar vast en praatten, zij tegen Williams borst en hij in haar haar. Tussen zinnen en soms woorden door, kusten ze. Sylvie ging met haar handen over zijn schouders, door zijn haar. Ze wilde hem al zo lang aanraken dat het plezier bijna schrijnde in haar lijf en de nabijheid van hun lichamen maakte het lastig zich op hun gesprek te concentreren. Ze wilde alles tegelijk. Ze was eenzaam en gebroken geweest sinds Charlies dood. Ze had Julia voorgelogen sinds ze niet meer bij haar en William inwoonde. De avond op het bankje had William en Sylvie voor elkaar geopend en ze had geprobeerd van die verbinding weg te vluchten, maar haar pogingen om te ontsnappen hadden haar verstikt. In zijn armen kon ze voor het eerst in bijna een jaar weer diep ademhalen.

Geen van beiden dacht nog aan interpunctie of was bang de ander te beledigen. Ze deelden slechts hun gevoelens die de ander op een bepaald niveau al kende. Sylvie vertelde William dat ze zich op het bankje door hem gezien had gevoeld en hem ook had gezien in zijn voetnoten, en hij vertelde haar dat hij zich bij haar op zijn gemak voelde, zich heel voelde, wat hij nooit eerder in zijn leven had ervaren. 'Niemand mag het weten,' fluisterde ze. Daar stemde hij mee in. Ze hield zichzelf voor dat ze de voorwaarden van Williams mantra niet braken, omdat er tussen hén geen geheimen waren. Hun liefde en eerlijkheid moesten binnen de muren van dit flatje blijven, maar dit flatje voelde gigantisch na de begrenzingen van haar lichaam.

Sylvie zag voor zich hoe haar vader goedkeurend glimlachte nu zij en William labels terzijde schoven en elkaar vasthielden in de schaduwen. De volgende avond keerde ze terug naar zijn kleine flat, net als bijna elke avond daarna. Met William voelde Sylvie zich vrij om zich te ontplooien. Ze liet hem de scènes zien die ze had geschreven over toen zij en haar zussen jong waren. Ze vertelde hem over het gesprek met Charlie achter de supermarkt. Ze vond het heerlijk dat ze William alles kon laten zien en vertellen wat in haar hoofd opkwam zonder bang te hoeven zijn dat hij het verkeerd zou begrijpen of vreemd zou vinden. Ze herhaalde de vreselijke grappen die een bibliotheekbezoeker, een oude man met jampotglazen, elke middag aan de bibliotheekmedewerkers vertelde en sommige ervan waren zo belachelijk dat William en zij lachten tot ze tranen in hun ogen hadden. Bij hem was Sylvie alles: mal, bedroefd, geïnspireerd, content in elke cel van haar lichaam.

'Onze relatie voelt voor mij toch ook eigenlijk niet als een relatie,' zei ze op een avond terwijl hij op zijn kleine tv-toestel naar een wedstrijd van de Bulls keek. Ze zat naast hem en verdiepte zich zo nu en dan in haar roman. Het volume stond laag en de deur zat op het extra slot zodat Sylvie tijd zou hebben zich in de badkamer te verstoppen als er iemand aanklopte. Ze sliep een paar nachten per week bij hem, wat betekende dat ze vóór zonsopgang vertrok en heel stil moest zijn zodat William niet in de problemen zou komen.

'Hoe voelt het dan wél?' vroeg hij, zonder zijn ogen van het scherm te halen.

'Alsof alle muren omvergeworpen zijn. Alsof we geen dak of deuren meer nodig hebben. Die zijn irrelevant.'

'Dus we staan buiten.' Hij draaide zijn hoofd en glimlachte naar haar. Het was zijn nieuwe glimlach, die zijn opwachting had gemaakt na hun eerste kus. Eerder had William zelden geglimlacht en als hij het deed, zag de glimlach er plichtsgetrouw uit, alsof hij wist dat het moment om een glimlach vroeg en hij daarom aan de juiste hendeltjes in zijn gezicht trok om er eentje te vormen.

Sylvie wilde de rest van haar leven besteden aan het uitlokken van deze nieuwe glimlach. Williams gezicht zag er levendig uit, en dankbaar, en gelukkig. Sylvie wist dat hij gelukkig met haar was, wist dat hij dankbaar was; 's nachts fluisterde hij zijn geluk tegen haar huid.

Hij wilde hun relatie ook voor altijd geheimhouden, wat voor hem betekende: tot Sylvie bij zinnen kwam en het met hem uitmaakte. William vond niet dat dit tegenstrijdig was met zijn mantra omdat deze geheimhouding eigenlijk slechts een vertragingstactiek was, een moment van gestolen vreugde voordat ze de kracht verzameld hadden om van elkaar weg te lopen. 'Ik verdien dit niet,' zei hij bijna dagelijks, tot Sylvie hem vroeg dat alsjeblieft niet meer te zeggen. Maar hij zei het nu weer, hij kon het niet helpen.

Ze zei: 'Verdien ik het gelukkig en heel te zijn?'

'Natuurlijk.'

'Doe het dan voor mij.'

'Van jou houden voor jou?' Hij stond op om de tv uit te zetten. Boven het toestel hing het schilderij dat Cecelia onlangs was komen brengen. William had Sylvie verteld hoe opgetogen Cecelia was geweest toen ze het hem liet zien. 'Ik schilder altijd portretten,' had ze gezegd. 'Maar ik hou wel van een uitdaging. Ik weet niet goed wat dit is, maar technisch lijkt het aardig te werken.' Sylvie vond het schilderij prachtig. Als ze niet had geweten dat haar zusje het had geschilderd, zou ze dat nooit hebben geraden. Het was deels een landschap, deels een verkenning van licht en regen. Ze herinnerde zich dat Cecelia eens tegen haar zussen had gezegd dat ze de regen wilde schilderen zoals Van Gogh sterren schilderde. Het doek bevatte plenzende regen, vermengd met dun licht. Het licht was wat haar aandacht trok.

'Ik zal hoe dan ook van je houden,' zei William. 'Maar ik wil niemand meer kwetsen. Ik moet er niet aan denken jou te kwetsen, Sylvie. Ik hoor alleen te zijn. Wat zal je familie ervan vinden? En hoe moet het met Julia?' Hij trok een grimas. 'Die herinneringen die je opschrijft, de meeste gaan over jou en haar.'

'Ja, natuurlijk. Ze gaan over ons viertjes.'

Bedroefd schudde William zijn hoofd. Ze kon hem horen denken: geen onzin, geen geheimen. Hij zei: 'Bij het lezen van jouw woorden voel ik dat je je zus mist.'

Sylvie was geïrriteerd, genoeg om haar ertoe aan te zetten haar boek dicht te slaan, haar nachtpon en tandenborstel in haar tas te stoppen en te vertrekken. Ze liep over de campus naar de bushalte en de koude lucht koelde haar warme wangen. Ze was boos op zichzelf omdat ze zo overdreven reageerde op wat William zei. Ze zou hem bellen zodra ze thuis was. Hij had natuurlijk gelijk. Voor haar ging dit om Julia. William wilde hun relatie geheimhouden zodat ze van elkaar weg konden lopen zonder dat iemand anders in hun baan werd gezogen of er ook maar van wist. Sylvie wilde hun liefde geheimhouden vanwege haar oudere zus. Als ze zich probeerde voor te stellen hoe het zou zijn als Julia erachter kwam dat zij en William verliefd waren, moest ze haar hoofd schudden om de pijnlijke beelden te verdrijven. Julia zou haar haten. Het was verraad, en de enige oplossing was dat niemand het mocht weten.

Het was maart en Julia en Alice waren bijna vijf maanden weg. Professor Coopers project was verlengd en zonder met iemand van de familie te overleggen had Julia besloten in New York te blijven. 'Hoelang dan?' had Cecelia haar aan de telefoon gevraagd. 'Dat zien we wel,' had Julia geantwoord. 'Ik mis jullie, maar het gaat hier goed met mij en Alice.' Sylvie was opgelucht toen ze over hun verlengde verblijf hoorde. Zij en haar oudere zus spraken elkaar twee keer per maand als Alice 's avonds in bed lag; ze wisselden af wie de dure langeafstandsgesprekken betaalde. Zij noch Julia sprak over de spanning die in hun afscheid had gelegen, ze deden allebei alsof dat niet was gebeurd. Julia was altijd moe na een lange werkdag, maar ze was ook enthousiast, over de stad, over de slimme mensen met wie ze werkte, over de kleren die de vrouwen in New York droegen. Ze klonk stralend, glimmend van opwinding en levendiger dan ze in lange tijd was geweest. 'En vertel eens over jou,' zei Julia als ze klaar was haar nieuws te vertellen. 'Ik mis je. Vertel me alles.' En dan sprak Sylvie over de periferie van haar leven – haar werk, de lekkende gootsteen in haar studiootje, de laatste keer dat ze op Izzy had gepast – maar liet wat ertoe deed buiten beschouwing.

'Je klinkt gelukkig,' had Julia aan het einde van een telefoontje gezegd.

'Jij ook.'

'Ik ben blij voor ons,' zei haar zus.

Onder de bomen op de campus met hun zware ledematen stelde Sylvie zich nu voor hoe haar oudere zus haar hoofd om haar schudde. 'Dit kan niet voor altijd goed blijven gaan,' zei de gefantaseerde Julia, 'je moet een keuze maken.' Sylvies oudere zus was een deel van haar op een manier die haar jongere zussen dat niet waren; de twee oudste Padavano-meisjes waren als kind met elkaar vervlochten. Misschien hierdoor – of misschien omdat Sylvie wist dat er geen grenzen bestonden, wat betekende dat Julia echt een deel van haar was – droeg ze haar zus met zich mee, ook al had die Chicago verlaten. Julia liep naast Sylvie over straat, zat tegenover haar aan het tafeltje in restaurants en stond naast haar als ze in een badkamerspiegel keek. Sylvie was dankbaar voor deze versie van het gezelschap van haar zus. Onlangs was Julia in een gesprek ter sprake gekomen en had Emeline gezegd: 'Je mist haar vast erg.' Sylvie had geantwoord: 'Ja, maar niet te veel.' En dat was waar, maar op een manier die niemand anders kon begrijpen behalve misschien Julia zelf.

Kent kwam er als eerste achter. Hij en Nicole, een vrolijke jongedame met een grijns die die van Kent naar de kroon stak, kwamen begin april bij William op bezoek en hij wist meteen dat er iets was gebeurd. William probeerde interesse te tonen in hun verloving en bewonderde Nicoles ring, die van Kents geliefde grootmoeder was geweest, maar Kent keek alleen maar naar hem en zei: 'Vertel me wat er gaande is. Je ziet er totaal anders uit.'

'Ik zie er niet anders uit,' zei William. 'Misschien dat ik in iets minder slechte vorm ben. Ik kan nu vijf kilometer hardlopen.'

Kent schudde zijn hoofd.

Nicole bestudeerde William alsof hij een patiënt was die naar haar kliniek was gekomen en opperde: 'Misschien is het een vrouw.'

Kent schudde weer zijn hoofd, want dat was onmogelijk, maar bij die woorden was er iets in Williams gezicht veranderd, dus hield hij op zijn hoofd te schudden. Hij gaapte zijn vriend aan. 'Een vrouw? Wie?' Hij kende iedereen in Williams kleine wereldje, iedereen die betrokken was bij het basketbalteam van Northwestern, iedereen uit het ziekenhuis.

William keek toe hoe zijn vriend de mogelijkheden afging en zei toen zacht: 'Sylvie.'

Het was even stil terwijl Kent de stukjes aannam die hem gegeven waren en ze in elkaar zette. De scène aan de oever van het meer, de ambulancerit naar het ziekenhuis, Sylvie die naast Williams bed zat. 'Natuurlijk!' zei hij en hij greep William vast voor een knuffel, waar Nicole om moest lachen van plezier.

'Voorzichtig, doe hem geen pijn, Kent,' zei ze, omdat hij twintig kilo zwaarder was dan William.

Kent belde Sylvie op in de bibliotheek en zei haar onmiddellijk langs te komen. Hij gaf haar ook een stevige knuffel en ze kon zijn opluchting in de omhelzing voelen. 'Dit is geweldig,' zei hij. 'Ik had het moeten zien aankomen. Ik ben een beetje teleurgesteld in mezelf.' Hij keek naar hen beiden. 'Maar ik zie ook de inherente complicaties.'

Sylvie voelde zich ongemakkelijk in de aanwezigheid van Nicole, die beeldschoon was en die ze zojuist pas voor het eerst had ontmoet. Ze vroeg zich af of deze jonge vrouw haar een vreselijk mens zou vinden omdat ze verliefd was geworden op de echtgenoot van haar zus. Het was voor het eerst dat Sylvie nadacht over hoe onbekenden erover zouden denken en ze voelde zich naakt, onvolwaardig, onder Nicoles blik. Ze merkte dat William bijna onwel was van het delen van het nieuws. Hij zat met een verblufte uitdrukking op zijn gezicht op de rode bank. Sylvie kneep even in zijn hand om hem eraan te herinneren dat ze bij hem was. Om te voorkomen dat hij wegzonk in het water binnen in zichzelf.

'Dit zal niet voortduren. We gaan binnenkort uit elkaar,' zei William. 'Voor Sylvie.'

Kent keek naar Sylvie, en ze schudde haar hoofd.

'We moeten het wel geheimhouden,' zei ze. Ze had vlug nagedacht en het was oké als Kent en Nicole het wisten. Ze hadden geen contact met de tweeling of met Julia. Ze woonden in Milwaukee. Dat zij het wisten, betekende simpelweg dat de kleine woonruimte die de liefde van William en Sylvie bewoonde een beetje groter was geworden. Sylvie dacht dat het misschien wel leuk kon zijn; zij en William konden wellicht eens uit eten gaan met Kent en zijn vriendin. Een dubbele date, net als een normaal stel. Ze konden een kleine, gecontroleerde uitbreiding van hun geheime leven wel aan. William zou er nu met zijn beste vriend over kunnen praten.

Kent ijsbeerde voor hen langs. 'Houden jullie van elkaar?'

Ze bewogen hun hoofd op en neer. William schoorvoetend, Sylvie krachtig.

'Geweldig. Dit is geweldig. Maar de geheimzinnigheid moet stoppen. Onmiddellijk. Het is niet gezond en jouw gezondheid is topprioriteit, William. Dat weet je.'

Sylvie sloeg haar handen voor haar ogen. Ze voelde zich als een driejarige peuter die op het punt stond een woede-uitbarsting te krijgen, warm van irritatie en schaamte. Kent richtte zijn aandacht op William om Sylvie eraan te herinneren dat hij de zwakke poot van de tafel was. Om haar eraan te herinneren dat als William verzwakte, alles op de grond zou vallen.

'Heb je het aan je therapeut verteld?' Kent bestudeerde het gezicht van zijn vriend. 'Niet? Dat is niet fraai. Je moet het aan iedereen vertellen. Dat is cruciaal.' Zijn gezichtsuitdrukking zei: cruciaal voor William om te overleven. 'Liefde kun je niet verbergen,' zei hij, en Sylvie vroeg zich met haar handen nog voor haar gezicht af: is dat waar?

Waar was hun liefde? Kon het verborgen worden? Sylvie zag

liefde uit Williams gezicht komen als hij naar haar keek, als licht dat door scheuren in een muur stroomde. Sylvies liefde voor hem was net zozeer deel van haar als haar eigen handen, haar gezicht. Ze zou nooit hebben gekózen om van William te houden, ze zou er nooit voor hebben gekozen om de man van haar zus haar hart in te trekken. Maar het was niet zomaar een gevoel dat zij en William elkaar gaven; ze wáren liefde. Sylvie had het gevoel dat als ze van hem weg zou lopen, er een einde aan haarzelf zou komen. Ze zou niet langer Sylvie zijn, ze zou een lege huls zijn van wie ze was geweest, bewegend door dagen zonder betekenis.

Kent zei: 'Om even heel duidelijk te zijn: of jullie gaan uit elkaar, of jullie vertellen het aan iedereen.' Hij keek naar Sylvie. 'Dat zijn de enige twee opties.'

Een mist in Sylvie loste op. Ze wist dat William alleen kon overleven als hij zijn leven op zijn eigen voorwaarden leefde. Zichzelf en anderen voorliegen was afwijken van vaste grond en daar kon ze niet medeplichtig aan zijn. William had vanaf hun eerste kus gelijk gehad dat dit geheim tijdelijk moest zijn, Sylvie had vanaf hun eerste kus geweten dat ze niet terug kon naar een leven zonder hem. Hij was zuurstof geworden waarvan ze afhankelijk was om te ademen. Tot nu toe was ze alleen nog niet in staat geweest die twee waarheden te verenigen.

Kent liep nog steeds heen en weer. 'Vertel jij het je arts, William. Ik vertel het Arash wel. Maak je geen zorgen, ik doe het heel terloops. En hij zal het geweldig vinden, want hij is dol op Sylvie. Op die manier is iedereen met wie je je dagen doorbrengt op de hoogte. Sylvie...' Kent keek naar haar om haar vooruitgang in kaart te brengen. Hij knikte toen hij zag dat ze bij was. 'Jij moet het aan alle anderen vertellen.'

Ze knikte en zei: 'Ja, baas.'

De tweeling vertelde ze het tegelijkertijd. Ze liet hen naar haar appartement komen op een zonnige middag in mei. Het raam stond open en het binnenkomende briesje geurde naar lente.

Cecelia droeg schilderkleren; een olijfkleurige overall met heel veel zakken voor kwasten en doekjes. Ze werkte vrijwel dag en nacht aan een muurschildering aan Loomis Street. Ze schilderde overdag maar vertrok dan om twee uur 's nachts weer – Izzy was veilig bij Emeline – naar haar werk aan de muur tot ze weer wilde slapen. Dit was haar eerste muurschildering in opdracht, voor de plaatselijke kunstraad, en ze mocht zelf weten wat ze schilderde. Sylvie ging elke dag onderweg van en naar de bibliotheek even bij haar zus langs. Ze wist dat Cecelia niet over een schilderij wilde praten terwijl ze ermee bezig was, dus keek ze alleen toe. De contouren van het gezicht en de schouders van een vrouw waren als eerste op de muur verschenen. Terwijl de vrouw in de afgelopen week werd ingekleurd, was ze Sylvie steeds bekender voor gaan komen. Ze leek trots en fel. Sylvie vroeg zich af of de vrouw Cecelia zelf voorstelde, of misschien Emeline of Julia. Vandaag had ze een siddering van bezorgdheid gevoeld bij de gedachte dat haar zus misschien háár schilderde. Misschien was Cecelia bezig Sylvies ware zelf op deze muur te onthullen. Als de vrouw op de muur Sylvie wás, dan zouden haar liefde en ontplooiing voor iedereen zichtbaar zijn. Het was deze mogelijkheid die ervoor had gezorgd dat ze het niet langer uitstelde, haar zussen belde en vroeg of ze langs wilden komen. De gedachte door Cecelia's kwast te worden onthuld was onacceptabel; ze moest zichzelf onthullen.

'We wisten dat er iets aan zat te komen,' zei Emeline, 'want je gedraagt je zo vreemd.' Ze kwam rechtstreeks van de crèche, wat betekende dat ze een beetje plakte van de jam en klei.

'Val jij ook op vrouwen?' vroeg Cecelia met een glimlach. Ze ging naast haar zus aan Sylvies kleine keukentafel zitten.

Sylvie schudde haar hoofd. Ze dacht: wás dat maar mijn nieuws. 'Willen jullie wat water? Of' – ze probeerde te bedenken wat ze in haar keukenkastjes had – 'crackers?'

'Voor de draad ermee,' zei Cecelia. 'Em moet vanavond naar school en mevrouw Ceccione past op Izzy, dus ik moet snel weer naar huis.'

Sylvie nam een hap lucht om er zo veel mogelijk van te verzamelen alsof ze op het punt stond onder water te duiken en vertelde hun wat ze in haar hart had. Ze begon met het moment dat ze Williams hand vastpakte aan de oever van het meer en legde uit dat ze bij hem het gevoel had dat ze leefde, samen met hem een hele cirkel was, haar hele slordige zelf. 'Als we elkaars hand vasthouden...' zei ze, maar ze had die zin toen met William niet kunnen afmaken en nu ook niet. Soms waren woorden als kiezels die je tegen een ruit gooide, en wat zij wilde beschrijven was de ruit zelf.

Toen ze klaar was, bleven haar zussen zwijgen. Er kwamen zachte verkeersgeluiden van buiten. De piepende remmen van een bus.

'O, Sylvie.' Cecelia zag er moe uit van slaapgebrek, van haar eigen wereld bij elkaar houden. Izzy had het woordje 'nee' ontdekt en de dreumes schreeuwde het vanuit haar ledikant zodra ze 's morgens wakker werd.

Emeline wendde haar blik af. 'Iedere andere man op aarde en ik zou blij voor je zijn,' zei ze. 'Iedere andere man.'

'Ik weet het,' zei Sylvie. Ze had niet verwacht dat haar zussen erg enthousiast zouden zijn, maar haar droefheid was voelbaar en drukte op haar als een zware deken. 'En als dat een optie was geweest...'

Emeline had een smekende blik in haar ogen. Sylvie dacht terug aan het moment dat ze met Julia en Emeline aan de eettafel bij Rose zat en ze hun moeder smeekten niet te verhuizen. Sylvie was nu degene met het onwelkome nieuws. Nu wilden haar zussen háár tegenhouden.

'Julia heeft al zoveel meegemaakt,' zei Emeline. 'Kun je niet gewoon vrienden met hem zijn?'

'Kun jij niet gewoon vrienden met Josie zijn?'

Emeline perste haar lippen op elkaar. Schudde haar hoofd. Het kwam bij Sylvie op dat zij en Emeline keuzes met overeenkomstige risico's hadden gemaakt. Sylvie zat hier de harten van haar zussen te breken omdat ze zich geen leven zonder William kon voorstellen en William niet kon overleven met een geheim.

Emeline had haar geaardheid de kop ingedrukt – het zelfs niet aan zichzelf toegegeven – tot ze Josie ontmoette. 'Ik moest haar vertellen dat ik verliefd op haar was,' had ze gezegd. 'Zelfs als ik het zou besterven, en ik dacht ook dat dat zou gebeuren.' Dit resoneerde met Sylvie: dit moment voelde als leven én dood. Ze was aan het openbreken, maar breken was het evengoed.

'Hoe weet je of hij niet met jou is omdat hij Julia mist?' Cecelia keek naar haar zus terwijl ze dit zei. Ze wilde altijd de waarheid. 'Je lijkt op haar, weet je. Het is toch ongezond, Sylvie? Alsof je het bed in duikt met haar huwelijk.'

Sylvie had hier niets op te zeggen. In het begin had ze zich wel afgevraagd of William teleurgesteld was dat haar borsten kleiner waren dan die van Julia, haar heupen minder vol. Was Julia beter in bed geweest? Ze had William nooit gevraagd of hij hieraan dacht, omdat ze de antwoorden niet wilde horen.

Het verbaasde haar dat ze niet in de verdediging schoot tegenover haar zussen. Ze was niet van plan ruzie te maken. Ze dacht aan de vrouw die Cecelia een paar straten verderop op de muur schilderde en hoe de contouren langzaam gevuld werden met kleur en details. Sylvie vulde ook zichzelf in, ontdekte en toonde haar eigen kleuren. Ze voelde de droefheid die van haar jongere zussen afstraalde als hitte op haar huid. Sylvie had geweten dat dit slecht zou gaan. Ze wist dat Cecelia en Emeline van William hielden als van een broer. Ze kenden hem al sinds hun veertiende. Maar dit was moeilijk nieuws en ze dachten niet aan William, ze dachten aan hun persoonlijke versies van de glanzende brug die bestond tussen de drie zussen in Chicago en Julia in New York. Sylvie wist dat Emeline krantenknipsels met vrije appartementen in Pilsen opstuurde. Cecelia bleef Alice en Izzy samen schilderen. Ze maakte foto's van de doeken en stuurde die naar Julia met de vraag welke ze graag zou willen hebben. Julia had er nog geen gekozen.

'Maar als je dit doet,' zei Emeline, waarna ze even pauzeerde alsof ze zelf ook op het punt stond het water in te duiken, 'zullen Julia en Alice nooit meer terugkomen.'

De zon verdween achter een wolk of een gebouw en de drie zussen werden in schaduwen gehuld. De glanzende brug verging aan hun voeten tot stof. Sylvie dacht aan haar meisjesdroom en hoe Julia had gesomberd dat de romans waaruit ze citeerde als vertellingen van grootse liefdes allemaal tragedies waren. Sylvie had in al haar onschuld volgehouden dat het tragediegedeelte te vermijden viel. Dat het niet met de romance verweven was. Maar ze had ongelijk gehad.

'Ik weet het,' zei ze. 'Het spijt me ontzettend.'

Na het nieuws trokken Emeline en Cecelia zich terug van Sylvie. Ze wist dat ze gevoelig en gekneusd waren en even afstand van haar moesten nemen. Ze was bang dat ze tot in de eeuwigheid nodig zouden hebben, maar die vreselijke gedachte duwde ze weg. Ze was zelf ook gevoelig en gekneusd. Ze bleef de muurschildering bezoeken die Cecelia op Loomis schilderde, maar timede haar bezoekjes wanneer haar zus er niet was. De vrouw op de muur liet elke dag meer van zichzelf zien. Sylvie herkende haar eindelijk toen Cecelia klaar was met de ogen. Het was niet een van de Padavano-zusjes, het was Clara van Assisi, de heilige die Cecelia van haar moeder bij zich had moeten dragen als boetedoening. Door haar steeds maar weer te schilderen had Cecelia van Clara haar talisman gemaakt.

De vrouw op de muur was prachtig. Ze zag er niet uit als een waarschuwing voor hoe je niet moest leven. Ze leek juist als voorbeeld van het tegenovergestelde van de muur af te stralen. Terwijl ze haar bestudeerde, herinnerde Sylvie zich dat toen de meisjes klein waren, Rose de heiligen had gebruikt als voorbeelden van vrouwen die iets hadden bereikt. Ze was ze als waarschuwingssysteem en straf gaan gebruiken toen Sylvie en haar zussen ouder werden, toen seks en het huwelijk en zwangerschap ter tafel kwamen. Clara nam drie verdiepingen van de zijkant van het gebouw in beslag. Ze was tegen de verwachtingen van haar familie en de maatschappij ingegaan door te weigeren een tienerbruidje te worden, te weigeren haar leven weg te geven voor het zelfs maar was begonnen. Ze stond voor moed en de vrouw die haar schilderde was absoluut ook moedig. Misschien, peinsde Sylvie, de gedachte uittestend, waren alle Padavano-zussen moedig. Cecelia was er op haar zeventiende alleen voor komen te staan en was een alleenstaande moeder naar wier kunst steeds meer vraag was. Emeline had nu een relatie met Josie en hield dat niet geheim. Mevrouw Ceccione had bijna een hartaanval gekregen toen Emeline en Josie in haar bijzijn elkaars hand vasthielden en Emeline had haar verontschuldigingen aangeboden voor het feit dat ze haar van streek had gemaakt – terwijl Cecelia het uitgiechelde in dezelfde kamer – maar ook gezegd dat ze zich niet zou verontschuldigen voor haar liefde. Julia had, toen ze werd geconfronteerd met een echtgenoot die gered moest worden, eeuwen van misogynie het hoofd geboden en ervoor gekozen zichzelf te redden. En Sylvie dacht dat zij misschien ook moedig was, omdat ze zichzelf toestond in een droom te leven die zo buitengewoon was dat ze had aangenomen dat die aan haar voorbij zou gaan.

Sylvie was ervan uitgegaan dat ze alleen, en veilig, zou blijven, met haar zussen. Haar hart had hun tenslotte altijd toebehoord. De vier zussen hadden het grootste deel van hun leven als één hart geklopt. Als ze naar de muurschildering keek, vroeg ze zich af of moed gekoppeld was aan verlies: je deed het ondenkbare tegen een bepaalde prijs. Julia kende Sylvies waarheid nog niet, maar dat zou niet lang meer duren. Cecelia had gezegd dat zij en Emeline haar op de hoogte zouden brengen; een van hen zou naar New York reizen om het Julia persoonlijk te vertellen. Sylvie was opgelucht toen ze dit hoorde. De tweeling zou het nieuws voorzichtig brengen en proberen Julia te beschermen, terwijl Sylvie haar alleen maar pijn zou kunnen doen.

Als ze met Julia belde, dacht ze elke keer weer dat dit hun laatste gesprek kon zijn. Ze wist niet wanneer Cecelia of Emeline naar New York zou gaan; ze hadden haar geen deelgenoot gemaakt van hun plannen. Ze luisterde naar Julia die Alice' crèche beschreef en vertelde dat de baby haar eerste woordje had gezegd: mama. Julia vertelde dat professor Cooper haar om haar mening had gevraagd na een bespreking en dat hij haar inbreng zeer waardeerde. Sylvie stelde vragen om het telefoontje langer te laten duren. Ze probeerde zich de stem van haar zus en de klank van haar liefde in te prenten. Ze zou als kind niet hebben geloofd dat iets er ooit voor zou kunnen zorgen dat ze haar oudere zus uit haar leven zou snijden; nu voelde weten dat een bijl op het punt stond te vallen terwijl ze niets deed om het te voorkomen als een gigantische marteling. Ik hou van je, dacht ze door de telefoonlijn, het spijt me.

Inwonende adviseurs waren verplicht elke nacht op de campus te slapen, dus reisde Sylvie altijd naar Northwestern in plaats van dat William naar Pilsen kwam. Ze had het gevoel alsof ze het grootste deel van haar leven in de echte wereld doorbracht en het zwijgen van de tweeling droeg, wachtend tot het Julia werd verteld, terwijl William in een bubbel op de universiteit kon leven. Ze was blij dat hij in een bubbel zat, ze wilde alleen dat ze er zelf ook een had. Tot haar grote opluchting was William ontdooid na zijn aanvankelijke paniek. Nadat Kent hen had ontmaskerd, bleef hij een paar weken lang steeds maar zijn keel schrapen, alsof hij er niet van op aan kon dat zijn stem zou werken. Maar dagen gingen voorbij en de hemel kwam niet naar beneden zoals hij had verwacht. Hij vertelde aan zijn therapeut dat hij van Sylvie hield en de arts – die hem had aangemoedigd echte verbinding met andere mensen aan te gaan – vond het overwegend positief nieuws. Kent informeerde Arash, en die was – zoals voorspeld – in zijn nopjes. Arash klopte William twee hele minuten lang op de rug de eerste keer dat hij hem zag nadat hij met Kent had gesproken. Cecelia en Emeline gingen niet meer bij William langs, maar dat deden ze toch al niet regelmatig en hij was comfortabeler met het idee van hun afwezigheid dan met hun aanwezigheid.

Het was Sylvie die diep ademhaalde terwijl ze naar de bibliotheek liep, die een paar keer per dag bij de heilige Clara de wacht hield en alleen in haar studiootje roerei at. Ze leefde in een stilte die ze zelf had gecreëerd en ze voelde hoe ze er steeds dieper in zakte. Ze had geen spijt van haar keuze; soms als ze bij William was, deed haar gezicht pijn en besefte ze dat het was omdat ze al uren achtereen glimlachte. Ze sliep 's nachts tegen zijn warme huid aan gedrukt en als ze om vier uur 's morgens wakker schrok, schreef ze herinneringen uit haar jeugd op.

Na drie maanden in de stilte was Sylvie op een middag in augustus in de bibliotheek en reed een kar met nieuwe aanwinsten uit de achterkamer, toen Emeline aan haar zij verscheen. Emeline zei niets, sloeg alleen haar armen om haar zus heen. Ze drukte haar hoofd tegen Sylvies schouder zodat hun krullen op elkaar lagen. Sylvie hield de enige delen van Emeline vast waar ze bij kon: haar hand, de bovenkant van haar gebogen hoofd. De twee zussen bleven een paar minuten zo staan in de achterste hoek van de bibliotheek en toen ze elkaar loslieten, voelde het als een nieuwe start. Vanuit een plek van hartzeer, verliefdheid en vrijheid.

Julia

OKTOBER 1984 - SEPTEMBER 1988

Emeline kwam Julia opzoeken toen Alice achttien maanden oud was en moeder en dochter een jaar in New York woonden. De verhuizing was intens geweest voor Julia. Vanaf het moment dat zij en Alice aan boord van het vliegtuig naar New York stapten – de eerste keer dat ze vloog, en dan ook nog alleen met een baby – had elke dag gloednieuw en als een uitdaging gevoeld. Niet per se slecht. Nieuw was een opluchting. Julia had haar geboortestad haastig verlaten omdat ze nieuw en anders nodig had. Maar Manhattan leverde, en dat op een volume en schaal die ze niet had kunnen voorzien. De stad bonsde van lawaai en mensen haastten zich overal naartoe. Julia merkte dat ze snelwandelde over de stoep in een poging hen bij te houden, ook al wist ze niet zeker of ze de juiste kant op ging.

Ze begon aan haar baan bij professor Cooper, waar iedere persoon en taak die ze tegenkwam onbekend was, en probeerde een tijdelijk thuis te creëren met haar baby. 'Maar zes maandjes,' zong ze Alice in slaap. 'We kunnen dit best zes maanden.' Zij en Alice verbleven in een appartement van een van Rose' vriendinnen uit Florida dat tijdelijk leegstond. In plaats van huur te betalen, hoefde ze alleen de uitgebreide plantenverzameling van mevrouw Laven water te geven. Aan het einde van elke dag liep ze met een gieter in de hand het hele appartement door en liet zich vervolgens op het bed ploffen om te slapen. Julia had nog nooit het leven, laat staan een met zoveel eisen, geprobeerd alleen te leiden. Ze had altijd hulp van haar zussen, haar moeder of William gehad. Nu droeg ze een wandelwagen in de ene arm en een baby in de andere de trap van de metro op. Het voelde alsof ze altijd zweette en tegelijkertijd probeerde er toonbaar uit te zien. Ze was verantwoordelijk voor alles: dat de crèche genoeg luiers had voor Alice, het betalen van de rekeningen, dat er babyvoeding en melk op voorraad waren, en voor de was. Alice produceerde zoveel was. Toch voelde Julia een diepe dankbaarheid voor Manhattan, zowel omdat het al haar aandacht opeiste als omdat ze er niet aan haar oude leven werd herinnerd.

Ze kon even bijkomen toen Rose vliegtickets voor hen kocht om haar met kerst in Florida te kunnen komen opzoeken. Julia was de eerste van de dochters die naar Miami reisde en Rose pronkte met zichtbare trots met haar dochter en kleindochter bij haar vriendinnen. Toen Julia had geweigerd voor haar huwelijk te vechten, had Rose haar afkeuring duidelijk gemaakt, maar nu leek ze te worden meegesleept door de opwinding van Julia's nieuwe leven. 'Mijn dochter werkt voor een heel belangrijke businessconsultant in het centrum van Manhattan. Mijn man zei altijd dat Julia hersens en lef had. En is haar baby niet prachtig?' Het viel Julia op hoezeer haar moeder het verhaal van haar oudste dochter en haar eigen echtgenoot had herschreven: Julia was niet langer een mislukkeling, en Charlies mening diende te worden gerespecteerd. Toch voelde het goed om de goedkeuring van haar moeder te hebben en ze was verguld om cadeaus voor de acht maanden oude Alice open te maken bij de kerstboom. 's Middags belden zij en Rose naar Sylvies appartement om de rest van de familie fijne feestdagen te wensen. Izzy kwam ook aan de telefoon en brabbelde een paar minuten lang gewichtig terwijl de meeluisterende vrouwen in Florida en Chicago lachten.

Toen professor Coopers project bij het communicatiebedrijf in het voorjaar werd verlengd, vroeg hij Julia of ze terug wilde naar Chicago. 'Ik vind het heerlijk om met je te werken,' zei hij. 'En ik ga hier nog meer klanten aannemen, dus ik blijf nog een poos. Maar ik weet dat jouw familie in Chicago is. Ik begrijp het volledig als je terug wilt.'

Julia ademde diep in bij dit nieuws. Het kwam niet als een totale verrassing, aangezien ze wist dat de klant zeer tevreden was met professor Coopers werk en het project nog niet was afgerond, maar sinds haar verhuizing leefde ze in een kalender van zes maanden. Op moeilijke dagen miste ze haar zussen verschrikkelijk, miste ze het om in een stad te zijn waar ze zonder nadenken haar weg vond. Ze wilde ook Alice de kans geven met haar nichtje te spelen en te worden verwend door haar tantes. 'Mag ik er een nachtje over slapen?' vroeg ze, en dat vond professor Cooper natuurlijk goed.

Ze liep die avond de tweeënhalve kilometer van het kantoor naar Alice' crèche en daar aangekomen wist ze haar antwoord. In Manhattan had Julia het gevoel dat ze op weg was haar potentieel te vervullen; ze wás de helder uit haar ogen kijkende, krachtige vrouw die tevoorschijn was gekomen bij de geboorte van haar dochter. Als ze zichzelf weer in Chicago voorstelde, was die versie van haarzelf beladen met zorgen. Daar was ze een echtgenote geweest, ze had haar echtgenoot daar verkeerd begrepen, ze had daar verkeerde beslissingen genomen. En het voelde ingewikkeld om erover na te denken zich weer in dezelfde staat te bevinden als haar ex-man. William had Alice voor de wet opgegeven en de achternaam Waters was uit Julia's en Alice' officiële documenten gehaald, maar stel dat hij naar een schoolplein in Chicago kwam waar haar kindje was, om naar haar te kijken? Stel dat Julia en Alice hem tegenkwamen op straat? Stel dat hij van gedachten veranderde?

Julia had nog niet bedacht hoe ze dit allemaal aan haar dochter kon uitleggen als Alice eenmaal oud genoeg was om het te begrijpen. Ze wist dat daar geen haast bij was, dus vermeed ze het om er met enige ernst over na te denken. Want wat kon ze tenslotte zeggen? 'Technisch gezien heb je een vader, maar hij heeft je opgegeven'? 'Je vader wil jou gewoon niet in zijn leven'? 'Hij is zo ziek dat hij geen ouder kon zijn'? Een deel van het probleem was dat Julia het niet begreep, ook al was ze dankbaar voor Williams beslissing. Alice was een gezonde, vrolijke dreumes met bolle wangen. Haar aanblik liet vreemden op straat in clowns veranderen; ze trokken gekke bekken, staken hun tong uit, probeerden haar aan het lachen te maken. Ze was, vond Julia, het geweldigste kind op de wereld, met Izzy op een goede tweede plaats. Hoe kon iemand Alice níét in zijn leven willen? De verwarring die in deze vraag lag, en in Williams keuze, herinnerde haar aan de drassigheid van het einde van haar huwelijk. Waar het om ging, zo besloot ze, was dat ze zichzelf leuk vond in New York en langer wilde blijven.

Het bitterzoete aan die beslissing waren natuurlijk haar zussen. Minstens één keer per dag dacht Julia dat ze Sylvie in een taxi zag stappen of een straat oversteken, en er was een vrouw in hun appartementencomplex wier lach net als die van Cecelia klonk. Tijdens elk telefoongesprek vroeg ze haar zussen om haar op te zoeken. 'Nee. Kom naar huis,' was Cecelia's antwoord. Ze was de enige die zich compleet tegen het idee verzette. Cecelia leek met een verrassende koppigheid geworteld in Chicago voor iemand die op andere gebieden zo onafhankelijk was. Sylvie leek open te staan voor het idee, hoewel ze altijd vaag was over wanneer dan. En Emeline maakte zich zorgen om de details: de kosten van zo'n bezoekje, haar vliegangst, dat ze niet de juiste schoenen bezat. 'De mensen zullen me daar uitlachen,' zei ze. 'In Manhattan is iedereen zo stijlvol.'

Maar nu ze had besloten om in de stad te blijven werd Julia elke ochtend opgewonden wakker. Zij en Alice begonnen een nachtelijk dansfeest in hun keuken; de dreumes schudde in alle ernst met haar billen om ook mee te doen. Mevrouw Laven keerde terug vanuit Miami, maar ze bleek de voorzitter te zijn van de vereniging van huiseigenaren en ze hielp Julia aan een schattig driekamerappartement in hetzelfde gebouw in de Upper East Side. Julia vond het heerlijk om haar eigen huis te hebben, en de vorm die haar dagen aannamen in deze nieuwe agenda met onbepaalde tijd. Ze bracht Alice naar de crèche, nam dan de bus naar 42nd Street, waar ze een glazen gebouw binnenging dat in zijn ruiten het magnifieke Grand Central Terminal weerkaatste, en op een hogere verdieping die uitkeek over de stad woonde ze vergaderingen bij met professor Cooper.

Toen Emeline aankondigde dat ze haar angst zou overwinnen en in oktober langs zou komen, was Julia dolblij. Ze kon nauwelijks slapen van opwinding toen Emelines bezoekdatum naderde. Julia had geen tijd gehad om vrienden te maken in New York, maar ze had ook geen idee hoe ze dat moest aanpakken. Haar zussen waren altijd haar beste vriendinnen geweest; in Chicago had ze nooit iemand anders nodig gehad in haar leven. Zij en Sylvie en de tweeling kenden elke versie, elke leeftijd, elke stemming van elkaar. Julia kon niet doorgronden hoe ze een intieme vriendschap met een vreemde kon smeden. Soms zag ze een moeder bij Alice' crèche wier stijl ze bewonderde of die ook een fulltimebaan leek te hebben en overwoog ze op de vrouw af te stappen. Maar de kloof tussen haar en de complete vreemde was gigantisch en Julia had geen idee hoe ze die moest overbruggen. Was het mogelijk dat een vriendschap kon beginnen door iemand naar haar naam te vragen? Ze zouden toch zeker bij elkaar moeten intrekken om elkaar echt te leren kennen, en dat was belachelijk.

Julia nam een week vrij zodat ze elke minuut ervan met Emeline kon doorbrengen. De twee zussen maakten lange wandelingen. Julia leidde Emeline bij de hand door de straten omdat haar zusje naar boven tuurde naar de wolkenkrabbers in plaats van op de auto's om zich heen te letten. Ze brachten een dag door in het Metropolitan Museum of Art – dat ze kenden uit films en boeken – en deden terwijl ze door de zalen liepen alsof ze zelf in een film speelden. Elke avond bleven ze tot laat op om te praten. Julia had gehunkerd naar deze nabijheid, naar gemakkelijke, onzinnige gesprekken. Ze was eenzaam geweest. Ze spraken over Rose – alsof hun moeder nog steeds de zon was waar zij in een baan omheen bewogen – en hoe hooghartig ze tegen hen allemaal deed vanaf haar stekje in Florida. Emeline was natuurlijk geweldig met kleine kinderen en zat urenlang op de grond met Alice te spelen.

'Je bent de beste Alice ter wereld,' zei Julia's zusje tegen het kleine meisje. Ze speelden met blokken terwijl Julia vanuit een leunstoel toekeek.

'Anemie,' zei Alice in opperste concentratie. Ze probeerde 'tante Emeline' te zeggen.

'Heel goed!' Emeline klapte in haar handen.

Alice lachte haar tanden bloot. Het meisje had mollige wangen en haar haar was steil en goudblond. Haar blauwe ogen had ze onmiskenbaar van haar vader.

'Ze lijkt echt op William,' zei Emeline. 'Maar haar ogen schitteren net als die van papa. En ik wed dat haar haar meer zal gaan krullen naarmate ze ouder wordt. Mijn haar is ook steiler op foto's van toen ik een peuter was. En op de crèche zie ik heel vaak kinderen transformeren van lijkend op de ene ouder naar lijkend op de andere.'

'Ik hoop dat ze uiteindelijk in elk geval een klein beetje op mij zal lijken,' zei Julia.

De twee zussen keken met gedeelde aanbidding naar Alice.

'Zolang ze zijn somberte maar niet heeft,' zei Julia, waarmee ze haar geheime angst hardop uitsprak, 'maakt het mij niet uit hoe ze eruitziet.'

Emeline knipperde verbaasd met haar ogen, maar zei toen: 'Natuurlijk. Je hebt gelijk.'

Julia schoof in de ochtenden speldjes in Emelines haar terwijl ze naar hun gelijkende gezichten in de spiegel keek. Ik heb je nodig, dacht Julia, wetende dat 'je' meer betekende dan alleen deze ene zus, maar de behoefte was zo groot dat ze niet kieskeurig kon zijn. Ze kon haar niet laten vertrekken zonder te weten wanneer en hoe ze haar weer zou zien. Tegen het einde van Emelines eerste dag in New York was Julia een campagne gestart om haar zus en Josie over te halen naar haar stad te verhuizen. Het zou een perfecte oplossing zijn. Er waren crèches in Manhattan die een moord zouden doen voor vrouwen met Emelines en Josies werkervaring, en hier gaf niemand iets om je geaardheid. Na haar verhuizing naar New York had Julia ontdekt dat professor

Cooper al dertig jaar met een man samenwoonde. Zijn vriend, Donny, was alleraardigst; hij droeg prachtige maatpakken en had Julia kleden helpen uitzoeken – de tapijtenmarkt bleek heimelijk heel duur en verwarrend te zijn – voor haar appartement.

'Ik kan me niet voorstellen ergens anders te wonen dan in Chicago,' reageerde Emeline toen Julia erover begon. Maar ze bewonderde de stad zo, was zo gelukkig met Alice in haar armen, dat Julia er het volste vertrouwen in had dat ze haar in de loop van een paar maanden zou kunnen overtuigen. Ze was van plan met mevrouw Laven te spreken over een huurappartement voor haar zus in hun gebouw. Julia zag Alice al heen en weer rennen tussen de twee woningen, zich thuis voelend in beide. En het vooruitzicht elke avond met Emeline over haar opwindende werkdagen te kletsen onder het genot van een glas wijn bezorgde Julia rillingen van plezier. Het voelde alsof ze lucht door een rietje had geademd sinds ze uit Chicago was weggegaan en plotseling weer grote happen zuurstof kon nemen. In Emelines gezelschap lachte ze om alles en was ze blij dat Alice ook haar hoofd in haar nek gooide en lachte. Julia dacht: met mijn zussen ben ik beter.

'Hoe gaat het met Sylvie?' vroeg ze. Het was Emelines laatste dag in de stad, Alice was verderop in de gang bij mevrouw Laven zodat de twee zussen een paar uur met zijn tweeën konden doorbrengen. Ze dronken koffie in de keuken. Emeline had haar alles verteld over Cecelia's kunst en de Italiaanse jazzmuzikant met wie ze uitging. Ze had het verhaal gehoord over de twee jaar oude Izzy die onlangs een tube sterke lijm in Cecelia's studio had ontdekt en een wolkenkrabber had gecreëerd door alle blikken met bonen en groenten uit de keuken op elkaar te lijmen. Maar Emeline had bijna niets over Sylvie gezegd.

'Jij bent de enige die niet van slag leek omdat ik van Josie hou,' zei Emeline. 'Sylvie en Cecelia probeerden het te verbergen maar waren aanvankelijk geschokt. Ik bedoel, ik begrijp het wel. Dat was ik zelf ook. En ik had verwacht dat mama zou gaan flippen en dat deed ze ook. Maar jij leek gewoon blij voor me.'

'Ik ben ook blij voor je. Ik zou willen dat Josie met je mee was gekomen zodat ik haar kon ontmoeten.'

'Het was niet zo dat ik op Josie verliefd wílde worden,' zei Emeline. Ze keek naar haar koffiemok. 'Ik vond het moeilijk om te accepteren dat we niet kiezen op wie we verliefd worden, want het verandert alles.'

Ze hadden tijdens Emelines bezoek vrij veel over Josie gesproken omdat de twee vrouwen hadden besloten te gaan samenwonen en Rose op afstand helemaal uit haar dak was gegaan. Julia keek naar haar zus en voelde genegenheid voor haar opwellen.

Emeline zei: 'Ben je het met me eens dat we niet kiezen op wie we verliefd worden?'

'Ik denk het. Hoezo?'

'Ik wil dat je weet dat ik eerst ook van slag was, en misschien is dat nog steeds wel zo, maar...' Emeline sloot haar ogen. 'Sylvie en William zijn verliefd op elkaar.'

Julia schudde haar hoofd, uit ongeloof en weigering. Ze liet zich in de dichtstbijzijnde stoel zakken voor het geval haar knieën het zouden begeven door wat Emeline had gezegd.

'Cecelia was boos op haar. Ik ook. Er heerste rust na jouw vertrek. Het ging goed met iedereen. Jij was ver weg, maar je zou terugkomen. Maar ik begrijp het nu. Hoe heb ik het niet kunnen begrijpen? Julia, ze hadden geen keus.'

De schok hiervan maakte een ruimte binnen in Julia vrij en ze herinnerde zich hoe Sylvie op de een of andere manier had geweten dat William gezocht en gered moest worden. Ze herinnerde zich het gespannen afscheid. De telefoongesprekken met haar zus waren sinds haar verhuizing gevuld geweest met feiten en logistieke zaken, alsof ze hun wekelijkse agenda's met elkaar deelden. Vooral Sylvie sprak nooit meer over haar gevoelens of waar ze over twijfelde of nadacht, terwijl dat alles was geweest waar hun jongere versies over hadden gesproken als ze 's nachts naast elkaar in hun smalle bedden lagen. Julia had moeten weten dat er iets gaande was; misschien had ze het geweten maar had ze haar blik afgewend en die gedachten niet binnengelaten. Ze wist dat ze met Williams depressie hetzelfde had gedaan. Sylvie was degene geweest die Julia vertelde dat haar echtgenoot had geprobeerd een eind aan zijn leven te maken en toen, later, dat haar echtgenoot haar niet wilde zien, niet meer met haar getrouwd en geen vader meer wilde zijn. Pas nu besefte Julia hoe vreemd het was dat Sylvie dat nieuws had gebracht. William had het haar zelf moeten vertellen, al was het maar over de telefoon. Maar zijn stem had door Sylvie heen geklonken. Als Julia haar gezicht bestudeerde in de spiegel, dacht ze: Sylvie heeft sproetjes op diezelfde plek maar dan lichter, Sylvies haar is gewilliger dan het mijne. Julia dacht net zo natuurlijk over haar zus als over zichzelf: Sylvie was een deel van haar. En William had 's nachts naast Julia in bed gelegen. Hij was de enige man bij wie ze ooit naakt was geweest. De twee mensen die het dichtst bij Julia hadden gestaan hadden voor elkaar gekozen.

Julia stond op en liep naar de gootsteen. Haar borstkas trok samen, een overdreven beweging alsof hij een verstopte leiding probeerde te ontstoppen, en ze kreeg te veel lucht binnen. Ze maakte een luid naar adem happend geluid. Emeline wreef over haar rug zoals de zussen dat altijd bij elkaar hadden gedaan als ze zich niet goed voelden.

'Houden ze van elkaar?' vroeg Julia toen ze weer iets kon zeggen. De woorden trokken aan haar keel onderweg naar buiten.

Emeline liet haar wang op Julia's schouderblad rusten. Ze knikte en Julia voelde de beweging op haar huid. Ze zag Sylvie voor zich achter de balie van de bibliotheek en dacht: hoe kon je dit doen? Ik zou jou dat nooit aandoen.

'Het spijt me, Julia,' fluisterde Emeline.

'Ik ben zo blij dat ik heb besloten hierheen te verhuizen,' zei ze. 'Het is het slimste wat ik ooit heb gedaan.'

Julia besefte, met haar handen tegen het aanrechtblad gedrukt, dat Emeline naar New York was gekomen om haar het nieuws te vertellen. Sylvie was niet thuis geweest toen ze haar de afgelopen week belde en ze had aangenomen dat haar zus gewoon de deur uit was, druk was. Maar Sylvie had de telefoon niet opgenomen omdat ze wist dat Emeline onderweg was hiernaartoe. En Emeline zou nooit naar New York verhuizen, die mogelijkheid had alleen in Julia's fantasie bestaan. Ze was dom geweest en ze kon haar jongere zus amper nog aankijken in de laatste uren voordat Emeline terug naar Chicago vloog.

Telkens wanneer Julia de daaropvolgende weken 's morgens Alice' kamer binnenkwam en haar uit haar ledikant tilde, zei het meisje met hoopvolle stem 'Anemie?' en schudde Julia haar hoofd. Ze vond het vreselijk om haar dochter teleur te stellen en ze was boos op zichzelf omdat ze weer dom was geweest. Ze was vergeten dat haar beste versie onafhankelijk en ambitieus was. Tijdens Emelines bezoek was Julia haar geluk in de handen van iemand anders gaan leggen, een overblijfsel van haar versie uit Chicago. Die persoon wilde Julia niet meer zijn. In Chicago was ze een onderdeel van de papieren ketting van Padavano-zusjes; ze hadden nooit zelfstandig geopereerd en als een van hen een probleem had, hadden ze allemaal een probleem. Het feit dat Sylvie iets verschrikkelijks had gedaan en de liefste zus, Emeline, eropuit had gestuurd om Julia de schade toe te brengen, was er een voorbeeld van dat Julia het zich niet langer kon permitteren zo te leven. Zij alleen kon Alice gelukkig maken, en ze zou haar nooit teleurstellen.

's Avonds, toen de dreumes in slaap was gevallen, lag Julia op haar bed en staarde naar de muur. Ze voelde zich uitgehold. Ze herinnerde zich Sylvie die jongens kuste in de bibliotheek en het idee van vaste verkering verwierp, omdat ze wachtte op haar grote liefde. Julia had het een lieve maar onpraktische droom gevonden en gedacht dat Sylvie op een bepaald moment zou beseffen dat relaties uit compromissen bestonden. Hoe kon het dat Sylvies grote liefde de echtgenoot van haar zus was gebleken? Dat voelde niet voorbestemd of romantisch. Het voelde als een wrede keuze. Sylvie had ervoor gekozen haar zus te verraden en de tweeling vond dat blijkbaar acceptabel. Emeline had een vliegticket gekocht en was naar de oostkust gereisd om het nieuws door te geven alsof het alledaagse achterklap was.

Laat op een avond belde Julia boos Rose op. 'Wat vind jij er nou van?' vroeg ze. 'Hoe kon Sylvie...' Ze merkte dat ze de zin niet kon afmaken.

'Het is ongelooflijk,' zei Rose. 'Een van mijn dochters is een lesbienne, een andere is gescheiden, en ik weet niet eens hoe ik Sylvie moet noemen. O, en dan ben ik nog de tienermoeder vergeten die weigerde te trouwen.' Ze lachte hard. 'Godzijdank heb ik Pilsen op het juiste moment verlaten! Zoveel als er in de buurt geroddeld wordt over onze familie is niet normaal.'

'Keur jij dit goed?' vroeg Julia. Ze wilde zeggen: wat Sylvie en William deden was gemeen, ik heb verdriet. Help me, mama.

'Nee, ik keur dit niet goed, maar wie kan het nog iets schelen wat ik vind?' Rose zuchtte. 'Ik weet dat je je het slachtoffer voelt, Julia, maar de waarheid is dat je je zus in Williams armen hebt gedreven door niet naar het ziekenhuis te gaan en vervolgens Chicago te verlaten. En nu heeft Sylvie jou uit Chicago gedreven door iets met William te beginnen.' Ze maakte een keelschrapend geluid. 'Het is natuurlijk belachelijk dat Sylvie verliefd op hem is geworden. Ik kan het mijn beste vriendinnen hier niet eens vertellen, het lijkt rechtstreeks uit een soap te komen! Twee van mijn dochters die voor dezelfde man kiezen. En William is nou niet bepaald een Kennedy of... of Cary Grant, verdraaid nog aan toe.'

Ik ben het slachtoffer, dacht Julia, mijn zussen hebben mij en Alice opgegeven, voor altijd. Sylvie en William hadden hun levens met elkaar verweven en nu moest Julia niet alleen wegblijven van haar ex-man maar ook van haar meest nabije zus. Als ze wél kon slapen, had ze een terugkerende nachtmerrie waarin een acht- of negenjarige Alice vroeg of ze haar vader mocht zien en die ontmoeting op de een of andere manier plaatsvond. In de droom stond Sylvie naast William in de deuropening van een fraai huis en rende de kleine Alice in Sylvies open armen. De scène was zo levendig dat het voelde als een herinnering en Julia er misselijk van werd. Het was een perverse versie van het leven waarvoor ze was weggevlucht, met haar zus in Julia's plaats.

'Alsjeblieft,' smeekte Alice in de droom, 'mag ik bij papa en tante Sylvie gaan wonen? Zij zijn tenminste een normaal gezin, met een vader en een moeder. Ik wil bij hen wonen.'

Julia hoorde zichzelf zeggen: 'Ik zal Alice vertellen dat William is overleden.'

'Wat?' Rose stikte bijna in het woord. 'Waar heb je het in godsnaam over?'

'Dat is de enige manier. Hij wil niets met haar te maken hebben, en dat wil ik haar niet vertellen. Ze zal denken dat er iets mis is met haar, terwijl dat niet zo is. Alice is perfect. En wat mij betreft is hij dood. We gaan nooit meer terug naar Chicago. Dit maakt het een stuk minder rommelig.' De gedachte was al eerder bij Julia opgekomen, maar had haar toen te extreem geleken. Nu niet meer. Het was logisch. Zij en Alice zouden veilig zijn in Manhattan, alleen in hun kleine gezinnetje. Niemand zou hen nog kunnen kwetsen.

'Dat tussen William en Sylvie zal geen stand houden. Sylvie is net als je vader, ze zet nooit iets door. Leef gewoon een tijdje je leven in New York en dan zien we wel waar het schip strandt.'

Julia wist dat haar moeder niet kon accepteren dat William zijn ouderlijke rechten had overgedragen. Haar hoofd kon er niet bij dat een ouder een kind opgaf. Zoiets belachelijks heb ik nog nooit gehoord, had Rose gezegd, en dat was wat haar betrof het einde van dat gesprek.

'Ik vertel het haar nu nog niet, natuurlijk,' zei Julia. 'Alice is nog geen twee.'

'Gelukkig,' zei Rose met opluchting in haar stem. 'Je komt wel weer bij zinnen. Alles komt wel weer goed. Ik hou van je, Julia.'

Zo wist Julia dat haar moeder medeleven voor haar voelde. Ze sprak die worden maar zelden uit. 'Ik ook van jou,' zei ze en ze hingen op.

De daaropvolgende weken begon Julia haar werk op een andere manier te benaderen. Ze was professor Cooper zo dankbaar geweest voor het feit dat ze voor hem mocht werken in New York, dat ze zichzelf volledig had toegewijd aan hem van nut zijn. Ze verwerkte de gegevens die hij verzamelde in stakeholderinterviews en notuleerde tijdens belangrijke vergaderingen waar nieuwe bedrijfsprocessen werden besproken. Ze haalde ook koffie en bracht veel tijd door bij het kopieerapparaat. Julia had al het mogelijke gedaan om ervoor te zorgen dat professor Cooper geen spijt zou krijgen dat hij haar had ingehuurd.

Maar nu herinnerde ze zich de toekomst waarvan ze had gedroomd, waarin zij de baas was, ze stilettohakken droeg en een duur mantelpak. Ze wist niet of die droom haalbaar was, maar misschien wel. Dat Sylvie iets met William zou krijgen was onmogelijk en toch was het gebeurd. Het leven was klaarblijkelijk veranderlijker dan ze had gedacht.

Julia wilde promotie. Ze wilde meer geld verdienen en het leven voor haar en Alice zo stabiel en onaantastbaar mogelijk maken. Toen professor Cooper haar een maand na Emelines bezoekje vroeg om bij een bespreking te notuleren, deed ze dat, maar brak ze ook in op de vergadering om zelf een paar ideetjes te opperen. Julia genoot ervan de hoofden van de mannen – die vergaderingen bestonden altijd uit louter mannen – verrast te zien omdraaien omdat haar ideeën slim waren. Zes maanden later vroeg ze aan professor Cooper of ze de eerste bespreking met een nieuwe, kleinere klant mocht leiden, en hij stemde toe. Ze bereidde zich wekenlang voor – leerde alles over het elektronicabedrijf dat wilde fuseren met een concurrent, waardoor er twee keer zoveel personeel zou zijn – en presenteerde een plan voor de herstructurering van de gecombineerde bedrijven dat zo elegant was dat de klant vroeg of ze het hele proces wilde leiden. Na dat telefoontje proostte professor Cooper met haar met champagne. 'Ik ben zo trots op je,' zei hij, en Julia moest zichzelf excuseren om een potje te gaan janken in een toilethokje. Het waren tranen van blijdschap en ze voelde dat Charlie ook trots op haar was, waar hij dan ook was. 'Mijn raket,' zei hij, met verwondering in zijn stem.

Julia was zich er voor het eerst van bewust dat mannen signalen naar haar zonden. Dat had ze simpelweg nooit eerder opgemerkt. Er was een goed uitziende bebaarde man die altijd 's morgens naast haar in de lift van het kantoor stond. Ze maakte een complimentje over zijn manchetknopen. Hij vroeg of ze wat met hem wilde gaan drinken. Terwijl ze zich klaarmaakte voor het afspraakje – ze spoot parfum op en bracht een donkerder oogschaduw aan dan ze naar kantoor droeg, koos een jurk die haar rondingen mooi deed uitkomen – moest Julia hardop lachen, omdat het voelde alsof ze zich voor het eerst sinds Alice' geboorte herinnerde dat ze ook een lichaam had. Toen ze haar handen op haar heupen zette, tintelde haar hele lijf, opgewonden over een betere toekomst.

Ze liet de man hetzelfde weten als ze iedere man zou zeggen met wie ze uit zou gaan: dat ze niet op zoek was naar een relatie of een echtgenoot en dat hij nooit bij haar thuis zou komen. Ze wilde gewoon plezier maken. Zij en de bebaarde man dronken martini's in een bar op een dak in de rode schemering en zoenden vervolgens op straat, tegen een brievenbus. Het weekend erna gingen ze nog een keer uit. Hij nam haar mee naar een wedstrijd van de Yankees en ze vreeën op zijn keukenvloer omdat ze de slaapkamer niet haalden. Het was leuk en Julia had het gevoel dat ze haar leven geoptimaliseerd had: ze had een geweldige baan, een perfecte dochter en een seksleven op haar eigen voorwaarden. Twee jaar na Emelines bezoekje kondigde professor Cooper aan dat Julia de New Yorkse afdeling van zijn businessconsultancy zou gaan leiden. Hij en Donny zouden heen en weer reizen tussen Chicago en New York, maar zij zou het kantoor in New York runnen.

Julia deelde haar moeder en de tweeling het goede nieuws mee op ansichtkaarten. Om met haar familie te corresponderen was ze begonnen ansichtkaarten te verzamelen met daarop verschillende New Yorkse taferelen. Ze verkoos ansichtkaarten boven telefoongesprekken. Er was maar weinig ruimte om te schrijven, dus zette ze er een of twee hoogtepunten uit haar en Alice' leven op, eindigde met xoxoxo en verstuurde de kaart. Rose had een hekel aan de ansichtkaarten en beweerde dat alleen een psychopaat op die manier met haar moeder zou communiceren. Om Rose tevreden te stellen stuurde ze haar, naast de kaarten, elke paar weken een aantal foto's van Alice. Cecelia en Emeline stuurden haar ansichtkaarten van Chicago terug, alsof ze hun stad aanmeldden voor een ansichtkaartenwedstrijd. Cecelia en Julia wisselden ook zo nu en dan foto's van Izzy en Alice uit. Julia en Sylvie correspondeerden op geen enkele manier met elkaar.

Als Julia met haar dochter was wanneer ze een kleurrijke ansichtkaart in de grijze brievenbus in de entree van het gebouw ontdekte, liet ze hem nooit aan Alice zien. Ze stak de kaart in haar tas en gooide hem in een vuilnisbak op straat nadat ze hem had gelezen. De foto's van haar nichtje gooide ze ook weg. Julia las de meeste ansichtkaarten staand op een drukke stoep, terwijl bussen en taxi's langsraasden. Dat was de manier waarop ze te horen kreeg dat Emeline, Josie en Cecelia samen in één nieuw huis waren ingetrokken. Dat was de manier waarop ze ontdekte dat Sylvie en William getrouwd waren door middel van een kleine ceremonie in de achterkamer van de Lozano-bibliotheek.

William

OKTOBER 1984 – SEPTEMBER 1988

Toen Emeline vermoeid en bleek terugkwam van haar bezoekje aan New York, was William niet alleen behoedzaam met zichzelf maar ook met Sylvie en de tweeling. Hij stelde het op prijs in de harde waarheid te leven. Kent had gelijk gehad: William kon niet anders. Gedurende de maanden van volledige geheimhouding, toen hij en Sylvie hun liefde hadden beperkt tot zijn flat, was Williams brein in verwarring geraakt en hij had zijn gedachten moeten sturen om de dagen door te komen. Het leek niet op de laatste maanden van zijn huwelijk, want Sylvie maakte hem zacht van geluk en in zijn kleine vertrekken deelden ze alles met elkaar. Maar de wrijving tussen het leven binnen die flat en erbuiten gaf hem het gevoel dat hij de naald van een lp-speler was die over het vinyloppervlak sleepte.

Williams psychiater – een kale Puerto Ricaan die William graag vertelde waarom voetbal beter was dan basketbal – beëindigde elke sessie met de woorden: 'Beweeg en ga naar buiten, slik je pillen en zorg voor anderen.' De mantra 'geen onzin en geen geheimen' bleef onuitgesproken. Dat was een gegeven en de basis van Williams leven. Hij vroeg zich tijdens de wandeling naar huis vaak af of gezonde mensen ook mantra's gebruikten om hun leven te organiseren. Als William zijn binnenste verdoofd voelde worden of als hij een paar uur niet had gesproken, wendde hij zich tot het lijstje van de psychiater en volgde een van de bevelen op.

Hij jogde kilometers over de atletiekbaan van Northwestern en revalideerde zijn knie, hij nam zijn medicijnen. Hij maakte nu officieel deel uit van de staf als junior assistent-coach van Northwestern en concentreerde zich op het helpen van de geblesseerde spelers. William ontwikkelde een succesvol revalidatieprogramma voor een jongen met terugkerende enkelproblemen, en de dankbaarheid van de student – hij was bang geweest dat zijn sportcarrière voorbij was – gaf William een vervuld en nuttig gevoel zoals hij nooit eerder had gehad. De impact van het helpen leek cumulatief; hoe meer jongens hij hielp, hoe steviger hij zich in zijn eigen borst voelde. Hij nam contact op met de tweeling nadat Emeline terugkwam uit New York. Hij was grotendeels bij hen uit de buurt gebleven toen Sylvie haar jongere zussen over haar liefde voor hem had verteld. De tweeling had een tijdje afstand van Sylvie genomen en hij begreep dat ze ook afstand van hem nodig hadden. Maar hij wist dat Sylvie haar nieuwe leven zonder Julia niet zou kunnen verdragen als hij, Emeline en Cecelia niet op goede voet met elkaar stonden.

'We zijn niet boos op je, William,' zei Emeline. Hij had de tweeling gevraagd met hem te ontbijten. Hij had Sylvie niet verteld dat hij dit deed, want dan zou ze ook willen komen om ieders gevoelens te beschermen en hij wilde voor één keer een kans om voor haar te zorgen.

Hij keek naar Cecelia, die een pannenkoek sneed voor Izzy in haar kinderstoel.

'Dat klopt,' zei Cecelia. 'Je deed het niet expres. Dat snap ik nu. En' – ze was even stil – 'ik heb Sylvie nog nooit zo gezien. Ik blijf haar maar schilderen, om het vast te leggen.'

'Het is niet dat ze gelukkig is,' zei Emeline, 'want ik weet dat ze kapot is van haar breuk met Julia. Maar ze is prachtig. Ze is helemaal Sylvie.'

William had verwacht wat uitgesproken of onuitgesproken verbolgenheid te verduren te krijgen van de tweeling, maar hij leek volkomen vrijuit te gaan. Hij schudde verward zijn hoofd, dacht toen aan de nachten dat hij zijn slaapkamer uit was gelopen en Julia en Sylvie samen op de bank had zien liggen. En dat Emeline samen met Cecelia uit huis was gegaan ondanks het feit dat zij niet zwanger was of in de problemen zat, en op de vloer van mevrouw Ceccione had geslapen. Ook al was William een grote speler in dit drama, hoe je er ook naar keek – naar het einde van zijn huwelijk, zijn ziekenhuisopnamen, zijn relatie met Sylvie –, de vier zussen regelden hun harten onder elkaar. Hij was altijd irrelevant geweest op een manier die hem vroeger bedroefd maakte maar die nu bevrijdend voelde. Hij was vrij om zijn eigen leven te leiden als zijn ware, imperfecte zelf, en Sylvie en de tweeling accepteerden hem. William voelde een steek van schuldgevoel jegens zijn ex-vrouw; hij had Julia en Alice opgegeven en toch was hij nu omringd door de vrouwen van wie Julia het meeste hield. Het leek oneerlijk, al zou hij proberen daar niet aan te denken. Hij zou proberen het advies van zijn arts op te volgen en voor de mensen om hem heen te zorgen.

'Als je het gevoel hebt dat je iets bij ons goed te maken hebt,' zei Cecelia, 'mag je wel onze onbetaalde klusjesman zijn. Er is een hoop te doen.' Cecelia had net voor heel weinig geld een bouwval in Pilsen gekocht van een kunsthandelaar die haar werk bewonderde. Cecelia, Emeline, Josie en Izzy zouden daar samen gaan wonen zodra hij bewoonbaar was.

'Ik zou het een eer vinden,' zei hij en hij probeerde luchthartig te klinken, maar hij meende het. Hij vond zich een verbazingwekkende mazzelaar om uit deze wervelwind te zijn gekomen met Sylvie elke nacht in zijn bed en Emeline en Cecelia bereid hem in hun leven te hebben. William herinnerde zich dat hij Charlie glimlachend in een deuropening had zien staan op de avond dat hij het meer in was gelopen. Hij dacht dat zijn schoonvader trots op de tweeling zou zijn geweest dat ze hun hart openhielden. Hij zou het leuk hebben gevonden dat Cecelia kunst maakte voor de kost en dat Emeline zichzelf toestond te houden van wie ze hield. William wist niet wat Charlie zou vinden van hem en Sylvie. Gezien de impact van hun liefde op zijn oudste dochter zou hij waarschijnlijk niet dolblij zijn. Maar Charlie had gewild dat zijn dochters volledig en intens zouden leven en dat was wat Sylvie nu deed.

Vier maanden lang besteedde hij zijn avonden en weekenden aan het vervangen van de isolatie op de eerste verdieping van Cecelia's nieuwe huis, het leggen van tegels in de keuken en het installeren van een nieuw bad en toilet. Het huis lag op een steenworp afstand van waar de Padavano-meisjes waren opgegroeid en had eenzelfde indeling als het huis aan 18th Place. Sylvie kwam elke keer met hem mee naar Cecelia's huis en voorzag samen met haar zussen de muren van een laag verf, of paste op Izzy terwijl zij dozen uitpakten. William luisterde graag naar het geratel van vrouwenstemmen en het gedempte gelach terwijl hij tegels voegde en versleten moeren van verroeste leidingen draaide. Izzy verscheen zo nu en dan in de deuropening van de ruimte waar William op dat moment bezig was en gaf hem dan willekeurige gereedschappen aan. Uiteindelijk had hij een berg moersleutels, schroevendraaiers, hamers en betonscharen om zijn voeten heen liggen. Als de peuter was weggewaggeld, legde hij ze weer terug in de gereedschapskist.

Op de avonden dat hij niet nodig was in Cecelia's huis, trof William Sylvie bij de bibliotheek en gingen ze samen ergens eten. Ze waren dol op een Mexicaans eethuis, waar ze samen margarita's deelden en taco's aten. Tijdens hun heimelijke periode hadden ze altijd voorzichtig gepraat. Ze hadden het over boeken gehad, basketbal en de herinneringen die Sylvie opschreef. Andere toegestane onderwerpen waren wat ze die dag hadden gedaan, wie ze hadden gesproken en of er nog iets grappigs was gezegd. Ze vermeden het om over het verleden of iets anders dan het heden te praten. Maar in het late najaar, toen ze elf maanden samen waren en Julia de waarheid wist, stonden ze het zichzelf toe om zich een gezamenlijke toekomst voor te stellen. Ze glimlachten verlegen naar elkaar tijdens die gesprekken. William geloofde nog steeds dat hij Sylvie niet verdiende, niet verdiende hoe ze van hem helemaal hield, in elke stemming en elke gedachte, maar ze straalde naar hem van de andere kant van de tafel en hij merkte dat in haar gloed zijn plannen concreter en duidelijker werden.

Hij gaf toe dat hij fysiotherapeut wilde worden. Hij wilde de fysiologie en de motivatie van de atleten van het team van Northwestern beter leren begrijpen. Waarom waren de gewrichten van sommige jongens veerkrachtiger dan van de andere? Hoe konden blessures worden voorkomen? William had gemerkt dat spelers verschillend reageerden op het missen van een schot. Sommige raakten ontmoedigd en waren bang nog een keer te schieten. Anderen werden boos en scoorden vervolgens punt na punt. Een paar – een zeldzaam aantal – waren de vergeetachtige goudvis die de coach hun opdroeg te zijn: ze scoorden en vergaten het, daarna misten ze een keer, en deden hetzelfde. Ze leefden in het moment. William wilde alle draadjes begrijpen waaruit de atletische personen in de sportzaal van Northwestern bestonden, zodat hij hen niet alleen kon helpen in het veld te blijven, maar te floreren.

Arash hielp William bij zijn aanmelding voor de studie sportfysiologie aan Northwestern. William kon zijn baan bij het team behouden en de tweejarige master in de avond volgen. Hij mocht ook een paar psychologiecursussen volgen en omdat William voor de universiteit werkte, was het nagenoeg gratis. Hij bedankte Arash herhaaldelijk voor zijn hulp, tot het de oudere man begon te irriteren en hij zei dat hij op moest houden. Maar de gedachte zich te wijden aan nog een studie nadat hij bij zijn eerste zo vreselijk had gefaald, maakte William zo zenuwachtig dat hij wist dat hij dit niet in zijn eentje had gekund. Op een zaterdagochtend, toen ze met zijn laatste aanmeldingsformulier bezig waren, zei Arash: 'Denk niet langer aan wie je was toen je het verkeerde leven leidde, William. Je bent gemaakt voor het leven dat je nu leeft. Dat je kunt zien wat die jongens mankeren is een gave. En bovendien kun je niet falen als je doet wat je leuk vindt.' William was stil terwijl hij dit overdacht. 'Snap je het dan niet?' zei Arash geërgerd. William wilde antwoord geven, maar de oudere man was hem voor. 'Het maakt ook eigenlijk niet uit of je het snapt. Het is gewoon waar.'

Tijdens een van hun etentjes zei Sylvie: 'Ik wil met je samenwonen.' Ze glipte nu al een jaar stiekem Williams flat in en uit en zette de wekker altijd om vijf uur zodat de studenten niet zouden weten dat ze daar was geweest.

William knikte en stond zichzelf voor het eerst toe zich die mogelijkheid voor te stellen. Het genoegen om elke avond thuis te komen bij Sylvie, samen een koelkast, een kast en een bed te delen. De rust van compleet op zijn gemak zijn in zijn huis, met haar. Hij kon zich niets mooiers voorstellen. Hij informeerde de universiteit dat hij het volgende semester niet langer inwonend adviseur zou zijn en verhuisde vlak voor kerst naar Sylvies studiootje.

Toen hij zijn overhemden in haar kleine kast legde, bleven hij en Sylvie maar verrukt naar elkaar glimlachen. Het was de eerste keer dat William ergens anders dan op de campus woonde sinds zijn aankomst in Chicago en hij genoot ervan om van Pilsen zijn eigen buurt te maken. Hij koos een favoriet café, een kapper, een apotheek waar hij het maandelijkse recept van de psychiater ophaalde. Het voelde decadent om de hele nacht naast Sylvie te slapen, zonder dat er een wekker aan stond, zonder iets te hoeven verbergen. William maakte het avondeten, leerde zichzelf koken uit boeken zoals hij zichzelf loodgieterswerk en timmeren had aangeleerd. Op de avonden dat hij geen les had, studeerde hij terwijl Sylvie naast hem zat te lezen. Dan keek hij op van zijn studieboek om naar haar te kijken en maakte het niet uit of ze dat merkte en of ze opkeek van haar pagina. Soms trok hij haar in zijn armen of klom ze bij hem op schoot en verstrengelden ze hun ledematen, trokken elkaars kleren uit, al hun bewegingen zacht, voorzichtig, eerbiedig.

Als Kent en Nicole Chicago bezochten, gingen de twee stellen samen uit eten, vaak naar het Mexicaanse restaurant. Nicole had zes broers en zussen, dus zij en Sylvie wisselden verhalen uit over opgroeien in chaotische, liefdevolle huishoudens. Kent en Nicole genoten ervan de bibliothecaresse en assistent-coach te choqueren met de verontrustende dingen die ze tijdens hun diensten in het ziekenhuis zagen: een man die de spoedeisende hulp binnen hinkelde met een emmer waarin zijn afgehakte been zat, twee studenten die hun lichamen aan elkaar hadden gelijmd met secondelijm, een speelgoeddinosaurus in een deel van de anatomie van een man waar hij niet hoorde. Sylvie noemde de titels van de meest geleende boeken van de bibliotheek op, want Kent was geïnteresseerd in hoeverre die lijst transformeerde met de tijd. Ze bespraken de steeds veranderende trouwplannen van Nicole en Kent. Tijdens een van hun bezoekjes zou het feest plaatsvinden op een rivierboot, een andere keer werd het in Detroit in de kleine achtertuin van Kents ouders of in een door ramen omringde balzaal in een wolkenkrabber in Chicago. 'Misschien doen we het wel stiekem in Parijs,' zei Nicole op een avond, waarop Kent een kus op haar wang drukte. Het stel had duidelijk lol met het bedenken van plannen, maar stelde de daadwerkelijke bruiloft uit terwijl ze ervoor spaarden. Hun studies geneeskunde gingen gepaard met enorme leningen.

'En jullie?' vroeg Kent. 'Want jullie gaan trouwen.' Hij bracht het als een feit, niet als een vraag.

William en Sylvie hadden het niet over trouwen gehad. William verwachtte dat het onderwerp hem angst zou aanjagen. Maar er veranderde niets binnen in hem. Hij zat naast Sylvie op het bankje in een nis, hun dijen tegen elkaar.

'Ik heb nooit zo om bruiloften gegeven en het voelt toch al alsof we getrouwd zijn,' zei Sylvie. 'Of meer dan getrouwd, als zoiets bestaat. En...' – ze aarzelde even – 'het lijkt gewoon niet juist.'

William knikte. Hij wist dat Sylvie aan Julia dacht, dat deed ze vaak. Ze schreef midden in de nacht over haar zus. In elke herinnering die ze op papier zette, scheen er een spotlight op Julia. Sylvie gaf net zoveel om haar zus als ze altijd had gedaan en als ze Julia pijn kon besparen deed ze dat.

Kent bekeek hen vanaf de andere kant van de tafel. Hij had William voor het eten opgepikt bij de sportzaal van Northwestern en de twee vrienden hadden er net als vroeger een potje tegen elkaar gespeeld. Ze hadden Nicole de wasserij laten zien in de kelder waar ze tijdens hun studie samen hadden gewerkt.

Sareka was al naar huis, dus kon Nicole haar niet ontmoeten. Als het mooi weer was, at William zijn lunch soms samen met Sareka op een bankje op de binnenplaats. Ze vertelde hem over haar drie kinderen en hij vertelde haar alles wat hij had doorgemaakt. Ze luisterde aandachtig, haar hoofd schuin en haar blik op hem gericht. Net als Cecelia stelde Sareka het duidelijk op prijs om hem na al die tijd echt te leren kennen. William had weer medelijden met zijn jongere zelf, omdat die echte vriendschappen zoals die met haar had moeten missen. Hij herinnerde zich dat hij altijd zo snel mogelijk onder ieder gesprekje vandaan had proberen te komen zodat Sareka niet de kans zou krijgen te beseffen dat hij zich amper staande hield. Nu vertelde hij haar alle vlakken waarop hij kapot was gegaan en zij vertelde hem dat haar man werkloos was en dat haar middelste zoon de prachtigste zangstem had die ze ooit had gehoord.

'Proberen jullie je liefde te verbergen door het niet officieel te maken?' Kent vroeg dit aan Sylvie. Hij was nog steeds degene die zichzelf ongevraagd opwierp als toezichthouder op Williams mentale gezondheid.

Ze nam een slok van haar margarita. 'Dat denk ik niet. We hebben gewoon dat etiket of papiertje niet nodig. En ik wil niets meer doen om anderen te kwetsen.'

'Vat dit niet verkeerd op,' zei Nicole. 'Maar ik heb het gevoel dat je vergeet dat William en Julia al uit elkaar waren toen jullie iets kregen, dus technisch gezien heb je niets fout gedaan. Jullie kozen voor eerlijkheid, wat dapper was. En jullie kozen ervoor gelukkig te zijn in plaats van bedroefd en alleen.' Ze zweeg even en keek hen aan met haar klinische blik. 'Het is zo schattig om te zien hoe jullie oplichten als jullie naar elkaar kijken. Jullie maken vast nooit ruzie. Kent en ik hebben voortdurend ruzie.' Ze glimlachte toen ze dit zei. 'We zijn pittig, maar jullie twee zijn altijd mild voor elkaar.'

Dit was William niet opgevallen, maar het was waar dat hij en Sylvie nooit ruziemaakten, daar zelfs niet bij in de buurt kwamen. Elke ochtend ontbeten ze samen: geroosterd brood met eieren die Sylvie bereidde. Daarna gingen ze allebei naar hun werk en aan het einde van de dag waren ze blij elkaar weer te zien. Soms dansten ze rustig in de keuken op een nummer op de radio. Op de dag dat het grofvuil werd opgehaald liet Sylvie hem alle schatten zien die de mensen op de stoep hadden gezet. Hij vond het geweldig hoe enthousiast ze werd als ze een gloednieuwe broodrooster vond of een paar gympen in Izzy's maat. Waar zouden ze in godsnaam ruzie over moeten maken? Wie het vuilnis buiten moest zetten? Of hoeveel geld de ander in de supermarkt uitgaf?

'Jullie moeten echt gaan trouwen,' zei Kent. 'Wat jullie allemaal hebben doorgemaakt om hier te komen... Het verdient het om gevierd te worden.'

'We doen wat Sylvie wil,' zei William.

'Wat dachten jullie hiervan,' zei Sylvie met een glimlach. 'Wij gaan trouwen zodra jullie zijn getrouwd.'

'Pas op,' zei William. Hij keek naar zijn vriend, die al breed grijnsde. 'Kent is competitief ingesteld. Die gaat morgen naar de ambtenaar van de burgerlijke stand, alleen maar om te winnen.'

Op de meeste zondagen las Sylvie een boek en studeerde William voor zijn colleges. Soms studeerde hij samen met Emeline, die haar laatste jaar nog moest afmaken. 'Ik wil echt wel mijn diploma halen,' zei ze, uitgeput van fulltime werken en 's avonds naar school gaan. 'Het is belangrijk voor de crèche, maar ik weet dat ik het eigenlijk voor mama doe, ook al praat ze niet meer met me.' Haar zussen gaven haar dan een stevige knuffel, omdat ze het helemaal begrepen en wisten dat er geen woorden waren die haar konden helpen. Als Emeline uiteindelijk zou afstuderen, zouden ze een chocoladetaart van drie lagen maken – haar lievelingstaart – en confetti over haar uitstrooien.

Zondag aan het einde van de middag maakten William en Sylvie een wandeling. Welke route ze ook namen, ze zorgden er altijd voor dat ze langs Cecelia's muurschilderingen kwamen. Pilsen stond al bekend om zijn kleurrijke muurschilderingen sinds de jaren 1960, maar de plaatselijke kunstraad had het de afgelopen jaren op zich genomen de oude schilderingen schoon te maken en meer kunstenaars in te huren om nieuwe te vervaardigen. Op bijna elke straathoek vond je een drie verdiepingen hoge beeltenis van Martin Luther King, Frida Kahlo of een geschilderd Bijbelcitaat. Als Cecelia klaar was met een nieuwe muurschildering waren Sylvie en William aanwezig bij de onthulling, wat meestal niet meer inhield dan een groepje mensen op de stoep en een laken dat men vanaf de bovenkant van een gebouw naar de grond liet vallen. Dan stonden er de volgende dag foto's van de muurschildering in de plaatselijke krant. Als Cecelia mocht schilderen wat ze wilde, schilderde ze vrouwengezichten. De geschilderde vrouwen – sommige stonden in een hoekje van een muur, andere bedekten drie hele verdiepingen – zagen er fel en beeldschoon uit. Sylvie lachte bij iedere onthulling, omdat William altijd hetzelfde zei: 'Ze lijkt op jou en je zussen.' Sylvie legde dan haar hoofd in haar nek om het gezicht van de vrouw te bestuderen. 'Ze kunnen niet allemaal op ons lijken, William. We lijken in niets op deze heilige uit de vijftiende eeuw.' William haalde zijn schouders op, want hij was het er niet mee eens. Hij zag alle vier de Padavano-zussen op hem neerkijken vanaf meerdere muren in de wijk en dacht dan aan hoe de zussen hun blik op hem hadden gericht toen ze gevieren bij zijn basketbalwedstrijd waren komen kijken.

William begon te ontdekken hoe hij zijn werk effectiever kon doen. Hij had nu meer begrip van de fysiologie van de sporters en kon blessures en zwakheden nauwkeurig diagnosticeren. Hij ontwikkelde een programma waarin hij de spelers van Northwestern driemaal per seizoen vragen stelde, aan het begin, in het midden en aan het eind. Hij stelde een lijst vragen op om hun blessures in het verleden in kaart te brengen en te ontdekken of ze zelfverzekerd waren of onzeker. Hij wilde weten waar het ijs het dunst was onder hun voeten zodat hij kon voorkomen dat ze erdoor zakten. De informatie die hij verzamelde, deelde hij met de coaches, en ze deden allemaal hun best om in de behoeften van iedere speler op dit moment in zijn leven te voorzien. Ze versterkten de zwakke punten van de fysiek van de speler en probeerden hem ook mentaal sterker te maken.

'Ik wist hoe ik goed voor de spelers kon zijn nadat ze waren afgestudeerd,' zei Arash toen ze het eerste seizoen met het programma achter de rug hadden, 'door hen te volgen en een handje te helpen waar ik kon. Maar jij bouwt voor ons een infrastructuur van vriendelijkheid.' De resultaten waren positief en bijna onmiddellijk geweest. Na een aantal jaren met veel verlies was Northwestern opgeklommen tot de middenmoot van hun competitie – wat iedereen als een grote stap in de juiste richting zag – en als William 's avonds naast Sylvie in bed kroop, werd hij overspoeld door gevoelens van dankbaarheid voor zijn leven.

'Ik wil meer infrastructuren van vriendelijkheid bouwen,' zei Arash tegen William, en een paar weken later begon hij met een gratis maandelijkse basketbalclinic in Throop Park, niet ver van de Lozano-bibliotheek. De oudere man riep daarbij de hulp van William en twee assistent-coaches van Northwestern in. Coaches van middelbare scholen uit achtergestelde wijken van Chicago stuurden hun beste spelers, hun hardste werkers en hun slimste leerlingen om door hen gecoacht te worden. Arash verzamelde spreuken en liet de jongeren vaak zinnetjes herhalen als: *kansen krijg je niet, die maak je.* Arash en William zochten naar *bad habits* – een slechte werphouding, onstabiele landingen – die tot blessures konden leiden. Ze gaven de tieners oefeningen om hun enkels te versterken of vertelden hun dat ze voor het slapen vijftien minuten aan yoga moesten doen.

Soms, als hij die jonge jongens gretig naar de bal en de lovende woorden van Arash over het veld zag rennen, herinnerde William zich zichzelf op die leeftijd. Toen rende hij, onmogelijk mager en lang, in de sporthal van zijn katholieke school over het veld en verwachtte van niemand lovende woorden. Verwachtte niet dat zijn ouders zouden komen kijken, verwachtte niet aangespeeld te worden maar was immens opgelucht als dat wel gebeurde. Sylvie vroeg hem op een avond heel voorzichtig: 'Wil je je beslissing over Alice niet heroverwegen?' Daarop schudde William zijn hoofd. Hij wist dat een deel van de pijn die hij in zijn lichaam voelde als hij naar deze jongens op hun kwetsbare leeftijd keek alleen verdraaglijk was omdat hij geen vader was. Hij hield van Sylvie met elke cel van zijn lichaam; het idee iemand van wie hij hield de weg van kind naar volwassenheid te zien doorlopen was angstaanjagend. Die had hij zelf amper overleefd.

Julia was bijna vijf jaar weg toen de ruimte die Kent en Nicole hadden gehuurd voor hun bruiloft een paar dagen voor de ceremonie te maken kreeg met een overstroming, waarop Emeline en Cecelia hun hun grote achtertuin aanboden. Het stel had zo lang gewacht met trouwen dat iedereen wilde dat hun grote dag speciaal zou worden. De Padavano's, Kents en Williams oude teamgenoten, en Kents en Nicoles familieleden verschenen in spijkerbroek en T-shirt om binnen korte tijd de achtertuin schitterend te versieren. William, Gus en Washington bouwden een latwerk aan de hand van instructies in een bibliotheekboek en Izzy en Sylvie vlochten er bloemen door. Cecelia schilderde kleine dokterstasjes op de klapstoelen en voorzag de achterkant van het huis van een nieuw laagje verf. Tegen de tijd dat de bruiloft begon, was iedereen uitgeput, maar toen Kent huilde van geluk onder het latwerk, huilden alle aanwezigen met hem mee.

Na afloop in bed zei Sylvie: 'Ik herinnerde me iets tijdens de ceremonie. Iets wat ik je nooit verteld heb.'

William keek al naar haar; ze hadden net gevreeën en lagen met het gezicht naar elkaar toe. Het was al middernacht geweest en ze waren allebei een beetje dronken. Sylvie en William waren bijna nooit zo laat op en dronken zelden genoeg om zelfs maar aangeschoten te raken. Ze leefden voorzichtig, want slaap was een fundament van Williams gezondheid en overmatig alcoholgebruik deed de werking van zijn medicijnen teniet. Zowel hij als Sylvie voelde zich nu een beetje ondeugend, als kinderen die ouderlijke bevelen negeerden.

'De dag dat je het ziekenhuis in ging, heb ik tegen de ambulancechauffeur gezegd dat ik je vrouw was. De hele tijd dat jij buiten bewustzijn was, dacht iedereen in het ziekenhuis dat we getrouwd waren.'

'Dus je was tien dagen lang mijn vrouw,' zei William, blij met dat idee.

'Wat ik daar zo leuk aan vind... is dat het waar was,' zei Sylvie. 'Ik wilde je vrouw zijn. Ik kon het alleen niet aan mezelf toegeven. Ik zei het vanwege logistieke redenen, zodat de artsen met me zouden praten, maar het was waar.'

Ze konden allebei blij worden van de gedachte dat ze op een betekenisvolle, onzichtbare manier al eens getrouwd waren geweest voordat ze ook maar met elkaar hadden gezoend. William trok haar dichter tegen zich aan in de duisternis.

Een maand later trouwden ze officieel, in de achterkamer van de Lozano-bibliotheek. Sylvie wilde de ceremonie daar graag houden en William vond het prima. Hij wist dat ze zich veilig en zichzelf voelde in de bibliotheek. Die plek was van haarzelf, los van haar zussen. William kocht een zilveren ring voor Sylvie en een nieuw pak voor de gelegenheid. Sylvie ging gekleed in een eenvoudig grijs cocktailjurkje en droeg haar haar los omdat ze wist dat William dat het mooist vond. Hoofdbibliothecaresse Elaine, ziekelijk en in een rolstoel, was erbij aanwezig. De andere gasten waren Emeline, Josie, Izzy, Cecelia, Kent en Nicole. Arash trouwde het stel. William kon zijn hart voelen bonzen tijdens de korte ceremonie en hij merkte dat hij niet kon ophouden met glimlachen.

Daarna ging iedereen behalve hoofdbibliothecaresse Elaine mee eten bij hun Mexicaan. Er was enige verwarring met de reservering toen ze aankwamen en een paar minuten lang stond er een extra stoel aan hun tafel. Er trok een rimpeling van pijn over de gezichten van de Padavano-zusjes en William wist dat ieder van hen zich Julia voorstelde op de lege stoel. Maar de stoel werd weggehaald door de kelner en Kent vertelde een grap waar iedereen om moest lachen. Tegen het eind van de maaltijd stond Cecelia op en toostte: 'Op de liefde.' Allemaal voelden ze deze woorden: de schoonheid, en de kosten, van liefde.

Alice

OKTOBER 1988 - MAART 1995

Toen Alice vijf jaar oud was, zei Julia: 'Je bent nu oud genoeg om de waarheid te horen. Je vader is vorig jaar omgekomen bij een auto-ongeluk.'

De rest van haar leven zou Alice zich dit moment tot in het kleinste detail herinneren. Ze zaten aan de vierkante keukentafel in hun appartement aan East 86th Street. Alice had vlechten in haar haar omdat haar moeder zei dat het los niet netjes bleef zitten. Ze droeg haar mosterdkleurige corduroy lievelingsrok en at ontbijtgranen. Julia kocht Cheerios omdat ze gezond waren, maar Alice schepte er altijd een eetlepel suiker bij.

Alice legde haar lepel neer en zei: 'O.' Haar handen tintelden, dus stopte ze ze onder haar benen. Ze merkte dat haar moeder er niet verdrietig uitzag.

'Weet oma Rose dat?'

Haar moeder trok haar wenkbrauwen op. Ze droeg een pak – licht lavendelblauw met een kleine gouden ketting over het borstzakje – en haar doordeweekse make-up. Alice' moeder was heel mooi, dat zei iedereen. Mevrouw Laven, die bevriend was met haar grootmoeder en verderop in de gang woonde, noemde Julia mooierd alsof het haar naam was. Alice wist ook dat haar moeder sceptisch was over haar eigen schoonheid. Julia had altijd ruzie met haar haar. Telkens wanneer ze langs een spiegel liep, probeerde ze het weer in vorm te brengen met haar handen. 'Wees maar blij dat jij niet zulke krullen hebt, Alice,' zei ze minstens drie keer per week. Alice had lang, flets, steil haar in een kleur tussen blond en bruin in. Ze vond haar haar maar saai vergeleken met dat van haar moeder, dat in het rond sprong alsof het zijn eigen plannen had voor die dag. Naar het werk droeg Julia haar haar opgestoken zodat het haar niet voor schut kon zetten.

'Natuurlijk weet oma dat.' Julia nam een slok koffie. Ze ontbeet niet maar dronk drie koppen koffie voor de lunch. 'Maar zeg er maar niets over aan de telefoon. Ze zal er niet over willen praten en je weet hoe ze is als ze boos is.'

Alice knikte, hoewel ze het niet snapte. Ze zag haar oma niet als boos, zeker niet op een manier die eng was of vermeden moest worden. Alice en haar moeder bezochten oma Rose één keer per jaar in haar flatje in Florida. Haar oma verhief regelmatig haar stem en bewoog met haar armen als ze verhalen vertelde over volwassenen die Alice niet kende, maar leek daarvan te genieten. Zich opwinden was onderdeel van oma Rose' dag, net als tandenpoetsen of op haar balkonnetje zitten. Alice had de opwinding van haar oma altijd geruststellend gevonden. Het gaf haar een veilig gevoel, omdat ze wist dat als iemand ooit gemeen tegen haar zou zijn, oma Rose hun de wind van voren zou geven.

Alice werd zich ervan bewust dat haar moeder aandachtig naar haar keek, dus ging ze rechtop in haar stoel zitten.

'Ik weet dat je je vader nooit hebt gekend,' zei Julia, 'maar ik wilde dit niet voor je verbergen. En het heeft ook geen effect op ons, toch? We zijn altijd met z'n tweetjes geweest, meisje. We hebben verder niemand nodig.'

Alice knikte weer. Elke avond als haar moeder haar instopte, was het laatste wat Julia zei voordat ze de lamp uitdeed: 'Wij tweeën, voor altijd, liefje.'

Alice at haar ontbijtgranen, waarna zij en haar moeder samen naar haar school om de hoek liepen en haar moeder vervolgens verderging naar haar werk. Het nieuws dwarrelde de hele dag door Alice heen. Het voelde belangrijk, ook al zou ze niet kunnen zeggen waarom. Op een bepaalde manier was het alsof haar moeder haar haar vader had gegeven en weer had afgenomen in dezelfde zin. Hiervóór was Alice zich er vaag van bewust geweest dat ze een vader had, al werd hij bijna nooit genoemd. Haar moeder had Alice een keer verteld dat hij geen gezin wilde, en tot nu toe was dat alles wat ze had geweten. Misschien had Alice al die tijd onbewust gewacht op nieuws over haar vader. Het was alsof een vraag binnen in haar was beantwoord. Met haar vijf jaar droeg ze niet veel vragen met zich mee, dus dat maakte dit een belangrijke dag.

Op het schoolplein zei ze tegen haar beste vriendin Carrie: 'Mijn vader is overleden.'

De mond van haar vriendin viel open van verbazing. Carrie keek vaak zo, want ze was vaak verbaasd. Alice hield tijdens hun opgroeien bij welke ervaringen in het leven haar vriendin niet verbaasden, want die lijst was veel korter.

'Ik wist niet dat je een vader had,' zei Carrie.

'Hij woonde in Chicago.'

'Chicago.' Carrie zei de naam van de stad alsof het van zichzelf een verrassing was. 'Dat wist ik niet. Heb je hem weleens gezien?'

'Niet sinds ik een baby was.'

'Knuffel?'

Alice knikte en zij en Carrie omhelsden elkaar tot de bel ging en ze hand in hand het klaslokaal van de kleuterschool binnengingen.

Daarna begon Alice zich voor vaders te interesseren. Ze vroeg zich af wat hen onderscheidde van moeders en of een kind er daadwerkelijk een nodig had. Bij het wegbrengen en ophalen van school zag ze meestal alleen moeders en au pairs, maar zo nu en dan was er een vader bij en dan bestudeerde Alice die aandachtig. Een aantal kleedde zich als de vaders op televisie, in nette pakken en met een koffer in de hand. Soms tilde een vader zijn kind op en liet hem of haar hoog in de lucht een rondje vliegen, dat had Alice een moeder nog nooit zien doen. Julia stoeide in elk geval nooit zoals Alice op een middag een vader met zijn zoon bij het klimrek zag ravotten. Carries vader was de enige vader die Alice persoonlijk kende, hoewel hij zich zelden Alice' naam herinnerde. Behalve zijn eigen dochter noemde hij elk kind 'maatje'. Hij droeg flanellen overhemden en een bril met dikke glazen en leek de meisjes over het algemeen niet op te merken als ze in het appartement waren, alsof ze te klein waren om zich in zijn gezichtsveld te bevinden. Hij regelde het ontbijt – zijn gezicht stond uiterst serieus als hij pannenkoeken omdraaide – en was verantwoordelijk voor het buitenzetten van het vuilnis, maar dat waren voor zover Alice kon zien zijn enige specifieke taken.

Alice had persoonlijk geen behoefte aan een vader; haar leven was rustig en gelukkig. Julia kwam elke ochtend haar kamer binnen en maakte haar wakker met 'goedemorgen, meisje', en 's avonds kookten ze samen terwijl ze *Jeopardy!* keken op de kleine televisie in de keuken. Het was Alice' taak om de salade te bereiden en dat deed ze staand op een krukje aan het aanrecht. Julia trok haar hoge hakken, het jasje van haar mantelpak en haar oorbellen uit voordat ze de keuken binnenkwam, en deze zachtere versie van haar moeder – zonder alle knoopjes en scherpe punten – maakte dat Alice de lolligste versie van zichzelf werd. De vragen van de spelshow waren meestal te moeilijk voor haar, maar ze riep onzinantwoorden met zo'n zelfverzekerde stem dat Julia dubbel lag van het lachen. Vrijdagavonden waren altijd 'meidenavonden' en de moeder en dochter hadden het de hele week over welke film ze zouden huren bij de Blockbuster op de hoek. Ze keken er in pluizige badjassen naar en lakten hun nagels. Als Julia zaterdagavond een afspraakje had, bestelden mevrouw Laven en Alice chinees en speelden Slangen en ladders, hun favoriete bordspel. Op de meeste zondagen gingen Julia en Alice wandelen in Central Park en kochten ze gigantische pretzels bij hun favoriete verkoper, een Nigeriaanse man genaamd Bou die wist dat Julia die van haar graag met mosterd had. Alle dagen van de week hadden een vast ritme en routine en Alice vond ze allemaal leuk.

Op een vrijdag toen ze negen was vroeg haar juf, een oudere vrouw genaamd juffrouw Salisbury – die de hele dag naar de klas fronste alsof het onderdeel was van haar pedagogische methode –, of Alice na de bel in de klas kon blijven. Juffrouw Salisbury verliet het lokaal en kwam even later terug met Alice' moeder. Julia zag er in haar elegante mantelpak en hoge hakken misplaatst en ongemakkelijk uit in de zee van tafeltjes. Zij en juffrouw Salisbury leken een onwaarschijnlijk stel volwassenen. Juffrouw Salisbury had een enorme bos grijze krullen die ze eens per week in haar haar liet zetten in de kapsalon. Ze zagen eruit als golven die nooit zouden omslaan; je kon er recht doorheen kijken en ze bewogen niet.

De juf zei: 'U vraagt zich vast af waarom ik u heb gebeld, mevrouw Padavano.'

'Mejuffrouw Padavano,' zei Julia. 'Niet mevrouw.'

Alice hield haar hoofd schuin terwijl ze zich afvroeg of haar moeder nog verder zou gaan. Ze had Julia zichzelf onlangs als gescheiden vrouw horen betitelen, maar alleen omdat een nieuwsgierige moeder het onmogelijk had gemaakt de vraag te ontwijken. Haar moeder sprak het woord duidelijk liever niet uit. Normaal gesproken zei ze dat ze een alleenstaande moeder was. Dat zeg ik, zei ze altijd tegen Alice, omdat het feit dat ik jouw moeder ben het belangrijkste is in mijn leven.

'Mejuffrouw Padavano, ik vraag me af of u op de hoogte bent van Alice' presentatie van vandaag?'

'Nee... Ik probeer haar zelfstandigheid mee te geven,' antwoordde Julia. 'Als ze hulp nodig heeft, vraagt ze daarom.'

Alice zat aan haar tafeltje. Ze schopte met haar voeten tegen de linoleumvloer. 'Ik heb mijn moeder niets over de presentatie verteld. Ik heb er na schooltijd in de bibliotheek aan gewerkt.'

'Dat dacht ik al,' zei de docent met vlakke stem. 'Mejuffrouw Padavano, ik geef nu al tweeëndertig jaar les op deze school en heb nog nooit een dergelijke presentatie meegemaakt. De leerlingen mogen zelf het onderwerp kiezen – dat zorgt ervoor dat ze zich inzetten voor hun werk – en vervolgens moeten ze heel basaal onderzoek doen en een onderwerp presenteren aan de klas. Uw dochter gaf een presentatie over auto-ongelukken. Ze vertelde ons over alle beroemdheden die daarbij zijn omgekomen, inclusief details over hoe Jayne Mansfield werd onthoofd bij een ongeval…'

'O, god,' mompelde Julia.

'Alice gaf de klas statistieken over het aantal mensen dat jaarlijks bij auto-ongevallen om het leven komt. Ze liet het klinken alsof telkens wanneer iemand in een auto stapt, hij of zij het risico loopt het niet te overleven. En ze eindigde met foto's van autowrakken.'

Julia keek met grote ogen naar haar dochter.

'Een aantal kinderen moest huilen, mejuffrouw Padavano. Ik kan u garanderen dat ik dit weekend heel wat telefoontjes van boze ouders krijg.'

'Het spijt me,' zei Julia. 'Ik zal met haar praten.'

'Ik zal niet meer toestaan dat ze de klas toespreekt zonder mij eerst te zeggen waar ze het over gaat hebben.'

'Natuurlijk. En ik zal ervoor zorgen dat zoiets niet weer gebeurt.' Julia nam Alice bij de hand en liep met haar de klas uit. Buiten hield ze stil. 'Wat heeft dat in godsnaam te betekenen?' Haar gezicht was bleek.

Alice haalde haar schouders op, ook al had haar moeder haar geleerd dat dat geen acceptabel antwoord was. Ik wil woorden horen, zei Julia al tegen haar sinds ze klein was.

'Wacht,' zei Julia nu, 'wilde je daarom het afgelopen jaar niet meer met een taxi? Omdat je bang bent voor auto's?'

'Sorry dat je uit je werk moest komen,' zei Alice. Meestal bleef ze tot laat op school en deed mee aan een naschools programma of las boeken in de schoolbibliotheek. Ze werd opgehaald door een oppas of door Julia, afhankelijk van de dag van de week. 'Sorry dat ik iets verkeerd heb gedaan.' Ze wilde haar moeder geen overlast bezorgen; Alice was er trots op dat ze haar moeder nooit moeilijkheden bezorgde. Ze had goede rapporten en ondertekende vaak zelf de toestemmingsbriefjes voor excursies zodat Julia minder te doen had. Alice vond dat school haar taak was en was teleurgesteld in zichzelf omdat ze het had verknoeid.

Julia's gezichtsuitdrukking veranderde alsof haar zojuist iets was ingevallen. 'Komt dit door wat ik... Is dit vanwege je vader?'

Alice haalde weer haar schouders op, maar deze keer mat. 'Hij zou nog leven als hij geen ongeluk had gekregen.'

Na een poosje zei Julia: 'Aha.'

'Ik wist niet dat er kinderen zouden gaan huilen, mama. Ik dacht dat ze het interessant zouden vinden en ik wilde dat ze wisten dat auto's gevaarlijk zijn.'

'Het lijkt erop dat dat is gelukt, meisje.'

Die avond hielden ze niet hun gebruikelijke meidenavond, want Julia had hoofdpijn en moest gaan liggen. Alice at popcorn met extra boter en zapte met de afstandsbediening van het ene naar het andere kanaal. Ze ging zelf naar bed omdat haar moeders deur dicht was en ze dacht dat Julia misschien sliep.

Een halfuur later deed Alice' moeder echter de deur van haar slaapkamer open. 'Ben je nog wakker?' fluisterde ze vanuit de deuropening. Julia droeg haar nachtpon en had haar haar los gedaan.

'Ja,' antwoordde Alice. 'Het duurt altijd minstens negentien minuten voor ik slaap.' Dit hield ze uit nieuwsgierigheid bij. Ze moest alle gedachten denken die in haar hoofd zaten voordat haar lichaam haar liet slapen.

'Vertel me eens... Gaat het wel?' vroeg Julia. 'Ben je verdrietig over auto-ongelukken? Of' – ze zweeg even – 'iets anders? Je moet het me vertellen als je verdrietig bent.'

Haar moeder klonk zo bezorgd dat Alice dacht: hóór ik verdrietig te zijn? Ze dacht na over de vraag. 'Nee,' zei ze nadat ze het vanbinnen had gecheckt. 'Ik ben niet verdrietig.'

'Super,' zei haar moeder met haar normale stem. 'Dat is super. Ga nu maar slapen, oké? Ik hou van je, meisje.' En de deur ging dicht en Julia was weg.

Op haar elfde kreeg Alice een meedogenloze groeispurt. Het voelde alsof zij en haar lijf altijd op dezelfde weg hadden gelopen, maar haar lichaam zomaar op een dag op volle snelheid een andere richting op ging terwijl Alice achterbleef en zich afvroeg wat er gebeurde. Ze had altijd trek en Julia moest dozen vol mueslirepen inslaan zodat het meisje het van de ene maaltijd naar de volgende zou uithouden. Alice' buik rammelde zo hard in de klas dat de kinderen om haar heen moesten lachen en zij wel door de grond kon zakken. Ze had stekende pijnen in haar dijen en onderrug, wat de kinderarts normale groeipijnen noemde, maar waarover Alice vol ongeloof dacht: hoe kan dit normaal zijn? Het enige wat haar ongemak verlichtte, was op de grond liggen met haar benen tegen de muur, dus dat was de houding waarin ze het grootste deel van de tijd doorbracht als ze niet op school was. Tot haar afschuw verschenen er felrode strepen op haar rug en bovenarmen – striae – waarvan de arts zei dat ze nooit meer helemaal zouden verdwijnen.

Op haar twaalfde was Alice haar moeder voorbij gegroeid, ze was een meter vijfenzestig. Alice voelde een nieuw soort verdriet toen dit gebeurde. Haar lichaam bracht haar in galop bij haar kindertijd en haar moeder vandaan. Algauw was ze drie centimeter groter dan haar moeder, toen tien. Ze merkte dat ze bij spullen op de bovenste plank in hun keuken kon. Ze keek neer op haar moeders hoofd en begreep voor het eerst dat haar moeder ook maar gewoon een vrouw was. Julia was niet specialer of sterker dan anderen en zou duidelijk niet meer in staat zijn Alice te redden als dat nodig was. Als het huis in brand stond, zou Alice haar moeder optillen en meenemen, niet andersom. Dit besef zorgde voor paniekgevoelens bij Alice en ze had voor het eerst in haar leven moeite met slapen. Ze wist niet wat ze moest doen.

Ze was zich ervan bewust dat haar toenemende lengte haar moeder ook verontrustte. Julia leek vaak te schrikken als Alice opstond uit een stoel of de kamer binnenkwam. Ze wisselden een blik uit die zei: wat gebeurt er? Het evenwicht tussen hen was verstoord; nu moest Julia opkijken naar haar tiener als ze tegen haar sprak en keek Alice neer op haar moeder en dacht: kan ik op je bouwen?

Het was in dit stadium dat Alice haar onderzoek verplaatste van buiten hun appartement naar binnen. Met dit nieuwe bewustzijn dat haar moeder tekortkomingen had, want alle mensen hadden tekortkomingen, moest ze Julia's specifieke gebreken opsporen zodat zij ze wanneer nodig kon compenseren. Het kwam bij haar op dat dit misschien de reden was dat een kind twee ouders en broertjes en zusjes nodig had. Broers en zussen waren nuttig omdat je bij elkaar kon checken of een slecht humeur of overdreven reactie van een ouder buiten jouw schuld lag. En in een huis met twee ouders kon het kind wanneer de zwakheden van de ene ouder werden blootgelegd op de andere ouder steunen. Het was een back-upsysteem, en in Alice' huis was er geen back-upsysteem. Als er iets met Julia gebeurde, stond Alice er alleen voor. Ze zorgde ervoor dat haar moeder regelmatig op controle ging bij de huisarts en stelde voor dat ze avondmaaltijden aten die goed voor het hart waren, een opmerking waarom Julia moest lachen tot tot haar doordrong dat haar dochter geen grapje maakte.

Toen Julia op een dag naar de supermarkt was, doorzocht Alice haar moeders kledingkast en ladekast. Ze voelde zich hier niet schuldig over. In haar hoofd was dit belangrijk onderzoek, een kwestie van leven of dood. Ze wroette door spullen die ze verwachtte te vinden; kleding, sieraden, make-up en toiletartikelen. Ze vond tijdens haar zoektocht wel iets interessants in Julia's nachtkastje: een envelop met een paar foto's.

De minstens vijftien jaar oude foto's waren allemaal van Julia en haar zussen. Er was een foto van de vier zussen met hun armen om elkaar heen; Julia en Sylvie leken tegen de twintig te zijn. Alice wist wie welke zus was omdat ze tijdens de bezoekjes aan Florida haar oma's fotoalbums doorbladerde en probeerde de inhoud in zijn geheel te onthouden. Er was op deze foto geen ruimte tussen de zussen, ze leken op hun gemak met elkaars lijf alsof het van henzelf was. Sylvies hoofd rustte op Julia's schouder, en Emeline en Cecelia richtten een identieke glimlach op de camera. De zussen leken intens veel op elkaar, alsof ze vier verschillende versies van dezelfde persoon waren. Alice had haar moeder nog nooit zo gelukkig gezien.

Er was ook een foto van een iets oudere Sylvie die op een bank zat met een baby in haar handen. Alice vroeg zich af of zij die baby was. Maar misschien had Sylvie zelf een baby? Ze wist het niet. En de laatste foto moest van een feestje zijn, want er keken zo'n dertig mensen naar de camera. Opa Charlie stond met zijn armen gespreid terwijl hij stralend naar zijn dochters keek. Rose moest net haar hoofd hebben geschud, want haar gezicht was een beetje vaag. Een jongere Julia was met haar haren los en in een blauwe spijkerbroek vereeuwigd, haar zussen zo dichtbij dat ze ze aan zou kunnen raken. Iemand moest net een grap hebben verteld, want de mensen leken verrast en net bezig te lachen. Alice scande de foto op zoek naar een man die op haar leek; ze had nooit een foto van haar vader gezien, maar ze wist dat ze zijn haarkleur en blauwe ogen had. Maar iedereen op de foto zag eruit als een Padavano.

Nadat ze de foto's weer in de envelop en in de la had teruggedaan, bleef Alice op de grond naast haar moeders bed zitten. De ontdekking van de foto's was op de een of andere manier een bevestiging dat er iets was wat Alice moest vinden, of in dit geval, zich moest herinneren. Ze dacht maar zelden aan het feit dat ze tantes had, die in een andere stad woonden. Oma Rose vertelde haar verhalen over haar vier dochters van toen ze jong waren, over opa Charlie en over hun huis aan 18th Place, maar haar moeder gedroeg zich alsof haar leven was begonnen toen ze met Alice naar New York verhuisde. Waarom waren de enige foto's van de tijd daarvoor verborgen en hingen ze niet aan de muur? Als ze meer familie in haar leven had, zou Alice veiliger zijn. Dit tastbare bewijs dat ze familie had maar hen niet kende, zorgde dat de gons van paniek kwam opzetten en ze moest op haar benen duwen om te voorkomen dat ze pijn gingen doen.

Toen ze die avond samen met haar moeder het eten klaarmaakte, vroeg Alice: 'Waarom praat je niet meer met je zussen?'

Julia had alle ingrediënten voor het gehaktbrood al gepakt, maar toch deed ze de koelkastdeur open en keek erin. Het was een paar tellen stil en Alice voelde voor het eerst in haar lange lijf dat haar moeder die stilte met opzet tegen haar gebruikte. Ze kon nu de zware stiltes zien die door haar kindertijd verspreid lagen telkens wanneer ze over onderwerpen was begonnen waar haar moeder het niet over wilde hebben. Alice' vader en zijn dood, Julia's jeugd, haar zussen.

Julia antwoordde: 'Ik heb af en toe contact met Emeline en Cecelia, maar we wonen in verschillende steden. En we hebben een druk leven. Als je broers en zussen hebt, ben je als je jong bent hecht met elkaar omdat je samen in één huis woont. Maar als je opgroeit, gaat iedereen zijn eigen weg.'

In het verleden had Alice haar moeders hints gehoorzaamd en was ze van onderwerp veranderd. Maar nu wilde ze weten wat er achter de stilte zat. Daarom had ze ook haar moeders laden doorzocht, voor het geval er kennis was waar ze zelf voor moest zorgen. 'Zijn de andere drie nog wel hecht met elkaar?'

Julia keek haar uitdrukkingsloos aan. 'Dat weet ik niet. Ze wonen in dezelfde staat, dus misschien wel.' Ze zweeg even en zei toen: 'Ik ben een onafhankelijke volwassene, Alice. Voor een vrouw is dat zeldzaam en ik ben er trots op. Als ik jou goed opvoed, zul je ook niemand nodig hebben.'

Alice stelde zich haar moeder voor op een klein verlaten eiland en zichzelf op een ander eiland, op zwaaiafstand.

Julia zei: 'Waarom stel je me deze vragen nu?'

Alice wilde zeggen: omdat ik het vreemd vind dat de enige familiefoto's die we hebben in een envelop in een lade liggen, en ook dat de enige familie die we ooit zien oma Rose is en dat we onze feestdagen alleen doorbrengen of met mevrouw Laven van verderop in de hal en haar familieleden. En omdat je drie zussen hebt en ik zou willen dat ik een zus had om een slaapkamer mee te delen en 's avonds in het donker mee te praten.

'We hebben een fantastisch leven,' zei Julia. 'Toch?'

'Ja,' antwoordde Alice, omdat haar moeder duidelijk een antwoord verwachtte en omdat het waar was. Voor nu, dacht ze, maar stel dat er iets fout gaat?

De volgende keer dat Julia van huis ging, belde Alice haar oma. Ze zei: 'Heeft mama ruzie met haar zussen?'

Ze wist dat de vraag haar oma zou overvallen, maar ze dacht ook dat er een goede kans was dat Rose hem zou beantwoorden. Sporen van haar moeders leven vóór New York waren overal zichtbaar in oma Rose' flat: vier ingelijste foto's van Rose' dochters hingen boven de bank en portretten van vrouwelijke heiligen uit hun huis in Chicago – waar haar moeder altijd met haar ogen om rolde – aan de muur boven haar keukentafel. En Rose was een prater; in haar gezelschap waren er geen zware stiltes.

'Natuurlijk maakte je moeder weleens ruzie met ze. Alle zussen maken ruzie, weet je dat? Dat hoort erbij met familie.'

'Mijn moeder en ik hebben nooit ruzie,' zei Alice. 'En ik heb ook nog nooit ruzie met u gehad.'

'Dat is inderdaad waar,' zei Rose. 'Misschien is iedere generatie beter dan de vorige. Maar wat er tussen jouw moeder en haar zussen is gebeurd zijn hun zaken, denk je dat ze mij iets hebben verteld? Ik ben hun moeder.'

'Ik vind het gewoon gek dat ik mijn tantes nog nooit heb ontmoet. Ik weet dat Emeline ons een keer is komen opzoeken, maar ik was nog te klein om me dat te herinneren. Mijn vriendin Carrie ziet haar ooms en tantes heel vaak. Ik heb het gevoel' – Alice aarzelde even – 'dat er iets ontbreekt. Mijn moeder praat nooit over dingen waar ze niet over wil praten.'

'Dat is de eeuwige waarheid,' zei Rose. 'En ik wil geen problemen met haar krijgen door jou zonder haar goedkeuring iets te vertellen.'

'Ik weet niet eens de achternaam van mijn vader. Kunt u me die niet vertellen?'

'Vraag het je moeder,' zei Rose en ze hing op.

Alice probeerde informatie over haar moeder in te winnen bij mevrouw Laven, maar de oude vrouw reageerde verontwaardigd op haar vragen. 'Je moeder is beeldschoon en briljant, en ze heeft keihard gewerkt om haar eigen bedrijf te kunnen runnen,' zei mevrouw Laven. 'Jij bent, zonder uitzondering, de grootste mazzelkont ter wereld.' Alice zuchtte en veranderde van onderwerp. Ze wist dat haar moeder een moeilijk neefje van mevrouw Laven een stage had aangeboden en dat Julia mevrouw Laven elk jaar met kerst een dure tas uit een chique winkel cadeau deed; het was duidelijk dat als dit het laatste pad was waartoe Alice toegang had, dat gesloten was. Ze overwoog als laatste redmiddel een brief aan een van haar tantes te schrijven, maar ze wist hun adressen niet of wat ze moest schrijven. *Hoi, ik ben je nichtje. Hoe is het?* Ze wist dat de mogelijkheid bestond dat haar moeder gelijk had, dat zussen uit elkaar groeiden als ze volwassen werden en niet meer samen in één huis woonden. Hoe kon Alice dat weten? Misschien dachten ze wel nooit meer aan elkaar.

Ze stelde haar moeder geen vragen meer. Het leek toch geen zin te hebben en irriteerde Julia, en dat risico wilde Alice niet nemen. Stress kon een te hoge bloeddruk veroorzaken, wat weer kon leiden tot een hartaanval of beroerte, en Julia's gezondheid had prioriteit boven alles. Alice maakte zichzelf wijs: als ik geen vragen meer stel, stop ik met groeien. Sinds het begin van de groeispurt had ze zulke weddenschappen met zichzelf afgesloten. Als ik niet meer op mijn nagels bijt, stop ik met groeien. Als ik geen snoep meer eet. Als ik mijn vinger opsteek op school als de juf dat graag wil. Geen van die gedachten had gewerkt en deze ook niet. Ze zweeg over het verleden van haar moeder en toch bleef ze maar langer worden.

Sylvie

SEPTEMBER 1989 – DECEMBER 2003

Cecelia had Williams mantra overgenomen in haar opvoeding: geen onzin en geen geheimen. Als Izzy iets vroeg, het maakte niet uit wat, gaf Cecelia eerlijk antwoord. Sylvie en Emeline waren allebei toevallig op een avond in Cecelia's keuken toen de zesjarige Izzy vroeg waar baby's vandaan kwamen.

Sylvie at een paar keer per week met haar zussen, als William de late trainingen van Northwestern bijwoonde. Zij en William waren nu zes jaar samen en in het vorige jaar getrouwd. Ze waren onlangs verhuisd naar een driekamerappartement niet ver van waar de tweeling woonde en William stond op het punt voor de Chicago Bulls te gaan werken. Ze hadden een nieuwe positie voor hem gecreëerd, met verantwoordelijkheden zowel als fysio als op het gebied van de ontwikkeling van spelers. De Bulls stroomden over van optimisme en wilden graag hun staf uitbreiden. Ze hadden nog geen kampioenschap gewonnen, maar met Michael Jordan in hun team leek de prijs onvermijdelijk. In Williams functieomschrijving stond dat hij niet met het team meereisde; hij zou in Chicago gevestigd zijn en met zijn gespecialiseerde programma proberen zich op gebieden te richten waar jonge spelers hulp konden gebruiken. Ondanks het vleiende aanbod van de Bulls zou William er waarschijnlijk voor hebben gekozen bij Northwestern te blijven uit loyaliteit aan Arash en de universiteit, maar Arash ging met pensioen en de hoofdcoach had een andere baan aangenomen, dus overtuigde Sylvie hem ervan de stap te zetten. 'We moeten blijven groeien,' had ze gezegd, 'anders leven we niet.' Hij had naar haar geglimlacht omdat ze het woord 'dood' had vermeden. Hij wist dat Sylvie haar best deed hem ook maar bij de gedachte aan dat woord weg te houden.

'Een man en vrouw kunnen een baby maken als ze seks hebben,' zei Cecelia.

Izzy knikte en haar donkere krullen wipten op en neer rond haar geconcentreerde gezichtje. 'Wat is seks?'

Emeline en Sylvie bloosden hevig terwijl Cecelia op een schetsblok verscheidene seksuele standjes tekende. Izzy lette goed op en vroeg toen: 'En hoe doen tante Emmie en tante Josie dat?'

'O, mijn god,' zei Emeline en ze verliet de keuken terwijl Cecelia dat ook illustreerde. Sylvie zat er hulpeloos bij te lachen. Plotseling miste ze Alice, een gevoel dat haar altijd van om een hoekje leek te besluipen als ze het niet verwachtte. Ze had het gevoel dat Alice hier in deze keuken hoorde te zijn, bij deze belachelijke scène. Ze hoorde naast haar nichtje te zitten. Sylvie droeg Julia met zich mee, maar verlangde naar het kleine meisje dat samen met haar de familie had verlaten.

Dit was een van de onverwachte verdrietigheden in het kielzog van het verlies van Julia. Sylvie wist in haar hart dat haar zus was opgebloeid in New York. Julia had opgewonden en springlevend geklonken toen ze haar in haar eerste jaar in de stad sprak, toen ze haar nieuwe zelf en nieuwe leven aan het opbouwen was. Nu niets haar meer tegenhield, was Julia de raket waarvan hun vader had geweten dat ze die kon zijn. Maar Sylvie had Alice alleen als baby gekend. Ze bevond zich in de ongewone positie dat ze van haar hield maar haar helemaal niet kende, en ze kon het gevoel niet van zich afschudden dat het meisje bij hen in Pilsen hoorde. Sylvie stelde zich voor hoe Alice met Izzy een spelletje schaak zou spelen in de bibliotheek, het blonde en het bruinharige hoofdje naar elkaar toe gebogen. En alsof hij op repeat stond, speelde ze een scène in haar hoofd af waarin ze over straat liep met Alice' hand in de hare. Het kind was tenslotte half William en half Julia en dat maakte haar Sylvies hart.

Maar Sylvie had Julia's hart gebroken, wat betekende dat ze geen recht had op Alice. En William had niet alleen zijn dochter voor de wet opgegeven, hij had het ook op de een of andere manier voor elkaar gekregen de gedachte aan haar uit zijn hoofd te bannen. Dit leek bijna op een chirurgische manier te zijn gedaan. Sylvie hield hem aandachtig in de gaten maar zag geen teken dat hij ooit over het bestaan van zijn dochter nadacht. Er hingen schilderijen van Alice in Cecelia's huis en Sylvie zag hoe William zijn blik ervan afwendde wanneer hij door de gangen liep, een hindernisbaan die zo ingebakken zat dat hij het zelf niet eens meer doorhad. Als hij samen met Sylvie bij de tweeling ging eten, sprak hij met Izzy over de geschiedenislessen die ze op school leerde. Hij leek echter zijn eigen geschiedenis en het feit dat Alice op Izzy's hielen de wereld was binnengekomen te zijn vergeten. Hij was vergeten dat er ooit niet één maar twee kleine meisjes in zijn wereld waren. Sylvie bracht Alice nooit ter sprake waar William bij was. Hoe verder ze kwamen van de zelfmoordpoging van haar echtgenoot, hoe dankbaarder ze was voor zijn stabiliteit en zijn duidelijke tevredenheid. Ze had gezien hoe hij wortelde in dit leven, hoe hij de barsten in zichzelf opvulde met liefde en betekenisvol werk. Sylvie accepteerde Williams keuze om bij zijn dochter weg te blijven; ze accepteerde hem helemaal, elke dag, en hij haar net zo.

In 1993, toen Izzy tien jaar oud was, kochten Emeline en Josie het huis naast dat van Cecelia. Josie, een warme vrouw met kastanjebruin haar, had een bedrijfskundediploma en had verstand van geld. De koop van de crèche waar zij en Emeline elkaar hadden ontmoet had ze zelf geregeld en kort daarna kocht ze nog een plaatselijke crèche. De tweeling besloot de twee huizen te delen, ze woonden tenslotte al hun hele leven samen. Ze braken de schutting tussen de twee tuinen af en de familie gebruikte de zomer om het nieuwe huis op te knappen en schoon te maken. Na een paar jaar van een regelmatig schema genoot Sylvie van deze verstoring en van de manier waarop de familie zich weer verzamelde om in hun vrije tijd samen te werken.

Ze was nu de hoofdbibliothecaresse van de Lozano-bibliotheek, dus ze kon zelf haar uren indelen. Ze was licht verbaasd geweest toen ze ontdekte dat ze ervan genoot om de bibliotheek te leiden; het nemen van beslissingen dat erbij kwam kijken was bevredigend en ze vond het leuk om degene te zijn die bij grote en kleine zaken het laatste woord had. Sylvie kende nu niet alleen de vaste bezoekers, maar in veel van de gevallen ook hun ouders en kinderen. Frank Ceccione, die twee deuren bij de Padavano's vandaan was opgegroeid, las elke dag de krant aan een tafeltje bij de voorramen. Hij had het grootste deel van zijn volwassen leven met verslaving geworsteld, en ze had het idee dat ze er beiden genoegen in schepten elkaar elke morgen te begroeten. Tot Sylvies grote blijdschap was Izzy bijna net zo dol op de bibliotheek als zij en liep ze er vaak heen na schooltijd. Niets maakte Sylvie gelukkiger dan haar nichtje te zien schaken of lezen aan een van de tafeltjes terwijl zij achter de balie werkte.

Izzy en Sylvie brachten de eerste paar weken van de zomer door met het donkerblauw schilderen van de muren van een van de slaapkamers. 'Hier ga ik slapen als mijn moeder een vriendje heeft,' vertelde Izzy.

'Wat leuk,' zei Sylvie. 'Ik zou het als kind fijn hebben gevonden mijn eigen kamer te hebben om naartoe te gaan, om te lezen.'

'Vertel me eens verhalen van vroeger.' Dat vroeg Izzy al vanaf het moment dat ze had leren praten. Ze vond het heerlijk om te horen over toen haar moeder en tantes jong waren.

Vanwege haar moeders beleid om niets achter te houden kende Izzy de meeste verhalen al. Maar tijdens die hete zomeravonden waarop ze de kamer de kleur van de middernachtelijke hemel gaven, vertelde Sylvie ze in chronologische volgorde. Ze stond boven op een trapje het bovenste stukje muur te schilderen bij het plafond en probeerde zich zo veel mogelijk details te herinneren. Ze begon met hun jeugd, waar natuurlijk het verhaal bij hoorde waar Izzy om de een of andere reden het meest van smulde: de keer dat Rose' tuin systematisch werd vernield door een mysterieus dier dat niemand ooit had gezien. Het dier verscheurde het voedsel, spleet de tomaten in tweeën en knaagde aan de blaadjes en stammen van alles wat in de tuin stond. De woedende Rose gaf haar familie wachtdiensten waarin ze in een tuinstoel midden tussen fruit, groente en kruiden moesten zitten zodat de tuin vierentwintig uur per dag werd bewaakt. Rose en Charlie verdeelden de nacht onderling, hoewel Rose het algauw overnam omdat Charlie altijd werd afgeleid. Dan kletste hij over het hek met een buurman of viel in slaap op de tuinstoel. De meisjes kwamen in de ochtend naar beneden voor het ontbijt en zagen hun moeder door het achterraam zitten: haar haar in de war, een honkbalknuppel in haar hand, woest starend naar de aarde om zich heen. 'Wat ga je doen als je hem vangt?' had Sylvie gevraagd, en Rose had kalm geantwoord: 'Dan maak ik hem dood.' Het dier liet zich wijselijk nooit zien – de Padavano's kwamen er nooit achter of het een knaagdier of vogel of een geest was geweest –, maar de verwoesting van het groen hield wél op dankzij hun waakzaamheid. Uiteindelijk verklaarde Rose dat ze had gewonnen en sliep ze weer in haar bed.

Na een tijdje kwam Sylvie in haar vertelling bij de zwangerschap van Cecelia aan, vervolgens die van Julia, en Charlies dood. Dat Rose Izzy en haar moeder had opgegeven, dat oom William in het ziekenhuis werd opgenomen en met twee van haar tantes was getrouwd, en dat Izzy een nichtje van dezelfde leeftijd had dat ze niet kende. Emeline liep de kamer in en uit met lampen en boeken in haar handen terwijl de verhalen werden verteld en schudde haar hoofd met wat op verbazing leek. 'Hemeltje,' mompelde ze. Een paar keer haalde ze Josie erbij om mee te luisteren. 'Ik weet dat ik je delen hiervan verteld heb,' zei ze, 'maar Sylvie is de beste verhalenverteller.'

'Ik wou dat ik Charlie had kunnen ontmoeten,' zei Josie op een keer nadat ze een tijdje had geluisterd. 'Hij klinkt super.'

Hardop uitgesproken klonken de verhalen en de mensen daarin inderdaad buitengewoon, dacht Sylvie. Zij en de tweeling spraken maar zelden over wat er was gebeurd. Ze hadden het tenslotte doorleefd, en het verlies van Julia maakte hen zwijgzaam. Maar Josies verwondering over de verhalen en het feit dat Izzy duidelijk genoot van wat ze als een soapserie zag waarin ze zelf een klein rolletje speelde, nam de angel uit het verdriet dat met die tijden verweven was. Als Sylvie woorden gaf aan hun familiegeschiedenis, hoorde ze alleen maar liefde.

Meerdere keren schudde Izzy haar hoofd en zei: 'Volwassenen zijn dwazen. Ik ga later volwassen worden zonder dwaas te worden.'

'Een uitstekend plan,' zei Sylvie, die bedacht dat het geweldig zou zijn als Izzy haar leven zou kunnen leiden zonder verdriet. Was dat mogelijk? Toen bedacht ze iets en vroeg: 'Iz, ik ben eigenlijk al jaren bezig deze verhalen op te schrijven. Het is een beetje rommelig, maar misschien wil je het graag lezen?'

Izzy staarde haar aan. Ze had haar eigen versie van de Padavano-krullen, die van haar waren donkerder en steviger. Haar gezicht was rond en ernstig. Ondanks al haar vragen over haar moeders familie had ze nooit interesse getoond in kennis over haar biologische vader. Als haar ernaar werd gevraagd, zei Izzy dat er nu al meer dan genoeg volwassenen waren die haar opvoedden, en bovendien, als haar moeder die vent niet in haar leven wilde, wilde zij dat ook niet.

'Wat denk je?' zei Izzy. 'Dat is een droom die uitkomt!'

Sylvie lachte, van haar stuk gebracht door het enthousiasme van het kind. Ze had ruwweg driehonderd beschreven pagina's. Ze liet ze de volgende middag binden bij de copyshop en gaf haar nichtje het manuscript. Izzy las het, waarna ze het boek aan Cecelia en Emeline gaf.

'Het is heel erg goed. Je zou het moeten uitgeven,' zei Cecelia, maar toen Sylvie zei dat ze het alleen voor zichzelf en haar familie schreef, knikte ze. Zij schilderde vaak stukken die ze niet van plan was te verkopen, dus ze snapte dit wel. Josie las het manuscript meerdere keren, ze was enig kind en was nu net zo begeesterd door de familiegeschiedenis van de Padavano's als Izzy.

Terwijl ze die zomer in het chaotische huis werkten en alle

hoeken en gaten werden opgevuld met verhalen, begonnen de zussen zich steeds meer van hun familiegeschiedenis te herinneren. Ze deelden herinneringen bij het inruimen van kledingkasten of keukenkasten. Soms, als Sylvie, Emeline of Cecelia tijdens het eten een anekdote opnieuw vertelde, vulde Izzy of Josie details of dialoog aan alsof ze er zelf bij waren geweest.

Op een avond zaten ze op de vloer van de woonkamer pizza te eten, toen Emeline zei: 'Het horen van al die verhalen heeft er op een bepaalde manier voor gezorgd dat ik me mezelf herinner. Ik weet dat de meeste jullie twee en Julia zijn overkomen,' – ze knikte naar haar zussen – 'maar ik herinner me bij alles nog hoe ik me voelde.'

Sylvie en Cecelia glimlachten om haar aan te moedigen verder te gaan. Emeline sprak zelden over zichzelf; ze richtte haar aandacht altijd op de mensen om zich heen. De meeste middagen nam ze peuters van de crèche mee naar huis, waar de kinderen op haar schoot wachtten tot hun ouders hen kwamen ophalen. Ze bleef een huismus, het gelukkigst 's avonds op de bank naast Josie. De verspreiding in de superduplex – dat was hoe Izzy de twee huizen noemde – was volkomen logisch voor Emeline; thuis bevatte nu meer kamers, meer ruimte en meer mensen van wie ze hield.

'Wat voelde je dan?' vroeg Izzy aan Emeline. Zij en William speelden een potje schaak op de bank tussen happen pizza door. William was de enige volwassene in de familie die haar favoriete spel met haar kon spelen. Izzy kon vreselijk slecht tegen haar verlies, maar bij haar oom deed ze haar best zich in te houden, en hij vond schaken wel een leuke uitdaging. Een strategie bepalen in een spel waarin twee teams om ruimte wedijverden, deed hem aan basketbal denken.

'Ik herinnerde me hoe graag ik moeder wilde worden,' zei Emeline. 'Dat ik niets liever wilde.'

William aarzelde en begon overeind te komen om de kamer te verlaten. Sylvie wist dat hij het gesprek te persoonlijk vond worden. Hij zorgde er altijd voor dat hij de zussen ruimte gaf en ze geheimen voor hem konden hebben als ze daarvoor kozen.

Maar Emeline schudde haar hoofd naar hem, dus ging hij weer zitten. 'Josie en ik hebben hier de hele nacht over gesproken.' Haar gezicht lichtte op. 'En we gaan ons aanmelden als pleegouders voor pasgeborenen. Die zijn hard nodig, er zijn veel baby's die liefde nodig hebben.'

Josie kneep in Emelines schouder. 'In de praktijk,' zei ze, 'zal het erop neerkomen dat we twee of drie maanden voor een baby zorgen wiens moeder drugsverslaafd is of een jonge tiener, waarna pleegzorg de baby teruggeeft aan de biologische moeder of een permanent gezin zoekt. Volgens onderzoek' – nu lichtte Josies gezicht op, want ze was dol op onderzoek – 'gaat, als pasgeborenen worden vastgehouden wanneer ze huilen en er veel naar hen wordt gelachen in de eerste drie maanden, hun kans op een gezond en gelukkig leven wel iets van vijftig procent omhoog.'

'Wauw,' zei Sylvie. 'Emmie, wat een geweldig idee.'

Cecelia keek stralend naar haar zus en Josie. 'Natuurlijk moeten jullie dat doen! We zullen zo'n wipstoeltje kopen waar Izzy altijd graag in zat toen ze klein was.'

'Ahum,' zei Izzy met een lang gezicht. 'Ik hoorde dat baby's veel huilen.'

'Ik beloof je dat ik je nooit zal vragen om te babysitten,' zei Emeline. 'En de baby slaapt bij ons, dus 's nachts hoor je niets.'

'Dan mag het.'

De aanmelding verliep soepel. De twee vrouwen waren bang geweest dat ze misschien zouden worden afgewezen – er werd soms scheef naar hen gekeken in de supermarkt en één gezin had vanwege hun homoseksualiteit hun kind van de crèche gehaald –, maar het pleegzorgsysteem was zo vol dat ze verheugd leken met kandidaten met zulke uitstekende referenties en een achtergrond in de kinderopvang. Tegen het eind van de zomer droeg Emeline een baby'tje, een klein jongetje, in een draagzak terwijl ze door het nu volledig opgeknapte huis liep.

Sylvie keek terug op die zomer als het moment dat haar familie zichzelf volledig accepteerde. De superduplex, met de gedeelde huizen en ongebruikelijke lay-out, weerspiegelde de ongebruikelijke lay-out van de Padavano's, of wat er nog van hen over was. Zij en de tweeling en William hadden hun leven vormgegeven naar zichzelf, om de afmetingen en vorm heen die ze innamen. De gedeelde achtertuin van de tweeling was een mengeling van moestuin en bloementuin. Cecelia gebruikte de zolder in het huis van Emeline en Josie als tweede studio omdat het licht daar zo goed was. Emeline bouwde een droogkast in Cecelia's huis, waarin beide huishoudens kruiden en bloemen uit de tuin droogden. In beide huizen vond je wipstoeltjes en flesjes, net als wiegjes. William bewaarde zijn gereedschapskist in Emelines washok en hij en Sylvie hadden de sleutels van beide huizen. Bestek en borden van de tweeling raakten door elkaar, van samen buiten eten en achteraf om beurten afwassen. Izzy had in beide huizen een eigen slaapkamer en verkaste wanneer ze wilde. Als ze midden in een goed boek zat, bleef ze bij Emeline, omdat haar kamer daar een beter nachtlampje had. Als haar moeder even geen minnaar had, sliep ze bij Cecelia.

Met Williams hulp maakte Izzy van een van de leegstaande kamers een werkplaats en bouwde een intercomsysteem waardoor er zonder telefoon tussen de twee naast elkaar staande huizen kon worden gecommuniceerd. Zowel Cecelia als Emeline vond dit eerst belachelijk, maar gebruikte de uitvinding algauw dagelijks. 'Emmie, waar heb je mijn lievelingskwast gelaten?' 'Josie, ben je thuis? Kun je even een broodje voor me maken?' 'Izzy, wat ben je daar aan het doen dat zoveel lawaai maakt?'

Toen Kents opleidingsperiode erop zat, verhuisden hij en Nicole naar Chicago en kreeg hij ook een baan bij de Bulls, als sportarts. De twee stelletjes spraken minstens eens per maand af bij de mexicaan en soms aten Gus en Washington en hun echtgenotes ook mee. Dit waren naast de tweeling de enige sociale contacten die zij en William hadden. Maar toen Kent en Nicole moeite hadden zwanger te raken, had Nicole niet zo'n zin meer om uit te gaan en werden de etentjes schaarser. William en Sylvie leefden met hun vrienden mee, maar vonden het niet erg om vaker thuis te zijn. Ze voelden zich allebei niet op hun gemak bij vreemden. Als een nieuwe kennis Sylvie of William vroeg hoe ze elkaar hadden ontmoet, bleven ze vaag omdat de waarheid een te provocerend verhaal was. Sylvie had ergens gelezen dat hoe vaker een verhaal werd verteld, hoe minder nauwkeurig het werd. Mensen waren geneigd tot overdrijving; ze bogen weg van de delen van het verhaal die ze saai vonden en juist richting de spannende stukjes. Details en tijdlijnen veranderden met de jaren van herhaling. Het verhaal werd meer een mythe dan waarheid. Sylvie was er blij mee dat ze zelden hun verhaal vertelden. Door het niet te delen, bleef hun liefdesverhaal intact.

'Jij en William zijn zo lief voor elkaar,' zei Emeline op een avond tijdens het boodschappen doen. 'Ik heb het gevoel dat ik altijd een baby naar Josie gooi of haar vraag haar sokken op te rapen.'

Sylvie glimlachte. 'Nou, we hebben geen baby's en we wonen niet net als jullie in een treinstation.'

'Dat is waar.' Emeline zuchtte, ook al wisten ze allebei dat ze het heerlijk vond om te wonen tussen de huilende baby's, dreumesen die nog niet waren opgehaald van de crèche, halfvolle verfblikken en een kind dat kans zag met een vibrator de kamer binnen te lopen en te vragen: 'Wat is dit?'

Sylvie wist ook dat haar zus gelijk had; zij en William waren liever voor elkaar dan de meeste stellen. Ze keek toe hoe William voor het ontbijt en voor het slapen zijn pillen nam en zag zijn ogen de hare zoeken in een ruimte als hij zich overweldigd begon te voelen. Ze merkte dat ze naar zijn hand reikte op hetzelfde moment dat hij de hare wilde pakken. William maakte elke ochtend haar lunch voor op haar werk voor haar en zij zorgde ervoor dat hun leven langs de randen rustig bleef omdat het zo het beste met hem ging. Hij fluisterde bijna elke avond 'ik ben zo'n mazzelaar' voor ze gingen slapen. En ze wist dat dat zo was, en zij was het ook. Sylvie was dit leven met deze man bijna misgelopen. Daarom nam ze de momenten samen, ook al bleven ze maar optellen, nooit voor lief.

Alice

SEPTEMBER 1997 – FEBRUARI 2002

Op haar veertiende was Alice een meter zesentachtig. Dit schokte iedereen die met haar in aanraking kwam. De volleybal- en basketbalcoaches achtervolgden haar door de gangen van haar privéschool en probeerden haar over te halen bij hun team te komen, ook al had ze uitgelegd dat ze motorisch te onhandig was om te sporten. Haar lengte haalde ook haar vader terug in beeld. Iedereen, van mevrouw Laven tot de postbode tot het schoolhoofd, leek gedwongen om te komen met een versie van: 'Wauw, je vader was zeker heel lang?'

Julia en Alice leken nu bijna in niets meer op elkaar. Toen Alice nog jong was, linkte iets in de vorm van haar ogen haar aan haar moeder, maar zelfs dat leek nu verdwenen. Hun verschil in kledingsmaak hielp ook niet. Julia droeg doordeweeks mantelpakken en zijden blouses en een strakke zwarte broek met een loshangende top in de weekenden. Alice daarentegen had een sneakerverzameling en droeg joggingbroeken in verschillende kleuren. Vanwege haar smalle figuur en lengte was het lastig om kleding en schoenen te vinden die pasten. Maar sneakers waren uniseks, wat haar meer opties gaf. Haar moeder bestudeerde haar op een ochtend vorsend en zei: 'Je ziet er helemaal niet vrouwelijk uit.' Alice lachte en antwoordde: 'Het is 1997, mam. Ik hoef er niet vrouwelijk uit te zien.'

Ze schepte enig genoegen in het feit dat ze blijkbaar op haar vader leek. Het gaf haar het gevoel dat ze twee ouders had, ook al was eentje er niet meer. Haar vader liep met haar mee – of in elk geval zijn genen – en dat maakte dat ze zich sterker voelde. Ze had die kracht nodig. Op de middelbare school was ze zo lang dat zich kleinmaken, waar ze daarvóór meester in was geweest, geen effectieve manier meer was om 'normaal' te lijken. Ze kon op geen enkele manier meer haar lichaam zo verdraaien dat ze op de tengere meisjes van haar school leek. Carrie was op een meter tweeënvijftig blijven hangen, wat alleen maar meer de schijnwerper zette op Alice' lengte aangezien de twee meisjes onafscheidelijk waren. Als Alice haar moeder of Carrie een knuffel gaf, moest ze zo ver door haar knieën dat het altijd ongemakkelijk voelde. Vanwege haar grote passen liep ze sneller dan ieder ander. Haar nek deed aan het einde van de dag vaak pijn omdat ze omlaag moest kijken als ze met iemand sprak. Ze werd regelmatig 'giraf' of 'grote vriendelijke reus' genoemd door leeftijdgenoten. Een wiskundedocente zei tegen haar, en het was duidelijk aardig bedoeld: 'Je moet altijd flatjes dragen, lieverd, om de jongens geen ongemakkelijk gevoel te geven.' Mannen op straat richtten zich op tot hun volledige lengte en maakten hun borst groot als ze Alice passeerden, alsof haar lengte op de een of andere manier hun mannelijkheid bedreigde.

Alice besloot op haar veertiende aan het begin van het schooljaar dat ze geen tijd meer ging verspillen met zich voor haar uiterlijk schamen. Of ze zich nu beschaamd of zelfverzekerd voelde, het resultaat was hetzelfde: ze was heel lang en mensen zouden erover praten en haar ermee pesten. Ze kon niet in de menigte verdwijnen; haar lengte liet haar altijd boven de rest uitsteken en dat schepte een, letterlijke, afstand. Dit betekende dat ze zich eenzaam voelde, maar aangezien er geen alternatief was, besloot ze haar realiteit te accepteren. Ze liep met rechte rug door de schoolgangen en forceerde een glimlach als een of ander miezerig jochie een grap maakte over dat de school de plafonds moest verhogen. Meer om aan zichzelf te bewijzen dat ze het kon dan om iets anders, trok ze schoenen met hoge hakken aan naar haar eerste schoolfeest. 'Je bent zo dapper,' fluisterde Carrie toen ze de gymzaal van de school binnenliepen, maar Alice schudde haar hoofd. 'Het heeft niets met dapperheid te maken,' zei ze. 'Iedereen kijkt toch wel naar me, wat voor schoenen ik ook draag.' Ze was echter wel verrast toen de aanvoerder van het basketbalteam haar vroeg of ze wilde dansen. Hij was verlegen en een stotteraar, maar hij keek haar recht in de ogen tijdens het dansen en dat was opwindend. Toen hij haar later die week mee uit vroeg, was ze opnieuw verrast. Maar deze verrassing maakte een ruimte vrij binnen in Alice en ze hoorde een klein stemmetje – was het de hare, of die van haar moeder? – nee fluisteren. Ze had zich afgescheiden van haar leeftijdgenoten en zou afgescheiden blijven. Zo voelde ze zich veiliger.

'Nee, dank je,' antwoordde Alice met een zo vriendelijk mogelijke stem en ze liep weg. Ze voelde opluchting in zich opwellen. De lange jongen had haar een vraag gesteld waarover ze nog nooit had nagedacht en de waarheid was uit haar mond gekomen. Ze wilde net als haar moeder zijn: onafhankelijk. Alice vertelde het aan niemand, zelfs niet aan Carrie, maar op de een of andere manier wist tegen het eind van de dag de hele school dat ze de populaire laatstejaars had afgewezen.

Het was gek, in de daaropvolgende weken draaiden de gezichten van andere kinderen zich als bloemen naar haar toe. De meesten van hen waren verlegen of buitenbeentjes. Ze keken naar Alice vanachter hun pony's of een schoolboek. Ze timeden hun bezoeken aan hun kluisjes gelijk met die van haar. Ze liepen op haar tempo door de gangen. Ze vonden Alice dapper, en dat maakte hen ook dapper. Ze wilden zich beter voelen over zichzelf en kwamen erachter dat dat zo was in Alice' gezelschap. 'Ik ben niet dapper,' wilde Alice tegen hen zeggen, want die kinderen werden net als zij regelmatig uitgescholden – dik genoemd, of dom, of lelijk – en ze wilde hen niet misleiden. Maar ze kon geen manier vinden om dat duidelijk te maken zonder hun een slecht gevoel te bezorgen, dus hield ze haar mond en hield hen gezelschap.

'Wat gebeurt er?' vroeg Carrie met grote ogen. Ze hield zich al jaren bezig met boos worden op jongens en meisjes die Alice pestten vanwege haar lengte en had zich erop ingesteld dit jaar weer hetzelfde te moeten doen. Alice haalde haar schouders op. Ze had wel een idee van wat er gebeurde – ze weigerde zich te schamen en dat gaf haar klasgenoten toestemming hetzelfde te doen –, maar ze kon dat niet in woorden vatten. Ze werd door niemand anders meer uit gevraagd en dat was een opluchting.

Waarschijnlijk omdat Alice nu haar eigen leven had buiten het appartement, kon ze de stiltes van haar moeder over haar verleden en het gebrek aan foto's aan de muur accepteren. Dat hun tweepersoonsgezin zo klein was, voelde niet langer als uiterst onveilig. Alice en Julia kookten de meeste avonden nog steeds samen en keken op vrijdagavond films in hun dikke badjassen, als Alice niet bij Carrie logeerde. Ze maakten elkaar aan het lachen door gekke stemmen op te zetten en fanatiek te proberen als eerste antwoord te geven op de vragen van *Jeopardy!* Maar Alice voelde enige bevrediging dat haar lijf – met de belachelijke, ongemakkelijke lengte en het steile strokleurige haar – op de een of andere manier de belichaming was van het verleden waar haar moeder over weigerde te praten. Ze kende nog steeds geen details, of zelfs maar de grote lijnen, van haar moeders leven in Chicago, maar ze had niet meer het gevoel dat ze die informatie nódig had. Ze groeide op en was oud genoeg om er vertrouwen in te hebben dat mocht het moment komen dat ze zichzelf moest redden, ze de kracht zou hebben om dat te doen.

Tegen het einde van de middelbare school had Alice uitgevonden hoe ze haar leven moest organiseren. Ze voelde zich nu minder een dierentuinbeest in de gangen op school. Ze logeerde de meeste weekenden bij Carrie, waar de vriendinnen midden in de nacht hun lievelingscitaten uit films deelden, meezongen met albums en kletsten over wat hen bezighield. Alice ging elk jaar een keer bij haar grootmoeder in Florida op bezoek, zonder Julia, omdat haar moeder en oma niet langer met elkaar konden opschieten. Ze besefte nu ten volste dat haar moeder haar zussen, geboortestad en grotendeels ook haar eigen moeder had buitengesloten uit haar leven en dus bleef Alice behoedzaam tussen de lijntjes die Julia om hen heen had getrokken. Ze hield van haar moeder, en ook al dacht ze niet dat ze haar kwijt kon raken, deze gegevens zeiden wat anders. Toch kon Alice er niets aan doen dat ze de blik opmerkte die over Julia's gezicht trok wanneer haar dochter de kamer binnenkwam of zich oprichtte. Er ging op die momenten een huivering door haar moeder, een opening naar een ander leven, en ook al mocht Alice daar niet naar binnen, ze was blij dat zij degene was die af en toe aan de deur morrelde.

Toen ze aan Boston University begon, bracht haar moeder haar naar de campus en sprak Julia haar dochter toe tijdens de rit. Alice dacht dat ze al haar moeders stemmingen kende, maar vandaag gaf Julia vonken af die soms op opwinding leken en er soms uitzagen als het waarschuwingslampje dat aangaf dat je naar je motor moest laten kijken.

'Ik wil dat je een leuke tijd hebt op de universiteit,' zei haar moeder.

'Moet lukken,' zei Alice. Haar handen zweetten – dat gebeurde altijd als ze nerveus was – en ze veegde ze af aan haar korte broek.

'Op de middelbare school heb je het niet zo leuk gehad. Ik wil dat je gelukkig bent.' Julia wierp een vlugge blik op haar dochter om duidelijk te maken dat ze dit gesprek serieus nam.

'Ik heb het best leuk gehad,' zei Alice. En dat was ook zo. Ze had het leuk gehad als ze 's avonds laat opbleef met Carrie en naar muziek luisterde en als ze films keek met haar moeder. In haar een-na-laatste jaar was ze begonnen met koffiedrinken en het had haar elke ochtend weer blij gemaakt om haar handen om die warme mok heen te slaan; dat viel toch onder het kopje 'leuk'? Een van haar angsten voor de universiteit was dat de koffie in de mensa niet zo lekker zou smaken als de koffie die ze thuis zette. Ze had best veel angsten voor de universiteit. Het idee om met een heleboel jongens en meisjes van haar leeftijd in een studentenhuis gepropt te worden stond haar niet aan. Leeftijdgenoten waren luidruchtig en rommelig, en Alice zou nooit alleen zijn. Gelukkig ging Carrie naar Emerson, wat ook in Boston was; de wetenschap dat haar beste vriendin vlakbij was, luchtte haar op.

'O, stelletje zondagsrijders,' zei Julia. Ze reden van New York naar Boston over de Interstate 95, een gigantische verkeersader die naar de oostkust leidde. Motorrijders, enorme trucks en auto's dansten om elkaar heen op zoek naar ruimte. Ze zei: 'Je moet daten, naar feestjes gaan, hele nachten doorhalen, dat soort dingen.'

'Deed jij dat ook toen je studeerde?' vroeg Alice.

Julia leek hierover na te denken. 'Mijn situatie was anders. Ik moest om financiële redenen thuis blijven wonen, dus ik kon me niet echt in het studentenleven storten. Maar jij kunt alles doen wat je wilt, schatje. Zelfs wiet roken. Of, hoe noemen ze dat tegenwoordig, blowen?'

'Jezus, mam.'

Mevrouw Laven was toen Alice haar voorbij groeide overgestapt van haar 'mijn kleine meid' te noemen naar 'mijn oude ziel'. Alice vond het niet erg, ze was zelfs een beetje trots op het koosnaampje omdat het suggereerde dat ze volwassen was. Het was een van de redenen waarom ze niet geïnteresseerd was in afspraakjes met jongens. Ze was anders, eeuwenoud vanbinnen, en gedijde het best in haar eentje. De gedachte aan flirten, kussen, met iemand naar bed gaan, vervulde haar met afschuw. Alice' oude ziel hielp ook de vrees die ze voor de komende vier jaar in haar borst voelde te verklaren.

Ze zuchtte. Ze wist dat haar moeder bang werd als ze dacht dat Alice somber was en Julia haar dus altijd in de richting van geluk probeerde te duwen. Ze had zichzelf aangeleerd te glimlachen als ze een kamer binnenging waar haar moeder was. Ze wist dat een glimlach Julia onmiddellijk kon laten ontspannen. Maar dat was vermoeiend, en Alice zei nu met een stem die dichter bij tranen was dan ze zou willen: 'Ik zal mijn best doen, oké, mam?'

De spanning in Julia nam af en ze knikte. De rest van de rit waren ze allebei stil. Toen ze de campus van Boston University bereikten, hielp haar moeder haar haar spullen naar haar kamer op de eerste verdieping te dragen. Ze waren er eerder dan Alice' kamergenootje – een meisje genaamd Gloria uit Louisiana –, dus koos ze het onderste bed en het bureau het dichtst bij het raam. Alice liet zich door haar moeder knuffelen ten afscheid maar kon niet terug knuffelen, want ze dacht dat als ze dat deed, iets in haar zou breken en ze zou moeten huilen. Alice huilde nooit – nog een verlies van controle dat ze schuwde – en ze kon het zich niet permitteren daar nu mee te beginnen.

De eerste maand op de universiteit vond ze stressvol. Ze was bang geweest dat ze het gebrek aan een plek om alleen te zijn lastig zou vinden en dat was ook zo. Haar kamergenootje was aardig. Gloria had een heerlijke, harde lach maar ze sprak alleen maar in roddels. 'Zag je hoe die jongen met die baseballpet flirtte met dat blonde meisje?' Of: 'Die twee haten elkaar overduidelijk.' Alice knikte dan vagelijk instemmend, maar het leek te vroeg om te roddelen, alsof je op vakantie was en de eerste dag al een huis kocht. Ze dacht: maar we kennen deze mensen helemaal niet. Ik ken jou niet. We zijn allemaal vreemden voor elkaar.

Vanwege haar lengte kon ze onmogelijk opgaan in de omgeving. Ze verplaatste zich kriskras door de campus op weg naar haar colleges en voelde dat mensen naar haar staarden. Meisjes keken geschrokken als ze haar zagen, maar zeiden maar zelden iets. Sommigen zetten een medelijdend gezicht op, de belichaming van de woorden 'arme jij'. Ze wist dat ze gebeden van dankbaarheid fluisterden om het feit dat ze zelf klein waren, ze er vrouwelijk uitzagen en zichzelf indien nodig konden verbergen. De jongens vroegen of ze in het basketbal- of volleybalteam zat. Als ze ontkennend antwoordde, waren ze geschokt. 'Is Larry Bird jouw vader?' vroeg een gozer haar. Ze dacht dat hij een grapje maakte, maar besefte vervolgens dat dat niet zo was. Bepaalde jongens konden haar lengte blijkbaar alleen accepteren als ze een serieuze atlete was of familie was van eentje. Anders zat haar formaat hen dwars, als een poststuk waar ze geen brievenbus voor konden vinden. Toch waren er andere jongemannen – de iets oudere versies van de middelbare scholieren die met haar door de gangen waren gelopen – die grijnsden bij haar aanblik.

'O, *yeah*,' zei een jongen genaamd Rhoan toen ze bij een introductieactiviteit aan elkaar werden voorgesteld. 'Vet, man.' Zijn glimlach was zo aanstekelijk dat ze niets anders kon dan teruglachen. Hij en Alice raakten bevriend, en toen hij op een avond stoned was, probeerde hij zijn eerste reactie aan haar uit te leggen. 'Je was zo'n reuzin en je had het volledig omarmd. Je bent een stoer wijf, Alice.'

'Dat ben ik eigenlijk helemaal niet,' zei Alice. 'Mensen zien mijn lengte voor dapperheid aan. Dat gebeurt nu al een tijdje.'

Rhoan leek hierover na te denken. 'Oké,' zei hij. 'Ook goed. Misschien is wat ik zie dan je potentie om een stoer wijf te wórden.'

Alice lachte. 'Dat gaat niet gebeuren,' zei ze, 'maar evengoed bedankt.'

Carrie kwam op een zaterdagmiddag in oktober langs en nadat ze hadden rondgelopen over de gigantische campus van Boston University, zaten Carrie, Alice, Rhoan en Gloria in de kamer van Alice en Gloria. Hun deur stond open, dus konden ze studenten langs zien lopen. Iemand verderop in de gang speelde muziek van James Taylor en zijn melancholische stem wervelde door de lucht.

'Ik mag jou wel,' zei Gloria op een gegeven moment tegen Carrie. 'Ik ben blij dat mijn vriendin een coole beste vriendin heeft. Alice is zo verlegen dat ik me zorgen begon te maken. Ik probeer haar constant aan afspraakjes met lange jongens op de campus te helpen, ze is een schoonheid en alle ogen zijn op haar gericht.'

'O, alsjeblieft.' Alice rolde met haar ogen.

'Ik mag jou ook wel.' Carrie zat in kleermakerszit op de zitzak in de hoek te stralen onder haar stekeltjeshaar. 'Alice is gewoon een laatbloeier. Ze komt er wel, maar het duurt even.' Carrie keek waarschuwend naar Alice met een blik die zei: ik ga nu heel eerlijk zijn. 'Nu ze wat meer afstand van haar moeder heeft, hoop ik dat ze wat meer gaat leven.'

'Hé,' zei Alice verbaasd.

'Dus zo zit het?' vroeg Gloria. 'Daar weet ik alles van, moeders die controlfreak zijn. Arm kuikentje.'

'Het gaat super met Alice,' zei Rhoan. Hij had een bemoedigende aard; hij woonde de looponderdelen van de universiteit bij om de langzaamste lopers aan te moedigen. 'Jij en ik zullen samen op zoek gaan naar mannen,' zei hij tegen haar. 'Of ik zoek wel en jij houdt me gezelschap. Wees gewoon jezelf.'

Een deel van Alice vond Rhoans vriendelijkheid en de aandacht van haar nieuwe en oude vriendin hartverwarmend. Een ander deel voelde zich er ongemakkelijk bij. Deze middag was precies geweest hoe ze had gevreesd dat de universiteit zou zijn: te veel oningevulde tijd, te veel uren waarin ze samen met leeftijdgenoten werd vrijgelaten en ze drama's konden maken van prima levens.

'Om even duidelijk te zijn,' zei ze, 'hoe ik leef heeft niets met mijn moeder te maken. Ik hou van haar.'

Carrie keek in Alice' blauwe ogen. 'Ik zei niet dat je niet van haar hield.'

Alice fronste om aan te geven dat ze klaar was met dit gesprek. Carrie wist dat haar moeder voor Alice een gevoelig onderwerp was, dus hield ze normaal gesproken haar gedachten voor zich. Al had ze haar vriendin tijdens de middelbare school wel een keer op het hart gedrukt geen voorbeeld aan Julia te nemen. Ik mag je moeder graag, had ze gezegd, maar iemand die zich zo kleedt als zij en elke dag haar haren zo strak vastzet, is vanbinnen ongelukkig. Ze probeert al haar geknoei te verbergen, en dat gun ik jou niet.

Op een dinsdagmiddag halverwege februari trof Alice na college haar moeder in haar kamer aan. Julia stond bij haar bureau. Ze was in pak, haar haar in een chique knot.

Alice bleef in de deuropening staan. Haar moeder was niet meer op de campus geweest sinds ze haar er aan het begin van het schooljaar naartoe had gebracht – Alice was tijdens lange weekenden en vakanties thuis geweest – en Julia kwam nooit ergens ongepland of onaangekondigd binnen. 'Mam?' zei ze. 'Wat doe je hier?'

Julia keek niet naar haar dochter. Ze boog zich dichter naar de muur. 'Die foto's,' zei ze met gespannen stem. 'Hoe kom je daaraan?'

Alice voelde zich zwaar worden. Ze liep de kamer in, deed de deur dicht en trok haar winterjas uit. De muur boven haar bureau hing vol met foto's van Cecelia Padavano's muurschilderingen. Rhoan wilde graag kunstarchivaris worden en had Alice geholpen de foto's uit verschillende kunstbladen te verzamelen. Een paar hadden ze zelfs aangevraagd en ze hadden een cheque van een paar dollar gestuurd voor een obscuur kunstblaadje uit Chicago dat verslag deed van het grootste deel van Cecelia's werk. Rhoan had met apparatuur van de kunstfaculteit een aantal van de kleinere afbeeldingen vergroot. Het was een lopend project; Alice wachtte op dit moment op de komst van een tijdschrift met daarin een muurschildering die Cecelia voor een school in de stad had gemaakt.

'Die zijn van je zus,' zei ze.

Ze was in geen jaren over Julia's familie begonnen. Gedurende Alice' middelbareschooltijd hadden ze allebei gedaan alsof er verder geen familie was. Ze ging wel op bezoek bij Rose in Florida, maar bij terugkomst sprak ze met haar moeder amper over de bezoekjes. Julia had die deur tussen hen zo vaak dichtgegooid dat Alice hem maar op slot had gedaan.

Rose had tijdens een van de bezoekjes van haar kleindochter een keer opgemerkt dat haar tante Cecelia kunstenares was. In die tijd had Alice wel geprobeerd schilderijen van haar tante te vinden, maar ze had geen idee waar ze moest zoeken. Cecelia's werk hing niet in musea en stond niet in kunstgeschiedenisboeken. Alice had ook geweten dat zolang ze thuis woonde, ze alles wat ze zou vinden voor haar moeder zou moeten verbergen. Ze had besloten dat ze haar zoektocht zou hervatten als ze eenmaal studeerde, als haar spullen en tijdverdrijf zich buiten haar moeders gezichtsveld bevonden. De belofte naar Cecelia's kunst te kunnen zoeken en het te kunnen ophangen was een van de wortels die Alice zich had voorgehouden om zichzelf ervan te overtuigen dat het studentenleven iets was om naar uit te kijken, en dat stelde niet teleur; de muur boven haar bureau was haar favoriete uitzicht. Als Gloria naar feestjes ging, bleef Alice op hun kamer om te lezen of gewoon maar wat naar de muur te staren. Hoe meer foto's ze eraan kon toevoegen, hoe tevredener ze zich voelde.

'Ze is zo goed geworden,' mompelde Julia. Ze leunde nu op het bureau om zo dicht mogelijk bij de verzameling te komen.

'Is het je opgevallen...' Alice kon haar hart voelen bonzen. 'Dat jij en ik ook op de muurschilderingen voorkomen?'

Julia keek haar dochter aan met een blik die moeilijk te doorgronden was – hij bevatte ongeloof en angst – en richtte haar aandacht toen weer op de foto's.

De meeste muurschilderingen, en zodoende ook het grootste deel van Alice' muur, waren portretten van vrouwen. Close-ups, geschilderd in felle kleuren op stenen muren. Eén vrouwengezicht kwam op een aantal gebouwen voor en op de onderkant van een viaduct. Op de meeste schilderingen waren haar ogen open, op één muur waren ze gesloten. Haar gezicht had iets eeuwenouds en ze leek uit een andere tijd te komen. De muurschilderingen waren niet allemaal individuele portretten; er was ook een door Rhoan vergrote foto van een groep kinderen, een stuk of twintig. Eronder stond dat de muurschildering op een speelplaats in Chicago te vinden was. De kinderen glimlachten en keken alsof iemand hun net geweldig nieuws had verteld. Op de achterste rij stond een wit meisje met licht haar dat onmiskenbaar Alice voorstelde toen ze een jaar of tien was.

'Ik stuurde Cecelia foto's toen je nog klein was,' zei Julia, weer met gedempte stem alsof ze het niet tegen de mensen in deze kamer had.

'Dat ben jij,' zei Alice en ze wees. Op de foto stond een lichtblauw geschilderde muur met daaroverheen de contouren van een vrouwengezicht. Woeste krullen overspoelden de ruimte om haar heen, haar kin was vooruitgestoken. Dit portret was anders dan de andere, leger. Het was zonder enige twijfel Julia, maar alleen degenen die haar goed kenden zouden het zien.

Het was stil in de kamer; Gloria was bij een biologiepracticum en zou tot het eten wegblijven. Julia zag er bleek uit en Alice wist dat als ze haar moeders hand zou aanraken, die klam zou zijn. 'Ga even zitten als je je flauwtjes voelt,' zei ze.

'Ik ga niet flauwvallen.'

'Ik vind haar kunst gewoon mooi,' zei Alice. 'Ik heb geen contact met haar gezocht of zo. Je hoeft je geen zorgen te maken.'

Julia keek van de muur naar haar dochter. Haar lippenstift stak fel af tegen de teint van haar gezicht. Het leek alsof ze iets wilde zeggen, maar ze zweeg. Ze knikte alleen maar.

Moeder en dochter liepen zwijgend door de kou naar een nabijgelegen Italiaans restaurant. Toen ze eenmaal zaten en het restaurant om hen heen gonsde, begon Julia op te leven. Ze leek zich te herinneren wie ze was en waarom ze was gekomen.

'Ik heb een klant in Boston aangenomen,' zei ze. 'Ik ben er vandaag geweest. En' – ze glimlachte naar haar dochter – 'mijn beslissing werd geholpen door het feit dat het me een reden geeft om af en toe naar Boston te komen en jou te zien. Het is maar eenzaam in New York.'

Alice miste haar moeder ook. Maar ze voelde zich nu ook eenzaam, aan tafel met haar. Ze wist dat haar moeder zou gaan vragen of ze al een hoofdvak had gekozen – nee, dus – en of ze een vriendje had – ook niet – en of ze plezier maakte. Maar ze wist ook dat een deel van haarzelf en een deel van Julia nog steeds naast elkaar voor de muur met foto's stonden, kijkend naar hun eigen gezichten, geschilderd door een vrouw in een andere stad, uit Julia's andere leven.

Alice herinnerde zich het moment op haar twaalfde dat ze haar moeder voorbij was gegroeid en besefte dat Julia geen perfecte superheld was, dat haar moeder ook maar een mens was, wat betekende dat ze gebreken en een verleden had dat één leek te zijn met haar wilde haar. Haar hele leven lang had Alice haar moeder pogingen zien doen zowel haar haar als haar verleden in bedwang te houden, het weg te stoppen, er controle over uit te oefenen, elke dag weer. Alice wilde dat ze weer op haar kamer was, alleen met haar muur met foto's, en dacht: ze heeft met mij hetzelfde gedaan.

Sylvie

SEPTEMBER 2008

Sylvie vertrok vroeg van haar werk en zei tegen de assistent-bibliothecaris dat ze hoofdpijn had. Via haar gebruikelijke route liep ze van de bibliotheek naar huis, langs Cecelia's muurschilderingen. Pilsen zag er bijzonder kleurrijk uit op die middag laat in september en ze vond het fijn dat ze omringd werd door de kunst van haar zus. Als ze de huizen van de tweeling bezocht, liep ze altijd door de gangen om te zien of er portretten waren bij gekomen of weggehaald. Ze zag gegarandeerd alle vrouwen uit haar leven: haar zussen, haar nichtjes, haar moeder en zichzelf. Een deel van Sylvies verlangen om vandaag vroeg naar huis te gaan was om het kunstwerk van Cecelia te bezoeken dat nu in haar eigen woonkamer hing: het landschap dat ze voor William had geschilderd vlak nadat hij uit het ziekenhuis was ontslagen.

Sylvie liet zichzelf binnen in het stille appartement. William zou pas over een paar uur thuiskomen. Ze voelde haar schouders ontspannen. Het was een vredige ruimte en precies zo ingericht als ze het wilden. Zij en William ontvingen hier zelden bezoek; grote gezamenlijke etentjes vonden plaats in de superduplex en Kent was een foodie, dus die stelde altijd weer nieuwe restaurants voor om te gaan eten. Dit appartement was waar zij en William hun liefde niet hoefden in te houden of niet met iemand anders rekening hoefden te houden. Ze waren graag in hetzelfde vertrek. Dan zat ze naast William te lezen terwijl hij basketbalwedstrijden keek met het volume uit. Als Sylvie kookte, maakte ze maaltijden waarvan ze wist dat haar man ze lekker vond: pasta of stoofpot.

Als William kookte, bevatte het recept meestal kikkererwten omdat Sylvie daar gek op was.

Ze leunde tegen de rugleuning van de bank en bestudeerde het schilderij met wind, regen en licht. Het landschap had haar altijd aan hoop doen denken en daar kon ze wel wat van gebruiken. Ze was de week ervoor bij haar huisarts geweest omdat ze last had van een vreemde, terugkerende hoofdpijn. Sylvie kon de pijn zien als het kwam opzetten: het was lavendelkleurig en straalde van ergens in de buurt van haar rechterslaap in concentrische cirkels uit. Ze had de hoofdpijn op een stukje papier getekend voor de dokter en hij had haar naar een specialist gestuurd. De specialist had haar aan onderzoeken onderworpen. Sylvie had in een MRI-apparaat gelegen met een apart soort trots dat ze stil kon liggen, omdat de technicus daar zo blij mee was. Ze had William of de tweeling niet over haar hoofdpijn verteld en ze wilde hun ook niet vertellen dat ze naar de dokter ging. Ze had aangenomen dat het niets zou blijken te zijn, of misschien een symptoom van de overgang. Ze was tenslotte zevenenveertig.

De specialist, een man die snel en afgemeten sprak, vermoedelijk omdat er zoveel werk te doen was en zijn tijd maar beperkt was, vertelde haar dat ze een hersentumor had. Sylvie knikte beleefd. Hij sprak over de plek van de tumor en de afmetingen ervan. Hij gebruikte het woord 'terminaal'. Ze knikte weer, luisterde nog wat, verliet toen zijn kamer. Het gebouw waar ze uit kwam lag vlak bij Northwestern en ze besloot naar huis te lopen. Ze lette niet op welke kant ze op ging; ze wist dat haar lichaam zichzelf net als een postduif naar Pilsen zou brengen.

Onder het lopen ontdekte Sylvie dat de diagnose haar niet verraste. Het daalde zo snel in dat ze besefte dat ze op een bepaalde manier moest hebben geweten dat het eraan kwam. Toen de specialist het woord 'onbehandelbaar' had gebruikt, had ze gedacht: natuurlijk, dat lijkt wel te kloppen. Telkens wanneer er iets verkeerd ging in huis terwijl ze opgroeide – de elektriciteit viel uit, de wasmachine stroomde over, de koelkast gaf de geest – waren haar moeders eerste woorden: 'We worden gestraft.' Sylvie werd gestraft voor de keuze die ze vijfentwintig jaar geleden had gemaakt. Ook al beschouwde ze zichzelf na haar vaders begrafenis niet meer als katholiek, ze herkende de vergeldende gerechtigheid in haar botten. Wat haar wél verraste, was dat ze dat geloofssysteem onbewust had gehouden. Ze zou hebben gedacht dat ze uit dat schuldgevoel was gegroeid waar het katholicisme mee doorvlochten was, voorbij het concept van oog om oog. Maar blijkbaar was ze in dat wraakzuchtige framework getrapt, misschien als kind in de banken van de Saint Procopius. Sylvie had haar zus verraden, dus had haar lichaam zichzelf verraden.

Het is ook mogelijk dat je gewoon in shock bent, dacht ze nu. Het schilderij vóór haar werd minder krachtig. Het licht, de hoop op het doek, vervaagde. Sylvie wist dat dit kwam doordat ze er te lang naar keek; het verloor aan betekenis, net als een woord aan betekenis verloor als je het vijftig keer herhaalde. Ze wist dat de hoop nog steeds in het schilderij zat, ze zag het alleen niet meer.

Sylvie had het William nog niet verteld, dat zou ze vanavond doen. Ze wilde dat ze het haar man nooit hoefde te vertellen, dat ze gewoon ziek kon worden en doodgaan zonder dat hij moest toekijken. Ze wist dat wanneer William naar haar keek, hij het meisje van in de twintig zag op wie hij verliefd was geworden. Het leek mogelijk, en toch onmogelijk, dat ze kon vervagen terwijl ze in zijn ogen heel bleef. Ik zou willen, dacht Sylvie, waarna ze zichzelf berispte, want 'ik zou willen' was een gevaarlijk pad om in te slaan. Ze moest blijven bij wat er was.

Ze maakte zich geen zorgen om zichzelf. Ze was nu in de ongewone positie dat ze wist hoe haar eigen verhaal eindigde – ze zou sterven aan een kluitje afwijkende cellen in haar hersens – maar maakte zich ernstige zorgen over haar echtgenoot en of hij wel door zou leven als zij er niet meer was. William was nu zoveel gezonder, zoveel sterker dan toen hij een jongeman was, maar ze wist dat ze allebei geloofden dat zijn stevige basis was gebouwd op drie pilaren: zijn antidepressiva, dagelijks rekening houden met zijn geestelijke gezondheid en hun liefde. Als je een derde uit de vergelijking haalde, zou hij dan instorten?

Als dat zo was, zou Sylvie er niet meer zijn om hem te redden. Sinds ze de specialist had gesproken piekerde ze over William, zich afvragend of er een uitweg was die ervoor kon zorgen dat hij het zou redden. Tegelijkertijd ging de rest van Sylvie, haar lichaam en geest, een verrassende richting op: Julia. De diagnose had een fysiek verlangen naar haar oudere zus opgeroepen, een verlangen dat zo diep zat dat Sylvie geen lucht kreeg. Ze miste het timbre van Julia's stem als die een plan bedacht. Ze miste hoe goed ze in elkaars armen pasten, en haar geur. Ze miste het om in hun vroegere slaapkamertje te liggen in het donker en te luisteren naar hoe Julia hun leven organiseerde. Deze hunkering omhulde nu Sylvies hele lichaam terwijl ze het licht in het schilderij probeerde te vinden. Ze vroeg zich af of de tumor een straf was omdat ze haar zus pijn had gedaan en zelfs was gecreëerd door het feit dat ze van elkaar gescheiden waren. Misschien had haar lichaam uiteindelijk de afstand tussen Chicago en New York niet kunnen verdragen.

Die avond vertelde ze William in de keuken van hun appartement wat de arts had gezegd. Ze wilde haar ogen dichtdoen zodat ze niet zou kunnen zien hoe het nieuws zijn geliefde, verweerde gezicht brak, maar ze dwong zichzelf te kijken. Ze moest hem opvangen als hij viel.

'Weet je het zeker?' zei hij.

'Ja.'

Na een paar minuten vroeg hij: 'Wat heb je nodig? Wat kan ik doen?'

Ze zei niets, maar het verlangen was nog steeds aanwezig en William zag haar altijd helemaal. Hield altijd van haar helemaal.

Hij zei: 'Je hebt Julia nodig.' Haar naam klonk vreemd uit zijn mond. Ze spraken nooit meer over haar.

Sylvie schudde haar hoofd. 'Dat is onmogelijk. Ik zou nooit iets van haar vragen.'

William bestudeerde het gezicht van zijn vrouw, zijn ogen glazig van shock en verdriet. Vanwege wat hij had doorgemaakt geloofde hij niet in woorden als 'onmogelijk'. Hij geloofde in proberen te helpen; dat was wat hij op zijn werk deed, jonge atleten helpen gezond en blessurevrij te blijven. En hij geloofde in zijn huwelijk met Sylvie. Ze keek toe hoe hij probeerde te bedenken wat er gedaan kon worden met wat er voorhanden was, terwijl de zon achter hem uit de lucht zakte.

William

SEPTEMBER 2008

Toen William aankwam bij de trainingsfaciliteit van de Bulls, knikte hij naar de beveiliger en vervolgens naar de jongen achter de balie. Hij was zich ervan bewust dat zijn ademhaling hoog zat; hij was kortademig door wat Sylvie hem de avond ervoor had verteld. Hij voelde het nieuws alleen in zijn lichaam, het bewoog zijn longen in en uit. Hij had hierheen moeten komen voordat hij het volledig tot zich kon nemen. William liep naar de zaal vol velden, waar de grond dreunde van de stuiterende ballen. Hij liep om de velden heen naar de onderzoeksruimte, waar hij wist dat Kent zou zijn. En daar was hij ook, bezig de knie van een nieuweling te tapen.

De nieuweling zag William als eerste en kreeg de blik die de meeste spelers in zijn buurt aannamen als ze mank liepen, kwetsuren hadden of op wat voor manier dan ook geblesseerd waren. Het was niet ongebruikelijk dat een geblesseerde speler bij het zien van William probeerde met een krabbengangetje weg te sluipen.

'Het is niks, Will,' zei de nieuweling. 'Kent heeft er vertrouwen in – ja toch, dok? – dat ik voor de eerste wedstrijd weer fit ben.'

William wuifde het weg. 'Ik heb je je gisteren zien opwarmen. Dat komt wel goed. Je draait goed.'

De nieuweling liet zich zichtbaar opgelucht op de onderzoekstafel zakken.

Kent lachte boven het rolletje tape in zijn hand en zijn dreadlocks schudden ervan.

'Jij ziet dingen,' zei de jongen, die nog lag. 'Iedereen weet dat. We hebben allemaal gehoord over de blessures die je hebt voorspeld. Je staat bekend als…' Hij was even stil terwijl hij naar het juiste woord zocht. 'Helderziende. Of hoe een mannelijke heks ook heet.'

Plotseling vermoeid leunde William tegen de andere onderzoekstafel. 'Een tovenaar.'

'Nee,' zei de jongen tegen het plafond. 'Dat is het niet. Maar je kunt het zien als er iets mis is.'

William had geen glimlach meer in zich, maar als dat zo was geweest, zou hij die nu hebben gebruikt. De nieuweling had gelijk; het was zijn werk om het te zien als er iets mis was met een speler.

'Meestal kan datgene wat hij ziet worden gefikst,' zei Kent. Hij drukte het laatste stuk tape op de knie en bestudeerde zijn werk. 'Jullie bangeriken zouden hem moeten smeken naar je te kijken, niet voor hem wegduiken als kleine kinderen. Je kunt gaan.'

'Ik heb een goeie draai,' zei de nieuweling. 'Daar ben ik blij om.' Hij sprong van de tafel op zijn gezonde been, pakte zijn sneakers en wandelde de kamer uit.

Kent kwam overeind. De arts leek meer op een American-footballspeler dan op de powerforward die hij was geweest. Dankzij een combinatie van gewichtheffen en een passie voor voeding was hij sinds zijn studie flink de breedte in gegaan. Hij en Nicole waren in het voorgaande jaar gescheiden en Kent kreeg pas net zijn stuwende energie en brede lach weer terug. Vaak trok hij onderweg naar binnen of buiten een sprintje over het veld en probeerde een speler de bal af te pakken, ook al was hij bijna vijftig en waren zijn patiënten de beste atleten in de bloei van hun leven. De spelers vluchtten weg voor William, maar Kent wilden ze om zich heen hebben.

Nu stond Kents gezicht ernstig terwijl hij vanachter zijn bril met zwart montuur naar zijn vriend keek. Hij knikte licht, een teken dat William moest gaan praten.

'Heeft Sylvie je haar MRI-scan laten zien?'

Kent liet zijn schouders hangen. 'Ze heeft het je verteld.'

William sloot even zijn ogen. Hij zag voor zich hoe Sylvie haar medisch dossier aan Kent gaf. Hij was degene aan wie ze allebei dachten in geval van nood. Sylvie zou kunnen hebben gedacht: misschien kan Kent me redden.

'Ik dacht al,' zei William, 'dat ze het jou misschien als eerste had verteld, om te zien wat je dacht.'

'Ze is bij de beste specialist van Northwestern geweest. Ik heb wat telefoontjes gepleegd, hem nagetrokken. Ze heeft nog een second opinion gevraagd. De diagnose is juist.'

De lucht in de ruimte voelde donker, maar misschien was het alleen William die donker werd. 'Ze zei dat ze grotendeels van behandeling afziet. Dat ze nog zo'n zes maanden heeft.'

Kent knikte één keer, met duidelijke moeite, alsof hij tegen de lucht moest vechten om te kunnen bewegen. 'Ik dacht al dat ze dat zou besluiten.'

'Wat denk jij?'

'Ik zou hetzelfde doen als ik haar was. Het is de dappere keuze. De behandeling is bijna net zo erg als wat ze mankeert.'

William zag Kents armen in beweging komen en zei: 'Ik hoef geen knuffel.'

'Dat weet ik.'

William keek op zijn horloge, hoewel het hem niet kon schelen hoe laat het was. Hij had gekregen waar hij voor was gekomen: bevestiging. Sylvies nieuws was echt, omdat Kent dat had gezegd. Hij draaide zich om en liep weg. 'Ik moet wat dingen regelen,' zei hij. 'Misschien kom ik vanmiddag nog terug, misschien niet.'

'Ik help je hierdoorheen.' Kent had een sprintje getrokken om hem in te halen. 'Ik ben er voor je. Je medicijnen zijn goed afgesteld. Het zal zwaar worden, maar je zult het aankunnen.'

'Ik moet nadenken,' zei William, maar hij was de deur al uit en liep alleen de straat op. Hij voelde zijn vriend achter zich, die hem achterna wilde komen maar zichzelf tegenhield.

William liep naar Pilsen. Zijn huid deed pijn. Zijn haar deed pijn. Zijn knie, waarvan hij nog maar zelden last had, deed pijn. Hij had gehoopt dat Kent zou zeggen dat Sylvie de arts verkeerd had begrepen of dat er een behandeling mogelijk was waar ze niet van op de hoogte was. Door middel van spiergeheugen geraakte hij in Throop Park. Dit was waar Arash nog steeds zijn wekelijkse clinic hield, dus William kende elke centimeter van dit buitenveld. Hij vond een gedeukte basketbal onder een bankje en begon te dribbelen. Het geluid van de bal die de grond raakte, kalmeerde hem; het ontwarde zijn hartslagen en zorgde dat hij helderder kon nadenken. Er was hem een paar maanden geleden een verandering opgevallen in Sylvie, een lichte aarzeling in haar bewegingen, maar hij had gedacht dat het gewoon het ouder worden was. Een oneindig kleine vertraging van haar spieren, gewrichten en pezen. William had gedacht: we zijn tenslotte op de helft van ons leven. Dit punt, de helft, zou hij zonder haar nooit bereikt hebben.

Hij liet de bal op het cement dreunen. Zijn vrouw had hem gisteravond aangekeken met haar open, beeldschone gezicht. Ze was zijn stad, zijn hemel. Ze had hem tweeënhalf decennium eerder een leven gegeven. Hij had het niet verdiend. De eerste paar jaar van hun relatie zei hij tegen zichzelf: je moet weggaan. Je moet het met haar uitmaken. Maar dat kon hij niet. Hij had altijd geweten dat hij verantwoordelijk was voor de breuk die in de familie Padavano was ontstaan. De daaruit voortvloeiende stilte tussen Sylvie en Julia was zijn schuld. Dat Julia naar New York verhuisde en daar was gebleven was zijn schuld. Sylvie was het niet met hem eens, maar ze was te aardig en hij wist dat ze zichzelf ervan had overtuigd dat dat de waarheid was omdat ze van hem hield. William had de leugen zo lang laten voortbestaan omdat hij van zijn leven met Sylvie hield; hij hield van haar en was zo gelukkig als voor hem mogelijk was. Hij had niet gewild dat er iets veranderde. Hij was een lafaard.

Niet meer, dacht hij. Hij zou alles verliezen wat belangrijk voor hem was. Maar eerst kon hij al het mogelijke doen om Sylvie het gevoel te geven dat ze geliefd en heel was.

Hij had gisteravond naar het gezicht van zijn vrouw gestaard en geweten wat hij moest doen. Er was slechts één oplossing. Toen William zo lang had gedribbeld dat het zweet hem uitbrak en zijn hele lichaam warm werd, haalde hij zijn telefoon uit zijn zak en belde zijn eerste vrouw.

Julia

SEPTEMBER 2008

Julia zat aan haar bureau te wachten op een pitchdeck van haar assistente en aan Alice te denken. Intellectueel gezien wist ze dat haar dochter volwassen was en haar eigen leven had – ze was vijfentwintig en woonde tenslotte op zichzelf – maar de patronen in Julia's brein waren jaren eerder vastgelegd en ze was geprogrammeerd om zich minstens één keer per uur zorgen te maken om haar dochter. Misschien was 'zorgen maken' niet de juiste benaming: Julia draaide haar dochter uit gewoonte in haar hoofd rond alsof ze een Rubiks kubus was die ze niet kon oplossen. Ze kende haar dochter beter dan wie dan ook, maar een deel van Alice zat achter slot en grendel en Julia vreesde dat dat haar schuld was. Het leven van haar dochter was te eenvoudig, te gestroomlijnd, voor iemand van halverwege de twintig. Alice ging nooit laat uit en werd nooit dronken. Ze treurde nooit om een man, huilde zelfs nooit, voor zover Julia wist. Wat haar nog de meeste zorgen baarde, was het feit dat Alice nooit een vriendje had gehad. Ze durfde het niet rechtstreeks te vragen, maar ze dacht dat er een grote kans was dat haar dochter nog maagd was. Deze afwezigheid in haar dochters leven – van liefde, aanraking, een relatie – bracht Julia in paniek. Waarom deinsde haar beeldschone dochter terug voor intimiteit? Ze wist dat Alice' lengte intimiderend kon zijn voor sommige mannen, maar niet voor allemaal. Julia zelf ging alleen naar bed met mannen die instemden met haar voorwaarden, en hoewel ze een paar jaar geleden was gestopt met daten, had ze nooit moeite gehad gewillige mannen te vinden. Deze leegte in haar dochters leven was vermoedelijk opzettelijk en Julia wilde begrijpen waarom, maar Alice was heel kundig in gesprekken bij haar privéleven vandaan sturen. Eén keer had ze Alice' signalen genegeerd en te hard gepusht en zei haar dochter: 'Waarom moet ik leven zoals jij vindt dat ik moet leven? Jij hebt nooit een man nodig gehad en ik ook niet.'

Tijdens haar studie had Alice het kiezen van een hoofdvak uitgesteld omdat ze de meeste vakken even interessant vond. Dit stelde Julia voor een raadsel; haar dochter was slim maar jaagde geen enkele carrière na. 'En een master in geneeskunde dan?' had ze voorgesteld. 'Je bent goed in wetenschap en ik zou er met liefde voor betalen.' Alice schudde haar hoofd met een afwezige blik op haar gezicht en zei: 'Nee, dank je.' Na haar bachelor werkte ze als freelance redacteur voor een paar uitgeverijen, een baan waarbij ze tien uur per dag met een stofkam door teksten moest gaan en amper genoeg betaald kreeg om van te leven. Alice was nooit een gretige lezer geweest, ze keek liever tv, maar nu deed ze Julia aan Sylvie denken, die altijd met haar neus in een boek zat. Maar Sylvie had echt van lezen gehouden en het was onduidelijk wat Alice' ogen aan de bladzijden lijmde. Wat ga je écht doen? vroeg Julia zich af. Wie ga je écht worden? Want deze beheerste teflonversie van haar dochter kon toch niet het eindproduct zijn? Julia was bang – hier was ze altijd bang voor geweest – dat Alice depressief was, maar haar dochter leek daar te stabiel, te gelijkmatig voor. En als ze aan haar dochter vroeg of alles goed was, antwoordde Alice altijd bevestigend.

Toen het scherm van Julia's telefoon oplichtte, was ze blij dat haar gedachten werden onderbroken. Ze nam op en zei met de zelfverzekerde, professionele toon die ze zich lang geleden meester had gemaakt: 'Met Julia Padavano.'

'Hai, Julia.' Het was even stil. 'Met William.'

Ze hoorde zijn stem, maar die ging vergezeld van een echoënd geluid. Julia had haar verleden afgesloten alsof het een waterleiding was. Die opende zich nu met luidruchtig gekraak. Ze herhaalde zijn naam omdat ze niets anders kon bedenken om te zeggen. 'William?'

Ze dacht nooit aan hem, want waarom zou ze? Het was haar taak om aan Alice te denken en dus zag ze de lange jonge vrouw voor zich die over een manuscript gebogen zat op zoek naar fouten. Op hetzelfde moment ervoer ze een herinnering dat ze in het appartement in Northwestern stond, haar borsten opgezwollen van de melk. Julia kreeg het warm, alsof de warme lucht uit die woonkamer afstand en tijd had doorkruist om haar te vinden.

Ze schraapte haar keel. 'Waarom bel je?'

'Het gaat om Sylvie,' zei hij.

Sylvie, dacht ze. Julia keek om zich heen, maar niemand keek naar haar. Niemand op kantoor leek zich ervan bewust dat Julia's verleden zojuist door een telefoonlijn was gekropen en haar hart uit haar borst had gerukt.

'Ze gaat dood, Julia. Het gaat nu nog goed met haar, maar ze heeft nog minder dan een jaar te leven.'

Julia scheerde in gedachten over Williams woorden heen. Ze kon er niet te dichtbij komen, want het waren hete kolen. Ze had de neiging om te zeggen: ik hou van mijn baan en ik ben een van de besten ter wereld in mijn veld. Ik heb vorig jaar driehonderdduizend dollar verdiend. Ze wilde dat hij wist dat ze succesvol was en het dus te druk had, of misschien zelfs te belangrijk was, voor dit soort nieuws. Maar dat kon ze niet zeggen. Ze had de neiging de telefoon zachtjes weg te leggen, als een kind dat had meegeluisterd met het gesprek van iemand anders.

'Nee,' zei ze.

'Ze wil alleen maar jou, Julia. Ze heeft je nodig.'

Julia keek omlaag. Ze droeg een grijsblauw mantelpak. Er zat een kleine ladder in haar panty die ze had tegengehouden met doorzichtige nagellak. Ze probeerde het te begrijpen. Het voelde alsof William haar vroeg een taal te spreken die ze heel lang niet had gebruikt.

'Heeft Sylvie je gevraagd mij te bellen?'

Hij zweeg en Julia herinnerde zich dat dit Williams manier van praten was: met tegenzin en aarzeling, nooit zeker of hij de juiste woorden bezat. Julia had aangenomen dat William en Sylvie nog steeds getrouwd waren, maar alleen omdat ze dacht dat nieuws van hun scheiding haar anders wel bereikt zou hebben. Ze dacht helemaal nooit aan het vroegere of huidige leven in Chicago.

Uiteindelijk zei William: 'Nee. Sylvie weet niet dat ik dit doe.'

'Mijn agenda is vol,' zei Julia. 'Ik heb een eigen bedrijf. Ik kan hier niet weg.' Ze tilde haar hand in de lucht en wapperde ermee. Aan de andere kant van de glazen wand sprong haar jonge assistente met een notitieblok in de hand uit haar stoel en kwam naar haar toe. Julia had natuurlijk niets tegen haar te zeggen. Ze zou haar wegwuiven, net zoals ze William zou wegwuiven. Beiden waren doodlopende wegen, lege muren. Maar ze was in paniek geraakt en had de jonge vrouw in beweging gebracht.

'Julia?' zei William.

Ze wachtte, en de jaren pulseerden tussen hen door de telefoonlijn.

'Ik heb nog nooit zo'n liefde tussen twee mensen gezien als tussen jou en Sylvie.' Hij schraapte zijn keel. 'Ik dacht dat het misschien kwam door mijn opvoeding dat ik niet aan zoiets was blootgesteld, maar dat was het niet. Ik heb nog nooit zoiets gezien.'

Iets in Julia begon af te brokkelen, als die afschuwelijke beelden van gletsjers waarvan enorme stukken in de ijskoude zee storten. Hij had gezegd dat Sylvie doodging. Haar zús, die ooit zo vertrouwd voor haar was geweest als haar eigen lichaam. Haar zus, die al meer dan twintig jaar haar zus niet meer was. Julia kuchte en in die kuch zat een vreemd geluid, alsof haar binnenste was beginnen te huilen zonder dat de tranen de oppervlakte bereikten. Haar ecosysteem veranderde onder haar huid.

'Kom alsjeblieft naar huis,' zei William.

Julia wist hoe ze haar stem onder controle kon krijgen. Ze manipuleerde al tientallen jaren uitkomsten met mannen in bestuurskamers en op afspraakjes. Ze was een expert in het stellen van een doel en die richting op sturen. Toen haar stem zelfverzekerd en helder klonk, was ze tevreden. Ze zei: 'Het spijt me, William, maar dat gaat niet.'

Ze hing op en merkte dat haar handen trilden. Geen probleem, dacht ze, ik kan dit aan. Ze stond op en concentreerde zich erop gracieus naar het toilet te lopen. Ze koos twee willekeurige werknemers om onderweg naar te glimlachen. Op het toilet gooide ze koud water over haar gezicht en dacht: hou je aan je agenda, Padavano. Wat is het volgende punt? Uitsluitend daaraan denken. Zij had er tenslotte niets mee te maken dat Sylvie ziek was. Het telefoontje had niets aan haar huidige leven veranderd. Haar zus maakte geen deel meer uit van haar wereld.

Nadat Julia het toilet had verlaten, begon ze een gesprek met een van haar slimste werknemers – een gozer die was afgestudeerd aan MIT en van wie Julia wist dat hij vond dat ze haar positie als zijn baas niet verdiende – over een lopend project. Julia kon met moeite haar aandacht bij de stem van de jongeman houden. Haar concentratie vervaagde steeds – concentratie, concentratie, geen concentratie – alsof het haar hartslag was. Ze excuseerde zich, zei dat ze een belangrijk telefoontje moest plegen en liep weg. Toen ze bij haar bureau kwam, besefte ze dat ze op blote voeten liep. Ze staarde naar haar pumps, die netjes onder haar bureau stonden. Ze moest ze hebben uitgetrokken toen ze met William sprak, maar kon het zich niet herinneren. Had die MIT-gozer gemerkt dat ze midden in het kantoor stond zonder schoenen? Julia had een persoonlijke regel dat ze nooit blootsvoets ging op het werk, zelfs als ze laat doorwerkte, en nu was die regel verbroken.

Ze opende en sloot haar bureauladen alsof ze iets zocht, omdat ze een paar oningevulde momenten nodig had om te resetten. Toen haar mobiele telefoon ging, keek ze op het scherm, zag dat het Alice was en voelde even paniek. Had haar dochter aangevoeld dat ze met haar vader had gesproken? Dat William en Alice haar na elkaar konden bellen, was ondenkbaar. William was dood, Chicago was dood. Sylvie was… Ze kon deze gedachte niet afmaken.

'Hoi, lieverd,' zei ze en ze stopte al haar inspanningen en aandacht in het opzetten van haar gewone stem.

'Gaat vanavond nog door?' vroeg Alice. 'Mij maakt het niet uit, hoor. Ik heb een nieuw project, dus ik kan ook werken.'

Het was hun wekelijkse film- of serieavond. Alice kwam na het werk naar Julia's appartement en dan bestelden ze eten en zaten ze in kleermakerszit op de bank zoals ze hadden gedaan sinds Alice klein was. Julia wist dat ze het allebei een geruststellende activiteit vonden, ook al voelde ze zich ook ongemakkelijk omdat ze besefte dat haar dochter uit moest gaan en haar leven leiden en niet binnen zitten met haar moeder alsof ze tien was.

'Ik heb het te druk. Een andere keer komt beter uit,' antwoordde Julia. Het voelde alsof haar schema van vandaag zich van haar verwijderde, als een bord dat van tafel viel. Ze had nog steeds blote voeten; een deel van haar weigerde de pumps weer aan te trekken. Toen, omdat de normale Julia, de Julia die ze was geweest voordat William belde, het gesprek zou voortzetten, vroeg ze: 'Wat voor nieuw project?'

'O, ik ben een roman aan het redigeren. Ik heb tegen Naveen gezegd dat ik niet graag romans doe, ik heb liever non-fictie, maar hij zei dat fictie goed voor me is.'

'Waar gaat het over?'

'Het is een moderne versie van *Little Women*. Heb je dat als kind gelezen?'

'Little Women?' Het voelde alsof Julia's lichaam gevuld was met nat, kriebelend zand. Ze kreeg het voor elkaar een instemmend geluid voort te brengen. Ze herinnerde zich dat ze naast Sylvie in bed lag in het donker, in hun kamertje aan 18th Place. Ze was talloze keren in slaap gevallen met het stemgeluid van haar zus. In bed bleven ze terugkomen op dezelfde discussie: wie van hen het meeste op Jo March leek. 'Ik heb Jo's durf en vastberadenheid,' had Julia gezegd. 'Maar ík word schrijfster,' zei Sylvie. 'Ik ben degene die onze verhalen kan vertellen.'

'Jo runt een feministische uitgeverij in New York,' zei Alice. 'Meg trouwt nog steeds voor de liefde, Amy is nog steeds een ruziezoeker en Laurie is een vrouw op wie ze allemaal verliefd zijn.'

Julia zei: 'Gaat Beth nog steeds dood?'

'Beth gaat dood,' zei Alice. 'Het is heel droevig.'

En daarmee werd de twee kleine meisjes in hun bed in 18th Place de mond gesnoerd. Het kind in Julia lag met open ogen in het donker, wetend dat zíj Jo was, maar alleen omdat Sylvie Beth was.

Sylvie

OKTOBER 2008

Sylvie pakte een boek op en legde het ergens anders weer neer. Ze reed drie karren met boeken naar de zijmuur, waar de opruimhulpen ze de volgende dag konden pakken. Ze wierp een blik op de bovenste plank van een van de karren die gevuld was met nieuw verschenen titels. De kleurige, glanzende omslagen van nieuwe boeken maakten haar altijd een beetje bedroefd. Alle auteurs en uitgevers hoopten dat hun boek de wereld zou veroveren en dat was bijna nooit het geval. Sylvie werkte sinds haar dertiende bij de bibliotheek en had honderdduizenden boeken op de planken zien verschijnen en weer verdwijnen.

Ze dacht dat getuige zijn van deze eindeloze draaimolen van boeken was wat er uiteindelijk voor had gezorgd dat ze haar eigen boek niet probeerde uit te geven. Wat ze schreef was haar te dierbaar om op een commerciële markt los te laten. Publicatie vereiste ook dat het verhaal een eind had en ze was nog niet klaar. Ze was blijven schrijven en reviseren in de jaren nadat ze het boek had laten printen voor Izzy, inclusief herinneringen die de tweeling met haar had gedeeld. Sylvie was geboeid geraakt door hoe de verschillende verhalen en periodes tempoverschillen eisten. Schrijven over Cecelia's zwangerschap, en die van Julia, en Rose' woede, had gevoeld alsof ze zich een weg een tornado in schreef. Maar de herinneringen uit haar kindertijd bleven apart, als opbollende wolken in dezelfde blauwe lucht. Ze raakten elkaar niet aan. Er was die keer dat vader Cole haar op haar kop gaf waar de hele kerk bij was omdat ze een roman zat te lezen tijdens de mis, de keer dat Cecelia de hele familie een uur had buitengesloten terwijl ze een schilderij afmaakte, de keer dat hun huurauto met pech langs de weg stond en Rose hun een liedje uit haar eigen jeugd leerde om de tijd door te komen. Maar in hun jongvolwassenheid stapelden gebeurtenissen zich op elkaar. Pas toen ze het opschreef, besefte Sylvie echt dat op dezelfde dag dat haar geliefde Izzy ter wereld was gekomen, Charlie haar had verlaten. En op de dag dat Alice werd geboren, Rose uit Chicago was vertrokken.

Ze vroeg zich af wat haar eigen dood zou brengen. Tot welk een-tweetje zou zij de aanzet zijn? Niemand in haar familie was zwanger; haar zussen waren te oud en Izzy was nog ver van het moederschap, hoewel ze een aardig vriendje had die graag toekeek als ze schaakte en de administratie van haar bijlesbedrijfje voor haar deed. Cecelia plaagde Izzy dat hij meer een assistent was dan een vriendje. 'Ik heb er geen probleem mee,' had Izzy schouderophalend gezegd. 'De seks is geweldig.' Misschien is Alice wel zwanger, dacht Sylvie, waarna ze vol zelfbeschuldiging haar hoofd schudde. Ze wist niets over Alice' leven; het ging haar niets aan en kon onmogelijk iets te maken hebben met háár leven of dood.

Sinds de diagnose was ze teruggekeerd naar *Grasbladen*. Ze wilde Whitmans optimistische houding tegenover de dood absorberen en het open vizier over wat hierna kwam met de dichter delen. Telkens wanneer ze een huivering van angst voelde, herhaalde ze in zichzelf de regel: *En sterven is anders dan wat wie ook zich heeft voorgesteld, het brengt meer geluk*. Ze hoorde deze woorden in Charlies stem, wat haar naar het trapje achter de buurtsuper bracht. Haar vader was die dag dicht bij de dood geweest en nu was het Sylvies beurt. Charlie had zijn dochter gezegd wat hij misschien zelf moest geloven: dat alles mooi was. Wat betekende dat zijn leven – hoewel het Rose teleurstelde, hoewel het bijna over was – schoonheid had. Het was waar, dat had het ook. Alles had dat. Sinds haar diagnose zag Sylvie overal schoonheid: in een perfect neergezette plank met boeken, in de glimlach die Emeline de baby in haar armen toewierp, in de vertrouwde lijntjes op Williams gezicht. Ze staarde soms naar de strepen licht op de vloer van de bibliotheek en verwonderde zich over hoe mooi ze waren.

Ze dacht niet aan haar ziekte, behalve als ze een van de aparte hoofdpijnen had waarvoor ze in de eerste plaats naar de dokter was gegaan. Ze was de pijn met zijn concentrische cirkels blijven tekenen, bijna alsof ze een dagboek bijhield. De hoofdpijn was zo persoonlijk en uniek dat Sylvie het wilde documenteren. Als ze het had gevraagd, zou William naar de tekeningen hebben gekeken en hebben geluisterd wanneer ze uitlegde dat ze soms zelfs vage muziek in de pijn hoorde, maar dat zou wreed zijn geweest. Ze wilde William helpen, niet zijn lijden vergroten. Sylvie vroeg zich elke dag af hoe ze ervoor kon zorgen dat hij door zou gaan met leven – meer nog, wílde leven – als zij er niet meer was.

Toen ze in een café ver bij Pilsen of de faciliteit van de Bulls vandaan met Kent had afgesproken om hem haar medisch dossier en MRI-scan te laten zien, had ze tegen hem gezegd: 'Het kan zijn dat je William weer moet redden, als ik er niet meer ben. Op wat voor manier dan ook. Dat spijt me.'

Kent, die in alle opzichten zwaarder was sinds zijn scheiding, zei: 'Maak je geen zorgen, Sylvie. Ik heb alles onder controle.'

Ze wilde dat William nog aan zijn manuscript werkte, want ze dacht dat schrijven hem misschien kon helpen zich aan het leven vast te naaien. Maar hij was daar een halfjaar na het begin van hun relatie mee gestopt. 'Ik heb het niet meer nodig,' zei hij, en Sylvie begreep het. William werkte toen voor het team van Northwestern en had de stilte binnen in hem verruild voor liefde en vriendschap, zijn medicijnen en het dagelijkse gedender van basketballen op het veld. Zijn schrijven was inderdaad nooit een boek geweest. Het was een worsteling binnen in hem geweest. Elke zin die hij schreef over de sport waar hij zo van hield, was een lucifer die zijn inwendige duisternis verlichtte. In zijn leven met Sylvie had hij deze kunstgreep niet langer nodig.

Een collega riep haar naam en Sylvie draaide zich om. Haar echtgenoot liep over het tapijt van de bibliotheek naar haar toe. William glimlachte naar zijn vrouw, maar het was een geveinsde glimlach, zo eentje van toen ze hem vele jaren eerder had ontmoet. Hij had weer hendeltjes en katrollen nodig om zijn gezicht te laten doen wat hij wilde dat het deed. Ze kon hem voelen denken: laat Sylvie geloven dat alles goed met je is zodat ze zich geen zorgen maakt.

Ze wist dat ze het zich niet kon permitteren zich nu zorgen te maken. Hij kwam haar ophalen zodat ze Emeline en Cecelia over haar diagnose konden vertellen. Ze had hem gezegd dat hij niet mee hoefde te gaan, maar hij had erop gestaan. Het gezicht van haar echtgenoot stond in een bepaalde stand sinds ze hem twee weken eerder had verteld dat ze ziek was. Iets in William was een nieuwe richting op gegaan en hij was vastbesloten zijn woorden en acties op één lijn te brengen met deze nieuwe route. Sylvie wist dat die route met haar te maken had, maar ze wist niet wat ze inhield. Ze was zich sinds kort bewust van een afvoer – als van een bad – diep binnen in haar waardoor haar energie wegstroomde. Ze kon niet meer proberen alles te begrijpen. Ze moest het loslaten. Ze vroeg zich af of sterven eenvoudigweg een oefening zou worden in beetje bij beetje alles loslaten.

Hand in hand liepen ze de paar straten naar de superduplex. Het was half oktober en de bladeren verkleurden. Wat een boom, dacht Sylvie, toen ze langs een oude eik wandelden. Ze knikte naar een rode kardinaal die op het dak van een auto zat. Het was een bewolkte dag, maar er was een driehoekje blauw in de linkerhoek van de hemel. William en zij spraken niet, dat hoefde niet.

Cecelia en Emeline begroetten hen gezamenlijk bij de deur van Emelines huis, met bezorgde gezichten. Sylvie had hun gevraagd thuis te zijn, gezegd dat ze iets met hen moest bespreken. Ze stonden met zijn vieren in de keuken – Izzy was er niet en Josie was op het werk – terwijl Sylvie zei wat ze te zeggen had. Het deed haar denken aan de laatste keer dat ze haar jongere zussen bijeen had geroepen om hun iets te vertellen wat ze niet wilden horen; het een-tweetje van die dag was geweest dat ze allemaal Julia moesten loslaten, als een opstijgende ballon. Sylvie was Emeline en Cecelia nog steeds dankbaar voor het feit dat ze haar hadden vergeven en ze vond het vreselijk hun harten opnieuw te breken. Het was een opluchting dat Izzy er toevallig niet was. De jonge vrouw had nu haar eigen studiowoning maar fladderde nog steeds van de ene slaapkamer naar de andere zoals ze haar hele leven had gedaan. Met Izzy erbij was het te veel geweest. Sylvie moest dit langzaamaan doen, op een tempo dat ze kon bijbenen. Ze wist dat ze het ook aan Rose zou moeten vertellen, maar de reactie van haar moeder kon ze nog niet aan. Over een paar maanden, als ze zich zieker ging voelen, zou ze haar moeder bellen of een van haar zussen vragen dat te doen.

Toen ze de woorden uit haar mond perste, reageerde de tweeling anders dan ze had verwacht. Cecelia huilde en Emeline werd boos.

'Geen sprake van,' zei die laatste met stemverheffing. 'Dat kan niet. Dat is niet eerlijk!'

William keek naar Emeline. 'Niets aan deze situatie is eerlijk,' zei hij.

Cecelia zei: 'Heb je Kent er al bij gehaald?'

Sylvie knikte. Het was opmerkelijk hoeveel vertrouwen ze allemaal in Kent stelden. Hij was een sportarts – niet eens een huisarts, en zeker geen oncoloog –, maar ze belden hem allemaal als ze hoge koorts hadden of stuurden hem een foto van een snee in hun hand om te vragen of deze gehecht moest worden. Arts was een onwankelbare identiteit en Sylvie en haar familie en al Kents vele vrienden toonden hem hun wonden en symptomen met een blik die zei: maak jij me weer in orde?

Emeline liep rondjes door de keuken. Cecelia veegde tranen van haar wangen en er volgden er al meer.

'Ik zou het moeten hebben,' zei Emeline met barse stem.

Sylvie en Cecelia staarden haar aan.

'Hoezo?' vroeg Cecelia.

'Ik hoor Beth te zijn, van ons allemaal. Niet jij. Ik heb altijd geweten dat ik als eerste zou gaan.' Zachter voegde ze eraan toe: 'Beth en ik hebben hetzelfde karakter. Ik ben de stille, de huismus.'

Sylvie keek verwonderd naar haar zusje. Die had blijkbaar haar leven al uitgeschreven en Sylvie had zojuist het einde gewist. Emeline moest dit van kleins af aan hebben gedacht. Ze had haar zussen altijd bemoedigd en beschermd, en dat betekende zelf de pijn absorberen. Als er een kogel was, wilde Emeline ervoor stappen. Dat was ze van plan geweest en ze vond het vreselijk dat een ander resultaat mogelijk was.

'O, Emmie,' zei Sylvie. 'Het spijt me.'

William zei aarzelend: 'Beth is toch een fictief personage?'

'Dit is verschrikkelijk,' zei Cecelia.

'We kunnen het niet aan,' zei Emeline.

Er stroomde grote vermoeidheid door Sylvie, alsof haar bloed zwaar was geworden. Ze dacht: dat dachten we ook toen Julia verhuisde, maar we zijn aan haar afwezigheid gewend geraakt, wat betekent dat jullie ook aan de mijne zullen wennen.

Later die avond zat Sylvie in bed met een boek open op haar schoot. Ze was te slaperig om te lezen, maar de nabijheid van het boek werkte troostend. Haar zussen op de hoogte brengen had meer kracht gekost dan ze bezat en ze was opgelucht dat het achter de rug was. William lag naast haar; hij was zonder boek in bed gestapt. Als hij niet de concentratie of zin had om te lezen, deed hij ook niet alsof. Sylvie bewonderde dat in haar man. Ze droeg altijd een boek met zich mee. Om te lezen, natuurlijk, maar ook als handig schild als ze anderen wilde ontwijken. Dan hield ze een boek voor haar gezicht en dacht ze na, of verstopte zich alleen maar. Voor William was een boek iets wat je alleen oppakte als je de inhoud wilde lezen.

'Jij en je zussen hebben zoveel referentiepunten, zo'n hechte geschiedenis,' zei William. 'Ik raak er nooit aan gewend.'

Sylvie keek hem onderzoekend aan. Ze zag iets nieuws in zijn gezicht, een suggestie dat hij nadacht over een stuk van zijn eigen geschiedenis van lang geleden. Een van zijn eigen referentiepunten. Ze zei: 'Denk je aan je zus?'

Hij glimlachte zwakjes naar haar. 'Hoe wist je dat? Ik heb niet meer aan haar gedacht sinds...' Hij zweeg. 'Heel lange tijd.'

Sylvie dacht: ik wist het gewoon. Ze was zich ervan bewust dat ze onlangs was begonnen te denken in plaats van hardop te praten alsof het hetzelfde was. Alsof beide even belangrijk waren en dezelfde afstand aflegden.

Maar William leek haar te horen, want hij knikte. 'Ik dacht aan toen ik op de middelbare school mijn been brak. Dat is de enige keer uit mijn jeugd waarvan ik me kan herinneren dat ik aan Caroline dacht. Ik kon niet basketballen en ik wilde weg zijn, net als zij. Maar ik denk... Ik denk dat ik deels weg wilde zijn omdat ik bij haar wilde zijn. Ik vond het niet fijn om zonder haar in mijn huis te wonen. Ik heb er nooit zo over nagedacht, maar ik miste haar.' Hij zweeg even. 'Ik mis haar, ook al heb ik haar nooit gekend. Is dat niet vreemd?'

Sylvie legde haar hand op de zijne. Ze hadden vandaag allebei de rauwe pijn op de gezichten van haar zussen gezien toen Emeline en Cecelia werden gedwongen na te denken over een leven zonder Sylvie. Het voelde waar dat als een van de vier Padavanozussen als baby was overleden, de andere drie haar – en een deel van zichzelf – de rest van hun leven zouden hebben gemist.

'Ik snap het, hoor,' zei ze met een kneepje in Williams hand. Ze dacht terug aan die keer, tientallen jaren geleden, dat ze in de ambulance zijn ijskoude hand had vastgehouden. Ze wilde blijven vasthouden, zo stevig dat niets hen uit elkaar kon halen.

William

OKTOBER 2008

Drie weken verstreken nadat William Julia had gebeld, vervolgens vier. Het was eind oktober. Kon het zo zijn dat ze niet zou komen? Julia was de koppigste en weerspannigste persoon die William ooit had gekend en zijn ex-vrouw zou zeker niet in Chicago verschijnen alleen maar omdat hij haar dat had gevraagd. Toch ontwaakte hij elke dag met de gedachte: vandaag zou het kunnen gebeuren. Hij had niemand, zelfs Kent niet, over het telefoontje verteld. Als Sylvie 's avonds thuiskwam van de bibliotheek bestudeerde William het gezicht van zijn vrouw om te zien of er iets was gebeurd. Sylvie had Cecelia en Emeline laten zweren dat ze Julia en Rose niet over haar ziekte zouden vertellen, dus voor zover zij wist waren alle wegen naar haar oudere zus afgesloten. Maar elke avond zag Sylvie er hetzelfde uit. Een beetje moe, en blij hem te zien. William was deels opgelucht ondanks zijn overtuiging dat Sylvie Julia nodig had. Hij kon onmogelijk bij het idee van zijn ex-vrouw in deze stad en in dit leven, wat ook zijn dochter met zich mee kon brengen. Hij probeerde het niet, maar de mogelijkheid – waarvoor hij de deur had opengezet – bleef in zijn perifere zicht, alsof Julia en Alice zich aan het randje van de horizon bevonden.

Hij had het tot hier gered omdat hij bijna nooit aan Alice dacht. Dat deel van zijn geschiedenis had hij succesvol gesloten. Hij had zich geen dochter toegestaan, dus in zijn hoofd had hij er geen. Deze overtuiging was niet moeiteloos geweest. Er waren schilderijen van Alice die hij moest ontwijken in Cecelia's huis, en Izzy was rond haar tiende door een fase gegaan waarin ze met hem over zijn dochter probeerde te praten. Hij had Izzy altijd graag gemogen, want ze had geen geduld voor koetjes en kalfjes en hij was daar niet goed in. Maar er was een periode in haar jeugd geweest dat ze pijnlijk direct was en alle volwassenen om haar heen op de een of andere manier wel had geraakt. 'Je eet altijd meer dan nodig is,' had ze een keer tegen Josie gezegd en de arme vrouw had gebloosd tot haar haarwortels met een hap chocoladetaart aan haar vork.

'Waarom rijd je niet naar New York om Alice te zien?' had Izzy hem gevraagd. 'Ben je niet nieuwsgierig naar haar? Stel dat het niet goed met haar gaat omdat ze jou niet in haar leven heeft?'

William had zichzelf gedwongen te blijven zitten en antwoorden. Als Izzy een volwassene was geweest had hij de kamer verlaten. Hij zei: 'Jij redt het ook prima zonder je vader.'

Ze leek hierover na te denken. 'Ja. Maar ik heb jou en mijn hele familie. Wie heeft Alice?'

'Ze heeft haar moeder.' Dat was voor William altijd het belangrijkste geweest.

Alle anderen – Kent, Sylvie, de tweeling – begrepen dat als ze iets te zeggen hadden over Julia of Alice, ze dat buiten zijn gehoorsafstand moesten doen. Deze nieuwe situatie, wachtend tot de bom die William had ontstoken zou ontploffen, of niet, was dodelijk vermoeiend. Hij begon aan zijn dagen – keek naar basketballende spelers, lunchte met Kent, dineerde met Sylvie – en wachtte. Hij probeerde het zichzelf niet langer gemakkelijk te maken. Hij had zich vastgelegd op dit langetermijnproject van het uitroeien van onzin en geheimen uit zijn leven en zorgen voor Sylvie op alle manieren die hij kon bedenken.

Op een ochtend nadat Sylvie naar de bibliotheek was vertrokken, maakte William hun slaapkamerkast open en pakte een middelgrote kartonnen doos waarin maar één voorwerp lag. Hij haalde de ingelijste foto van Caroline eruit en keek er voor het eerst naar sinds het twee jaar eerder na de dood van zijn ouders per post was opgestuurd. De avond dat Sylvie haar zussen over de diagnose vertelde, arriveerde Williams zus als een verrassingsgast in zijn hoofd. Het leven leek vol met kleine verrassingen sinds Sylvie ziek was. Emeline die schreeuwde over een personage in een jeugdboek. William die zijn eerste vrouw belde. Zijn zus die een nieuw plaatsje in zijn hart kreeg. En toen Caroline eenmaal was verschenen, bleef ze. Het kleine meisje met de rode haren, van zo ver in zijn verleden, vergezelde hem door zijn dagen heen. Hij wilde haar gezicht zien.

Williams moeder was blijkbaar als eerste overleden, aan een leverziekte. Zijn vader had een paar maanden later achter zijn bureau een zware hartaanval gekregen. Ze hadden hun bezittingen aan hun katholieke parochie nagelaten. Hun advocaat had gebeld om William in te lichten en hem te vragen naar Boston te komen om het huis leeg te maken en te beslissen wat er met de persoonlijke spullen moest gebeuren. 'Zoals?' had William gevraagd, oprecht niet in staat zich voor te stellen wat dat kon zijn. 'Fotoalbums?' antwoordde de advocaat. 'Porselein? Sieraden?' William had een dienst ingehuurd die alles uit het huis verkocht of weggaf, met uitzondering van de ingelijste foto van het roodharige meisje dat op het bijzettafeltje in zijn ouders woonkamer had gestaan. Deze werd hem toegezonden. En hoewel Sylvie, die net zo opgetogen was geweest om de foto te zien als wanneer ze Williams zus zou ontmoeten, hem aan de muur had willen hangen, had William hem in hun slaapkamerkast opgeborgen.

Hij streek nu met zijn duim over het gezichtje van zijn zus. Hij herinnerde zich dat hij Sylvie over Caroline had verteld toen hij in het ziekenhuis lag, maar daarna had hij haar weer weggestopt. Hij had altijd geweten dat zijn ouders liever hadden gehad dat hij was overleden in plaats van zijn zus. In het huis waarin hij was opgegroeid was duidelijk geweest dat het verlies van een klein meisje de ergst mogelijke pijn was. Het verlies van Caroline had Williams ouders gebroken, en samenleven met die twee gebroken mensen had er ook voor gezorgd dat William een beetje bang was voor zijn zus. Hij besefte nu, met de foto in zijn handen, dat hij afstand had genomen van zijn zus én van zijn dochter om zichzelf tegen die specifieke verwoesting te beschermen. Hij had ervoor gezorgd dat hij geen klein meisje kon verliezen. De ironie was natuurlijk dat hij hen daarvoor allebei uit zijn leven had gewist.

Williams handen begonnen te zweten terwijl hij diep vanbinnen waarheden op hun plek voelde vallen. Zijn vader en moeder waren op slot gegaan door het gewicht van hun gigantische verdriet. Ze hadden ervoor gekozen op de automatische piloot verder te leven, wat iets heel anders was dan echt leven. William dacht dat als Sylvie er niet was geweest, hij na zijn ontslag uit het ziekenhuis misschien dezelfde keus zou hebben gemaakt. Hij zou dagen hebben weggetikt als minuten op een klok, alles vanbinnen opgesloten, als Sylvie er niet op had gestaan dat hij zichzelf toestond van haar te houden. Maar zijn ouders hadden niemand om hen te redden en ze konden niet naar hun eigen zoon kijken zonder te denken aan het verlies van hun dochter. Ze hadden zich van William afgewend en hij begreep nu dat hij hetzelfde met Caroline en Alice had gedaan. Hij was eigenlijk geen haar beter dan zijn vader en moeder. Alle drie hadden ze tijd en liefde misgelopen met mensen die beide verdienden. Als William aan zichzelf dacht als eenzaam jochie dat met een basketbal in het park dribbelde, geloofde hij, misschien wel voor het eerst, dat hij de aandacht van zijn ouders had verdiend. Op dat moment vergaf hij hen.

Zijn zus keek hem stralend aan vanuit het lijstje, zich niet bewust van haar kracht. Ze keek opgewekt en klaar om plezier te maken. Hoe zou Williams leven zijn geweest als ze niet was overleden? Als hij was opgegroeid met een grote zus, in een gezin dat niet het zwijgen was opgelegd door verlies?

Nu zijn ouders dood waren, was de foto het enige bewijs van Carolines bestaan en was hij de enige die wist dat ze had geleefd. William verliet het appartement met de ingelijste foto en liep door zigzaggende straten naar de superduplex. Hij schudde geamuseerd zijn hoofd telkens wanneer hij in gedachten de naam gebruikte die Izzy jaren geleden voor de twee huizen had bedacht. William had het toen belachelijk gevonden, maar de bijnaam was blijven hangen. Hij klopte op de voordeur van Cecelia's huis, ook al wist hij dat ze misschien in het andere huis kon zijn of ergens op een ladder in de stad stond te schilderen. Hij had haar en Emeline niet meer gezien sinds Sylvie hun het nieuws had verteld.

Hij was opgelucht toen Cecelia de deur opendeed. Ze droeg een spijkerbroek en haar haar was naar achteren gebonden in de gele bandana die ze tijdens het werken droeg. Ze zag bleek, maar zag er nog steeds uit als Cecelia. Na te hebben gezien hoe de normaal gesproken rustige Emeline razend werd en de normaal gesproken stoere Cecelia huilde, besefte William dat hij bang was geweest dat het vooruitzicht Sylvie te verliezen hen onherkenbaar zou veranderen. Hij had Emeline tot die dag nooit haar stem horen verheffen. Onderhuids kon Cecelia natuurlijk compleet veranderd zijn, net als William, maar haar vertrouwde gezicht was evengoed een opluchting. Hij hield van de jongere zussen van zijn vrouw. Dit besef was gedurende de jaren tot hem doorgedrongen. De tweeling had hem in hun armen gesloten nadat zijn acties hun familie uit elkaar hadden gehaald. Deze vrijgevigheid – Cecelia en Emeline hadden er persoonlijk geen baat bij dat hij er was – vond hij nog altijd buitengewoon.

'William,' zei Cecelia en ze klonk verrast. 'Wat is er? Is er iets met Sylvie?'

'Het gaat prima met haar,' antwoordde hij. 'Daar ben ik hier niet voor.' Hij hield de ingelijste foto voor zich uit. 'Ik wil graag dat je haar schildert. Caroline.' Hij schraapte zijn keel. Hij was weer kortademig; zijn longen voelden vol. 'Alsjeblieft,' zei hij.

Cecelia keek naar de foto. 'Dat is je zus,' zei ze op verwonderde toon. Ze bekeek de foto. 'William, ze was prachtig.'

William was bang dat als hij voor Cecelia bleef staan, hij zou moeten huilen. Hij wilde zijn prachtige zus bij haar laten om te worden geschilderd, misschien wel op een enorm doek. Op die manier zou ze, apart van hem, blijven bestaan. William had Caroline al die jaren een slechte dienst bewezen door haar binnen in zichzelf te isoleren. Hij was om de een of andere reden bang geweest dat als hij zijn ogen en hart voor haar opende, ze hem pijn zou doen zoals ze hun ouders pijn had gedaan. Maar dat was absurd geweest. Het kleine meisje op de foto verdiende veel beter. 'Wil je dat doen?' vroeg hij.

'Natuurlijk.' Cecelia hield de lijst met beide handen vast alsof ze bang was hem te laten vallen.

William knikte – hij kon niets zeggen – en draaide zich om om weg te lopen.

'Bedankt dat je me vraagt,' riep ze hem na.

Die middag was Arash' wekelijkse clinic. William had een paar weken overgeslagen na het horen van Sylvies nieuws, maar het werd tijd dat hij terugkwam. Van veraf zag hij Kent, Arash en een paar jongeren op het veld. Izzy was er ook, ze kletste met een jonge speelster. Ze gaf verschillende van deze middelbare scholieren bijles. Arash besteedde zijn tijd tijdens zijn pensioen met het assisteren van jonge spelers, zowel bij deze clinics als rechtstreeks bij verschillende middelbareschoolteams uit armere wijken. 'Helpen we één kind...' had hij gezegd toen hij met de clinic begon om William en de anderen over te halen hem daarbij te helpen. Ze hadden allemaal geknikt, begrijpend dat een kind helpen heel veel dingen kon betekenen.

'William!' begroette Arash hem. Kent zwaaide vanaf het veld, duidelijk blij hem te zien. Basketballen stuiterden over het beton en William probeerde zich op het geluid te concentreren. Er zaten geen netten aan de ringen in het park, maar hij kon zich het ruisen van de bal bij elk gemaakt punt voorstellen. Pas toen hij dichterbij was, besefte William dat er meer mensen dan anders waren. De verwachte volwassenen waren er. En de kinderen natuurlijk, die al schoten aan het oefenen waren en zich opwarmden aan één kant van het veld. Maar Washington was er ook, en Gus. Ze hadden allebei echte banen; dat is hoe hij en Kent elke baan buiten het basketbalwereldje noemden. Washington werkte als statisticus voor het stadsbestuur en Gus gaf Engels op een middelbare school. Ze waren nooit eerder bij een clinic aanwezig geweest.

'Hallo, iedereen,' zei William aarzelend.

'We zijn blij dat je er bent,' zei Arash, en de mannen om hem heen – Kent, Washington, Gus – knikten tegelijkertijd alsof ze het echt meenden. Izzy negeerde haar oom en sprak verder met de jonge speelster. William was haar dankbaar. Ze had het natuurlijk gehoord over haar tante, maar ze zou er niet in het openbaar over beginnen.

Hij ging op de tribune zitten. Hij had geweten dat hij de tieners vandaag geen les zou geven. Hij was hier gewoon als een van de steunpilaren die de inspanningen steunden. Hij was de minst joviale van de betrokken volwassenen, dus zijn aanwezigheid zorgde ervoor dat de kinderen zich gedroegen.

Washington en Gus gingen aan weerskanten van hem zitten. 'Goed je te zien, maat,' zei Washington. 'Hoe staat het er dit jaar voor met de Bulls?'

'Ik volg die Pooh op de voet,' zei Gus. Pooh was de bijnaam van pointguard Derrick Rose. 'Die kon weleens onze volgende Jordan zijn.'

Dat was waar de inwoners van Chicago naar verlangden sinds MJ tien jaar daarvoor bij de Bulls was vertrokken. Elke nieuwkomer droeg een onmogelijk gewicht op zijn schouders.

William keek naar beide mannen. 'Ik neem aan dat jullie hier zijn omdat Kent jullie over Sylvie heeft verteld.'

Hun gezichten waren somber geworden. Nu keken ze hem niet langer aan; ze keken naar de over het veld heen en weer rennende kinderen. Washington zei: 'Kent is slim. Hij weet dat je tegen óns aardig zult zijn en ons om je heen zult dulden.'

Als William de energie had gehad zou hij hebben moeten glimlachen om de geslepenheid van zijn vriend. Kent maakte zo'n groot deel uit van zijn leven dat William geen rekening hoefde te houden met diens gevoelens. Maar nadat Williams andere vrienden vierentwintig uur van hun leven de stad hadden doorzocht naar hem en hem hadden gered, had hij altijd het gevoel gehouden dat hij hun iets schuldig was. Toen hij eenmaal uit het ziekenhuis was ontslagen, had hij erop gestaan hun gunsten te verlenen. Hij had Washington twee keer geholpen met verhuizen en sprak elk seizoen het basketbalteam van de middelbare school waar Gus werkte toe. Op de een of andere manier hadden twee andere teamgenoten van Northwestern in een tijdsbestek van een jaar allebei midden in de nacht een blindedarmoperatie moeten ondergaan, en ze hadden allebei William gebeld om hen naar het ziekenhuis te brengen. William was geprogrammeerd om niets dan dankbaarheid te voelen voor de twee lange mannen die hem nu flankeerden.

'Je hoeft niets te zeggen, William,' zei Gus. 'We gaan hier gewoon zitten en kijken hoe de kinderen spelen. Volgende week zijn we er ook. Als je iets kwijt wilt, ga vooral je gang.'

'Godverdomme,' zei William en hij keek naar de randen van het park alsof hij naar een uitweg zocht, wetende dat die er niet was.

'Zeg dat wel,' zei Washington en hij gaf hem een klopje op zijn knie.

Sylvie

OKTOBER 2008

Tien dagen nadat ze Emeline en Cecelia het nieuws had verteld, verliet Sylvie tijdens de lunchpauze de bibliotheek om een ijshoorntje te halen. Dat was haar nieuwe gewoonte. Eerder had ze het geloof aangehangen dat ijs en donuts voor kinderen waren, maar nadat ze alle regels en schuldgevoelens had weggehaald bij eten, besefte ze tot haar verrassing dat het twee van haar lievelingssnacks waren. Nu ging ze elke ochtend de dure, heerlijk geurende bakkerij binnen voor een donut en kocht een ijsje bij de lunch. Het was zeshonderd meter lopen van de ijswinkel terug naar de bibliotheek, door straten die haar zo vertrouwd waren dat ze ze eerder als herinneringen zag dan als stoepen, wegen en winkels. Ze had naast Cecelia op die stoep gezeten toen ze hoorde dat haar zusje in verwachting was van Izzy. De wasserette op de hoek was vroeger de slagerij waar Rose de Griekse pompoenvariant uit haar tuin ruilde voor vlees. Sylvie kwam langs haar eerste appartement en legde haar hoofd in haar nek om naar de ramen te kijken. Ze had van dat appartement gehouden, was daar voor het eerst naakt geweest met een man. Ze moest om deze herinnering lachen, want er recht tegenover was een bushalte met een advertentie voor Ernies elektrabedrijfje. Er stond een foto van een lachende Ernie bij, die nu een stuk zwaarder was en een snor had. Ze wist dat hij hier vlakbij woonde met zijn vrouw en vier zonen. Het verstrijken van de tijd, en de details die van sommige momenten onvergetelijke herinneringen sponnen en andere deden vervagen, reisde met Sylvie mee – de dwarrelende sfeer van haar eigen leven – terwijl ze daar liep.

Toen ze de bibliotheek binnenkwam, zag ze Emeline met haar rug naar haar toe bij de balie staan en dacht: o jee. Sylvie was moe, en praten met haar zus kon op dit moment alleen maar hard werk zijn. Ze zette zich schrap en liep naar Emeline toe. Ze had haar jongere zus niet meer gezien sinds ze haar het nieuws had verteld – ze hadden elkaar alleen berichtjes gestuurd en over de telefoon gesproken – en hoopte dat Emeline genoeg tijd had gehad om haar normale evenwicht te hervinden. Maar toen Sylvie dichterbij kwam, bekroop haar een vreemd gevoel. Emeline droeg nooit zulke zijden topjes en haar haar was ook net iets anders.

De vrouw draaide zich om en er ging een elektrische schok door Sylvies hele lijf.

Het was Julia.

De zussen staarden elkaar aan. Sylvie voelde dat ze wankelde op haar benen. Ze had zich haar zus zo lang voorgesteld dat het voelde alsof haar eigen spiegelbeeld uit de spiegel was gestapt.

'Ben je het echt?' vroeg ze.

Julia zag er met haar achtenveertig jaar vorstelijk uit. Haar haardos – vergelijkbaar met die van Sylvie, maar dikker, met meer body – stond uit om haar gezicht. Ze ging elegant gekleed. Sylvie was gekleed voor haar werk en droeg Converse-schoenen en een vest. De vorige keer dat ze zich in dezelfde ruimte als Julia had bevonden – als ze zich nu werkelijk in dezelfde ruimte als haar bevond – had haar zus een spijkerbroek en een oud T-shirt gedragen. Toen hadden ze tussen de verhuisdozen gestaan met een baby bij hun voeten terwijl Julia haar zus vertelde dat ze wist dat deze geheimen voor haar had. Julia had Sylvie haar scheidingspapieren gegeven en daarna had Sylvie haar nooit meer gezien.

'Ik denk het,' antwoordde Julia, alsof ze er niet zeker van was.

'Ik dacht niet dat ik je ooit nog zou zien,' zei Sylvie. 'Heeft de tweeling het je verteld?' Ze hadden beloofd dat niet te doen, maar daar moesten ze op terug zijn gekomen. Het was vast Emeline geweest, dacht Sylvie.

Julia schudde haar hoofd. 'Nee, William.'

'William?' herhaalde Sylvie ongelovig. Haar stem klonk zwak en ze was niet in staat een antwoord te horen. De statische elektriciteit in haar hoofd was luidruchtig geworden. Toen Sylvie klein was, had ze vol verbazing toegekeken als vriendinnen die verdrietig waren vanwege een vervelende schooldag of een kleine sneer van een jongen op wie ze een oogje hadden in tranen uitbarstten wanneer ze hun moeder zagen. Hun moeder was hun veilige haven en dus voelden ze bij haar hun gevoelens in alle hevigheid. Voor Sylvie was Julia altijd die persoon geweest. Rose was te wispelturig en leek voortdurend een appeltje te schillen te hebben met Sylvie, zelfs als die er niets aan kon doen. Daarom was ze altijd langs haar moeder naar haar slaapkamer gerend, om zich in Julia's armen te werpen. Ontelbare keren had ze Julia's schooluniform doorweekt met tranen, haar hart bij haar gelucht, was ze door haar geknuffeld. Als ze ooit verward was over hoe ze zich voelde, zorgde de aanwezigheid van haar oudere zus voor helderheid.

Tot nu toe was Sylvie oké geweest, rationeel, kalm. Maar nu begreep ze voor het eerst dat ze stervende was. Ze zou alles kwijtraken waar ze van hield. Iedereen van wie ze hield. En haar zus was hier – wat van zichzelf onmogelijk was – en daardoor voelde Sylvie alles.

Ze sloot haar ogen en hoorde een mannenstem vragen: 'Ben jij Julia Padavano?'

'Ja?' antwoordde Julia, met een stem die duidelijk maakte dat ze geen idee had wie hij was.

'Dat dacht ik al. Ik woonde vlak bij jullie gezin. Jouw zus Cecelia heeft in mijn kamer geslapen toen ze zwanger was en ik aan het afkicken was.'

'O,' zei Julia.

Sylvie opende haar ogen om haar zus zich de tiener Frank Ceccione te zien herinneren die op zaterdagmiddagen sterk en knap in zijn honkbaltenue door de wijk had gelopen, en dat Rose Franks weggegooide uitrusting had meegenomen om in haar tuin te dragen nadat hij uit het team was gestapt.

Julia zei: 'Wat een verrassing.'

'Jij rende altijd rond alsof je wist wat je deed,' zei Frank. 'Als een bij die weet waar de honing is. En je had zo'n lang vriendje.'

O jezus, dacht Sylvie, het lange vriendje. Ze hoopte dat Julia niet weg zou gaan vanwege wat hij zei, nu ze er net was. Tot Sylvies verrassing grijnsde Julia naar de oud uitziende man. Sylvie voelde dat ze zelf ook glimlachte. Ze merkte voor het eerst dat haar zus er moe uitzag. Julia had donkere kringen onder haar ogen.

'Wat is er zo grappig?' vroeg Frank met tot spleetjes geknepen ogen.

'Niets,' zei Sylvie tegen hem. 'Helemaal niets.' Met zachtere stem zei ze tegen Julia: 'Kunnen we ergens even praten?'

'Papa's favoriete kroeg,' antwoordde Julia.

De twee vrouwen liepen zwijgend over de stoep. Geen van beiden konden ze geloven dat ze samen waren. Sylvie vroeg zich af wat deze omgeving met haar zus deed na meer dan twintig jaar afwezigheid. Ze vroeg zich af hoe William de moed had gevonden om tegen haar wil in een telefoontje te plegen waarbij hij zelf geen baat had. Ze kwamen langs de bloemenwinkel van meneer Luis, waar de etalage zo vol rozen stond dat de oude man de twee zussen niet zou kunnen zien, laat staan herkennen. De geur van de bloemen hing in de lucht.

Sylvie had een inwendige kaart van Cecelia's muurschilderingen in haar hoofd en zag er eentje vanuit haar ooghoek, in een zijstraat. Naast haar leek Julia afwezig en overweldigd en scheen het niet te zien. Het was een beeltenis van Clara van Assisi. Sylvie had de muurschildering zo vaak gezien – bijna elke dag sinds Cecelia haar had gemaakt – dat het voelde alsof de vrouw echt was. Echter dan de zus naast haar, die uit het niets leek te zijn verschenen, uit haar dromen leek te zijn gekomen. De heilige voelde als een oude vriendin en Sylvie had dan ook de neiging naar Julia te wijzen en tegen Clara te fluisteren: 'Moet je zien wie hier is!' Maar dat deed ze niet, ze liep door, zich afvragend of dit echt was, terwijl de reusachtige vrouw naar de zussen staarde als vanaf de woonkamermuur in hun ouderlijk huis.

Julia

OKTOBER 2008

Julia voelde zich onvast op de stoep naast haar zus; ze had het vreemde gevoel dat ze deel uitmaakte van alles wat ze zag. In New York liep ze óp de stoep, hier lag ze rondgestrooid als stuifmeel over het beton. De ijzerhandel; de kleine, sjofele buurtsuper; de bloemenwinkel van meneer Luis. De contouren van alle gebouwen. Oude vrouwtjes die op haar moeder leken en met winkelwagentjes over het trottoir liepen. Ze herinnerde zich het meisje en de jonge vrouw die ze was geweest toen ze in Pilsen woonde. Ze had zo'n haast gehad om te slagen, waarvoor ze had gedacht een ambitieuze echtgenoot nodig te hebben en een eigen huis. Ze was naar volwassenheid geracet omdat ze altijd de leiding had willen hebben. Julia kon zich haar plezier als jong meisje herinneren als ze haar zussen op volgorde van lengte opstelde en hen haar achterna liet lopen door het huis.

In haar ooghoek zag ze een van Cecelia's muurschilderingen. Het was een schildering van Cecelia's heilige; ze had haar voor het eerst gezien aan de muur van Alice' studentenkamer. De reusachtige vrouw staarde haar kant op, Julia versnelde haar pas. Ze wilde niet dat iemand haar in haar ziel keek. Ze wist niet wat daar te zien was, want ze voelde zich op alle mogelijke manieren ontwricht. Ze ging Sylvie voor de Ierse pub in waar behalve de bartender, die onmogelijk jong leek, niets was veranderd. De barmannen die Charlie hadden bediend waren met pensioen of overleden. Julia bestelde een whisky en Sylvie een cola light en ze namen in een zitje plaats.

'Ik mag met mijn medicijnen geen alcohol drinken,' zei Sylvie verontschuldigend.

Ze zag er ouder uit, maar ze was nog steeds Sylvie. De sproetjes, de ietwat groene tint van haar bruine ogen. Julia voelde keien in zich verschuiven. Naar Sylvie kijken was als in een spiegel kijken, en toch niet naar haarzelf. Dit was het andere deel van haar, het deel dat vijfentwintig jaar verborgen was geweest.

'Ik was helemaal niet van plan te komen,' zei ze. 'Ik heb tegen William gezegd dat ik niet zou komen.'

'Ik dacht dat je me haatte,' zei Sylvie. 'Ik zou je nooit hebben lastiggevallen. Ik heb het gevoel dat ik mijn excuses moet aanbieden voor het feit dat William jou heeft gebeld.'

'Nee,' zei Julia. 'Je moet je excuses aanbieden omdat je met hem getrouwd bent.'

Sylvie verstijfde even en zei toen: 'Je hebt gelijk. Het spijt me zo. Ik had geen keus.'

Julia nam een grote slok van haar drankje, Charlies favoriet. Ze was niet zo'n drinker en als ze dronk, was dat meestal witte wijn. De whisky smaakte naar kleuren: rood en oranje en goud en wit. Ze had veel keuzes gemaakt in haar leven. Als ze al ergens in geloofde, was het in keuzes. Je een doel stellen en je vervolgens uit de naad werken om dat te bereiken. Ze had niet geaccepteerd dat Sylvie geen andere keus had toen Emeline dat tientallen jaren eerder zei, en nu ook niet. Maar ze was er ook niet boos over. Ze wist eigenlijk niet zo goed wat ze ervan vond.

Na Williams telefoontje had Julia niet meer kunnen slapen. Ze schraapte maar een paar uur per nacht bij elkaar. Ze gaf tot twee keer toe taxichauffeurs het verkeerde adres op weg naar haar werk. Vanaf het moment dat ze met William had opgehangen had ze ook het vreemde gevoel dat haar schaduw een eigen wil had gekregen. Een paar keer betrapte ze hem erop bij haar weg te willen, alsof hij probeerde te ontsnappen. Na een week van slapeloosheid voelde ze zich net een schilderij van Picasso; haar ogen pasten niet bij elkaar en haar schouders bevonden zich op ongelijke hoogtes. Ze deed haar best zich normaal te gedragen, maar ze was zo moe dat ze vergat hoe ze was. Ze vergat hoe ze zich moest gedragen en meldde zich ziek. Ze sms'te Alice maar sprak haar niet door de telefoon, omdat ze niet meer op haar stem vertrouwde.

'Ik wilde vanmorgen niet naar mijn werk gaan,' zei ze nu. 'Dus ben ik in een taxi naar het vliegveld gestapt. Ik heb alleen een tasje bij me. Vanmorgen om drie uur dacht ik dat misschien als ik je zou zien, zoals William graag wilde, ik me daarna weer zoals normaal zou voelen.'

Sylvie knikte, alsof dit volkomen logisch was.

'Het is maar twee uur vliegen,' zei Julia. 'En doe alsjeblieft niet alsof wat ik zeg redelijk is, want ik weet dat dat niet zo is.'

'O, toe,' zei Sylvie, en even zag Julia de Sylvie die ze had gekend, de zus die niet bang was met haar te praten, die geen schuldgevoel met zich meedroeg. 'Wat is redelijk? Ik ga verdorie dood.'

Het kwam bij Julia op dat ze zich misschien ellendig voelde omdát Sylvie zich ellendig voelde. Was het mogelijk dat zij in New York instortte omdat haar zus in Chicago stervende was? Dat er onzichtbare draadjes waren die hen verbonden, die ze niet had kunnen zien en daarom ook niet had kunnen doorknippen? Julia was nu zo in de war en moe en uitgetreden uit haar lichaam dat toen ze vroeg 'hoe voel je je?' het was alsof ze de vraag aan zichzelf stelde.

Sylvie spreidde haar handen uit en keek ernaar. 'Ik dacht dat ik me vrij goed voelde, tot ik jou zag. Ik heb soms hoofdpijn. Sommige avonden lig ik al om zeven uur in bed.' Ze leunde naar voren. 'Julia. Ben je écht hier? Misschien hallucineer ik door mijn medicijnen. Ik heb me je jaren bij me voorgesteld, maar dit voelt veel echter.'

Het gonsde zacht in de kroeg. Het was halverwege de middag op een doordeweekse dag en de andere aanwezigen waren beroepsdrinkers. Niemand was warrig of luid. Het waren vooral oudere mannen, van wie sommigen Charlie misschien nog hadden gekend. Allemaal zagen ze er moe uit. Het leven had hen uitgeput. Ze wisten niet dat Sylvie, die van middelbare leeftijd was maar er nog jong uitzag, niet de kans zou krijgen zo uitgeput te raken.

'Ik wou dat je hallucineerde,' zei Julia. 'Het slaat nergens op dat ik hier ben.'

Sylvie keek om zich heen alsof ze probeerde in te schatten wat echt was en wat niet. 'Deze hallucinatie bevalt me wel. Er is me al heel lang niet zoiets heerlijks overkomen.'

Julia zuchtte. 'Het zal echter worden als je William en de tweeling vertelt dat je me hebt gezien.'

'Dat is waar.' Sylvie leek hier even over na te denken. 'Maar ik vertel hun normaal gesproken niet over mijn dromen en visioenen. Dit hou ik ook nog even voor mezelf. Ga je Alice vertellen dat je hier bent geweest?'

'Hemel, nee.' Sylvie wist niets over de leugen die Julia had verteld en Julia was niet geneigd het uit te leggen. Nu haar zus voor haar zat, herinnerde ze zich dat ze William gedeeltelijk dood had laten zijn omdat ze bang was dat Alice haar zou verlaten en in Chicago zou gaan wonen omdat ze meer van Sylvie zou houden dan van haar eigen moeder. Die angst was belachelijk geweest, dat wist Julia nu. Maar de jongere Julia had gedacht dat het mogelijk was, omdat zíj altijd meer van Sylvie had gehouden dan van wie dan ook. Ze hield nu ook van haar, vanaf de andere kant van het houten tafeltje. Ze had lang geleden een deur voor Sylvie dichtgedaan en die extra vergrendeld en tot Williams telefoontje had dat gewerkt. Nu ze zich in dezelfde ruimte als haar zus bevond, besefte Julia hoe verschrikkelijk ze haar had gemist.

Dit was geen hallucinatie, dacht Julia, maar tegelijkertijd wist niemand dat ze in Chicago was. Dit stond niet in haar agenda, wat betekende dat dit moment kon bestaan als een zeepok aan de buitenkant van haar echte leven. Ze was hier en toch ook niet, in een toestand van kwantumonzekerheid.

'Luister,' zei ze, 'ik ben blij dat je spijt hebt van wat er is gebeurd. Maar je hebt me waarschijnlijk een gunst verleend door William in het ziekenhuis te bezoeken. Ik vroeg me al af waarom zijn arts niet meer van me wilde weten dan dat ene telefoontje, maar dat was omdat jij daar was. Als je hem met rust had gelaten zoals ik wilde dat je deed, had ik hem uiteindelijk moeten helpen. Daar zou mama me toe hebben gedwongen. En iemand had papierwerk moeten ondertekenen. Maar jij mengde je erin en liet mij vertrekken. Daar ben ik je dankbaar voor.'

Sylvie keek naar haar, en Julia kon de jaren dat ze gescheiden waren geweest op haar gezicht zien. Julia kon Sylvie niet langer met gemak lezen. Ze wist niet wat haar zus nu dacht. Ze herinnerde zich hoe ze zich had gevoeld de laatste keer dat ze Sylvie had gezien. Haar echtgenoot had haar verlaten, zich vervolgens van kant proberen te maken, haar toen wéér verlaten, en Julia had een baan aangenomen ver weg van haar zussen en thuis. Die weken hadden haar leven als een kleed onder haar vandaan getrokken. Julia had zich eraan gewijd nooit meer zo de controle over haar situatie kwijt te raken en dat was gelukt, tot onlangs.

'Vertel me over New York,' zei Sylvie. 'Vertel me over Alice.'

'Alice,' zei ze en ze aarzelde.

Haar zus keek haar lachend aan vanaf de andere kant van de tafel. Julia herinnerde zich hoe Sylvie Alice als baby had vastgehouden. Er was een foto van hen tweeën samen, in Julia's nachtkastje. Ze zag op Sylvies gezicht nu een waarheid die ze over het hoofd had gezien. Sylvie had met heel haar hart van Alice gehouden. Op de een of andere manier was het niet bij Julia opgekomen dat ze hen ook scheidde toen ze naar New York vertrok. Ze had zich zorgen gemaakt om de mogelijkheid dat Alice van Sylvie zou houden, maar alleen als toekomstig risico, niet als iets wat al was gebeurd. Maar Sylvies gezicht straalde en ze verlangde er duidelijk naar nieuws te horen over het kleine meisje tegen wie ze telkens wanneer ze haar zag 'ik hou van je' had gefluisterd.

'Het gaat geweldig met haar,' zei Julia. 'Ja, misschien niet geweldig, maar wel goed. Ze is cum laude afgestudeerd, fantastisch toch? Ze heeft een redelijke baan als freelance redacteur. Eens even zien. Ze is hardloopster; ze traint elke ochtend in Prospect

Park.' Julia voelde Sylvies vorsende blik en herinnerde zich hoe ze naast haar zus in het donker had gelegen, in de slaapkamer waar ze elkaar altijd alleen maar de waarheid vertelden. Voor andere mensen verbogen ze misschien hun woorden, maar niet voor elkaar. Julia zei: 'Ik ben wel bang dat ik haar verpest heb.' Ze vertelde haar zusje hoe behoedzaam de glimlach van haar dochter was, hoe zorgvuldig geconstrueerd haar zorgeloze houding, hoe onbewogen haar leven. Julia vertelde haar iets wat Rose onlangs had gezegd: dat Alice leefde als een kat die weigerde uit zijn kartonnen doos te komen.

Sylvie glimlachte hierom. 'Ze is nog jong,' zei ze. 'Herinner je je hoe jong wij waren op ons vijfentwintigste? Als er iets mis is, heb je nog tijd om het te fiksen.'

Fiksen, dacht Julia. Kon ze dit fiksen? In het gezelschap van haar zus voelde ze zich dapper genoeg om over de mogelijkheid na te denken. Ze wist wel ongeveer wat ervoor nodig was. Julia zou van een klif moeten springen zonder te weten of ze de val zou overleven.

'We hebben elkaar niet aangeraakt,' zei Sylvie. 'Jij en ik. Heb je je dat gerealiseerd? We hebben niet geknuffeld. En dat is ook logisch als dit niet echt is. Geesten knuffelen niet, want ze zouden dwars door elkaar heen gaan. Geesten genieten alleen van elkaars gezelschap.'

Julia lachte om haar zusjes gekkigheid. Sylvie was een deel van haar en in de tijd dat ze van elkaar gescheiden waren geweest had Julia dit soort gedachten gemist. Sylvie was het deel van haar dat de bladzijden van een roman uit stapte, anderhalve minuut met jongens kuste voor de lol en net zo makkelijk over derde deuren sprak als over een boodschappenlijstje. Misschien wáren zij en haar zus wel geesten, of hallucinaties, of misschien deed het er allemaal niet toe. Julia was zich ervan bewust dat ze zich beter voelde – gelukkiger, meer ontspannen – dan ze in lange tijd had gedaan. Ze hoorde in een andere stad te zijn. Ze was bij Sylvie, die ze een kwarteeuw eerder uit haar leven had gesneden. Julia voelde een scheut vreugde in zich opborrelen als belletjes naar de oppervlakte van een glas. Ze was een paar uur vrij van haar echte zelf, van haar echte leven, en toen ze een poosje later weer naar het vliegveld vertrok, wisten ze allebei, hoewel geen van beiden de woorden hardop uitsprak, dat Julia terug zou komen. Ze hadden een achterdeurtje gevonden waardoor ze samen konden zijn zonder dat iemand het wist, wat betekende dat deze tijd niets betekende, wat weer alles betekende.

Alice

NOVEMBER 2008

Alice wachtte op haar moeder in het Griekse restaurant waar Julia graag kwam. Ze vond het niet erg dat haar moeder laat was. Als ze werkte, leefde Alice in haar hoofd en in welk manuscript ze dan ook onder handen had – waarbij ze vraagtekens zette bij de details van elke regel –, dus na die tijd vond ze gesprekken voeren, met de ongemakkelijke stiltes, vragen en veranderingen van onderwerp, uitdagend. Ze hield van haar werk vanwege de rust en de details. Ze kon een boek nemen en controleren, veranderen, bevestigen dat elk feitje en elke tijdlijn waterdicht waren. Als ze klaar was met een manuscript, wist ze – en haar werkgever stelde dat op prijs – dat het zo correct was als menselijk mogelijk was.

De kelner bleef Alice' water bijvullen en ze bleef ervan drinken omdat dat wel zo beleefd leek nadat hij de moeite had genomen.

'Ik wil niet vrijpostig zijn,' zei de kelner, toen hij weer langskwam met de waterkan. 'Maar speel je soms voor Liberty?'

'Nee, ik werk voor een uitgeverij,' zei Alice.

De kelner bloosde. 'Het spijt me. Ik dacht gewoon...'

'Geeft niet.' Als ze in een goede bui was, was Alice geamuseerd om hoe haar lengte mensen dwars kon zitten. Haar postuur onthulde onmiddellijk bij mannen (meestal waren het mannen) dat ze onzeker waren. Als een man lullig deed over Alice' lengte, was hij een lul. Ze dacht niet per se dat deze kelner een lul was, maar het sprak niet bepaald vóór hem dat hij slechts één carrièreoptie kon bedenken voor een lange vrouw. Of dat hij niet gewoon zijn mond hield.

Alice voelde haar moeders energie de ruimte binnenkomen en rook haar parfum. Ze keek in de richting van de deur. 'Hoi, mam,' zei ze. Ze kreeg een golf koude lucht in haar nek; het was begin november en New York speelde met het idee van winter. Alice had haar moeder een paar weken niet gezien, wat ongebruikelijk was. Julia had het druk gehad met haar werk. 'Je hebt te veel parfum op.' Alice trok haar neus op.

'Is dat zo?' Julia ging tegenover haar zitten en keek meteen op de menukaart, hoewel ze altijd hetzelfde bestelde: een Griekse salade met een glas witte wijn. 'Ik was het vast vergeten en heb wat opgespoten toen ik bij het werk wegging.'

Alice bestudeerde haar moeder en zag dat ze ook haar lippenstift had bijgewerkt. Julia verwijderde meestal haar kantoorlook voordat ze met haar dochter afsprak, vandaag leek ze hem juist te hebben verdubbeld. Julia's haar zat zoals altijd in een knot, al was aan één kant een krul ontsnapt. Alice keek naar de losse krul toen haar moeder zei: 'Ik moet je een aantal dingen vertellen.'

'Een aantal?' Alice glimlachte.

Ze nam aan dat dit over een nieuwe cliënt ging, over het aantrekken van meer werknemers, of misschien over een kunststuk dat Julia had gekocht. Haar moeder deelde haar transacties soms met Alice omdat ze ze opwindend vond, zonder te merken dat haar dochter nooit enige interesse had gehad in haar moeders vergaring van rijkdom of professionele prestige. Toen Alice haar eerste opdracht als redacteur had aangenomen, had haar oma gezegd: 'Ik weet dat je die baan hebt gekozen om je moeder gek te maken. En het zal werken ook.' Rose bedoelde een baan met een laag loon, waarbij ze geen carrièreladder had om te beklimmen en geen enkele manier om te winnen. Alice had hierom moeten lachen. 'Een beetje gelijk heb je wel, oma,' had ze gezegd. Maar het werk en het gebrek aan gekonkel stond haar aan. De aandelenmarkt was eerder dat najaar ingestort en Alice dacht dat de ladders die haar moeder in zo'n hoog aanzien had van rot hout waren gemaakt. Haar vrienden hadden ondanks hun goede opleiding allemaal moeite het hoofd boven water te houden. Carrie was een barvrouw die zes gedichten had gepubliceerd in literaire tijdschriften en aan een bundel werkte. Rhoan woonde in een tweekamerappartement met zijn drie broers en verdiende het minimumloon als stagiair bij een kunstbibliotheek, ook al was hij afgestudeerd.

'Mijn zus Sylvie is stervende,' zei Julia.

Alice' aandacht was in één klap bij het nu. 'Stervende?' Ze herinnerde zich de foto's die ze jaren eerder in haar moeders nachtkastje had gevonden. De vier zussen met krullend haar. 'Wat verdrietig,' zei ze. 'Sylvie staat qua leeftijd toch het dichtst bij jou?'

'Toen ik zwanger was van jou, sliep ik soms samen met Sylvie op de bank. Als kind deelden we een slaapkamer. We waren heel hecht.'

Alice probeerde zich haar moeder als klein meisje voor te stellen die een slaapkamer deelde met een ander meisje. Julia had zojuist in anderhalve minuut meer over haar jeugd verteld dan in Alice' hele leven. Alice voelde een onzekerheid vanbinnen, alsof meubels een lege kamer in werden geschoven. Ze zei: 'Ga je naar haar toe?'

Julia trok een vreemd gezicht, alsof ze tegen tranen vocht, of misschien tegen een glimlach. 'Nee,' zei ze. Ze schoof haar haar even opzij en zei: 'Sylvie is getrouwd met je vader.'

Sylvie is getrouwd met je vader.

Alice overdacht die zin, maar er stonden te veel fouten in om te corrigeren. De structuur begaf het onder haar eigen gewicht. Ze probeerde de tijd aan te passen: 'Sylvie wás getrouwd met mijn vader?'

Julia schudde haar hoofd.

Alice' binnenste echode hol. 'Ik kan je niet volgen, mam.'

'Je vader was degene die me belde om te vertellen dat Sylvie ziek is.'

'Maar mijn vader is dood.'

'Dat heb ik je verteld omdat hij zijn ouderlijke rechten heeft opgegeven toen jij nog een baby was. Hij had problemen met zijn geestelijke gezondheid en ik denk dat hij zich niet in staat voelde een vader te zijn. Maar ik wilde niet dat je je afgewezen voelde of het gevoel zou hebben dat het aan jou lag, want dat was niet zo.'

'Wacht even.'

Julia wachtte.

Alice wilde duidelijkheid, ze wilde zeker weten dat ze begreep wat er werd gezegd. 'Je zegt dus dat mijn vader me heeft opgegeven en dat jij me daarom hebt verteld dat hij dood was?'

Er werd een ader zichtbaar bij Julia's slaap. 'Dat leek het eenvoudigst. Het voelde ook een beetje als de waarheid. Zijn naam is William Waters en hij woont in Chicago.'

Alice schudde haar hoofd. Ze kon haar hart horen bonzen in haar oren, alsof haar organen zich door haar lijf verplaatsten. Ze wist niet wat haar moeder daarna nog zei en of ze wel iets had gezegd. Ze glimlachte automatisch naar de langslopende kelner, maar voelde een speer in haar lichaam steken. Alice miste iets. Ze miste – en hóé – alles wat ze had gewild toen ze jong was. Ze had vervanging nodig voor haar moeder, die gekke dingen zei terwijl ze te veel parfum en te veel make-up ophad. Ze had een broer of zus nodig om met haar ogen naar te rollen. Ze had iemand nodig die zei: 'Luister niet naar haar. Ze is gek geworden. Niets aan de hand. Dit is allemaal niet waar.'

'Excuseer me,' zei ze, niet tegen haar moeder maar tegen het tafelkleed en de kelner, als die al luisterde. Ze schoof haar stoel naar achteren en liep op wankele benen het restaurant door en de deur uit. Het schemerde. Broadway lag voor haar, een constant gebrom van taxi's en bussen. Ramen van gebouwen waren verlicht in de avondhemel. Alice kon nog steeds haar hart in haar oren horen.

Ze pakte haar telefoon uit haar rugtas, scrolde door haar contacten en drukte op de belknop.

De telefoon ging drie keer over, toen hoorde ze Rose zeggen: 'Hallo?'

'Oma.'

'Alice!' Haar oma klonk blij. Alice probeerde haar een paar keer per maand te bellen omdat ze wist dat Rose eenzaam was.

'Mijn moeder heeft me zojuist verteld dat mijn vader nog leeft.'

Een geschokte stilte aan de andere kant van de lijn. 'Hemeltje,' zei Rose uiteindelijk.

'Is dat waar?'

'Nou,' zei Rose, 'ik bedoel, ik heb hem al in geen tijden gesproken, maar ja, dat is waar. Anders had ik het wel gehoord. Waarom vertelt ze je dat in hemelsnaam nu?'

'Sylvie is ziek,' zei Alice, alsof ze iemand een briefje doorgaf. Ze wilde dat ze thuis was in het appartement dat ze met Carrie deelde, waar één muur was behangen met Cecelia's muurschilderingen. Ze wilde dat ze voor die kunstwerken stond en naar al die sterke vrouwen keek in plaats van op straat te staan terwijl haar oma geluidjes in de telefoon maakte en haar moeder ergens achter haar was, een losgeslagen menselijke sloopkogel.

Alice was als kind voor haar moeder opgehouden naar Chicago en het verleden te vragen. Ze had geaccepteerd dat de stad en mensen die haar moeder had besloten achter te houden nooit deel van haar leven zouden uitmaken. Toen het internet makkelijk doorzoekbaar werd in Alice' tienerjaren had ze overwogen haar moeders zussen op te zoeken, maar op de kunstwerken van Cecelia na had ze dat idee bijna meteen weer opgegeven. Ze wist dat haar moeder niet zou willen dat ze het deed en aangezien Alice niet langer familie nodig had om zich veilig te voelen, zocht ze niet naar die informatie.

Maar ze was dom geweest. Ze had altijd geweten dat haar moeder iets achterhield, daarom was ze ook in Julia's kasten gaan snuffelen toen ze op de middelbare school zat. Ze had alleen gedacht dat het haar moeders geheim was en niets met haar te maken had. Alice controleerde feiten voor haar beroep. Ze wist hoe ze naar bewijs moest zoeken en bronnen moest bevestigen. Maar Julia had de jonge Alice slechts weinig feiten aangereikt en er waren geen bronnen om die te verifiëren. Wat Julia had gezegd bleef onbevestigd, dat zag Alice nu in. Ze kon de zwakte zien in wat haar was gegeven en ze zag haar eigen zwakte in het accepteren als de waarheid.

Misschien hadden andere mensen kunnen helpen dit te ontdekken – Rose, Carrie, Rhoan –, maar de jonge Alice was zo lang geworden dat niemand er ooit aan dacht haar te helpen en ze ging er prat op dat ze nooit om hulp vroeg. Iedereen – mannen en vrouwen – schoot Carrie altijd te hulp, zelfs als er niets aan de hand was, omdat ze een meter vijftig was en schattig. Maar men ging ervan uit dat Alice zich wel redde. Ze kon tenslotte bij elke hoge plank en kon zonder problemen haar eigen bagage dragen. Als iemand haar eens probeerde te helpen, ging ze uit van bijbedoelingen.

'Ben je er nog?' vroeg Rose.

'Ja.' Uit het niets klonk het geluid op straat luider, een tornado van lawaai. Talloze decibellen raakten haar in één klap. Er reden twee ambulances langs, in tegenovergestelde richtingen. Taxichauffeurs toeterden. De lucht vibreerde met geluid en Alice en Rose moesten wachten voordat ze iets konden zeggen of horen. De stad praat met ons, zou Carrie hebben gezegd als ze erbij was.

Rose zei: 'Je moeder en tantes hebben er gedurende de jaren een zootje van gemaakt. Dat valt niet te ontkennen.'

'Waarom heb je me niet de waarheid verteld, oma?'

Rose sputterde: 'Denk je dat ik niet tegen je moeder heb gezegd dat het gestoord was om te liegen? Daarom sprak ze een paar jaar niet meer met me. Ze stuurde me alleen nog maar ansichtkaarten.'

'Nee,' zei Alice. Ze had op de middelbare een paar lessen huishoudkunde gevolgd, waar ze vooral had moeten borduren. Ze was er vreselijk slecht in geweest en de docente leunde geurend naar kaneel over haar tafeltje en knipte haar steken weg met een klein schaartje. Het voelde alsof iemand – haar moeder, nam Alice aan – nu binnen in haar kleine steken wegknipte. 'Dat is niet wat ik vroeg. Als je het me niet wilde vertellen toen ik nog bij mama woonde, begrijp ik dat, denk ik. Maar ik ben vijfentwintig.

Je had me het echte verhaal toch de vorige keer dat ik bij je op bezoek was kunnen vertellen? Of wanneer dan ook.'

Alice hoorde haar oma ritselen op haar keukenstoel, hard op weg een donderwolk te worden. 'Volgens mij ben ik niet degene op wie je kwaad moet zijn,' zei Rose. 'William had het je toch ook zelf kunnen vertellen? Hij is je vader, en als hij was gekomen had het niet uitgemaakt wat je moeder had gezegd.'

Alice dacht hierover na. 'Dat is waar,' zei ze. 'Ik moet de chronologie weten.'

'De chronologie? Wat bedoel je?'

Alice schudde haar hoofd. Ze hoorde vlak achter haar de deur van het restaurant opengaan en voelde haar moeders energie weer vlakbij. Ze voelde haar schouders optrekken, als om zichzelf te beschermen. Ze ging niet aan haar oma uitleggen wat chronologie was, dat als de tijdlijn van een verhaal niet duidelijk was, er niets van klopte. Alice slaakte bijna een gil, want haar moeder stond nu recht naast haar. Het kleine schaartje knipte en knipte binnen in haar.

'Wat is er mis met deze familie?' vroeg Alice.

'Dat is een goeie vraag,' antwoordde Rose.

Julia klampte zich vast aan haar tas alsof het een reddingsboei was. Haar gezicht leek instabiel. Alice keek naar haar en dacht: ik kan boos op je zijn. Ik kan tegen je schreeuwen. Maar dat doe ik niet. Je hebt me zo opgevoed dat ik voor mezelf kan zorgen en dat ga ik doen.

William

NOVEMBER 2008

Cecelia sms'te William een adres en zei hem daarheen te gaan. *Dit is pas de eerste*, stond erin. *Er komen er meer van haar. Maar ik wil dat je hem ziet.*

Hij vertrok een paar minuten eerder van zijn werk en liep door verschillende wijken. De eerste week van november zat erop en hij was blij met de koele temperatuur en de mogelijkheid om op volle snelheid te bewegen. Hij kwam in North Lawndale terecht, een deel van Chicago dat het stadsbestuur niet alleen had verwaarloosd, maar ook al honderd jaar slecht behandelde. William keek om zich heen naar de inzakkende huizen en herinnerde zich dat hij door dit gebied had gelopen in de nacht voor hij zich van het leven had proberen te beroven. Hij had op dat moment geen idee gehad waar hij was – in die jaren kende hij alleen het gebied rondom Northwestern – en hij had Charlie gezien. William glimlachte om de herinnering aan zijn schoonvader die in een deuropening was verschenen. Charlie was in zijn leven als mislukkeling bestempeld, maar bijna dertig jaar na zijn dood was de liefde van zijn dochters voor hem nog zo levend dat William hem beschouwde als de succesvolste persoon die hij ooit had gekend. Mensen spraken Sylvie na al die tijd nog steeds aan in de bibliotheek om haar over iets aardigs te vertellen dat haar vader voor hen had gedaan. Sylvie, Cecelia en Emeline hadden Izzy zoveel verhalen over haar opa verteld, dat ze waarschijnlijk een quiz kon winnen over de medewerker van de papierfabriek die was gestorven rond de leeftijd die William nu had bereikt. Alle herinneringen die Sylvie opschreef over haar familie draaiden om haar vader of haar oudere zus, als de twee hoekstenen van haar bestaan.

Het adres bleek een speeltuin te zijn. Er waren een aftands basketbalveldje, schommels en een klimtoestel in zeer slechte staat. Een paar tienerjongens speelden drie tegen drie op het veld. Een van hen zag William en riep: 'Hé, coach! Wat doe jij nou hier?'

William zwaaide naar hem – de jongen maakte deel uit van Arash' clinic – en haalde zijn schouders op. Vanwege het tijdstip en de tijd van het jaar was het niet druk in de rechthoekige speeltuin, maar er zwierven kleine groepjes kinderen rond en een paar meisjes zaten boven op het speeltoestel alsof het hun nest was. Toen William het midden bereikte, draaide hij een rondje, niet zeker waarnaar hij zocht tot hij het zag. Op de achtermuur was een gigantische muurschildering gemaakt. William liep die kant op en ging op een bankje zitten dat er een goed uitzicht op bood. In de onderste hoek zag hij de sierlijke CP waarmee Cecelia haar werk ondertekende. Een handjevol jonge jongens rende om zijn bankje, gierend van het lachen, en holde daarna weer verder.

Op de muurschildering stonden zo'n twintig jongeren bij elkaar als voor een schoolfoto. De kinderen lachten allemaal, alsof de fotograaf zojuist een grapje had gemaakt. William liet zijn blik langs de bovenste rij kinderen gaan; dat was een gewoonte omdat hij zelf altijd achteraan was gezet. Achterin stond een wit meisje met licht haar en een verlegen glimlach. Williams adem stokte even. Het gezicht van het meisje was precies zoals hij er op tienjarige leeftijd had uitgezien. Ze kon niemand anders dan zijn dochter zijn. Het was Alice. Hij liet zijn blik verdergaan als een typemachine die woorden uitspuugde, niet in staat te verwerken wat hij had gezien. William bestudeerde de middelste rij, waar het ene lachende kind naast het andere stond. Deze kinderen zagen eruit als jongere versies van de jongens en meisjes in Arash' clinic en ze waren het misschien ook wel, aangezien veel van de spelers in deze wijk woonden. Aan het einde van de onderste rij zat een meisje met rood haar. Ze stak af bij de andere kinderen, waarschijnlijk omdat ze er pas onlangs bij was geschilderd. Cecelia had ervoor gezorgd dat ze er goed bij paste en een aantal van de lijnen in de rest van de muurschildering opgefrist zodat Caroline niet te veel opviel. Maar toch zag ze er met haar rode haar en opgewonden grijns het levendigst uit, het meest geneigd om van de muur te springen en naar de schommels te rennen.

William zat een lange tijd op het bankje. Even was hij boos op Cecelia omdat ze hem door middel van misleiding naar het gezicht van zijn dochter had laten kijken, maar de woede was net zo snel weer verdwenen. Hij dwong zichzelf naar Alice en Caroline te kijken. Zonder ineen te krimpen, zonder de angst dat hij hun licht en schoonheid zou uitblussen met zijn blik. Dit was de eerste keer dat hij zijn dochter zijn volle aandacht gaf. Ouders vormden hun kinderen. Dat wist hij beter dan wie dan ook. En hij besefte nu dat hij Alice met zijn afwezigheid ook had gevormd, met zijn stilte, ook al was hij van plan geweest haar op die manier juist te redden. Dit besef was een klap in zijn gezicht en hij zei hardop: 'Het spijt me.' Zijn vooronderstelling was fout geweest en hij vroeg zich af waar hij zich nog meer in had vergist.

William wist al dat hij weer terug zou komen naar deze muur, vaak. Hij had aangenomen dat Cecelia zijn zus alleen zou schilderen, omdat ze meestal individuele portretten maakte, maar hij was haar dankbaar dat ze zijn verloren zus en verloren dochter samen had geschilderd. De twee meisjes zouden bestaan zolang deze muur overeind stond, in dezelfde buurt waar William op zijn dieptepunt doorheen had gezworven. Het feit dat hij Charlie hier ook had gezien voelde niet toevallig. Sylvie had eens geschreven over Emeline die als kind vastzat in een boom en weigerde naar beneden te komen tot haar vader zijn stralende aandacht van liefde op haar had gericht. Charlie zou dit gedeelte van de stad hebben gekozen om rond te waren zodat hij van zijn familie kon blijven houden. Hij zou zijn eindeloze dagen doorbrengen in deze speeltuin, de kunst van zijn dochter bewonderen en poëzie voorlezen aan de twee kleine meisjes en hen verlichten met zijn genegenheid.

William schudde zijn hoofd, verbaasd dat hij kon geloven in kinderen die elkaar gezelschap hielden op een schildering en een dode man die zich door Chicago voortbewoog. Als jonge man had hij in heel weinig geloofd. Ongemerkt was dat veranderd. William maakte zich ook altijd zorgen over wat hij wel of niet verdiende, maar niemand om hem heen leek op die manier te denken en nu bleek dat hij dat zelf ook niet langer deed. Hij sms'te zijn schoonzus een dankjewel en ze antwoordde met: <3. William keek fronsend en verward naar zijn telefoon totdat hij besefte dat Cecelia hem een hartje had teruggestuurd.

Sylvie

NOVEMBER 2008

Sylvie en Julia liepen over de stoep langs een bouwvallig eethuis en een tacorestaurant. Dit was Julia's tweede bezoekje, slechts tien dagen na haar vorige. Ze zuchtte en zei: 'Ik heb iets gedaan.'

Sylvie zag dat haar zus er nog steeds moe uitzag maar ook kalmer, alsof een knoop onder haar huid was ontrafeld. 'Dat is opwindend,' zei ze.

'Ja,' zei Julia droogjes. 'Heel opwindend. Ik heb iets gedaan om te proberen de situatie met Alice te fiksen. Maar daarvoor moest ik wel alles verpesten en nu is ze boos op me. Misschien wel té boos om me ooit te vergeven.'

Sylvie zei: 'Ze weet dat je van haar houdt.'

'Meer dan van wat dan ook.'

'Dan komt het vast goed.'

Julia trok een zuur gezicht. 'Ik heb altijd een hekel gehad aan het woordje "vast".' Ze keek omhoog alsof ze op het straatnaambordje wilde kijken en zei toen: 'Toen Alice jong was had ik alles onder controle. Ik bedoel echt alles. Het was schitterend. Maar ik was er niet op voorbereid dat ze volwassen zou worden. Ik weet niet waarom.'

Sylvie hield stil. Aan de overkant van de straat stond een oude bioscoop waar ze als kind vaak waren geweest, waar ze *Charlie and the Chocolate Factory* en *Star Wars* hadden gezien en de films van Buster Keaton waar hun vader zo dol op was. 'Kom, we gaan naar de film,' zei ze.

Julia tuurde naar de lijst met titels op de gevel. 'Ik ben in geen jaren naar de bioscoop geweest,' zei ze. 'Heb ik nooit tijd voor.'

De film die op het punt stond te beginnen was er eentje waarvan ze geen van beiden hadden gehoord, maar ze kochten evengoed een kaartje. Ze haalden grote bakken popcorn met extra boter en twee gigantische bekers frisdrank. Toen ze op hun comfortabele stoelen zaten, keek Sylvie omlaag en vroeg ze zich af hoe de popcorn zou smaken. Voedsel en dranken haalden hun smaakprofielen steeds vaker door elkaar in haar mond. Een donut kon bitter smaken, ook al zat er een laagje suiker op. Haar koffie die ochtend had gesmaakt alsof er een scheut esdoornsiroop in zat, ook al had ze er geen zoetje in gedaan. Ze legde voorzichtig een stukje popcorn in haar mond en merkte tot haar opluchting dat het net zo smaakte als het haar hele leven had gedaan. Zout en knapperig. Dit was omdat ze met Julia was, besloot ze, op dit moment buiten hun echte levens. Haar hoofdpijnen waren onlangs frequenter en intenser geworden, maar als Julia erbij was had ze nergens last van. Het was voor haar logisch dat ze bij haar zus ook kortstondig haar normale smaakpapillen had.

Ze wist dat ze William moest vertellen over haar hereniging met Julia en dat zou ze ook snel doen. Maar deze bezoekjes van Julia herinnerden haar aan de weken dat hun liefde beperkt was geweest tot Williams kamers op de studentenflat, voordat Kent hen ontmaskerde. In die periode hadden ze elkaar ervan verzekerd dat wat ze deden niet zozeer een geheim was, als wel een uitstel – een paar dierbare gestolen momenten – voordat het echte leven, met de bijbehorende complicaties, zich ermee zou bemoeien. Tijdens die eerste intieme weken hadden zij en William lucht ingeademd die verzadigd was met elke molecuul van hun liefde en hun vreugde over het feit dat ze elkaar hadden gevonden. Ze voelde al deze emoties, die magische alchemie, nu met haar zus. Ze had uiteindelijk twee grote liefdes gekend in haar leven; eerst de liefde van haar zus en toen die van William. Sylvie voelde nu iets significants in zich gebeuren: ze knoopte wie ze in de eerste helft van haar leven was geweest aan wie ze was geworden. Ze naaide haar leven en hart aan elkaar en ze wilde het allemaal voor zich houden: een prachtig geheel.

Volgende week, dacht ze, dan vertel ik het hem. Ze wist dat dit uitstel en haar redenen technisch gezien zowel onzin als geheimen waren als je ze tegen de mantra van haar echtgenoot hield, maar ze hield zichzelf voor dat een mantra voor de levenden was. Zij was stervende, wat betekende dat ze nu naast Julia kon zitten en vanavond in Williams armen kon liggen.

De film bleek over autoraces te gaan en was duidelijk bestemd voor tieners. Terwijl bij de mensen om haar heen de adem stokte, lachte Sylvie als een auto over de kop vloog. Ze realiseerde zich dat ze op elke stimulus kon reageren zoals ze zelf wilde. Als er iets droevigs gebeurde, hoefde ze niet te huilen. Midden in een climactische scène waarin wel tien auto's op elkaar botsten, pakte ze Julia's hand. Tot dan toe hadden ze elkaar niet aangeraakt. Dat hadden ze allebei behoedzaam vermeden, omdat het als een parameter voelde die hen in deze overgangsruimte hield waar ze elkaar konden zien zonder dat het telde. Het waren de stootranden van de vreemde bowlingbaan waarin ze speelden. Maar Sylvies tijd raakte op, en ze stoorde zich niet langer aan parameters en regels, zelfs niet de regels die ze zelf had verzonnen.

Ze voelde Julia een fractie van een seconde verstijven, waarna ze ontspande. Ze trok haar hand niet weg en in het donker van de bioscoopzaal waren de twee zussen leeftijdloos. Ze waren tien, en dertien, en in de veertig. Julia had er het volste vertrouwen in dat ze haar eigen lot kon ontwerpen en Sylvie stelde zich open voor boeken en de jongens die haar opzochten in de bibliotheek. Er waren zoveel momenten, boven op elkaar gestapeld, en de lange periode dat ze zich van elkaar hadden afgekeerd, ten kwade en ten goede.

Sylvie dacht: dit is het waard om voor te sterven.

Een bestuurder met sterke kaaklijn en choquerend blauwe ogen reed een net achtje om een ongeluk te voorkomen. De tieners in de zaal loeiden, Sylvie glimlachte en Julia hield haar hand vast. Sylvie dacht aan de roman waaraan ze was begonnen

– een klassieker die ze jarenlang had laten liggen, maar ze had geen tijd meer om dingen uit te stellen – waarin de hoofdpersoon tijdens het lezen in slaap viel, wakker werd met een nog mistig brein, dacht dat hij wás waarover hij had gelezen: een paard, of de rivaliteit tussen twee koningen, of een chalet. Dit idee beviel haar wel en sinds ze dat had gelezen was ze zichzelf opnieuw gaan uitvinden. Ze was Julia's wilde haar, ze was het meer waar haar echtgenoot ooit uit was gedragen, en wat er nu ook zou gebeuren, ze was liefde.

Na haar diagnose was Sylvie begonnen Cecelia en Emeline te vergezellen op hun tweewekelijkse tripjes naar de groothandel om de enorme hoeveelheden toiletpapier, papieren doekjes, ziplockzakjes, flesvoeding en mineraalwater in te slaan die nodig waren in de superduplex. Cecelia bezat nu een eigen auto, een citroengele sedan, dus ze hoefden niet langer een auto van de buren te lenen. Sylvie had natuurlijk niets nodig uit de winkel; zij en William hadden geen gigantische hoeveelheden van wat dan ook nodig voor hun tweepersoonshuishouden. Maar ze ging graag mee met haar zussen, want het deed haar denken aan toen ze jong waren en met zijn drieën al kletsend terugreden van Julia's appartement. Ze keek graag uit het raampje om de stad langs te zien haasten. Ze nam een boek mee dat ze in de auto las terwijl de tweeling boodschappen deed en op de terugweg deelde ze de achterbank met papieren producten. Ze voelde zich niet schuldig over het feit dat ze voor haar jongere zussen verzweeg dat ze Julia had gezien. Cecelia en Emeline zouden nog genoeg tijd hebben met hun oudere zus als zij er niet meer was. Ze dacht ook niet dat ze boos zouden worden omdat ze erbuiten waren gelaten, niet heel erg in elk geval. Ze zouden begrijpen wat Sylvie nodig had gehad en blij zijn dat ze het geluk had gekend zich met haar hart te verzoenen.

Onderweg naar huis reed Cecelia altijd langs de speeltuin met de portretten van Alice en Caroline. De zussen bleven in de auto; de sedan minderde vaart en ze keken uit het raam naar de muurschildering. Sylvie vond haar geweldig, vond het geweldig dat William Cecelia had gevraagd zijn zus tot bestaan te brengen. Een keer op een late middag onderweg terug naar Pilsen vroeg Sylvie bijna aan Cecelia om niet die route te nemen, want ze kon een hoofdpijn voelen opkomen en wilde naar huis. Maar ze zei niets en Cecelia reed North Lawndale in en liet de auto op de gebruikelijke plek vaart minderen. Sylvie draaide haar hoofd om uit het raam te kijken en haar adem stokte, want William was in de speeltuin. Haar lange, blonde echtgenoot zat op een bankje voor de muurschildering. Alleen de achterkant van zijn hoofd en schouders waren zichtbaar, maar hij was het onmiskenbaar.

'Is dat...?' vroeg Emeline.

Sylvie knikte. Cecelia had hem ook herkend en de auto was tot stilstand gekomen. De drie zussen keken toe hoe William Caroline en Alice in zich opnam. Hij zat heel stil op het bankje en aan de stand van zijn schouders kon Sylvie zien dat hij kalm was.

Als Sylvie in deze tijd geluk voelde, nam het haar hele lijf over, en ze raakte nu overspoeld met vreugde om hier te zitten met haar zussen en deze aanblik. Ze wilde niet dat William haar zag. Over een ogenblik zou ze Cecelia vragen verder te rijden. Maar de steek van bezorgdheid die in Sylvies hart had bestaan sinds ze had ontdekt dat ze ziek was, begon voor het eerst af te nemen. Ze zou William verlaten, maar hij had zijn park, zijn bankje, deze schildering, en zijn aanwezigheid hier betekende dat hij niet langer wegkeek van baby's waarvoor hij was weggelopen. Hij dacht na over de twee meisjes, wat betekende dat deuren die lange tijd binnen in hem gesloten waren geweest misschien opengingen, wat betekende dat William zich misschien zou redden zonder echtgenote. Hij was bezig terrein te winnen, niet alleen te verliezen.

Alice

NOVEMBER 2008

Op werkdagen trilde Alice' telefoon elke paar uur in haar zak. De berichtjes waren van haar moeder. Julia had haar minstens twintig sms'jes gestuurd sinds de onthulling bij het Griekse restaurant. Wat er ook in stond, de berichten vermoeiden Alice. Maar het stond haar wel aan hoe ze zich opstapelden in haar telefoon als een soort documentatie dat haar moeder gek werd. In eerste instantie waren het onsamenhangende verontschuldigingen of verklaringen.

Het spijt me, ik had zo mijn redenen.

Kunnen we ergens een paar minuten praten?

Ik hou van je ik hou van je ik hou van je. Ik dacht dat het voor ons allebei beter was dat ik het je niet vertelde.

Ik was bang dat je naar je vader toe zou willen gaan als je wist dat hij nog leefde. Ik had mezelf ervan overtuigd dat als je hem zou opzoeken in Chicago, je ervoor zou kiezen bij hem en Sylvie te gaan wonen. Zij zouden je een normaal gezin hebben geboden, met een vader en moeder. Ik weet dat dit gek klinkt, maar ik was in die tijd een beetje gek.

Je hebt vast vragen, die ik kan proberen te beantwoorden. Ik mis je stem.

Alice had inderdaad vragen, maar zou haar moeder of grootmoeder niet om antwoorden vragen. Haar moeder had haar haar hele leven gemanipuleerd met stilzwijgen. Afgekapte gesprekken, ontweken vragen. Ze had Alice opgezadeld met gokwerk en haar een strategie laten opstellen zonder de noodzakelijke feiten. Ze hadden allebei tegen haar gelogen – Rose misschien door dingen te verzwijgen – en waren geen betrouwbare informatiebron.

Toen Alice die avond haar moeder en het Griekse restaurant verliet, liep ze helemaal naar de Upper West Side, naar het appartement in Brooklyn dat ze met Carrie deelde. Het was een tweekamerappartement met een slaapbank in de woonkamer. De officiële regeling was dat de twee vrouwen om beurten een week de slaapkamer mochten gebruiken. Hier zat enige flexibiliteit in als Carrie bij een jongen bleef slapen of als een van hen te moe was om de bank open te klappen, in dat laatste geval sliepen ze samen in het tweepersoonsbed. Toen ze binnenkwam zat Carrie al in haar pyjama in haar dagboek te schrijven op de bedbank; het was haar week daar. Alice keek naar de volwassen versie van het kleine meisje met wie ze bevriend was geraakt op de kleuterschool: tenger, met grote blauwe ogen en een kort donkerblond jongenskapsel. Vanwege hoe ze was opgerekt en gegroeid gedurende de jaren leek Alice totaal niet meer op het kleutertje dat zijzelf was geweest.

Carrie nam Alice van top tot teen op en zei: 'Er is duidelijk iets belangrijks gebeurd.' Ze stond op en vroeg alsof ze op het punt stond water te koken en handdoeken te verzamelen: 'Wat heb je nodig?'

Alice bleef bij de deur staan terwijl ze alles vertelde. Daarna gooide ze haar rugtas en jas op de grond, trok haar enkellaarzen uit en krulde zich op op de bedbank. Ze trok haar knieën in tot haar borst en Carrie wreef over haar rug.

'Dus je hebt een vader,' zei haar vriendin met verwondering in haar stem.

'Soort van? Voor de wet is hij mijn vader niet. Hij wilde me niet.' Alice' haar hing voor haar gezicht; ze sprak in een lichtgekleurd gordijn.

'Alleen jouw moeder kan zo'n geheim vijfentwintig jaar bewaren.' Carrie vertelde intieme details over haar leven binnen enkele minuten nadat ze iemand had ontmoet en had Julia's zelfbeheersing altijd verbazingwekkend gevonden. Een keer, toen ze tieners waren en ze bij hen in het appartement logeerde, had Carrie Julia gevraagd wanneer ze was ontmaagd. De meisjes hadden iets in Julia zien gebeuren wat haar gezicht een lichtpaarse teint gaf, waarna ze had gezegd dat ze een telefoontje voor het werk moest plegen – om negen uur 's avonds op een vrijdag – en de kamer had verlaten.

'Ze had het voor altijd geheim kunnen houden.' Alice keek naar Carrie. 'Ik denk dat ze probeerde me ermee te kwetsen. Ze leek... Ik weet niet, een beetje opgetogen.'

'Over wat het met je zou doen?' vroeg Carrie.

Alice knikte. Ze voelde tranen in haar ogen branden. 'Ik snap niet waarom ze zich zo stoort aan hoe ik verkies mijn leven te leiden, terwijl ik er toch niemand kwaad mee doe.'

'O, Alice,' zei Carrie.

'Ik hou het leven graag simpel.' Alice voelde alle losse draadjes vanbinnen, het kleine schaartje had ze allemaal doorgeknipt. 'Ik... voel liever niet zoveel.'

'Dat weet ik.' Carrie was even stil en zei toen: 'Ik heb altijd mijn mening over jou en je moeder voor me gehouden zoveel ik kon. Dat weet je.'

Alice knikte, al berustend in wat er nu ook maar zou komen. 'Ga je gang,' zei ze. 'Wat heb je te zeggen.'

Carrie maakte zich klaar. Ze nam deze toestemming, deze kans, uiterst serieus. 'Oké, dit is wat ik denk dat er is gebeurd. Volgens mij heb je jezelf afgesloten, waarschijnlijk vlak nadat je moeder je vertelde dat je vader was overleden. De enige mensen van wie je hield vóór dat bericht – die leugen, zo blijkt nu – zijn nog steeds de enige mensen van wie je met heel je hart houdt. De enige mensen van wie je jezelf toestaat te houden. Je moeder, je oma en mij. Ik heb het gevoel dat toen we jonger waren je jezelf soms bijna openstelde. Weet je nog dat je verliefd was op de jongen met dat stekeltjeshaar toen je twaalf was? Maar daarna sloot je je volledig af. Je hebt zo'n mooi hart. Dat je het niet gebruikt is je moeders schuld. Het lijkt wel alsof ze je heeft opgevoed tot een marinier of zo, met buitengewone vaardigheden. Julia is daar zelfs nog verantwoordelijker voor dan ik dacht, aangezien ze je hele leven tegen je heeft gelogen. Dat beseft ze nu duidelijk en ze probeert haar fouten goed te maken.'

'Ik hoef niet goedgemaakt te worden.' Alice voelde haar eigen koppigheid, als een bobbel in het tapijt, maar het kon haar niet schelen. 'Had ze het me maar niet verteld.'

Carrie boog zich naar haar toe en kuste haar vriendin op de wang. Ze zag er helderder uit, als een schoongemaakte lantaarn, nadat ze de speech had mogen geven die ze al jaren onderdrukte. 'Maar ze heeft het je verteld, en het is ook opwindend, toch? Je vader leeft nog. Je kunt hem ontmoeten en vragen waarom hij heeft gedaan wat hij heeft gedaan. Je hebt tenslotte al zijn genen. Je kunt die lange man ontmoeten.'

'Ik moet eerst de chronologie helder hebben voor ik dat kan overwegen,' zei Alice. 'Ik moet uitzoeken wat er in Chicago is gebeurd. Ik weet helemaal niets, Carrie.'

Carrie keek naar haar. Ze wist hoe Alice in elkaar zat. De twee vriendinnen waren op zoveel manieren tegenpolen, maar ze gingen allebei zorgvuldig om met hoe ze hun leven leidden, tolereerden geen eikels en steunden elkaar door dik en dun. 'Hoe kan ik helpen?' vroeg ze.

'Je mag naast me zitten terwijl ik hem googel,' antwoordde Alice. 'En me de tijd geven om alles te verwerken. Er is geen haast bij.'

De twee vrouwen bleven tot vier uur 's morgens op de bedbank zitten. Het was moeilijk werk. Omdat er een fluittoon in Alice' oren klonk, was het lastig voor haar om de zinnen op het computerscherm te lezen, en de afbeeldingen waren overweldigend. Haar vader was hoofd fysiotherapie van de Chicago Bulls, dus er stonden veel foto's van hem online. Er waren er een paar van hem in gesprek met basketbalspelers, waarschijnlijk over blessures. Hij stond ook op staffoto's, met dertig andere mannen in identieke poloshirts. Er was slechts één foto van eerder in zijn leven, op Northwestern University. Het was een foto van het studententeam en hij stond aan de buitenkant in een trainingsjasje maar met een normale broek, en krukken.

'Hij is echt knap op deze foto,' zei Carrie. Op de recentere foto's zag hij er niet alleen ouder uit, maar verweerd, als een steen op het strand. Ze tuurde naar het jaartal. 'Deze is uit 1982. Dus het jaar voordat jij werd geboren.'

Alice knikte. Ze voelde zich een beetje dronken, ook al had ze niets gehad behalve massa's water in het restaurant. Zij en Carrie vielen op een gegeven moment in slaap, en aangezien de volgende dag een zaterdag was, ging er geen wekker en werden ze pas aan het eind van de ochtend wakker. Alice had hoofdpijn maar ze voelde ook opluchting, alsof er een last van haar was afgevallen. Pas toen ze aan het ontbijt zat, bedacht ze dat ze haar hele leven haar vragen had onderdrukt en het had vermeden naar antwoorden te zoeken, uit eerbied voor haar moeder. Dat hoefde nu niet meer. Ze kon wie dan ook vragen wat ze maar wilde. Hiervan ging ze zo breed glimlachen dat ze het in haar wangen voelde, en Carrie keek op van haar kom ontbijtgranen en glimlachte terug.

Alice vroeg zich af wat dit betekende. Wat waren haar vragen? Wat wilde ze weten? Wat wilde ze zeggen? Ze had nooit ook maar over deze mogelijkheid nagedacht; het voelde alsof ze oogkleppen had gedragen en die nu waren weggehaald. De horizon was eindeloos, in alle richtingen. Er werd op de deur geklopt. Het was Rhoan.

'Carrie heeft me op de hoogte gebracht.' Hij ging aan de keukentafel zitten alsof hij zich bij een vergadering voegde die al aan de gang was. 'Nu valt alles op z'n plek, Alice. Ik heb altijd het gevoel gehad dat je ergens op wachtte, alsof je met je oor op de grond lag en je niet wilde verroeren voor het geval je het zou mislopen. Ik dacht dat je op een of andere gozer wachtte, maar dit is veel cooler.'

'Precies,' zei Carrie.

'Ik ga mijn graad van nut maken. Want ik ben een retegoeie onderzoeker, weet je. We gaan je helpen elk flardje informatie te vinden dat er over deze mensen bestaat.'

Alice begon te protesteren, maar Rhoan wuifde het met zijn grote hand weg. 'Weet je wel hoe blij we zijn met deze kans je te helpen? Je laat ons je nooit helpen. Je zegt altijd dat het prima met je gaat. Je hebt geen dramaqueen in je, Alice Padavano, maar dit is een fucking drama.'

'Ik hou niet van drama,' zei Alice tegen haar bord.

'Dat weten we. Maar een kans om jou te helpen maakt me zo blij dat ik er bijna van moet huilen.'

'Ik huil al,' zei Carrie, en dat was ook zo.

'Ik weet dat het moeilijk is,' zei Rhoan. 'Maar laat ons voor je zorgen, oké?'

Alice hield haar handen voor haar gezicht en lachte. Nu de draadjes binnen in haar waren doorgeknipt, kon ze onmogelijk weerstand bieden. Ze voelde de liefde van haar vrienden door haar huid haar lichaam in gaan en moest ook huilen.

'Deze tafel,' zei ze, toen haar iets inviel. 'Dit was onze keukentafel terwijl ik opgroeide. Toen ik vijf was, zaten we aan deze tafel en vertelde mijn moeder me dat mijn vader dood was.'

'Wow,' zei Carrie.

'De geschiedenis is overal,' zei Rhoan. 'Dat mag ik wel.'

Hij werkte in een onderzoeksbibliotheek en een week later gaf hij haar een map met foto's en biografische gegevens van William Waters en de drie andere Padavano-zussen. Hij had betere, minder vage foto's van haar vader gevonden en Alice' gelijkenis met hem was opmerkelijk. Dun, lang, hetzelfde fletse haar, dezelfde ogen. Er was een krantenknipsel over het huwelijk van William en Julia. Julia werd in het stukje beschreven als huisvrouw en William was bezig met zijn promotie en zou professor in de geschiedenis worden. Er stond een close-upfoto bij van hun trouwdag: Julia was een plaatje in een glanzend witte jurk. William droeg een chic pak en zijn glimlach leek plichtsgetrouw naast het stralende gezicht van Julia. Alice bestudeerde de foto, verbaasd hoe gelukkig haar moeder eruitzag; er was geen bewijs van welke ellende het dan ook was geweest die haar zestien maanden later uit het huwelijk en uit Chicago zou drijven.

Er was informatie over Williams bul, zijn ene jaar in het promotieprogramma van geschiedenis, een master in sportfysiotherapie en zijn arbeidsverleden. In de aantekeningen stonden twee opnames in het ziekenhuis, één keer voor een knieoperatie tijdens zijn studie en daarna nog een keer in 1983 – toen Alice net was geboren – in een psychiatrisch ziekenhuis. Zijn geestesziekte was waarschijnlijk de reden voor de scheiding van haar ouders en waarom haar vader haar had opgegeven. Zij en haar moeder waren rond de tijd dat William Waters in het ziekenhuis verbleef in New York aangekomen.

Terwijl ze door de map bladerde, stuurde haar moeder een sms: *Kun je me vertellen waar het verliezen van je schaduw symbool voor staat in de literatuur? Ik meen me te herinneren dat Peter Pan Wendy's schaduw stal?*

Ze liet het sms'je aan Carrie zien. Carrie zei: 'Het wordt steeds interessanter in je moeders hoofd. Ga je antwoorden?'

'Nee. Moet je dit zien: ik heb een nichtje dat nog geen jaar ouder is dan ik. Isabella. Cecelia's dochter. Ze lijkt op alle andere Padavano's, behalve op mij.'

Ze zaten aan de keukentafel. Ze hadden net spaghetti gegeten, een van de enige lekkere maaltijden die Alice kon bereiden. Dit was wat ze altijd maakte; Carrie maakte altijd een salade waarin ze alles stopte wat ze maar kon vinden, met gemengd resultaat.

'Ben je al klaar met het redigeren van die droevige roman?'

'Die op *Little Women* is gebaseerd? Ja.'

'Dan is het tijd om naar Chicago te gaan,' zei Carrie. 'Je kunt een paar dagen vrij nemen. En je hebt alle informatie in die map.'

'Misschien is er nog meer,' zei Alice. Haar lichaam voelde zwaar, alsof het vast was geworteld in de stoel. Ze zocht om zich heen naar afleiding, maar zag niets. In de ruimte waren alleen tweedehands meubels en een gootsteen vol vieze vaat. Ze zei: 'Carrie, hij wil me niet ontmoeten. Hij heeft nooit iets met me te maken willen hebben.'

Carrie keek haar met grote ogen aan.

'Niet gaan huilen,' zei Alice waarschuwend.

'Dat doe ik niet. Luister. Hij heeft die beslissing heel lang geleden genomen, toen hij emotioneel niet goed in zijn vel zat. Misschien denkt hij er nu heel anders over. Misschien heeft hij er de afgelopen vijfentwintig jaar wel spijt van gehad dat hij je heeft opgegeven. Of misschien liegt Julia tegen je over een deel van dit verhaal. Man, misschien heeft Julia je vader wel betaald om weg te blijven. Dat soort antwoorden kan Rhoan niet in oude kranten vinden. Je moet erheen en het hem vragen.'

Erheen, dacht Alice. Ze had maar heel weinig gereisd in haar leven. Ze was vertrouwd met de vier uur durende rit naar Boston en ze had Rose in Florida bezocht. Maar de mogelijkheid om in het buitenland te studeren had ze afgeslagen en ze had nooit begrepen waarom mensen weggingen uit New York. Dit was haar thuis en daar zou vast niets aan kunnen tippen.

'Je bent volwassen,' zei Carrie. 'Je bent vijfentwintig. Je hebt geen vader nódig. Je moet hem gewoon ontmoeten en hem vragen hoe het zit, zodat je verder kunt met je eigen leven.'

Alice luisterde naar de woorden van haar vriendin en probeerde ze binnen te laten komen, al was de gedachte naar Chicago te gaan om haar vader te ontmoeten en verdergaan met haar leven een tegenstrijdige. Ze was nu in haar leven; simpelweg aan boord stappen van dat vliegtuig zou een bom leggen onder de veilige, zorgvuldige, kalme jonge vrouw die ze sinds haar kindertijd had geconstrueerd.

William

NOVEMBER 2008

Er waren een paar dingen die William wist zonder dat ze hem waren verteld. Hij wist dat Kent zijn psychiater had gebeld om zich ervan te vergewissen dat Williams medicijnen goed waren afgesteld en hij wist dat zijn psychiater hem met verhoogde aandacht onderzocht tijdens hun sessies. William kon Kents bezorgdheid ook vóélen, een aanwezigheid die op verschillende niveaus had bestaan sinds de twee mannen elkaar hadden ontmoet. Toen Nicole tijdens de scheiding uit hun huis was vertrokken, sliep William een paar nachten in de logeerkamer van Kent zodat die niet van getrouwd naar helemaal alleen zou gaan. Hij was blij met een kans zijn vriend in die periode te kunnen helpen. Toen Kent zich verontschuldigde voor zijn bedroefdheid, zei William hem dat het een opluchting was om wat zorgen om hem te hebben nadat iedereen jarenlang bezorgd om hém was geweest. Na de hele rompslomp van de scheiding was de gigantische arts, ook al had hij zijn enthousiasme en liefde voor het leven teruggevonden, nog altijd een beetje vermoeid, en dat voelde William ook. Hij vond het vreselijk dat zijn vriend nu weer voor zíjn depressie moest waken.

William wist ook dat hij de reden was dat Julia wegbleef uit Chicago. Met hem in Sylvies leven zou ze niet toegeven, ook al verdiende Sylvie de toewijding van haar oudere zus. En als laatste wist hij dat Sylvie in de afgelopen weken was afgevallen. Ze had niets gezegd, maar ze was slanker en ze had het altijd koud.

Hij kookte nu elke avond en probeerde daarbij in te spelen

op haar afnemende eetlust. Hij roosterde kikkererwten met extra zout voor bij hun maaltijden omdat hij wist dat ze die tenminste zou eten. Hij zorgde dat er een voorraad muntijs met chocola in de vriezer stond en ging 's morgens vroeg op pad om donuts te kopen. Sylvie glimlachte als hij haar een muesli reep aanbood of de kom met kikkererwten aangaf. Ze zag wat hij deed, dat had ze tenslotte altijd gedaan.

Op een avond zei ze tijdens het eten: 'Het spijt me. Ik weet dat ik de laatste tijd niet zoveel praat.'

'Dat geeft niet,' zei hij. 'Je bent moe.'

'Het is meer dat...' Ze zweeg alsof ze naar woorden zocht. 'Alles vanbinnen is nu zo rijk... dat het mijn aandacht vasthoudt. Ken je dat citaat van Mark Twain over dat tijd alleen bestaat om te voorkomen dat alles tegelijk gebeurt? Ik heb het gevoel alsof alles wat me ooit is overkomen in mijn leven nu binnen in me plaatsvindt. Ik verveel me nooit meer. Ik denk aan alles en iedereen. Ik ben nu bij je en je bent ook hierbinnen bij mij.' Ze wees naar haar hoofd. 'Mijn vader is hier ook. Hij en ik zitten weer op het trapje achter de buurtsuper.'

William knikte, meer om te laten zien dat hij luisterde dan dat hij het begreep. Hij wist dat hij het waarschijnlijk niet kon begrijpen. 'Is dat fijn?'

Ze dacht hierover na en knikte. 'Dat is het.'

Direct nadat William de vaat in de vaatwasser had gedaan gingen ze naar bed. Sylvie had veel slaap nodig, dus brachten ze niet langer een of twee uur van hun avond op de bank door om te lezen en basketbal te kijken. Nadat ze die avond hadden gevreeën, sliepen ze voor het eerst sinds ze jong waren geweest naakt. Ze ontmantelden hun gewoonten en routines, en dat was als het optillen van vloerplanken en er vreugde onder vinden.

Voor ze in slaap vielen, zei Sylvie: 'O, maar er was wel iets wat ik je wilde vertellen.' Ze richtte zich op op een elleboog. 'Ik ben trots op mezelf.'

De verrassing in haar stem en het onverwachte van de opmerking maakte dat William moest lachen.

Ze glimlachte. 'Dat verwachtte ik gewoon niet. Toen jij en ik een relatie kregen, dacht ik dat ik mezelf voor altijd een beetje zou haten. Want als ik een goed mens was, zou ik bij je weg zijn gebleven. Ellendig zijn gebleven. Maar toen ik deze keuze maakte...'

Sylvie zweeg en William besefte dat ze dat steeds vaker deed. Woorden leken moeilijker te bereiken, als fruit aan de hoogste takken van een boom.

'Het is lastig uit te leggen, maar onze liefde was zo diep en groots dat het ervoor zorgde dat ik van alles en iedereen binnen mijn gezichtsveld ging houden. Inclusief mezelf.' Haar glimlach werd nog breder. 'Ik weet dat het suf klinkt, maar ik ben trots op mezelf. Ik denk omdat ik een dapper leven leid.'

William knikte, even niet in staat iets te zeggen. 'Je mag ook trots zijn,' zei hij uiteindelijk.

Ze sloot haar ogen met de glimlach nog op haar gezicht. Sylvie viel snel in slaap en William lag nog lang wakker in de donkere slaapkamer. Hij luisterde naar de ademhaling van zijn vrouw. Was hij trots op zichzelf? Hij had daar nooit over nagedacht. Misschien had hij zich een handjevol keren kortstondig trots gevoeld. Als hij een worstelende speler hielp, als hij een probleem ontdekte dat niemand had gezien en een oplossing vond. Hij zocht binnen in zichzelf en besefte tot zijn verrassing dat hij trots op zichzelf was omdat hij Julia had gebeld.

Hij herinnerde zich nog dat hij Sylvie voor het eerst kuste in zijn flatje op de campus en dat hun liefde die eerste paar maanden dat ze samen waren binnen de muren van die kamers was gebleven. Op een bepaalde manier was William nooit opgehouden hun liefde binnen te houden, vast te houden tussen zijn handen. Dat had veiliger gevoeld. Hij wist dat hij Sylvies liefde niet kon kwijtraken als hij wist waar die was. Zijn vrouw wás dapper geweest – zij was degene geweest die Julia was kwijtgeraakt en de tweeling had gekwetst –, maar William had nooit iets geriskeerd. Hij was de eeuwige lafaard, bang voor wat hij zou verliezen.

Maar toen Sylvie ziek werd, was het ergste wat kon gebeuren

al aan de gang. Hij moest zich openstellen om haar te kunnen beschermen. Op zoek naar hulp zocht William contact met zijn eerste vrouw, en het uitspreken van dat verzoek – door de kwarteeuw heen die hen gescheiden had – had hem niet alleen kwetsbaar gemaakt voor Julia, maar voor een afrekening met de gebroken man die hij tijdens hun tijd samen was geweest. Hij had altijd aangenomen dat openheid synoniem stond aan gevaar en dat het nieuwe leven dat hij had opgebouwd zou wegwaaien als hij het niet stevig vasthield. Maar nu de barrières weg waren, ontdekte hij dat het leven groter werd. Een verborgen foto transformeerde in een muurschildering. Alice en Caroline stonden binnen een armlengte van elkaar. Zijn schoonvader had een manier gevonden om zijn genegenheid door tijd en ruimte heen te stralen. En toen William Sylvies liefde eenmaal losliet, had die laten zien exponentieel te groeien. Ze was toegenomen en vulde alle ruimte om hem heen, zijn hele leven.

Alice

NOVEMBER 2008

De goedkoopste vlucht naar Chicago vertrok om zes uur 's morgens, dus leende Rhoan die ochtend vroeg de auto van zijn broer en brachten hij en Carrie Alice naar het vliegveld. Ze wist dat als ze dat niet hadden gedaan, ze er zelf niet was gekomen. Ze voelde zich raar en haar ledematen waren zwaar sinds ze twee weken niet met haar moeder had gesproken en wist dat ze een vader had. Ze had de handen van haar vrienden op haar rug nodig. Carrie had aangeboden met haar mee te gaan naar Chicago, maar Alice wist dat ze dit zelf moest doen.

Ze stond niet toe dat ze haar een knuffel ten afscheid gaven. 'Ik ben morgen weer terug,' zei ze.

'Je kunt altijd je ticket omboeken en langer blijven,' zei Carrie.

'Ga daarheen en laat die mensen zien wat ze missen,' zei Rhoan. 'Ze zijn je familie. Wees niet bang ze een standje te geven als dat nodig is. Maar wees ook niet bang om te glimlachen.'

Alice liep met een grijze rugtas op haar rug door de luchthaven. Ze volgde de instructies van de stewardessen terwijl ze aan boord van het vliegtuig ging en hield haar ogen gedurende de hele vlucht gesloten. Ze kon het niet aan dat iemand tegen haar zou praten of haar zelfs maar een drankje zou aanbieden. Ze kneep in de armleuning en was zich bewust van elk hobbeltje van het vliegtuig, elke kleine verstoring van de lucht en ruimte die ze innam.

Op O'Hare, een kolossale, labyrintachtige luchthaven met glazen plafonds als van een kathedraal, wachtte Alice in de rij voor de taxi's en gaf de chauffeur vervolgens het adres van de trainingsfaciliteit van de Bulls in het centrum van Chicago. Ze probeerde te letten op de stad terwijl de taxi de rivier overstak en in een kluwen van hoge gebouwen verdween. Treinen ratelden boven hen over verhoogde rails. Er leken minder mensen op de stoep te lopen dan in New York. Ze had gehoopt muurschilderingen te zien, misschien zelfs die van Cecelia, maar in dit deel van de stad waren de muren leeg.

Alice dacht: hier is mijn moeder opgegroeid. Hier ga ik mijn vader ontmoeten. Ze voelde zich alleen, bijna als fysieke sensatie: haar huid tintelde alsof ze in geen dagen was aangeraakt. Ze merkte dat ze zich amper de klank van haar moeders stem herinnerde en daar raakte ze van in paniek. Hier zijn gaf Alice het gevoel dat ze Julia op een belangrijke en permanente manier had achtergelaten. Ze sms'te haar moeder voor het eerst sinds de avond in het Griekse restaurant: *Schaduw staat voor het tegenhouden van licht of de andere helft van een persoon. Als een personage zijn schaduw kwijtraakt, is hij/zij een deel van zichzelf kwijtgeraakt en moet dat terug zien te vinden.*

De taxi kwam tot stilstand. Alice rekende af en stapte uit. Ze wist dat ze niet stil moest staan of moest nadenken. Ze trok de glazen deur open en liep een grote foyer in. In de verte klonk het gedreun van basketballen en er zat een aantal extreem lange mannen op banken in de hoek, hun knieën hoog opgetrokken. Een oudere man met een fluitje om zijn nek passeerde haar en hij was bijna twee meter vijftien. Alice had het vreemde besef dat ze op een plek was waar mensen haar lengte niet interessant zouden vinden; dit gebouw werd bevolkt door reuzen.

Ze liep naar de balie. Een jongeman keek op van zijn computer. Hij knipperde naar haar en zei toen: 'Hoe kan ik u...' Hij zweeg. 'Mevrouw, u lijkt sprekend op een van onze fysio's.'

'William Waters?'

Hij knikte. 'Het is gewoon griezelig.'

'Kan ik hem misschien spreken?'

'Volgens mij is hij er nog niet. U kunt wel even plaatsnemen terwijl u op hem wacht.'

Ze knikte en liep door de foyer naar waar de banken stonden. Toen ze ging zitten, besefte ze dat de meubels ongebruikelijk hoog waren, gemaakt voor extra lange mensen. Alice deed haar best om rustig en ontspannen te lijken en niet geschrokken te kijken telkens wanneer de voordeur openging, wat vaak gebeurde. Na een kwartier sms'te ze Carrie: *Hoelang moet ik hier wachten?*

Het antwoord: *Lang.*

Na een halfuur kwam de jongeman van de balie naar haar toe en zei: 'Het spijt me dat het zo lang duurt. William is gewoonlijk precies op tijd. Ik heb een boodschap achtergelaten op zijn mobiel om hem te laten weten dat u hier bent. Hij zal er zo wel zijn.'

Alice knikte haar bedankje. Terwijl hij wegliep, vroeg ze zich af hoe hij haar had beschreven in het voicemailbericht. Had hij gezegd 'Er is hier een lange vrouw die op jou lijkt' of 'De dochter die je nooit wilde staat hier op de stoep'?

Er verstreek een uur en haar maag knorde. Het was bijna lunchtijd en ze was ver voor zonsopkomst opgestaan, te zenuwachtig om te eten. Ze zag de medelijdende blikken die de medewerkers haar toezonden. Ze dacht: ik ben een sufferd. Hij komt niet opdagen omdat hij weet dat ik hier ben. Ze hebben allemaal medelijden met me.

Ze sms'te Carrie: *Over 10 minuten ben ik hier weg.*

Haar vriendin schreef meteen terug. *Je mag dat gebouw verlaten, maar niet Chicago. Je hebt je vastgelegd op 24 uur daar. Je retourvlucht is morgen pas. Bel een van je tantes. Spreek met iemand af.*

Alice dacht hierover na. Het allerliefst wilde ze teruggaan naar de luchthaven. Terug naar haar veilige, comfortabele leven. Ze was dapper geweest en was hierheen gegaan, en het was op niets uitgelopen. Maar wat Carrie had gezegd over dat Alice zichzelf had afgesloten nadat ze toen ze vijf was haar vader had verloren, was waar. Ze had vastgezeten in haar moeders haar; ze had als kind haar moeders controledwang met elk ochtendlijk glas sinaasappelsap tot zich genomen. Ze was vijfentwintig en was nooit verliefd geweest en had nooit seks gehad. Ze was één keer gekust, door een dronken jongen op een studentenfeestje, maar had zelf nooit iemand gekust. Ze hield van haar veilige leven, maar zag in dat ze misschien wat ramen open moest zetten, al was het maar om zichzelf te bewijzen dat ze dat kon.

'Het spijt me, mevrouw.' De jongeman stond weer voor haar. 'Ik heb zijn collega Kent ook proberen te bereiken omdat William vaak bij hem is, maar zijn telefoon schakelde ook over op de voicemail. Ik vind het vervelend u hier zo te laten wachten. Als u mij uw mobiele nummer geeft en wat anders gaat doen? Dan neem ik contact met u op zodra William verschijnt.'

Alice schreef haar mobiele nummer op het notitieblok dat hij haar aanreikte en bedankte hem. Ze liep met opgeheven hoofd het gebouw uit alsof ze zich niet schaamde, alsof ze wist waar ze nu heen ging. En dat bleek ze ook te weten, toen ze eenmaal in de frisse lucht stond. Ze zou haar tante Cecelia bellen met wier kunstwerken haar slaapkamer en haar dromen waren behangen. Alice had haar nummer, al hun telefoonnummers, dankzij het speurwerk van Rhoan.

Terwijl ze de telefoon hoorde overgaan, dacht ze: als er niet wordt opgenomen, mag ik terug naar de luchthaven. Toen ze een vrouwenstem hallo hoorde zeggen, zonk de moed haar in de schoenen.

'Spreek ik met Cecelia Padavano?' vroeg ze.

'Nee, je spreekt met Izzy. Bel je vanuit het ziekenhuis? Kan ik een boodschap aannemen? Ik ben haar dochter.'

'Wat?' zei Alice. 'Nee, ik bel niet vanuit het ziekenhuis. Ik… eh… Ik heet Alice. Padavano. Volgens mij ben jij mijn nicht?'

Er volgde een stilte, aan beide kanten van de lijn. Alice liet zich in de stilte zakken als in de diepe kant van een zwembad, zonder een idee te hebben wanneer en óf ze de bodem zou bereiken. 'Fuck,' zei Izzy uiteindelijk. 'Alice! Waar ben je? Ben je in Chicago?'

Alice knikte, besefte toen dat ze iets moest zeggen. 'Ja.'

'Kom meteen hierheen,' zei Izzy. 'We hebben je nodig. Kom naar huis.'

Julia

NOVEMBER 2008

Julia kreeg het telefoontje op kantoor. Het was na zessen en de meesten van haar werknemers waren al naar huis; ze waren zich er in de afgelopen maanden bewust van geworden dat Julia's onverdeelde aandacht voor haar werk was verslapt. Daar maakten ze gebruik van door lange lunchpauzes te nemen en kortere dagen te maken. Ik merk het wel, wilde Julia tegen hen zeggen, maar ze wist niet wat ze daarna moest zeggen, dus zei ze niets. Ze spijbelde zelf ook steeds, meestal om de dag alleen in haar appartement door te brengen. Ze verwachtte niet meer dat haar handelingen of gedachten logisch waren. Ze keek elke dag over haar schouder, zich afvragend of de echte Julia haar zou inhalen met een gezicht dat somber was van teleurstelling. Die Julia had zo hard gewerkt voor dit succes, en deze Julia vroeg zich af of het het wel waard was geweest.

Toen haar telefoon ging, zag ze aan het nummer dat het iemand uit Chicago was. Zou haar zus haar vanuit de bibliotheek of zelfs vanuit huis bellen? Dat had ze nog niet eerder gedaan; Julia had Sylvie op haar mobiel ge-sms't toen ze onderweg was naar de luchthaven voor hun tweede bezoekje, maar meer communicatie was er niet tussen hen geweest wanneer ze niet bij elkaar waren. Julia nam met een luchtig gevoel de telefoon op, het gevoel dat ze op het punt stond de enige versie van zichzelf te zijn die ze tegenwoordig kon uitstaan – de Julia die ze bij Sylvie was – en verwachtte de stem van haar zus te horen.

'Hallo?' zei ze.

'Met Cecelia,' zei de stem.

Julia was even in de war, want Cecelia klonk net als Sylvie en wás natuurlijk ook haar zus, maar ze had de tweeling al heel lang niet gesproken. 'O.' Ze kon de verrassing niet uit haar stem houden. 'Hai. Hoe gaat...'

Cecelia onderbrak haar. 'Ik moet je iets vertellen,' zei ze. 'Sylvie was ziek. Ze had een hersentumor.'

'Dat weet ik.' Julia voelde haar keel dichtknijpen.

'Hoe weet je dat? Heeft ze je dat verteld?'

'Waarom zei je het zo?' Ze wilde niet zeggen: in de verleden tijd. Ze luisterde hoe Cecelia vertelde dat Sylvie die ochtend plotseling was overleden. Ze was in de keuken in elkaar gezakt terwijl William een ommetje van twintig minuten maakte. Toen hij terugkwam, vond hij haar op de grond.

'Ik heb hem naar haar gezichtsuitdrukking gevraagd,' zei Cecelia. 'Ik moest weten of ze angstig keek. Hij zei dat ze op haar zij lag en het leek alsof ze gewoon sliep.'

Julia was zich ervan bewust dat ze de telefoon tegen haar oor hield. Ze moest zich concentreren om de hoorn niet te laten vallen. Haar eerdere gesprek met William aan ditzelfde bureau leek op een claustrofobische manier boven op dit gesprek te zitten. Sylvie is ziek. Sylvie is dood.

'Het is veel te snel gegaan,' zei Cecelia, alsof ze de gedachten van haar zus had gehoord. 'We zouden meer tijd hebben. Ik wilde je bellen als ze zieker werd en je dwingen naar huis te komen. Dat wilde ik ook bij mama doen.' Ze zweeg even. 'Ik heb haar net gebeld.'

'Mama,' zei Julia, alsof ze over een naderende storm sprak. Rose zou nu terugkeren naar Chicago. Sylvies dood zou haar loswrikken van Florida; ze zouden allemaal worden losgewrikt van alles wat ze hiervoor hadden gekend.

Cecelia zuchtte. 'Emmie zegt dat ik vragen moet blijven stellen om hiermee om te kunnen gaan en ze heeft waarschijnlijk gelijk, maar ik heb in het ziekenhuis ook met de arts gesproken en hij zei dat de tumor ergens tegenaan drukte in haar brein – hij heeft de naam genoemd, maar ik weet niet meer wat het was –, wat ervoor heeft gezorgd dat ze binnen enkele seconden stierf. Ze zal het niet bewust hebben meegemaakt.'

Julia hoorde zichzelf zeggen: 'Gelukkig.'

Ze dacht aan de laatste keer dat ze Sylvie had gezien, een week geleden. Ze hadden elkaars hand vastgehouden terwijl ze naar een film keken. Het was de eerste keer dat ze elkaar hadden aangeraakt en van de energie die dat contact vergezelde na alle jaren en zelven die tussen hen in lagen, alle liefde, had Julia tranen in haar ogen gekregen. Het voelde bijna als te veel, dat ze de hand van haar zus vasthield terwijl ze niet met haar dochter sprak, op een middag waarop ze niet was waar ze zou moeten zijn en toch precies was waar ze hoorde te zijn. Had Sylvie geweten dat ze nog maar een paar dagen te leven had? Was dat waarom ze Julia's hand had vastgehouden en haar een knuffel had gegeven toen het tijd was om terug naar de luchthaven te gaan? Julia kon die omhelzing nog voelen, de druk van het lichaam van haar zus tegen het hare.

'Godzijdank is Alice hier,' zei Cecelia. 'Ik kan met mijn hoofd niet bij de timing, maar het is een geschenk haar bij ons te hebben.'

'Alice?' Julia vroeg zich af of ze het verkeerd had verstaan. 'Is Alice in Chicago?'

'Ze stond vanmiddag op de stoep. Zij en Izzy waren meteen dol op elkaar. Julia, het was eigenlijk ongelooflijk, alsof ze zich herinnerden dat ze samen baby waren geweest.' Cecelia zweeg en vroeg toen: 'Luister je wel?'

'Ik luister.'

'Je moet meteen naar huis komen, je kunt bij ons terecht.'

Julia nam een taxi naar haar appartement en deed een paar kledingstukken in een kleine tas. Het laatste wat ze erin deed, was het pakketje dat Sylvie haar aan het eind van haar bezoekje had gegeven. Ze was van plan geweest na de film rechtstreeks naar O'Hare te gaan, maar Sylvie had haar gevraagd eerst mee te komen naar de bibliotheek zodat ze haar iets kon geven. 'Geef het me de volgende keer maar,' had Julia gezegd. Sylvie leek dit te overwegen, maar schudde haar hoofd en zei: 'Ik moet het je nu geven.' Julia begroef het pakketje nu op de bodem van de tas en ging naar de luchthaven. De rit naar LaGuardia was bekend en had de twee keer dat ze daar in de afgelopen maand naartoe was gereisd als bevrijdend gevoeld. Ze had zichzelf bevrijd van haar geschiedenis en identiteit en was naar haar zus toe gevlogen. Elke keer had het gevoeld alsof ze naar zichzelf toe ging. In de lucht tussen New York en Chicago wist Julia nu dat alle drie haar zussen een deel van haar waren. Ze waren samen opgegroeid en lange tijd hadden hun harten als één geklopt. Sinds de hereniging met Sylvie voelde ze zich meer levend, meer heel.

Ze had tijdens haar leven in New York gedacht dat ze haar vaders raket was geworden, maar die identiteit had meer waar gevoeld toen ze tegenover Sylvie zat in een kroeg in Chicago en nadacht over hoe ze haar dochter kon helpen. Met de blik van haar zus op zich gericht voelde Julia zich zoals toen ze net in New York was aangekomen: bruisend van mogelijkheden, de panelen die haar bij elkaar hielden bevend van opwinding en angst. Nu leek het duidelijk dat ze in New York een raket had gebouwd, het toestel had opgepoetst tot het glom, maar het aan de grond had gehouden. Om de raket te zijn, moest ze bij haar zussen zijn en moest ze haar dochter loslaten.

Julia nam een drankje van de stewardess aan en probeerde zich Alice voor te stellen in haar geboortestad. Het was een verwarrend idee, alsof er nog een stukje bij kwam bij een al gelegde puzzel dat nergens meer paste. Het beeld van Alice zweefde boven de kaart van Chicago in Julia's hoofd, niet omdat haar dochter op de verkeerde plek was, maar omdat Julia haar baby daar lang geleden had weggehaald en alle ingangen en uitgangen had afgesloten. Toch voelde ze hevige opluchting bij de gedachte dat Alice nu de waarheid over haar vader wist. Sylvie zou Julia's eerlijkheid hebben goedgekeurd, ook al kwam het te laat. De gedachte aan de goedkeuring van haar zus was als een vishaakje in Julia's hart en ze moest haar ogen sluiten vanwege de pijn.

Van nu af aan zou haar zus al haar keuzes niet kennen.

Toen het vliegtuig op O'Hare landde, was het al na elven. Julia besloot in het luchthavenhotel te overnachten. Ze wist dat de tweeling haar verwachtte, maar voelde bijna de lichamelijke behoefte nog een paar uur buiten de stad en haar verleden en bij Sylvies dood weg te blijven. Ze sms'te Cecelia dat ze in de ochtend naar hun huis zou komen en viel met haar armen om zichzelf heen geslagen in slaap. In haar dromen probeerde ze Sylvie in te halen die een paar stappen vóór haar op de straten van Pilsen liep.

In de ochtend dronk ze een enorme beker koffie tijdens de taxirit naar de stad. Sylvie had haar verteld over het dubbele woonhuis van de tweeling. Het voelde nu alsof ze Julia had proberen voor te bereiden op het moment dat thuiskomen niet langer een geheim zou zijn. Ze had Julia opnieuw vertrouwd gemaakt met Pilsen, had haar Cecelia's muurschilderingen laten zien, haar verteld over Izzy en uitgelegd hoe Sylvie, de tweeling en haar nichtje allemaal op zo'n manier door elkaars dagen liepen dat er het neerhalen van schuttingen en het delen van huizen voor nodig was. Sylvie had Julia voorbereid voor wanneer ze er niet meer zou zijn maar alle anderen wel.

De tweeling, zo wist Julia, had complexe gevoelens jegens haar. Ze hadden gedurende de vele jaren geworsteld met de beperkingen die hun oudste zus aan hun communicatie had opgelegd. Cecelia en Emeline hadden in het begin erg met haar meegeleefd toen Sylvie en William verliefd op elkaar werden. Maar ze hadden duidelijk verwacht en gewild dat Julia's standpunt met de tijd zou verzachten en dat was nooit gebeurd. *Emeline en ik hebben verdorie niets fout gedaan*, had Cecelia een keer op een ansichtkaart geschreven. *We willen Alice zien. We willen jou zien. We kunnen samen op vakantie gaan, een reis maken, iets doen wat niets met Chicago of New York te maken heeft.* Julia had die ansichtkaart staand op een straathoek gelezen terwijl de laan naast haar vreemd stil werd in een altijd luidruchtige stad. Ze herinnerde zich dat ze dit idee was begonnen te overwegen, deze opening, en vervolgens haar hoofd had geschud. Ze dacht dat ze een compromis niet aankon. Ze had de klep dichtgedraaid naar haar verleden – naar haar hart eigenlijk – en een halfopen klep was een kapotte klep.

Julia zou William vandaag ook zien, voor het eerst sinds hij haar een briefje en een cheque had gegeven en hun appartement uit was gelopen. Het voelde alsof dat in een ander leven was geweest en ze toen een ander mens was. Als ze nu aan William dacht, merkte ze dat ze zich het telefoontje van een paar maanden geleden of het einde van hun huwelijk niet herinnerde. Ze herinnerde zich hoe hij de sporthal uit kwam na een basketbaltraining, jong en gezond en knap. Ze herinnerde zich hoe ze in de kou aan de revers van zijn jas trok en hem om een kus vroeg. Ze herinnerde zich hun jeugdigheid en hun onwetendheid van wie ze waren en wat ze echt wilden.

Toen ze op de deur van Emelines huis klopte, trilden haar handen omdat ze wist dat Sylvie niet aan de andere kant van deze deur zou zijn. Bij hun vaders wake had een jonge arbeider van de papierfabriek gezegd: 'Het is onmogelijk dat hij er niet meer is.' En die man had gelijk gehad, dat was een onmogelijk verlies geweest. Sylvie was ook een onmogelijk verlies. Maar misschien was het het achterlaten van die persoon dat onmogelijk voelde. Als jouw liefde voor een persoon zo groot is dat het deel uitmaakt van wie je bent, de afwezigheid van de persoon een deel van je DNA wordt, van je botten en je huid. De dood van Charlie en Sylvie maakte nu deel uit van Julia's topografie; hun verlies stroomde als een rivier door haar heen. Het was dom van haar geweest zo lang weg te blijven, haar tijd met haar zus te verspillen. Ze had het begin en het einde van Sylvies leven meegemaakt, en dat was niet genoeg.

De deur ging open en ze zag Emeline en Cecelia. Haar kleine zusjes, die nu halverwege de veertig waren, met rimpeltjes naast hun ogen. Hun aanblik benam Julia de adem. Ze had geprobeerd haar best te doen, maar de afgelopen vijfentwintig jaar had ze het alleen gedaan, en dat, zo besefte ze nu, had natuurlijk nooit kunnen werken. Toen ze Emeline vertelde dat ze Chicago ging verlaten, had haar zus gezegd: 'Je hebt ons nodig. Dat besef je nu misschien niet, maar het is wel zo. We hebben elkaar nu nodig.'

Ze hoorde zichzelf ter begroeting zeggen: 'Het spijt me.'

'O, meisje,' zei Emeline.

Julia omhelsde beide vrouwen tegelijkertijd en begroef haar gezicht in hun haren. De zussen hielden elkaar vast en ademden in deze structuur die uit drie personen bestond en probeerden een nieuwe stabiliteit te vinden, al was het maar voor even.

William

NOVEMBER 2008

William protesteerde niet toen Kent met hem mee naar huis kwam vanuit het ziekenhuis. Niets had ervoor kunnen zorgen dat zijn vriend hem aan zijn lot overliet. In het ziekenhuis, gezeten op een stoel in de wachtkamer, wachtend om van een van de artsen te horen, niet of Sylvie kon worden gered, want dat kon niet, maar wat er gebeurd was, hield Emeline zijn hand vast. Lange tijd had niemand behalve zijn vrouw zijn hand vastgehouden en dit gebaar van zijn schoonzusje was een van de dingen waardoor hij wist dat Sylvie er echt niet meer was. Cecelia liep het grootste gedeelte van de dag onrustig rond en probeerde informatie los te krijgen van iedere verpleegkundige of arts die de fout maakte haar kant op te kijken. Kent ijsbeerde ook door de wachtruimte. Naast William zat Emeline op een ondramatische, open manier te huilen. Haar wangen glansden van de tranen onder het tl-licht. Ze zei: 'Ik wil zorgen dat je iets eet, maar ik weet dat je toch niet wilt.'

'Dat wil ik ook niet.'

Die avond deed het pijn om de sleutel in het slot van het appartement te steken. De deur ging gapend open en onthulde het landschap van zijn geluk. William was elf uur daarvoor door dezelfde deur gelopen met een doosje donuts in zijn hand en had in zichzelf geglimlacht omdat hij ernaar uitkeek Sylvie te zien ondanks het feit dat hij nog geen halfuur weg was geweest. Nu stond Kent naast hem en bleef William uit de buurt van de keuken. Hij wilde ook niet naar de slaapkamer. Hij zei tegen

Kent dat hij in zijn kleren op de bank zou slapen en zijn vriend knikte. Kent haalde een glas water voor hem en gaf hem een pil. 'Dit zal je helpen slapen,' zei hij en William slikte de pil.

De volgende ochtend werd hij versuft wakker en zette zijn voeten op de vloer. Hij ging overeind zitten, een beweging waar hij al zijn energie voor nodig had. Hij keek in de richting van het landschap dat Cecelia had geschilderd, maar kon er niet naar kijken. Hij ademde lucht in en uit die naar vrees smaakte. Hij wilde geen dag meemaken zonder Sylvie en toch zat hij hier nu.

Kent zei: 'Waar zijn je medicijnen?'

William vertelde het hem. Kent legde zijn dagelijkse medicatie in zijn hand en hij nam het in.

'Er moeten dingen besloten worden,' zei zijn vriend. 'Over de uitvaart. We gaan naar de huizen van de tweeling.' Hij aarzelde even. 'Ik had gisteravond een paar berichten op mijn telefoon van het werk. Luister je?' Kent sprak op vriendelijke toon.

William keek naar hem.

'Het schijnt dat Alice op de stoep stond en jou wilde zien.'

'Alice?' zei William.

'Ze is in de stad gearriveerd terwijl wij in het ziekenhuis waren en heeft vannacht bij Cecelia geslapen. William, ik weet niet of dit goed of slecht is.'

William knikte om Kents eerlijkheid. De arts sprak maar zelden onzekerheid uit.

'Ik ken haar helemaal niet,' zei William en hij zag de beeltenis van zijn dochter van de muurschildering voor zich. Een tienjarig meisje met een verlegen glimlach. 'Ik weet helemaal niets van haar.' Het voelde alsof hij probeerde uit te leggen dat Alice een toets was waarvoor hij niet had geleerd en dat hij nooit de juiste papieren of boeken had gehad om zich erop voor te bereiden.

Maar hij dacht ook: Sylvie wilde Alice. William wist dat Sylvie van Alice had gehouden toen ze een baby was. Ze had haar hele volwassen leven verlangd naar Julia én haar nichtje. Alice was nu verschenen, en de persoon die haar had gewild was er niet. William huiverde. 'Het maakt niet uit,' zei hij en hij stond op.

‘Ik denk het wel,’ zei Kent. Hij keek op zijn telefoon en zei met enige vermakelijkheid: ‘Emeline zegt dat ze een meter zesentachtig is. Ze is niet langer een baby die je kunt laten vallen of pijn doen, William. Ze is een volwassen vrouw.’

William stelde zich een gigantische schitterende lamp voor en moest zijn ogen dichtknijpen tegen het licht. Hij stond in een mistige duisternis. Maar iets in hem wendde zich niet af van het licht. Hij was klaar met weglopen.

Onderweg naar de superduplex gingen ze langs een café, waar ze Gus en Washington troffen. Die klopten William op de rug maar zeiden niets behalve hallo. Toen ze dichter bij de huizen van de tweeling kwamen, stapte Arash uit een taxi. Het was een milde novemberdag; de mannen droegen allemaal een jas maar met de rits open. William was zich niet bewust van de temperatuur of de heldere hemel boven hen. Hij erkende de aanwezigheid van zijn vriend met een knikje. Kent had die mannen duidelijk opgetrommeld zodat William deel van een team kon zijn op een dag dat hij niet langer deel uitmaakte van een echtpaar. Sylvie zou het geweldig hebben gevonden dat Kent dat had gedaan, dacht William, terwijl de mannen met grote passen samen over de stoep liepen.

Kent opende de deur van Cecelia’s huis en ze liepen naar binnen. Alleen Cecelia was er. Omdat Williams zintuigen extra gevoelig waren voor alle tactieken die voor hem werden ingezet, besefte hij dat dit ook met opzet was. Dit was een stop om gebriefd te worden en een moment waarop hij even op adem kon komen. Cecelia vertelde hem dat Rose in het vliegtuig richting Chicago zat en die middag zou arriveren. En dat Alice en Julia in het huis ernaast waren, met Emeline, Josie en Izzy.

William knikte omdat hij niet ‘nee, bedankt’ kon zeggen en weggaan. Dat zou Sylvie niet willen. Hij liep achter zijn vrienden en Cecelia aan de achterdeur uit, door de tuin, en door de achterdeur Emelines huis binnen. Het rook er naar koffie en babypoeder. Ze stonden in de hal tussen Cecelia’s portretten, toen de deurbel ging, en dus waren alle vrouwen in beweging toen de mannen de woonkamer en keuken binnenkwamen. Een baby huilde en er stond een tienerjongen in de deuropening met een enorme zak met het woord BAGELS erop geschreven. Emeline zocht in haar portemonnee naar contanten. In een hoek van deze aanblik registreerde William een lange, blonde jonge vrouw, en aan de andere kant van de kamer zijn ex-vrouw. Hij merkte dat hij op Julia afliep, misschien omdat hij wist wat hij tegen haar moest zeggen en omdat ze een rolletje speelde in zijn leed. Hij zei: 'Kunnen we praten?'

Ze leek geschrokken maar knikte en ze liepen naar de keuken. Het was vreemd om zo dicht bij haar te staan. Hij had haar vijfentwintig jaar niet gezien. Hoewel ze er vertrouwd uitzag, leek Julia niet langer op zijn herinnering van de vrouw met wie hij ooit was getrouwd. Was het mogelijk dat haar gezicht was veranderd? Niet verhard maar steviger. Hij had haar gekend in de zachtheid van haar jeugd. Haar krullen waren nog steeds de hevigste van de zussen, maar zelfs met haar haar los waren ze niet langer wild. William was zich ervan bewust dat hij deels naar haar keek omdat hij er niet klaar voor was om naar zijn dochter te kijken. Sylvie had elke kamer in zijn leven verlaten en Alice was hier; de verwisseling van lichamen was bijna ondraaglijk.

Hij zei: 'Waarom ben je niet gekomen? Ik heb gezegd dat ze je nodig gehad.'

'Ik ben wél gekomen,' zei Julia. 'Ik heb haar twee keer gezien.'

William probeerde dit te verwerken. Sylvie had Julia gezien? Hij voelde een druk op zijn borst alsof hij werd aangevallen door opluchting. Hij ging op de dichtstbijzijnde keukenstoel zitten. De druk zat ook achter zijn ogen. Hij had dit niet zien aankomen, maar hij had niets van dit alles zien aankomen. William had geweten dat zijn vrouw stervende was, maar hij had niet verwacht dat ze zou sterven.

'Wil je wat water?' vroeg Julia.

Ineens had hij een glas water in zijn hand. Hij was zich ervan bewust dat iedereen nu naar hem keek. Dit was geen privégesprek. Iedereen in deze ruimte, behalve misschien Alice, was ademloos en kapot van verdriet. Ze konden niet doen alsof ze maar wat met elkaar kletsten. Ze konden alleen luisteren en hopen dat het goed met hem zou komen, want als dat mogelijk was, was alles mogelijk.

'Ze wilde onze ontmoetingen geheimhouden,' zei Julia. 'Ik weet zeker dat ze het je uiteindelijk verteld zou hebben, maar het leek haar een kick te geven dat we elkaar konden zien zonder dat iemand het wist. We zijn niet zo lang geleden samen naar de film geweest. Ik vloog steeds voor een paar uur naar de stad. Tot vanmorgen wisten Emeline en Cecelia dat ook niet.'

Lang geleden had William in zijn manuscript geschreven: was ik het maar geweest, niet zij. Op dat moment had hij aan zijn zus gedacht, maar hij zou gisteren, of nu, bereid zijn geweest te sterven als Sylvie daarmee gered zou worden. Hij werd vervuld met een verstikt verlangen. Als hij was gestorven, zou Sylvie er misschien nog zijn. Of misschien kon hij dan bij haar zijn, waar ze dan ook was. William wilde weer kommetjes maken van zijn handen om zijn liefde voor zijn vrouw en haar liefde voor hem dicht bij zich te houden.

Maar dat was niet mogelijk. Het was te laat. Hij had weken geleden zijn handen geopend en alles eruit gelaten. Alle drie de zussen van zijn vrouw waren nu vlak bij hem, hun voorhoofden gefronst van bezorgdheid, hun krullen ongetemd. William wist dat Sylvie tijd had doorgebracht met Julia. De twee zussen hadden zich verzoend; niet alleen in het verleden hadden ze van elkaar gehouden maar ook in Sylvies laatste dagen. Ze hadden gefikst wat er tussen hen gebroken was geweest, wat betekende dat zijn vrouw heel was geworden. Sylvie had gekregen wat ze nodig had en dat maakte het voor hem mogelijk te blijven ademen.

Alice

NOVEMBER 2008

Alice voelde zich in het huis van haar tantes net een astronaut, alsof ze een lomp pak en een helm moest dragen omdat ze de inheemse atmosfeer niet kon inademen en moest opletten bij het lopen om te zorgen dat ze niet viel. Haar normale, veilige leven was ontmanteld en ze had geen idee hoe ze zich moest gedragen, voelen of denken. Haar tantes trokken haar steeds tegen zich aan voor een knuffel. Emeline en Cecelia hadden zowel overeenkomsten als verschillen met haar moeder. Emeline kuste Alice op dezelfde manier op haar wang als Julia, en Cecelia's stem klonk bijna gelijk aan die van haar moeder. Izzy was zo blij met de komst van haar nichtje dat het duidelijk was dat ze haar hele leven op haar had gewacht. Ze praatten veel en Alice vroeg zich af of Izzy in haar hartzeer om haar tante meer praatte dan gewoonlijk in een poging haar verdriet te onderdrukken. Ze vertelde Alice verhalen over hun familie en kletste over de toekomst alsof Alice daar deel van zou uitmaken. Alice' tantes spraken ook alsof haar aanwezigheid onvermijdelijk was, alsof ze even weg was geweest om een boodschap te doen en gigantisch vertraagd was, maar nu eindelijk was thuisgekomen. Alice had die nacht in dezelfde slaapkamer geslapen als Izzy, allebei in een eenpersoonsbed. 'We moeten niet alleen zijn,' had Izzy tegen haar gezegd, 'na wat er is gebeurd.' Wat is er gebeurd? wilde Alice vragen, want ze had het graag als opsomming gehoord, in een vorm die ze kon proberen te begrijpen. Ze was naar Chicago gekomen om haar vader te ontmoeten en op diezelfde dag was zijn vrouw overleden. Nu waren Alice' moeder en Rose onderweg hiernaartoe en was ze omringd door diepbedroefde mensen die ze pas net had ontmoet. Alice had in een bed naast dat van haar nicht geslapen, in een wereld waar twee huizen die naast elkaar stonden werden gedeeld door alle bewoners, van wie Alice met de meesten verwant was. Er woonde een baby'tje in Emelines huis, nog een mysterieuze ontwikkeling, want die baby verbleef daar blijkbaar maar tijdelijk. De zuigeling zette het af en toe op een brullen en Alice wilde dat het gepast zou zijn als zij hetzelfde deed. Ze was alleen op zichzelf als ze op het toilet zat. Telkens wanneer ze een kamer binnenkwam, waren de mensen erin duidelijk dolblij haar te zien, ook al hadden ze haar een paar tellen eerder nog gezien.

Alice was die ochtend heel vroeg wakker geworden, vóór alle anderen, en had door de gangen gelopen. Ze wilde Cecelia's schilderijen bekijken, die overal hingen. Waar ze ook keek, vijftien centimeter hoge portretten van vrouwengezichten bedekten de muren van vloer tot plafond. Er was een schilderij van Julia als tiener waar Alice een paar minuten voor had gestaan. Ze kon maar moeilijk geloven dat haar moeder zo jong en open was geweest als ze op dat doek leek. Er hing een ouderwetse, fel uitziende vrouw die Alice op meerdere foto's van Cecelia's kunst had gezien en ook op zijkanten van gebouwen in Chicago. Izzy had haar verteld dat ze een heilige was, Sint-Clara van Assisi, die belangrijk was voor de Padavano-zussen. 'Ze ziet er stoer uit, hè?' had Izzy gezegd.

Cecelia had Rose geschilderd toen ze jong en mooi was, met haar zwarte haar uit haar gezicht. Een strenge overgrootmoeder die schijnbaar niemand behalve Rose ooit had ontmoet, verscheen ook op de muur; Cecelia had haar geschilderd van een foto die Rose van haar ouders had. De muren waren versierd met de matriarchische lijn van de familie Padavano, plus de vrouwelijke heiligen die op de een of andere manier zowel hun kracht als hun grillen markeerden. Er was een schilderij van een roodharig meisje; Izzy vertelde Alice dat dit Williams zus was die jong was gestorven. Nog een tante, dacht Alice, want een drie jaar oude dode tante hebben was net zo logisch als de rest. Er hing maar één man aan de muur. Haar opa, de duidelijk bij iedereen geliefde Charlie, en het enige familielid over wie zowel Rose als Julia haar verhalen had verteld terwijl ze opgroeide. Op het portret zat Charlie in een leunstoel, een glimlach sierde zijn gezicht. Er waren portretten van Alice en Izzy als baby en aparte schilderijen van de twee meisjes terwijl ze ouder werden. Alice was geroerd doordat ze zichzelf op verschillende leeftijden op bijna elke muur terugvond. Ze was al in deze huizen geweest voordat ze zelfs maar wist dat ze bestonden. Misschien verklaarde dit de vertrouwdheid waarmee haar nicht en tantes haar begroet hadden. Ze leken haar te kennen, al was het maar omdat ze een van hen was op een manier waarvan Alice niet zeker wist of ze die zelf kende.

Toen Julia arriveerde, gaf Alice haar een knuffel ter begroeting, maar daarna hielden de twee vrouwen hun afstand. Alice was er niet klaar voor en ze was dankbaar voor het feit dat Julia beter wist dan haar tot praten te dwingen. Er waren in elk geval zoveel andere mensen die hun aandacht vroegen, dat geen van beide vrouwen een moment kende dat ze niet door oogleden tuurde in de richting van een emotionele zus, tante, nicht of nichtje en probeerde de juiste woorden te vinden in deze verwarrende situatie. Ook, dacht Alice in de richting van haar moeder, ben ik hier voor hém, niet voor jou. Van jou kreeg ik vragen, maar ik heb antwoorden nodig.

Alice bleef maar blikken op de voordeur werpen, wetende dat haar vader snel zou komen. Ze wilde voorbereid zijn, zichzelf zo veel mogelijk beheersen. Ze hoopte dat ze de indruk kon wekken onafhankelijk te zijn of zelfs nonchalant en dat haar lichaamshouding zou zeggen: ik heb je nooit nodig gehad en nu heb ik je zeker niet nodig. Maar haar vader kwam door de achterdeur binnen op hetzelfde moment dat de deurbel ging en de baby die Josie vasthield begon te huilen. De zuurstof leek uit de kamer te verdampen en Alice kreeg geen lucht. Er klonk een ruisend geluid in haar hoofd. Kijk niet naar me, dacht ze, en gelukkig deed hij dat ook niet, dus had ze een kans om hem in zich op te nemen. William Waters werd vergezeld door een paar megalange mannen met ernstige gezichten. Haar vader zag er niet gemeen uit of als iemand die niet van kinderen hield en daarom zijn eigen kind met gemak in de steek had gelaten. Zijn gezichtsuitdrukking was er een van weerloos verdriet. Hij had Alice' gezicht en haar ogen. Het was waar, zoals ze al vermoed had, dat wanneer ze in de spiegel keek, haar vader terugkeek.

Ze zag hoe haar vader naar haar moeder toe liep. William sprak nu vier meter bij haar vandaan met Julia. De man die haar had opgegeven en de vrouw die tot vierentwintig uur geleden Alice' enige familie was geweest.

Laat de vorige avond had Alice aan Izzy in het bed naast haar gevraagd: 'Weet jij waarom William mijn vader niet wilde zijn?'

Izzy was even stil en zei toen: 'Ik denk dat hij bang was dat hij je zou verknallen, vanwege zijn depressie.'

Izzy verscheen nu aan haar zij. 'Gaat het een beetje?' fluisterde ze.

Alice trok een gezicht naar haar nicht omdat ze niet wilde liegen. Ze wist niet of het ging. Ze wist helemaal niets. Alice had zichzelf jaren geleden afgesloten. Ze had nooit tegen een jongen gezegd dat ze hem leuk vond, of te hard gereden in een auto, of was zo dronken geworden dat ze de woorden die uit haar mond kwamen niet meer kon bijhouden, maar nu was ze te zien op een muurschildering ergens in Chicago en op portretten aan de wanden van dit huis en zag ze zichzelf in de man aan de andere kant van de kamer. Ze bestond buiten haar eigen lichaam – ze was uitgestrooid over deze grond – maar om de een of andere reden zorgde dit dat ze zich minder kwetsbaar voelde. Ze was in deze familie geschilderd, werd weerspiegeld in haar vaders gezicht. Ze was overvloediger aanwezig dan ze voor mogelijk had gehouden.

William ging zitten en de andere mannen en vrouwen in de kamer deden onmiddellijk een stap naar voren, alsof ze de externe constructie waren die was ontworpen om te voorkomen dat Alice' vader instortte. Mannen torenden over hem heen en wilden hem hun eigen enorme kracht verlenen. Op hetzelfde moment deed Alice een stap achteruit. Iedereen hier houdt van hem, dacht ze verbaasd. Ze houden zoveel van hem. Ze besefte dat ze had verwacht dat haar vader een kleiner leven zou hebben dan zij. Hij had haar tenslotte opgegeven. Dat leek een terugtrekking, een weigering om te leven. Maar iemand die zich van mensen afwendde, wekte niet een dergelijke reactie op. Ze had zich nooit eerder bevonden in een kamer met zoveel liefde en verdriet, zoveel emotie.

Alice stapte achteruit tot ze bij de muur aankwam en keek weg, het raam uit naar de straat van Pilsen. Haar vaders verdriet was persoonlijk en ze kende hem niet zoals deze andere mensen hem kenden. Ze wilde geen ramptoerist zijn, als bij een ongeluk op de snelweg. Ze had ook het vreemde gevoel dat ze het tegengewicht was van deze man die zoveel op haar leek. Ze hadden allebei weinig kleur, waren lang en dun, en op een elementaire manier zwaarmoedig. Alice had het gevoel dat als ze naar voren zou bewegen en haar blik op hem zou richten, William Waters niet meer zou kunnen opstaan uit zijn stoel. Ze zou hem daar bedelven, hun energieën zouden zich mengen tot hij te zwaar was om zich nog te bewegen. Om hem ook maar een kans te geven, moest ze op afstand blijven, aan haar kant van de wip die hen verbond. Na een tijdje stond William op en verliet de kamer. Met zijn jas nog aan liep hij naar de achterdeur.

Alice had het gevoel dat ze zich had uitgeput enkel en alleen door zich tegen de muur te drukken. Ze was zich bewust van haar hart dat in haar borstkas bonsde, alsof ze zojuist een heuvel op was gesprint. Wat gebeurt er met me? dacht ze.

Een man met dreadlocks en een bril liep op haar af. Hij zei: 'Ik ben de beste vriend van je vader. Ik heet Kent. Het is een eer je te ontmoeten, Alice.'

Ze schudde zijn hand. Elk stukje informatie was nieuw. Haar vader had een beste vriend, zijn eigen Carrie.

'Ik heb je nog vastgehouden toen je een baby was,' zei hij, waarna hij zijn hoofd schudde alsof hij dat helder wilde krijgen. 'Je hebt vast het gevoel dat je in een orkaan terecht bent gekomen.'

Alice stelde zich een baby voor in de armen van deze enorme man. Ze was gaan begrijpen dat ze hier als zuigeling een leven had gehad, dat ze in een tijd van voor ze zich iets herinnerde deel had uitgemaakt van deze wereld. Deze mensen herinnerden zich haar, ook al kon zij zich niets van hen herinneren. 'Sylvie hield zoveel van je,' had Emeline tegen haar gezegd. 'Ze zou zo blij geweest zijn dat je bent thuisgekomen.'

'Als een oudere persoon overlijdt,' zei Kent, 'zelfs als dat een geweldige persoon is, is hij of zij er min of meer klaar voor en de mensen die van hem of haar hielden ook. Ze zijn als oude bomen, wier wortels wat losser in de grond zitten. Ze vallen makkelijk om. Maar als iemand zoals je tante Sylvie overlijdt – te jong – worden haar wortels eruit gerukt en ontstaan er scheuren in de grond. Iedereen om haar heen loopt gevaar om om te vallen.'

Alice dacht hierover na. Haar wereldje was altijd zo klein geweest, bestaande uit veel minder mensen dan die op dit moment de kamer vulden. Het waren alleen Alice en haar moeder geweest, hun vervlochten wortels die zich diep in de aarde hadden geboord. Maar toen ze om zich heen keek naar haar tantes en naar haar moeder, die afstand hield, en naar haar donkerharige nicht van wie Alice op de een of andere manier meteen had gehouden toen die de deur had opengegooid en haar had begroet, wist ze dat er iets met haar wortels gebeurde. Er gebeurde iets onder de grond waarop ze stond.

'Je vader heeft wat meer tijd nodig,' zei Kent. 'Geef hem alsjeblieft niet op.'

Dit verbaasde haar. William had haar tenslotte in de steek gelaten. Was het zelfs maar mogelijk dat ze een persoon in de steek liet die ze nog nooit had ontmoet, die toen ze nog maar een baby was voor de wet had aangegeven dat hij niets met haar te maken wilde hebben? Maar de grote man vóór haar zag eruit alsof zijn grond gescheurd was. Hij leek vermoeid en aardig, en dus zei ze: 'Ik ga nergens heen,' zonder te weten op wat voor tijdsbestek ze zich toelegde of wat niet weggaan precies inhield.

De lange dag leek niet te worden beperkt door de normale bewegingen van een klok. De uren zwollen op tot bellen die door de volle kamers zweefden. Eerst werden bagels uitgedeeld, later pizza's en koekjes. Zo nu en dan kwam er een gesprek op gang over uitvaartplannen, maar William was nog steeds buiten en niemand wilde hem lastigvallen, dus konden er geen beslissingen worden genomen. 'Sylvie zal een katholieke wake en begrafenis willen,' zei Cecelia en haar beide zussen knikten instemmend.

Rose arriveerde halverwege de middag in een zwarte jurk, dramatisch in haar verdriet. De avond ervoor had Izzy verteld voor welke conflicten hun grootmoeder een kwarteeuw eerder allemaal had gekozen. 'Ze sprak niet meer met mijn moeder toen ze zwanger raakte van mij, ze heeft mijn bestaan nooit erkend, en ze is boos op tante Emeline omdat die lesbisch is.' Izzy telde erbij op haar vingers. 'Ze was boos op Sylvie omdat ze met je vader trouwde. En ik denk dat ze ook een tijdje boos op jouw moeder is geweest vanwege de scheiding, maar zich daaroverheen heeft gezet.'

Vlak voor Rose arriveerde, zei Cecelia: 'Mama zal doen alsof we al die tijd een gelukkig gezin zijn geweest en ik denk dat we maar beter mee kunnen spelen.'

Cecelia had gelijk. Rose kwam het huis binnenwaaien en omhelsde al haar dochters alsof ze hen de week daarvoor nog had gezien. Toen Izzy naar voren stapte, hielden grootmoeder en kleinkind een staarwedstrijd, een moment dat eeuwen van stoere vrouwen opriep uit hun lijn. Toen zei Izzy: 'U hebt een lange reis achter de rug. Heeft u trek?' En Rose glimlachte duidelijk opgelucht. Ze nam een koekje van Izzy aan, dat ze uitriep tot het lekkerste koekje dat ze in jaren had gehad. Ze complimenteerde Josie met haar haarkleur en zei tegen Emeline dat haar huidige pleegbaby een knap gezichtje had. Ze trok haar jas weer aan om een paar minuten met William te praten en ging vervolgens aan de keukentafel zitten alsof ze haar troon opeiste. Daar vroeg ze zich hardop af hoe ze haar eigen kind kon hebben overleefd.

Williams vrienden liepen om beurten rondjes door de achtertuin met hem. Soms ving Alice een glimp op van zijn schouder, zijn blonde haar, als hij langs het raam liep. Toen de schemering begon in te vallen, arriveerden er een gigantisch belegd brood en zakken chips. Izzy en Alice werden naar de winkel op de hoek gestuurd om meer papieren bordjes te halen. Koffie pruttelde in de keuken en er stond een tafel vol alcohol voor wie daar behoefte aan had.

'Is je moeder niet meer boos op Rose?' vroeg Alice aan Izzy toen ze naar de winkel liepen.

'Ze heeft haar al op haar zeventiende vergeven vlak nadat Rose haar uit huis zette,' zei Izzy. 'Mijn moeder zei dat ze haar vergaf omdat ze van haar wilde blijven houden. Tante Emmie zegt dat het het indrukwekkendste is wat mama ooit heeft gedaan. Zul jij je vader kunnen vergeven?'

Alice schrok alweer. William Waters vergeven was niet bij haar opgekomen; ze had zich alleen afgevraagd of ze haar moeder kon vergeven. Ze had het gevoel dat ze emotioneel op pauze stond in reactie op haar vader, alsof ze naar een film keek en op meer informatie wachtte voordat ze besloot welk personage de slechterik was. Ze haalde haar schouders op, ook al was dat geen antwoord op Izzy's vraag.

Toen de jonge vrouwen het huis weer in gingen, hoorden ze Rose buiten het zicht ergens achter de deur met Julia praten. Ze stonden allebei stil om te luisteren.

'Ik vraag me af of het jullie niet gewoon goed heeft gedaan,' zei Rose, 'dat ik een paar jaar mijn voet van het pedaal heb gehaald. Ik ben naar Florida gegaan, en jullie zijn goed terechtgekomen. Jullie hebben je eigen leven opgebouwd. Josie is een aardige vrouw. Ik snap niet zo goed waarom ze die baby hebben geleend, maar het is een onschuldige hobby, denk ik. En Izzy doet me aan mezelf denken; ze is magnifiek.' Rose stopte amper om adem te halen, alsof ze opgelucht was te praten na jaren van stilte. 'Heb je de tuin van Emeline en Cecelia gezien? Die is zo slecht nog niet, hoewel ze duidelijk geen verstand hebben van wintergroenten. Ze verspillen ruimte en die aardappelen zagen er een beetje dubieus uit, maar ik moet morgen nog even goed kijken.'

Alice kon haar moeders reactie niet zien, al stelde ze zich voor dat Julia met haar ogen rolde. Maar haar moeder zei niets kritisch of onaardigs. Cecelia had de toon gezet en deze dag zou iedereen die kwijt was geweest, inclusief Julia en Alice natuurlijk, geaccepteerd worden zoals die was.

'Rose is geweldig,' fluisterde Izzy en ze grijnsde. 'Dit is allemaal geweldig.'

'Is dat zo?' zei Alice met twijfel in haar stem, en haar nicht lachte.

'Je hebt een grapje gemaakt,' zei Izzy verheugd. 'Je komt los! Vanaf je aankomst heb je er als verlamd uitgezien.'

De jonge vrouwen liepen nu verder naar binnen en sloten de deur achter zich. Julia kwam naar hen toe en deed iets wat Alice haar een paar keer had zien doen sinds ze was aangekomen. Ze omhelsde Izzy en drukte een kus op de wang van haar nichtje. Zij had deze baby gemist, terwijl alle anderen baby Alice hadden gemist. Het scheen Alice toe dat haar moeder nu in staat was afstand te houden van haar dochter deels omdat er een ander meisje was dat ze kon overstelpen met liefde.

Alle drie de zussen waren vlakbij; Emeline hield de baby vast, Cecelia had kringen onder haar ogen en een stapel papieren servetjes in haar hand, Julia keek ongemakkelijk met haar nu lege handen langs haar zij.

'Is het waar,' vroeg Rose, 'dat er geen uitvaartdienst in de Saint Procopius komt?'

Emeline antwoordde zacht: 'Dat wilde Sylvie niet, mama.'

Rose keek hoe haar dochter zachtjes heen en weer wiegde om de zuigeling te troosten. Ze konden allemaal zien dat de oude vrouw haar best deed haar afkeuring te verbergen en haar mond te houden. Alice voelde zich weer net een astronaut, met al die vrouwen zo vlakbij. Tantes, grootmoeder, moeder, nicht. Ze was gevuld met statische elektriciteit en had moeite met ademhalen.

Rose zei: 'Sylvie is nu in elk geval bij Charlie.'

Haar drie overgebleven dochters keken naar haar, naar deze mogelijke waarheid. Even zagen ze eruit als jonge meiden en zag Alice de hoop op hun gezichten. Ze stelden zich hun zus bij hun vader voor. Het kwam bij Alice op dat ze van huis was gegaan om haar vader te zien en Sylvie haar huis, haar leven, had verlaten, wat de mogelijkheid opende voor een hereniging met haar eigen vader. Deze parallel was te veel om verder over na te denken, maar Alice voelde als een fysieke sensatie Williams aanwezigheid in de achtertuin.

'Je weet wat papa zal zeggen als hij Sylvie ziet,' zei Julia zacht.

Emeline en Izzy knikten, en Cecelia zei: 'Wat ben je prachtig.'

Na de maaltijd van stukken gesneden brood, chips en wijn legde Julia haar hand op Alice' arm. Alice was niet kwaad meer op haar moeder. Ze had geen ruimte meer vanbinnen voor woede. Bovendien, als zij zich als een astronaut voelde in de huizen van haar tantes, herkende ze dat ook in haar moeder. Allebei bewogen ze zich met grote moeite voort door deze kamers, want wat Julia Alice al die jaren geleden had afgenomen, had ze zichzelf ook afgenomen. Moeder en dochter waren hier vanuit dezelfde plaats gekomen en waren met elkaar verbonden door een strak koord van liefde. Voor Alice was een deel van de vreemdheid van deze nieuwe familie in Chicago dat ze een soort liefde bezigden die weids leek; het ging gepaard met over elkaar heen praten en boven op elkaar leven en was een kracht die zowel aanwezige als afwezige, levende en dode mensen leek te omvatten. Alice vond het opmerkelijk dat de muren van de huizen van haar tantes waren bedekt met portretten van dezelfde vrouwen die door de gangen ervan liepen.

'De laatste keer dat ik Sylvie zag,' zei Julia, 'vroeg ze me je dit te geven als ze er niet meer was. Ik dacht dat ze nog wat tijd had, dus ik probeerde het niet aan te nemen, maar...' Ze schudde lichtjes haar hoofd. 'Laten we even een rustig plekje opzoeken.'

De twee vrouwen baanden zich een weg door de keuken. Het was moeilijk om een rustig plekje te vinden. Gedurende de middag waren er nog meer mensen gearriveerd. Izzy's vriendje – een stevige jongeman met sproetjes – was druk in de weer en deed klusjes voor de tantes. Een grauwe man genaamd Frank, die zei dat hij was opgegroeid in dezelfde straat als de Padavano-zussen, zat in de leunstoel in de hoek. Bibliotheekmedewerkers die jarenlang met Sylvie hadden samengewerkt hadden zich bij het koffiezetapparaat in de keuken verzameld en er waren nog meer reusachtige mannen in groten getale gearriveerd, waardoor het leek alsof de achtenveertigjarige William lid was van meerdere basketbalteams. Sommigen van de mannen waren jong en gespierd, anderen waren spelers van middelbare leeftijd met een gebogen houding. Kent leek ze allemaal te kennen en omhelsde iedere man die binnenkwam. Het was een eclectische groep, en toen nieuwe borden met eten werden neergezet, moest Izzy het nieuws vanaf het midden van de kamer schreeuwen om ieders aandacht te krijgen.

Julia zag haar dochter het gezelschap in zich opnemen en zei: 'Het is zo suf, ik dacht dat het leven hier stil was blijven staan na mijn vertrek. Dat als ik terugkwam, alles nog hetzelfde zou zijn. Maar dat is niet zo. Het is veel groter.'

'En luidruchtig,' zei Alice, want dat was het. Met het verstrijken van de uren was het haar opgevallen dat het gezamenlijke verdriet om Sylvie een spoortje van opluchting bevatte. De mensen die van haar hielden waren blij dat ze niet langer had hoeven lijden; ze waren dankbaar voor het feit dat ze een pijnloze dood was gestorven en dat hun haar verwoestende aftakeling was bespaard. De aanwezige mannen en vrouwen lachten zo nu en dan, blij dat ze van Sylvie hadden gehouden en blij om samen te zijn. De enige wiens pijn te groot leek voor opluchting was William. Hij kwam een of twee keer binnen, maar bleef steeds ver weg van zijn dochter en verdween in een mum van tijd weer naar de achtertuin. Misschien had hij de frisse lucht nodig, dacht Alice. Zijn vrienden bleven buiten tijd met hem doorbrengen naast de moestuin of bij de achterschutting. Er stond een bankje bij een stenen fonteintje waarop William zo nu en dan uitrustte met zijn hoofd in zijn handen.

Julia reikte haar een ingepakt pakket met een strikje eromheen aan. Het was rechthoekig en zag er stevig uit. 'Dit is een boek dat Sylvie over onze familie heeft geschreven. Ik heb het niet gelezen, maar ze zei dat het over onze jeugd gaat en over je opa en alles wat er sinds zijn dood is gebeurd. Ze zei dat ze er jaren aan heeft gewerkt en alles door elkaar staat.' Julia keek naar het pakketje in haar handen. 'Ik moest van Sylvie zeggen dat het nu van jou is en dat je ermee mag doen wat je wilt. Je mag het aanpassen, uitgeven, of weggooien. Ze zei dat het haar niet uitmaakte, maar ze wilde dat jij het kreeg.'

Alice nam het pakketje aan. Het bekende gewicht van een manuscript in haar handen was aangenaam, maar ze voelde zich lichtelijk duizelig bij het vooruitzicht van dit geschenk. 'Wist Sylvie dat ik redacteur ben?'

'Ik heb het haar verteld. Ik heb haar alles over je verteld. Ze wilde alles horen.'

Alice knikte. Ze kon zich geen volmaakter geschenk voorstellen. Deze pagina's zouden haar alle verhalen en mensen geven die ze had gemist. Haar eigen geschiedenis zat in dit document. En als bonus had Sylvie haar nichtje een excuus gegeven om zich terug te trekken uit de luidruchtige, hartelijke wereld waarin ze was terechtgekomen, of er in elk geval even pauze van te nemen. Alice had besloten – ze wist niet precies wanneer ze deze beslissing had genomen, ergens in de commotie van de afgelopen vierentwintig uur – dat ze een poosje in Chicago zou blijven. Hoelang wist ze niet. Emeline en Cecelia hadden kenbaar gemaakt dat ze hoopten dat ze voor altijd zou blijven en dat ze in een van beide huizen een slaapkamer mocht uitzoeken. Alice had nooit vakantie genomen van haar werk, maar zou zichzelf dat nu gunnen. Ze zou een kamer zoeken en lezen.

Izzy was al begonnen Alice te vertellen over de jeugd van de Padavano-zussen, en de verhalen die ze nu in haar handen hield hadden iets mythisch en episch. Het idee dat dit een vertelling was waarin Alice aan het eind zichzelf zou vinden, voelde vreemd opwindend. Het samenkomen en uit elkaar gaan van haar ouders, haar eigen geboorte. En wat zou Alice doen in de pagina's die nog niet waren geschreven? Waar zou ze wonen? Van wie en wat zou ze houden?

Julia keek naar de volle kamer en toen weer naar haar dochter. 'Ik kan niet geloven dat ik dit ga zeggen,' – ze zweeg even – 'maar ik denk dat je met je vader moet gaan praten.'

Alice was sinds haar aankomst verschillende malen geschrokken, maar dit verraste haar helemaal niet. Het voelde als wat ze verwachtte te horen. Ze had haar leven altijd klein willen houden, zodat ze indien nodig alles wat ertoe deed bij elkaar kon grissen en naar hoger gelegen gebied vluchten. Maar alles wat ze in Chicago had gevonden, of eigenlijk sinds die maaltijd in dat Griekse restaurant, kon ze onmogelijk in haar armen verzamelen. De Padavano's hadden haar een groter soort liefde laten zien. Die was immens; het voelde als alles. En nu voelde ze via dezelfde mysterieuze connectie die haar eerder had verteld dat hij afstand nodig had, dat de stille man in de achtertuin haar zou kunnen verdragen. William Waters was er klaar voor en, boven verwachting, zij ook.

Ze legde het manuscript naast zich op tafel en sloeg haar armen om haar moeder heen. Julia omhelsde haar stevig zoals ze had gedaan toen Alice nog een klein meisje was en ze haar wilde laten zien hoeveel ze van haar hield. Alice glimlachte en drukte haar hoofd boven op dat van Julia, zodat haar steile haar zich vermengde met haar moeders krullen. Izzy had over vergeving gesproken en op dat moment voelde Alice zich ermee doordrenkt. Ze vergaf zichzelf dat ze zich had afgesloten en ze vergaf haar ouders de dappere keuzes die ze hadden gemaakt om haar te beschermen. Ze vergaf elke fout waarover ze in het manuscript dat ze zojuist had ontvangen zou lezen. Toen Emeline eerder die middag had gezien dat Alice naar Rose' dramatische tranen keek, had ze haar nichtje in het oor gefluisterd: 'Verdriet is liefde.' Nu dacht Alice: vergeving is dat ook. Moeder en dochter hielden elkaar vast in de stille gang van het huis dat dreunde van leven.

Toen ze elkaar loslieten, zei Alice: 'Ik ben bang.'

'Ik ook,' zei Julia, maar ze pakte een jas van de dichtstbijzijnde stoel en gaf die aan haar dochter. Alice trok hem aan en liep langzaam naar buiten.

William

NOVEMBER 2008

William liep rondjes door de tuin. Hij was koortsig van verdriet, en ijsberen over het gras voelde als de beste manier om dat net als zweet uit te drijven uit zijn poriën. De verdrietaanval leek in niets op zijn ervaring met depressie. Depressie betekende niet-verbonden zijn, je afsluiten, een gevaarlijke stilte. Nu zwiepten zijn gevoelens door hem heen als een op hol geslagen waterslang. Maar hij moest deze slang zo snel mogelijk onder controle krijgen, want Alice was hier. Ze was zo dapper geweest om hem op te zoeken en hij moest zichzelf voldoende bij elkaar zien te rapen om haar het gevoel te geven dat ze geen fout had gemaakt. Eventuele fouten, alle fouten, waren de zijne.

Zijn hart klopte met de woorden: Alice is hier.

Op de staartwind van Sylvies vertrek was Alice in Chicago gearriveerd. Natuurlijk. Sylvie had het over een-tweetjes gehad, over hoe Charlie was overleden op de dag dat Izzy was geboren. Ze had duidelijk haar magie gebruikt om op de een of andere manier zijn dochter bij William terug te brengen op de dag dat zijn hart brak. Zijn vrouw probeerde hem te redden, alweer.

De zon had net de hemel verlaten toen William zich kalm genoeg voelde, klaar genoeg. Hij liep richting het huis en stond abrupt stil omdat Alice in de open deuropening was verschenen.

'Ik wilde net naar je toe gaan,' zei hij.

'O,' zei ze. Haar gezicht stond vragend, was bleek, zorgelijk. 'Echt?'

William knikte. Hij voelde de koele lucht tegen zijn handpalmen en in zijn nek. Toen hij de Padavano-zusjes voor het eerst had ontmoet, waren hem de overeenkomsten opgevallen: hun haar, hun bruine ogen, hun zelfde manier van doen. De vier zussen leken verschillende versies van dezelfde persoon: ze waren delen van een geheel. De jonge vrouw die voor William stond leek helemaal niet op hen; ze leek op hem. Een net iets andere versie van zijn eigen ogen keek naar hem terug. William had nooit eerder zichzelf in het gezicht van een ander herkend. Het voelde als het vinden van een antwoord op een vraag waarvan hij niet geweten had dat hij die had.

'Wat wilde je komen zeggen?' vroeg Alice.

Hij glimlachte bijna omdat het antwoord zo eenvoudig was. 'Hallo? Ik wilde hallo zeggen.'

Haar gezicht ontspande, de lucht tussen hen in ontspande ook. Geen van beiden voelden ze een aanval aankomen, nu niet in elk geval. Alice' verschijning was gereserveerder dan die van Julia, ze was beheerst achter haar gezicht en ogen. William herinnerde zich haar als baby, dat ze vriendelijk en optimistisch naar de wereld om zich heen had gekeken. Hij kon zien hoeveel tijd hij had gemist, de kloof tussen toen en nu. Bestond het leven uit aankomsten en vertrekken? Hij was door middel van een huwelijk in de Padavano-familie gekomen en was vertrokken toen hij zijn eerste huwelijk en het vaderschap achterliet; Sylvie was Williams ziekenhuiskamer en zijn hart binnengelopen, en nu was ze er niet meer. Op dezelfde dag was de volwassen versie van Alice in zijn leven verschenen.

Ze zei: 'Tot een paar weken geleden dacht ik dat je dood was.'

'Dat heeft je moeder je verteld.' William knikte omdat het juist klonk. Hij was inderdaad dood geweest, of zo goed als dood, wat deze jonge vrouw betrof. Nu leefde hij en deed het pijn. 'Ik moet heel veel dingen zeggen,' zei hij. 'Ik moet de keuze uitleggen die ik lang geleden heb gemaakt.'

'Dat hoeft niet. Niet nu,' zei Alice. 'Gecondoleerd met je vrouw. We hoeven vandaag niet over alles te praten.'

Ze keken naar elkaar en William zei: 'We hebben tijd.' Hij

wilde dat ze wist dat hij er niet voor weg zou lopen. Hij had zijn dochter geaccepteerd terwijl hij op het bankje in de speeltuin zat, hoewel dit eigenlijk betekende dat hij eindelijk zichzelf had geaccepteerd. Alice was degene die hij het meest voor hemzelf wilde beschermen. Ze was een kind geweest en hij was als kind gekwetst, en die pijn leek tentakels te hebben waarover hij geen controle had. William zou er alles voor over hebben gehad om zijn dochter te beschermen: toen ze pas geboren was, had hij nachtenlang over haar wiegje gebogen gestaan en geluisterd of ze nog wel ademde; hij had zijn ouderlijke rechten opgegeven; hij was een meer in gelopen. Het was omdat Alice zo dierbaar was dat hij had gedacht dat hij weg moest blijven. Nu ze hier zo tegenover elkaar stonden, was het enige wat daarvan over was dat ze dierbaar was.

Hij zou 'Laten we op het bankje gaan zitten' kunnen hebben gezegd of misschien had hij het wel niet hardop gezegd. Hij voelde zich onzeker op zijn voeten. Hij ging haar voor en ze lieten zich met hun lange ruggen naar het huis toe op het stenen bankje zakken. Williams hele leven roffelde door hem heen en hij wist dat Sylvie zou zeggen dat het allemaal met liefde te maken had. Het was hem onthouden, hij had gedacht dat hij het niet verdiende, daarna had hij het binnengelaten. Hij besefte tot zijn schrik dat hij van de jonge vrouw naast hem hield. Hij had van haar gehouden sinds de dag dat ze was geboren. William voelde een warmte door hem heen gaan.

'Niet kijken,' zei hij, 'maar hoeveel mensen denk je dat ons nu bespioneren?'

Alice lachte en het geluid schalde door de nachtelijke hemel. Ze lachte niet als hij, of Julia, of iemand anders. Ze had een prachtige lach.

'Mijn moeder absoluut,' zei ze. 'Die staat vast met haar gezicht tegen het raam gedrukt.'

'Emeline en Cecelia kijken naar ons. En Izzy. Kent, ongetwijfeld.' William zag ze voor zich, portretten van de mensen die van hem hielden, ingelijst door ramen aan de achterkant van het huis. Hij voelde hun zorg en bezorgdheid. Hij voelde ook hun hoop. Het leven had hen allemaal verrast – alsof de zee dramatisch was gestegen en hun boten duizelingwekkend hoog had opgetild – midden in dit moment van verdriet. Als dit kon gebeuren, als William en Alice naast elkaar konden zitten praten onder de avondhemel, dan was werkelijk alles mogelijk. Julia kon haar leven weer met haar zussen delen, Rose kon haar wrok naast zich neerleggen en lichter verdergaan, Kent kon een nieuwe liefde vinden.

'Toen ik ging studeren,' zei Alice, 'duurde het lang voor ik het gevoel had dat ik niet met vreemden samenwoonde.'

Ze zweeg en William wachtte. Hij merkte dat hij het prima vond om te wachten op het koude stenen bankje met de sterren boven hen en met wat Whitman de 'mooie, nooit geknipte haardos op een graf' noemde aan hun voeten. Hij voelde de vreugde van zijn vrouw, door welk raam Sylvie nu ook naar hem keek, en die van Charlie. Ik zorg dat jullie trots kunnen zijn, dacht hij, dat beloof ik.

Alice schudde haar hoofd en haar blonde haar golfde rond haar gezicht. 'Toen ik gisteren aankwam, deden ze allemaal alsof ze me kenden.' Ze keek naar hem. 'Ik weet dat ik je niet ken, maar ik heb het gevoel van wel. Maar het is gek… want ik heb ook het gevoel dat ik niet echt weet wie ik ben.'

Lachsalvo's zweefden Emelines huis uit. De mensen binnen werden nu dronken, proostten, vertelden elkaar hoe geweldig Sylvie was geweest. De ene na de andere Padavano-zus zou zich losrukken van het raam om een verhaal over hun jeugd te delen, ze zouden het niet kunnen laten. Ze zouden iedereen vertellen dat Sylvie bijna was gezakt voor meerdere vakken op de middelbare school omdat ze in het park had zitten lezen in plaats van naar de lessen te gaan die ze zo saai vond. De gasten zouden lachen als ze hoorden dat de hoofdbibliothecaresse van de Lozano-bibliotheek als tiener met willekeurige jongens had gezoend tussen de stapels boeken. Een van de zussen zou beschrijven hoe Sylvie als kind in zichzelf mompelend door het huis liep – toverspreuken uitsprak, dachten de andere meisjes vroeger – terwijl ze gedichten uit haar hoofd leerde om hun vader een plezier te doen.

William keek ernaar uit om in de komende dagen die verhalen te horen worden herhaald. Hij wist dat ze zijn vrouw niet zouden vergeten of naast zich neerleggen. De Padavano's spraken nog steeds over Charlie alsof hij deel uitmaakte van hun leven, van henzelf, en daarom was dat ook zo. Er was een muurschildering van Sylvie op de zijkant van een gebouw niet ver van de bibliotheek, en ingelijste schilderijen van haar hingen verspreid over de huizen van de tweeling. Van een afstandje leek Cecelia op Sylvie vanwege haar lengte en houding, Emeline deelde de bedachtzame ogen van haar oudere zus en Julia *bevatte* Sylvie op de een of andere manier; de twee oudste Padavano-zusjes hadden zich toen ze jong waren als rozenstruiken met elkaar verstrengeld.

William zei: 'Lange tijd kende Sylvie me beter dan ik mezelf kende. Ik denk soms' – nu zweeg hij op zijn beurt even – 'dat we een ander paar ogen nodig hebben. We hebben de mensen om ons heen nodig.'

Alice draaide haar gezicht omhoog alsof ze de nachtelijke hemel bestudeerde, alsof een ander gezichtspunt nodig was om duidelijk te krijgen wat ze vanbinnen voelde. William had lang geleden een aantal vragen in zijn manuscript geschreven. *Wat ben ik aan het doen? Waarom doe ik dit? Wie ben ik?* Hij voelde die vragen nu ergens diep in zijn dochter. Ze was niet gebroken, zoals hij was geweest. Daar had Julia voor gezorgd. Maar Alice nam voorzichtige stappen op een nieuw terrein en vroeg zich af of het ijs haar gewicht zou dragen.

'Ik weet dat je het alleen kunt,' zei hij. 'Maar als het mag, wil ik je erbij helpen.'

Dankwoord

Helen Ellis, Hannah Tinti en ik zaten tijdens de workshop van Dani Shapiro aan de New York University in 1995 toevallig naast elkaar. Ondanks onze opvallende verschillen herkenden we iets in elkaar, en toen de cursus was afgelopen, stelde Helen voor dat we elkaar zouden blijven zien. Die twee vrouwen zijn nog steeds mijn eerste lezers en ik hoor tijdens het schrijven hun stemmen in mijn hoofd. Ik ben de auteur die ik ben, en dit boek is het boek dat het is, vanwege hen.

Ik ben zowel trots als verheugd om te worden vertegenwoordigd door Julie Barer en The Book Group en te worden uitgegeven door Whitney Frick en The Dial Press. Susan Kamil was erbij toen ik *Lieve Edward* schreef en ik heb het gevoel dat ze er nog altijd bij is. Heel veel dank aan Rose Fox, Clio Seraphim en Nicole Cunningham voor het lezen van de kladversies van deze roman en hun inzichtelijke opmerkingen. Loren Noveck en Kathy Lord waren scherpzinnige redacteuren en ik ben hun zeer erkentelijk. Dank aan het team bij The Dial Press/Random House, in het bijzonder Andy Ward, Avideh Bashirrad, Maria Braeckel, Carrie Neill, Debbie Aroff, Madison Dettlinger en Donna Cheng. Ik heb het geluk dat Caspian Dennis, Jenny Meyer en Michelle Weiner mijn werk steunen en ben dankbaar voor het feit dat ik in het Verenigd Koninkrijk word uitgegeven door Isabel Wall en Viking Penguin.

In mijn jeugd sliep ik net zo vaak in het huis van mijn vriendin Leah als in mijn eigen huis, en haar ouders, Louis en Cecilia, waren als tweede ouders voor me. Er waren veel redenen waarom ik daar graag was, maar een ervan was de constante parade van Ceils zussen (Toni, Celeste, Rosemary, Caroline en Christine), die het huis in en uit liepen alsof dat van hen was. De zussen waren allemaal klein, hadden veelal krullend haar en hun gezichten leken zo op elkaar dat ze verschillende versies van een geheel leken. Ze waren de inspiratie voor mijn Padavano-zussen en ik wil hen bedanken voor het feit dat ze altijd aardig waren voor het verlegen meisje dat zich gewoonlijk aan Leahs zijde bevond.

Mijn oom Ed stuurde ansichtkaarten vanuit Chicago toen ik jong was en hij schreef altijd hetzelfde: 'Je bent prachtig.' Ik wist dat mijn oom niet echt wist hoe ik eruitzag – ik zag hem zelden –, maar daarom vond ik het ook zo mooi. Het voelde alsof hij geloofde dat ik vanbinnen prachtig was, en aangezien ik (als introverte boekenwurm) mijn binnenkant als het belangrijkste beschouwde, stelde ik dat op prijs. De titel van dit boek, en het feit dat het zich afspeelt in de wijk Pilsen in Chicago, is te danken aan mijn oom. Als kind verrijzen er magische landschappen binnen in ons, en de met muurschilderingen bedekte buurt van mijn oom was een van de mijne.

Bibliotheekmedewerkers en boekverkopers zijn toppers. Bibliothecarissen Kolter Campbell en Catie Huggins van het McCormick Special Collections and Archives van de universiteitsbibliotheek van Northwestern hebben meerdere vragen beantwoord over cursussen en programma's aan Northwestern University in de jaren 1980 en ik ben hun dankbaar voor hun hulp. Katharine Solheim van Pilsen Community Books hielp me bedenken in welke straat de familie Padavano zou hebben gewoond, en haar expertise over Pilsen was van onschatbare waarde. De prachtige Lozano-bibliotheek staat midden in Pilsen, net als in mijn roman. De echte bibliotheek opende haar deuren in 1989. Ik heb fictieve vrijheden genomen en mijn versie bestaat een paar jaar voor die datum al. Ik hoop in elk geval dat ik de bibliotheek eer heb aangedaan, en het wezenlijke belang naar voren heb kunnen brengen van alle openbare bibliotheken voor onze maatschappij.

Ik ben mijn vriendin JJ Lonsinger Rutherford dankbaar voor het beantwoorden van vragen over hoe het is om op te groeien als erg lang meisje. JJ is stoer en grappig en geweldige reclame voor zo groot worden als je kunt. Ik wil ook Dominic Vendell bedanken voor het edelmoedig beantwoorden van mijn logistieke vragen over promoveren aan een geschiedenisfaculteit. Kevin Konty vertelde me jaren geleden dat zijn moeder pleegmoeder was voor pasgeborenen toen hij een tiener was, en dat vond ik zo interessant dat het me verbaast dat dat idee niet eerder in een van mijn romans is voorgekomen.

Ik heb tal van boeken over de geschiedenis van het basketbal gelezen als voorbereiding op het schrijven van dit boek en ik luister naar te veel basketbalpodcasts om te tellen. Er is niets wat me gelukkiger maakt dan met mijn echtgenoot en twee zoons op de bank zitten kijken naar een wedstijd van de Golden State Warriors. Ik wil graag Steph Curry bedanken voor het plezier waarmee hij speelt, Klay Thompson voor zijn bijzondere vibe, Draymond Green omdat hij met zulke bewonderenswaardige geestdrift Draymond Green is, en Gary Payton II omdat hij als een menselijke pogostick over het veld stuitert.

De ongelooflijk drukbezette Fabrice Gautier – de 'vliegende osteopaat voor kneuzingen en blessures bij NBA-spelers' – was zo aardig me hem te laten interviewen over hoe hij het beschermen en sterker maken van de lichamen van topatleten aanvliegt, en zijn tijd was uiterst behulpzaam.

Mijn kindjes zijn nu langer dan ik, en ik wil Malachy en Hendrix bedanken omdat ze me aan het lachen maken, me knuffels geven en mijn grootste supporters zijn. Ik ben dankbaar voor het feit dat ik hun moeder mag zijn.

Dan Wilde is mijn laatste meelezer en hij maakt mijn werk altijd beter. Ik hou van zijn brein, dat zo anders is dan het mijne, en van zijn hart, dat gigantisch is.

Lees ook van Ann Napolitano:
Lieve Edward

Een vliegtuig stort neer. Alle passagiers overlijden behalve één, een twaalfjarige jongen genaamd Edward. Edward wordt opgevangen door zijn oom en tante, en probeert zijn nieuwe leven te begrijpen. Hij is een beroemdheid: als hij naar school gaat, staan mensen langs de kant en maken ze foto's. Hij is het wonderkind dat overleefde.

De enige aan wie Edward echt steun heeft is zijn buurmeisje Shay, de beste vriendin die je je maar kunt wensen. Samen doen zij een onverwachte ontdekking die hen naar antwoorden op de diepste vraag leidt: wie ben je als je alles kwijt bent geraakt?

'Betoverend mooie roman voor de fans van Kamer en Extreem luid en ongelooflijk dichtbij.' *The New York Times*

'Buitengewoon verhaal, geweldig geschreven, absoluut the real deal.' John Boyne, auteur van o.a. *De jongen in de gestreepte pyjama*